中国商事争议解决年度观察

2020

Commercial Dispute Resolution in China: An Annual Review and Preview (2020)

编委会

主　任：梁慧星

副主任：王红松

委　员：（按姓名音序排序）

卜祥瑞　陈晓宁　范　必　郭玉忠　韩文科
康俊亮　王　钢　王小河　吴佐民　杨旭日
叶小忠　翟晶敏　张连生　张明智　赵大力

编辑部

主　　编：林志炜

执行主编：陈福勇

成　　员：张皓亮　许　捷　林晨曦　章　曦　马骁潇
刘文鹏　尹　通　杨雨菲　沈韵秋

中国法制出版社
CHINA LEGAL PUBLISHING HOUSE

前　言

刚刚过去的2019年，世界经济持续下行。我国商事争议解决行业则呈现增长性与复杂化等特点。无论是多元争议解决本身，还是建设工程、房地产、能源、国际贸易、投资、金融、知识产权、影视娱乐、民用航空、体育等专业领域，在法治建设和纠纷处理等方面都不乏热点和亮点。

在商事仲裁领域，行政监管部门及司法监督机构采取诸多有力措施，促进我国仲裁行业发展。例如，中共中央办公厅、国务院办公厅颁布《关于完善仲裁制度提高仲裁公信力的若干意见》，作为中央层面首次专门出台的仲裁行业指导性文件，其对于规范我国仲裁行业发展具有重大历史意义。又如，最高人民法院与香港特别行政区律政司签署《关于内地与香港特别行政区法院就仲裁程序相互协助保全的安排》，进一步建构和拓宽了两地在仲裁裁决执行、仲裁程序司法协助等方面的合作机制及空间。除外部助力之外，仲裁行业内部也不断改革创新。例如，北京仲裁委员会/北京国际仲裁中心（以下简称北仲）公布新的《北京仲裁委员会案件收费标准》，将仲裁费区分为仲裁员报酬和机构费用，开国内实践之先河，在推动我国仲裁国际化发展、促进仲裁员职业化等方面意义重大。

在另一重要多元化争议解决机制的调解领域，中国政府签署了《联合国关于调解所产生的国际和解协议公约》，这有利于推动我国调解行业与国际接轨，跃入新的发展阶段。

在各专业领域，行业的发展和监管日益精细化对于争议解决都产生了深远的影响。例如，在建设工程领域，《中华人民共和国建筑法》《政府投资条例》《保障农民工工资支付条例》等法律法规的修改或颁布，进一步明晰了相关市场主体的责任。《最高人民法院关于审理行政协议案件若干问题的规定》有关PPP合同可仲裁性的规定，对相关争议解决产生了重大影响。在房地产领域，围绕着中央提出的“房住不炒”的要求，一系列调控措施有序展开，为争议解决带来新的问题和挑战。在能源领域，一系列法规及政策的出台，促进了能源行业的公开化、多元化及市场化。在投资领域，以《中华人民共和国外商投资法》为基础的新的外商投资法律体系得以构建，《全国法院民商事审判工作会议纪要》则对投资领域诸多热点争议问题的处理作了进一步界定。在国际贸易领域，中美第一阶段经贸协议的签订对国际贸易开展及相关争议解决将产生深刻影响。在金融领域，《全国法院民商事审判工作会议纪要》对包括票据贴现、越权担保、独立保函在内的诸多热点问题的裁判思路进行了统一，有利于提高市场预期性。在知识产权领域，《中华人民共和国商标法》《中华人民共和国反不正当竞争法》《中华人民共和国电子商务法》等重要法律的修订或出台，无疑是加强知识产权保护的重要举措。在影视娱乐领域，仍然处于深度调整期的行业争议不断，监管力度的加强将切实推进行业的调整和升级。在民用航空领域，无人机和通用航空产业法律体系的构建以及监管探索推进，将有利于促进整个行业有序发展。此外，随着 2022 年北京冬奥会的临近及引发广泛讨论的体育案件的发生，体育争议解决也成为行业前沿热点。

围绕前述专业领域，北仲组织行业资深实务人士，从年度行业概览、重点法规政策、典型案例分析、热点问题观察和行业来年展望等方面进行系统梳理和解读，汇编形成《中国商事争议解决年度观察（2020）》（以下简称《2020 年度观察》）。“年度观察”项目自 2013 年启动，如今已是第八个年头。较之往年体例，《2020 年度观察》最大的变化，便是增加了《中国体育争议解决年度观察（2020）》一章，并开创性地邀请中外作者联合撰稿，对我国目前现有的涉及体育的重要法律、法规、规范性文件进行了全面的梳理和分析，深入解读了孙杨案等热点案件，相信会对希望了解中国体育争议解决最新发展的读者朋友有所裨益。

我们希望，《2020 年度观察》可以成为争议解决从业者系统了解行业动态、把握行业脉络的“钥匙”。“年度观察”项目力图通过对各专业领域商事争议解决的重要规范、典型案例、前沿热点的客观分析和专业解读，向从业者呈现系统的行业专业知识和裁判思路。

我们希望，《2020 年度观察》可以成为商事企业防范法律风险、应对争议解决的“指针”。北仲通过招标遴选，确定“年度观察”项目撰稿人，并通过多层级的审稿机制，确保了报告内容的严谨性和专业性。“每年一度”对于商事争议解决发展动向的持续观察和梳理，致力于为企业识别法律风险、应对纠纷提供必要指引。

我们希望，《2020 年度观察》可以成为境外主体了解我国商事争议解决现状及发展成果的“窗口”。“年度观察”项目以中文和英文两个版本发行和发布。在过去的连续几年中，英文版的“年度观察”和海外发布会，为境外主体了解中国商事争议解决现状及发展提供了绝佳的机会。通过北仲搭建的专业平台，中外专业人士可以实现深度交流，助力我国争议解决行业国际化。

另有必要说明的是，席卷全球的新型冠状病毒肺炎疫情对世界经济发展造成了极大冲击，对于商事争议解决行业也将产生深刻影响。《2020 年度观察》若干篇目对于疫情所催生的法律问题及行业挑战进行了必要分析。因其影响未在 2019 年度得以完全展现，故对此的观察，我们还会在后续系列中跟进。

最后，“年度观察”项目一路走来，离不开各位行业专家和广大读者的支持，对于每一位关注和助力“年度观察”项目的朋友，我们均致以诚挚的感谢！编委会期待能够继续和业界同仁一道，推动“年度观察”项目不断进步，对中国商事争议解决行业发展有所裨益。

《中国商事争议解决年度观察》编委会

2020 年 4 月

作者简介

《中国商事仲裁年度观察（2020）》

费　宁

北京汇仲律师事务所管理合伙人，中国国际经济贸易仲裁委员会（CIETAC）、深圳国际仲裁院（SCIA）、国际商会仲裁院（ICC）、香港国际仲裁中心（HKIAC）、新加坡国际仲裁中心（SIAC）和大韩商事仲裁院（KCAB）仲裁员，第一位出任HKIAC理事的内地人选，环太平洋律师协会（IPBA）争议解决委员会副主席。在国内外各大仲裁机构进行的数百起商事仲裁中代理过中外客户，曾作为仲裁员和专家证人参与过国内外各大仲裁机构的仲裁案件。代表投资者与东道国政府进行投资仲裁/磋商。自2006年以来，被钱伯斯评为中国争议解决领域的第一等律师。钱伯斯评价“费宁律师是仲裁领域的权威”。

蒋　弘

北京汇仲律师事务所高级顾问，曾担任中国国际经济贸易仲裁委员会（CIETAC）上海分会副秘书长，中国海事仲裁委员会（CMAC）上海分会秘书长。在仲裁领域工作、研究、实践20余年，拥有丰富的仲裁经验，精通仲裁相关法律和规则，处理过大量国际贸易、金融、房地产、投资和海事海商仲裁案件，对疑难复杂案件富有经验。目前是中国国际经济贸易仲裁委员会（CIETAC）、中国海事仲裁委员会（CMAC）、香港国际仲裁中心（HKIAC）、上海国际仲裁中心（SHIAC）和深圳国际仲裁院（SCIA）等机构在册仲裁员，中国仲裁法学研究会（CAAL）常务理事。

刘　京

北京汇仲律师事务所高级顾问。加入汇仲之前的九年间，担任香港国际仲裁中心（HKIAC）副秘书长。在此之前，曾在海问律师事务所和富而德律师事务所（Freshfields Bruckhaus Deringer）从业多年，并曾在中国国际经济贸易仲裁委员会（CIETAC）秘书处任职。熟悉境内外国际仲裁程序，既有律师代理经验，也有境内外仲裁机构从业经验。目前是香港国际仲裁中心（HKIAC）委任委员会成员，北京仲裁委员会/北京国际仲裁中心（BAC/BIAC）、中国国际经济贸易仲裁委员会（CIETAC）、上海国际仲裁中心（SHIAC）和深圳国际仲裁院（SCIA）在册仲裁员。

《中国商事调解年度观察（2020）》

朱华芳

天同律师事务所高级合伙人、仲裁业务负责人，多家仲裁机构仲裁员，拥有17年以上法律风险管控、处理境内及涉外商事诉讼和仲裁案件的经验，代理了诸多央企和金融机构在各主要仲裁机构、最高人民法院及地方各级法院的仲裁和诉讼案件并取得良好效果。曾任职世界500强企业中化集团，熟悉能源、化工、地产、金融和农业等多个领域的业务运作和法律工作，能迅速精准地理解和响应客户的具体需求和关注焦点，从外部律师和内部法务两个角度出发，制订适宜的争议解决方案。被《商法》评为2019年度100位中国业务优秀律师，并入选钱伯斯2020年度“争议解决（仲裁）领先律师”。主笔和主持天同诉讼圈“仲裁圈”栏目，撰写及发表了40余篇仲裁实务研究文章。

顾　嘉

天同律师事务所合伙人，毕业于南京大学（法学学士）、美国杜克大学（法学硕士）和美国圣路易斯华盛顿大学（法学硕士和法律博士），持有中国和美国纽约州律师执照。顾嘉律师的职业专长是国际商事仲裁和涉外、跨境争议解决，曾代表中国大型国有企业和跨国公司参与境内外仲裁程序，包括按照国际商会仲裁院、伦敦国际仲裁院、香港国际仲裁中心、新加坡国际仲裁中心、瑞典斯德哥尔摩商会仲裁院和中国国际经济贸易仲裁委员会仲裁规则进行的仲裁案件。

顾嘉律师代理的国际仲裁案件类型，涉及国际贸易纠纷，技术许可协议或保密协议纠纷，中外合资、股权转让和公司并购纠纷，大型基础设施和建筑项目纠纷与创新性金融产品和金融衍生品纠纷等，涉案总金额高达数亿美元。

顾嘉律师是新加坡国际仲裁中心中青年委员会和用户委员会的委员，中国仲裁法学研究会理事。

郭佑宁

天同律师事务所律师，对民商法领域仲裁和诉讼问题具有深入研究和独到见解，撰写多篇相关领域专业文章，曾参与境外投资、自然资源产权、金融信息服务、融资担保、财产保全责任险等多项课题研究。曾为国家开发银行、中国出口信用保险公司、中国电子进出口有限公司、中国平安财产保险股份有限公司、中植资本管理有限公司等企业提供案件代理、专项法律咨询等法律服务，取得良好业绩。

《中国建设工程争议解决年度观察（2020）》

周显峰

北京市君合律师事务所基础设施与项目融资组合伙人，现在北京总部执业。此前，先后在中国与日本领先建筑承包商组建的联营体从事合约管理工作，在中国知名律师事务所从事境内外基础设施与工程法律业务，并作为联合创始人组建合森律师事务所暨英国品诚梅森—合森中国项目与工程律师联盟。拥有工程与法律复合背景，是我国首位工程法律研究方向博士，拥有中国国家一级建造师、英国皇家特许测量师学会会员（MRICS）、英国皇家特许建造学会会员（MCIOB）等头衔。曾任清华大学国际工程项目管理研究院特聘教授，现为天津大学—何伯森国际工程管理教育发展基金理事、北京仲裁委员会 / 北京国际仲裁中心（BAC/BIAC）仲裁员、中国国际经济贸易仲裁委员会（CIETAC）仲裁员。拥有丰富的大型公共建筑、工业生产线、能源与基础设施等工程建设领域执业经验；擅长在国内外大型能源与基础设施项目全过程风险管理，EPC 总承包、索赔与反索赔、工程保险与保函、争议解决等领域，为当事人提供“国际化品质、中国式服务”。连续入选《钱伯斯亚太法律指南》“项目与基础设施”和“建筑工程”律师名录，以及《法律名人录》（Who’s Who Legal）“建设工程”律师名录。

罗　策

北京市君合律师事务所基础设施组律师，毕业于北京大学法学院，获得国际商法专业法律硕士学位。

汪派派

北京市君合律师事务所基础设施组律师，毕业于南开大学法学院，获得法学学士学位和经济法专业法学硕士学位。

《中国房地产争议解决年度观察（2020）》

赵显龙

金杜律师事务所管理合伙人，有长达 20 年的律师执业经验，主要执业领域为房地产及基础设施、建筑工程、证券、公司等专业领域的诉讼 / 仲裁与非诉讼业务。代理过涉及香港新世界、美国通用、沃尔玛、广东大鹏液化天然气公司等客户在内的多宗房地产及基础设施、建筑工程类诉讼 / 仲裁业务；承办过多起涉及证券及公司领域的诉讼、仲裁业务和非诉讼法律业务。参与编撰了《高新技术交易中的律师实务》等著作，曾为《金融时报》房地产金融专栏特约撰稿人。目前为深圳国际仲裁院（SCIA）仲裁员、鄂尔多斯仲裁委员会仲裁员。

陶章启

金杜律师事务所资深合伙人，有长达 26 年的律师执业经验，其主要执业领域为房地产和金融、基础设施和商事诉讼仲裁，被 Asia Pacific Legal 500 评为房地产和建筑领域特别推荐律师（2019/2018）。毕业于吉林大学法律系，获法学学士学位，后就读于吉林大学研究生院，获民商法硕士学位。曾在吉林大学法学院任教，参与编写了《中国当代合同法论》《经济合同法学》等多部专业著作。目前为中国国际经济贸易仲裁委员会（CIETAC）、上海国际经济贸易仲裁委员会（SHIAC）和深圳国际仲裁院（SCIA）仲裁员。

齐　元

金杜律师事务所合伙人，主要执业领域为跨境争议解决，以及与资本市场及房地产相关的诉讼 / 仲裁及非诉业务。曾在中国各级法院及国内外仲裁机构，包括但不限于中国国际贸易经济仲裁委员会（CIETAC）、深圳国际仲裁院（SCIA）、上海国际经济贸易仲裁委员会（SHIAC）、香港国际仲裁中心（HKIAC）、新加坡国际仲裁中心（SIAC）等代理了大量涉外诉讼和仲裁案件，案件类型包括国际贸易、金融、股权纠纷等。于山东大学获得法学学士学位，于新加坡国立大学获得海商法法学硕士学位。曾于新加坡本地律师事务所担任注册外国法律师，已入选“广东省涉外律师领军人才库”及“深圳市涉外律师领军人才库”。

《中国能源争议解决年度观察（2020）》

齐晓东

北京市兰台律师事务所高级合伙人/资深顾问。从事法律工作已达23年，现任香港国际仲裁中心（HKIAC）、北京仲裁委员会/北京国际仲裁中心（BAC/BIAC）、中国国际经济贸易仲裁委员会（CIETAC）、深圳国际仲裁院（SCIA）等仲裁机构仲裁员及山西省能源法学会副会长。曾任众美集团副总裁（负责风控法务）、跨国公司斯伦贝谢中国及北亚区总法、IBM大中华区总法等职务。

崔轶凡

从事法律工作已有14年，目前主要负责思科大中华区产品销售和服务法律事务；曾任斯伦贝谢远东及澳洲大区合同经理（海外外派），斯伦贝谢公司中国及北亚区（包括日、韩及中国台湾）、维斯塔斯风力技术（中国）有限公司法律经理、美国格威·舒伯·拜耳律师事务所北京代表处中国法律顾问等。

付国敏

北京市兰台律师事务所律师，曾在中国石油天然气股份有限公司北京公司负责相关法律事务和公司合规管理，拥有10余年大型央企法律事务、合同管理、合规管理和企业管理经验。

《中国投资争议解决年度观察（2020）》

鲍　治

北京市奋迅律师事务所合伙人，亦担任奋迅律师事务所与美国贝克·麦坚时国际律师事务所自贸区联营办公室联营代表。专攻投资法律事务，包括与投资有关的交易、合规以及争议解决。加入奋迅之前，曾分别在中华人民共和国商务部和另外一家中国律师事务所工作多年。曾以仲裁员、代理律师、法律专家证人等身份，处理了涉及北京仲裁委员会 / 北京国际仲裁中心（BAC/BIAC）、中国国际经济贸易仲裁委员会（CIETAC）、香港国际仲裁中心（HKIAC）等机构的上百件涉及与投资有关的争议解决案件。

李海峰

北京市奋迅律师事务所合伙人，执业领域以争议解决（诉讼 / 仲裁）为重点，尤其是涉外争议，同时覆盖并购事务。代理案件涉及普通商事、知识产权、工程建设、并购、公司融资等多个方面，尤其擅长处理重大疑难的国际商事纠纷以及跨境交易，代理案件的总涉案金额达数百亿美元。

魏一南

北京市奋迅律师事务所实习律师，工作领域以争议解决和结构化融资为主。曾代理或参与多个与投资、信托等相关的争议解决项目。

《中国国际贸易争议解决年度观察（2020）》

王雪华

北京市环中律师事务所首席合伙人，对外经济贸易大学法学博士，曾任中国对外经济贸易大学法学院副院长、全国律师协会国际业务和 WTO 法律专业委员会主任、北京市律师协会反倾销专业委员会主任、国际贸易和投资专业委员会主任。现任北京仲裁委员会 / 北京国际仲裁中心（BAC/BIAC）仲裁员、中国国际经济贸易仲裁委员会（CIETAC）仲裁员、上海国际仲裁中心（SHIAC）仲裁员、深圳国际仲裁院仲裁员（SCIA）、海南仲裁委员会（HAC）仲裁员、对外经济贸易大学法学院兼职教授、中国法学会 WTO 法学会常务理事、中国国际法协会理事以及中国仲裁法学研究会常务理事。处理了多起国际仲裁案件，在不同的仲裁案件中担任过代理人、仲裁员和中国法专家证人，有丰富的国际商事仲裁经验。曾多次发表国际商法和反倾销法方面的论文。因其在国际贸易领域作出的卓越贡献，连年被钱伯斯评选为“业界贤达”。2017 年，被中国政府指派为 ICSID 仲裁员，任期六年。此外，兼任环中商事仲裁微信公众号的总编和撰稿人。

邢　媛

北京市环中律师事务所合伙人，对外经济贸易大学法学硕士。主要执业领域为国际贸易法、外商投资法、公司法、特许经营法、海商法。自从业以来，处理了大量上述领域争议案件，其中包括在北京仲裁委员会 / 北京国际仲裁中心（BAC/BIAC）、中国国际经济贸易仲裁委员会（CIETAC）、国际商会仲裁院（ICC）、香港国际仲裁中心（HKIAC）、亚洲国际仲裁中心（AIAC）等各大仲裁机构的仲裁案件，以及在国内法院具有重大影响的涉外经济类诉讼案件，具有丰富的争议解决经验。曾参加英国大律师公会组织的交流项目，在伦敦著名出庭律师事务所交流访问。中国国际投资仲裁常设论坛副秘书长，环中商事仲裁微信公众号的撰稿人之一。

《中国金融争议解决年度观察（2020）》

陈　珺

中国民生银行股份有限公司法律事务部总经理，北京大学法学研究生毕业，金融从业经历 28 年。曾任或现任的社会职务有：北京仲裁委员会 / 北京国际仲裁中心（BAC/BIAC）仲裁员、中国国际经济贸易仲裁委员会（CIETAC）仲裁员、中国海事仲裁委员会（CMAC）仲裁员、中国银行业协会法律工作委员会副主任、中国银行法学研究会常务理事、中国案例法学研究会常务理事、中国法律援助基金会第四届理事会理事。曾有《浅谈传统金融企业在互联网金融中的规则逆境》《动产质押与仓单质押问题探微》等多篇论文发表或获奖。

吕　琦

中国民生银行股份有限公司法律事务部副总经理，中国人民大学法律硕士毕业，清华—天普法律硕士在读，金融从业 19 年，法律从业 21 年，中英双语工作，熟悉金融创新研发、金融法律争议解决和银行法律风险管理等。北京仲裁委员会 / 北京国际仲裁中心（BAC/BIAC）仲裁员、全国“六五”普法先进个人、首届银行业协会法律专家库成员、中国法学会银行法学研究会副秘书长，多次应邀为北京大学法学院、中国银行业协会、中国银行保险监督管理委员会北京监管局、世界银行就供应链金融、资管业务、金融创新、互联网金融、知识产权质押等主题进行讲座与培训。曾有《浅析资管业务中有限合伙保底安排的结构设计与裁判思路》《中国信贷资产证券化实务的法律问题辨析》等多篇论文发表或获奖。

宋少源

中国民生银行法律顾问，10 年法律从业经验，从事银行重大诉讼、重大风险事件处置工作。曾在北京市某中级法院工作 7 年，一级法官，审理各类民商事案件 1,000 余件。

《中国知识产权争议解决年度观察（2020）》

谢冠斌

立方律师事务所创始合伙人。主要业务领域为知识产权纠纷、反垄断与竞争法、高科技公司法律顾问等。凭借深厚的理论基础、政府经验及高超的业务能力和敬业精神，在执业领域取得了良好的业绩，赢得了极高的声誉。曾先后就职于国家科委和国务院知识产权办公会议办公室，参与国家知识产权及科技立法与政策的起草与修订，并参与对美国、日本、欧盟等外国政府的知识产权谈判。从 1999 年开始担任司法部批准设立的华科知识产权司法鉴定中心主任；2002 年创办北京市立方律师事务所。目前担任最高人民法院知识产权案例指导研究（北京）基地专家咨询委员会专家、中共北京市委法律专家库成员、世界知识产权组织（WIPO）仲裁员、香港国际仲裁中心（HKIAC）专家、北京仲裁委员会/北京国际仲裁中心（BAC/BIAC）仲裁员、武汉仲裁委员会仲裁员、南京仲裁委员会仲裁员、重庆仲裁委员会仲裁员、珠海仲裁委员会仲裁员、中国国际经济贸易仲裁委员会（CIETAC）域名争议解决中心专家等。

李凤凤

立方律师事务所合伙人。主要业务领域为知识产权与竞争法，参与过一批重要的知识产权、反不正当竞争和反垄断诉讼及知识产权仲裁案件，并担任多家企业的知识产权法律顾问，具有丰富的诉讼和仲裁经验。曾先后于北京市第二中级人民法院、北京知识产权法院从事审判工作近 10 年，其间主审或参审侵权、合同纠纷等民商事案件 500 余件，审理商标、著作权、专利等知识产权案件 300 余件，积累了丰富的民商事和知识产权办案经验，准确掌握民商事和知识产权案件的审理思路。加入立方后，凭借深厚的法律功底、丰富的审判经验及敬业精神，在执业领域取得了较好的业绩。目前还担任北京多元调解发展促进会调解员、北海仲裁委员会/北海国际仲裁院仲裁员。

李　纯

立方律师事务所专职律师，具备处理国际知识产权业务的能力。在立方律师事务所工作期间，参与了各类知识产权案件。在专利领域，参与某国际知名化工企业、某电子行业知名企业等诉讼案件，协助专利团队应对诉讼问题及客户日常咨询；在著作权领域，协助众多知名软件企业处理在华软件维权，参与并组织、协调某国内互联网领军企业作品维权业务等；在商标领域，参与商标行政诉讼案件等。此外，还担任多家国内外企业的知识产权顾问律师。

《中国影视娱乐争议解决年度观察（2020）》

周俊武

北京金诚同达律师事务所高级合伙人、知识产权业务组负责人，北京大学法律硕士，北京律师协会传媒与新闻出版法律事务专业委员会主任，北京市影视娱乐法学会常务理事，九三学社中央经济委员会委员。于文化娱乐及知识产权领域执业超过 25 年，代理过多起涉及影视、演艺经纪、互联网、企业及艺人名誉权、音乐、舞蹈、游戏、综艺节目、短视频等行业的争议解决案件，这些案件多次被最高人民法院、中华全国律师协会评选为典型案例。曾获得《2020 钱伯斯亚太法律指南》“传媒与娱乐”领域上榜律师，《亚洲法律杂志》（ALB）“2019 中国十五佳诉讼律师”“2019 中国十五佳 TMT 律师”，《亚洲法律概况》（Asialaw Profiles）2020 亚洲法律领先律师榜单媒体及娱乐领域知名律师，北京市律师协会评选的“北京市优秀知识产权律师（2013）”等荣誉，是国内文化娱乐传媒法领域知名律师之一。同时也是业内较早的娱乐法微信公众号“周公观娱”的创始人和负责人。撰写及主编的娱乐法著作包括：《星路律程：行走娱乐圈法律之道》《当明星撞上法律》《周公观娱：娱乐法江湖》。

陈　曦

北京金诚同达律师事务所高级合伙人，四川大学法律硕士，北京市律师协会司法改革促进委员会委员。精通知识产权等民商事法律，执业领域包括娱乐与传媒、互联网不正当竞争、知识产权、人格权、税法及税务筹划等，并且对影视、音乐、传媒、游戏、短视频、艺人经纪、互联网等行业的诉讼和非诉讼法律事务具备丰富的经验。擅长处理公司法律事务，综合运用知识产权法、合同法、税法、侵权责任法等为公司内部和外部法律事务提供最佳解决方案，代理的案件不仅总是取得令客户满意的成果，还多次被评为最高人民法院、律师协会等评选的典型案件。参与撰写的娱乐法著作包括《当明星撞上法律》等，论文《电影作品相关元素的法律保护探微》曾获得中华全国律师协会知识产权专业委员会2013年度“十佳论文奖”。

米新磊

北京金诚同达律师事务所合伙人，中国人民大学法学硕士，北京律师协会传媒与新闻出版法律事务专业委员会秘书长，北京市影视娱乐法学会理事。具有文化娱乐和资本市场复合法律业务背景及经验，熟悉影视、音乐、演艺经纪、游戏、通信、广告、电商、网络新媒体等文化娱乐传媒行业，在知识产权、商事类争议解决方面有丰富经验。此外，对于公司投融资业务、私募股权与风险投资法律业务也有较为广泛的涉猎。曾主办华谊兄弟、儒意影业、瑞力投资等多家影视文娱公司及基金公司的多个股权投资法律项目，参与“中国好声音”诉前禁令和商标侵权及不正当竞争纠纷案、完美时空等七公司与网文作家“匪我思存”关于电视剧《人生若如初相见》著作权纠纷案等文娱行业知名案件。娱乐法微信公众号“周公观娱”的责任编辑和主要撰稿人之一。参与撰写的娱乐法著作包括：《当明星撞上法律》《周公观娱：娱乐法江湖》。

《中国体育争议解决年度观察（2020）》

蔡　果

执业于上海市金茂律师事务所，是中国市场稀缺的、专注国际法与体育产业的涉外法律人才。毕业于哈佛大学法学院并专攻宪法，创造性地将仲裁、宪法分析专长与自己对体育的热爱相结合，开创了体育争议解决职业道路。深度参与体育产业可追溯至2008年为北京奥运会担任专业志愿者。2016年里约热内卢奥运会期间的国际奥委会诉陈欣怡一案促使她投身体育法领域深耕，致力于为有需要的中国运动员提供对标国际的专业法律服务。在国际国内层面的争议解决程序中成功代理了运动员、职业教练、国内外体育组织等，特别擅长处理体育行业新兴、疑难问题。

Jeffrey Benz

国际体育仲裁院（CAS）、美国司法仲裁调解服务有限公司（JAMS）及4 New Square Chambers仲裁员暨调解员，英国皇家特许仲裁员协会成员（FCIarb），是一名专攻体育、娱乐及科技领域且颇受业界肯定的国际仲裁员。此前执业于美国高特兄弟律师事务所，曾担任美国奥林匹克委员会总法律顾问、职业拳击经纪人，以及科技公司管理者。名列国际体育仲裁院（CAS）仲裁员及调解员名录（全球范围内仅约400人），也是美国司法仲裁调解服务有限公司（JAMS）的领先仲裁员及调解员，被当事人或仲裁机构选任为仲裁员或调解员，处理过几百起体育案件。同时担任美国全国大学体育协会（NCAA）违规审查委员会主席及NCAA独立争议解决小组成员。也是美国（加利福尼亚州、科罗拉多州、夏威夷州及纽约州）执业律师，英格兰与威尔士执业大律师。2016年，英国广播公司（BBC）评价Jeffrey Benz是世界体育“公认经验最丰富的仲裁员之一”。《法律名人录：英国大律师》（Who’s Who Legal UK Bar）2019年版认为Jeffrey Benz“‘一流的仲裁经验广受认可’，受访者们认为他处理体育领域复杂争议‘自成一格’”。

《中国民用航空争议解决年度观察（2020）》

高　峰

国浩律师（北京）事务所合伙人，从事民航法律工作24年，北京仲裁委员会/北京国际仲裁中心（BAC/BIAC）仲裁员，中国国际经济贸易仲裁委员会（CIETAC）仲裁员，中国海事仲裁委员会（CMAC）仲裁员，上海国际经济贸易仲裁委员会（SHIAC）仲裁员，上海仲裁委员会（SAC）仲裁员，中国法学会航空法学研究会常务理事，中国政法大学航空法研究中心研究员，中国民航管理干部学院客座教授，中国民航大学客座教授。高峰律师的法律服务建立在对民航业的深刻了解和对航空法的专长之上，拥有与民用航空业界的紧密联系，以与政府主管部门良好的合作关系为依托，以民用航空业务的专业法律为保障，在民航商业交易、政府事务、飞机租赁及航空争议解决等相关领域向境内外航空客户提供专业化服务。

金　喆

国浩律师（北京）事务所合伙人，英国伦敦玛丽女王大学、中国人民大学法学硕士，曾任航联保险经纪有限公司法务内控部负责人，有16年的民航从业经历，充分了解航空公司、通用航空、公务机、民航机场、航空维修企业、航空制造企业的业务运行和法律风险防范，擅长航空租赁/买卖、航空争议解决、航空并购重组、航空保险、航空合规等领域。

李志宏

北京盈科（上海）律师事务所合伙人、航空团队负责人。受聘担任上海国际经济贸易仲裁委员会（SHIAC）仲裁员、中国法学会航空法学研究会理事、上海市法学会航空法研究会理事、华东政法大学兼职硕士生指导教师、中国民航大学兼职研究员、滨州学院兼职研究员。是原民航总局与北京大学联合定向培养的首批航空法学员，先后就职于航空公司、飞机制造企业，担任法律顾问、飞机销售合同主管等职务。主要业务领域为航空制造、公共航空运输、通用航空及延伸法律服务，目前担任多家大型航空制造企业、航空公司、机场、通用航空企业的法律顾问，与国内外航空界有着紧密的联系。

目　录

中国商事仲裁年度观察（2020）

费　宁　蒋　弘　刘　京[①]

一、概　述

2019 年，中美贸易战[②]进入第二年，全球经济形势日益复杂严峻，对于商事争议解决来说，风云激荡的形势既是机遇也是挑战。2019 年我国商事仲裁继续坚持改革、开放、创新原则，仲裁事业持续稳步发展，诸多领域更加规范和完善，为形成我国良好的法治化营商环境作出了新的贡献。

总体来说，2019 年，在政策指引、法律法规、制度建设、实践探索和理论研究等方面，我国的商事仲裁事业都取得了可喜的成绩。本文将回顾和述评这些领域所取得的成果，从中我们可以得出如下观察结论：

第一，在政策层面上，中国商事仲裁再次进入了顶层设计的视野。1994 年 8 月 31 日颁布的《中华人民共和国仲裁法》（以下简称《仲裁法》）是我国实行改革开放政策后第一次对商事仲裁进行的重要顶层设计。《仲裁法》颁布 25 年后，我国仲裁发展规模空前，至 2018 年底，我国在商事仲裁领域共设立 255 个仲裁委员会，工作人员 6 万多名，我国仲裁机构累计处理各类民商事案件 260 万余件，标

---

① 费宁，汇仲律师事务所管理合伙人。蒋弘，汇仲律师事务所高级顾问。刘京，汇仲律师事务所高级顾问。同时，笔者感谢汇仲律师事务所仲裁团队的其他成员王生长、杨晓夫、李一丹、杨嗣曈、孙荣北、曾胜、齐琪、宫琦为本报告作出的卓有成效的贡献。

② 2018 年 3 月 8 日，美国总统特朗普宣布将于 15 天后对美国进口的钢铁和铝分别加征 25% 和 10% 的关税，开启了中美之间的贸易战。此后世界最大的两个经济体中美之间的贸易摩擦和争端不断升级，世界经济风云激荡。两年间，中美国际贸易代表团历经 13 轮高级别磋商、20 多次牵头人电话磋商，于 2020 年 1 月 15 日签署中美第一阶段经贸协议，标志着中美双方朝着解决问题的方向迈出了重要一步。

的额 4 万多亿元，案件当事人涉及 70 多个国家和地区。仅 2018 年，全国仲裁机构就处理案件 54 万余件，案件标的额近 7,000 亿元。[①] 但是，与建立健全跟大国地位相符的“中国仲裁”品牌的需要相比，《仲裁法》所蕴含的内在精神还没有得到充分发挥，尚余缺漏和空白需要填补，不规范之处有待调整。中共中央办公厅、国务院办公厅于 2018 年 12 月 31 日发布了《关于完善仲裁制度提高仲裁公信力的若干意见》（以下简称《仲裁公信力意见》），从顶层设计的角度，对我国商事仲裁机构的性质、工作任务、行为准则、监督等提出了新规范、新要求。司法部于 2019 年 9 月 12 日就《仲裁委员会登记管理办法（征求意见稿）》（以下简称《仲裁委登记管理办法》）公开征求意见，进一步规范和完善仲裁委员会登记管理。

第二，在制度层面上，中国商事仲裁进入了改革开放的深层次。北京仲裁委员会 / 北京国际仲裁中心（以下简称北仲）新的仲裁规则于 2019 年 9 月 1 日起施行，在仲裁员报酬收付制度方面做了重大改革，在全国仲裁机构中率先施行将“仲裁员报酬”和“机构费用”相分离并规定当事人约定情况下仲裁员报酬可以按小时计费。2019 年上半年，海南省人民政府和深圳市人民政府分别发布了《海南国际仲裁院（海南仲裁委员会）管理办法》（以下简称《海国仲管理办法》）和《深圳国际仲裁院管理规定》（以下简称《深国仲管理规定》），决定海南国际仲裁院（以下简称海国仲）和深圳国际仲裁院（以下简称深国仲）建立以理事会为核心的法人治理结构。中国有远见的仲裁机构已在改革，从制度层面夯实仲裁事业做大做强的基础。

第三，在建设中国仲裁品牌方面，多地联动起步，已见初步成效。司法部于 2019 年 4 月明确新时代仲裁事业改革发展目标之一是，到 2022 年，全球性区域性中国仲裁品牌基本树立。[②] 为配合实现这一目标，上海市司法局于 2019 年 11 月 8 日发布的《境外仲裁机构在中国（上海）自由贸易试验区临港新片区设立业务机构管理办法》（以下简称《临港机构管理办法》），为经登记的境外仲裁机构在临港新片区设立业务机构开展仲裁业务活动打开了方便之门，有利于把上海建成亚太仲裁中心，将“上海仲裁”打造为“中国仲裁”的一张靓丽名片。最高人民法院（以下简称最高院）与香港律政司于 2019 年 4 月签署了《关于内地与香港特

① 参见《我国仲裁机构累计处理案件 260 万余件》，载中华人民共和国中央人民政府网，http://www.gov.cn/xinwen/2019-03/28/content_5377853.htm，访问时间：2020 年 1 月 16 日。

② 张维、买园园：《司法部明确新时代仲裁事业改革发展目标》，载法制网 2019 年 4 月 2 日，http://www.legaldaily.com.cn/Arbitration/content/2019-04/02/content_7818948.htm，访问时间：2020 年 1 月 16 日。

别行政区法院就仲裁程序相互协助保全的安排》(以下简称《两地仲裁保全安排》)。该安排的签署是香港受惠于“一国两制”的重大突破，标志着香港成为全球首个和目前唯一中国内地以外的司法管辖区，由指定仲裁机构管理的仲裁程序的当事人可以向内地法院申请保全，以确保仲裁程序能有效进行。[①]这有助于增加香港作为处理与内地有关争议的仲裁地的吸引力，使中国仲裁品牌建设战略也能够同时惠及大中华区域内的不同法域。

第四，在仲裁法治建设方面，仲裁相关的法律法规进一步完善，《仲裁法》的缺漏得到了一定程度的弥补。2019 年，最高院相继出台了一系列司法解释和司法文件：修订了《最高人民法院关于民事诉讼证据的若干规定》(以下简称《民事诉讼证据规定》)，细化了证据规则，对以中国为仲裁地的仲裁将产生积极影响；发布《最高人民法院关于适用〈中华人民共和国企业破产法〉若干问题的规定（三）》（以下简称《破产法司法解释（三）》)，明确破产管理人可以提出撤销仲裁裁决申请；发布有关行政协议的司法解释，明确了与行政协议有关的仲裁协议的效力；发布《全国法院民商事审判工作会议纪要》(以下简称《九民纪要》)，明确行使代位求偿权的保险人受第三者和被保险人签署的仲裁协议约束。北京市第四中级人民法院（以下简称北京四中院）和江西省高级人民法院（以下简称江西高院）等发布了关于仲裁司法审查规范性文件，广东省高级人民法院（以下简称广东高院）和河南省高级人民法院（以下简称河南高院）发布了关于严格审查网贷仲裁裁决执行的文件。最高院和地方各级法院在仲裁法治建设上的积极作为，增强了仲裁法律的包容性和透明度。

第五，在仲裁实务和创新方面，我国仲裁机构的表现亮点频仍。2019 年 2 月 21 日起施行的《深圳国际仲裁院仲裁规则》(以下简称《深国仲 2019 年规则》)首次引进“选择性复裁程序”，提供可供当事人协议选择的裁决自力救济程序，其创新之意引起了关注。自 2019 年 10 月 1 日起施行的《北京仲裁委员会 / 北京国际仲裁中心国际投资仲裁规则》(以下简称《北仲投资仲裁规则》)兼容机构仲裁和临时仲裁，首次引入上诉机制，为国际投资仲裁纳入上诉机制探索路径。此外，中国海事仲裁委员会（以下简称海仲）和青岛仲裁委员会（以下简称青仲）等发布了网上仲裁规则，回应“互联网 +”时代信息技术发展对仲裁提出的新需求。2019 年全国仲裁机构的受案数量和争议金额再创新高。以中国国际经济贸易仲裁

① 参见《立法会十四题：香港作为国际仲裁枢纽》，载香港特别行政区律政司网站 2019 年 12 月 18 日，https://www.doj.gov.hk/mobile/sc/public/pr/20191218_pr1.html，访问时间：2020 年 1 月 16 日。

委员会（以下简称贸仲）和北仲为例，2019 年，贸仲受理案件总计 3,333 件（同比增长 12.53%），其中国内案件 2,716 件（同比增长 11.31%），涉外案件 617 件（同比增长 18.20%），争议金额达人民币 1,220.43 亿元（同比增长 20.13%），当事人来自 72 个国家和地区（比上年增加 12 个国家和地区，同比增长 20%）。[①] 2019 年，北仲受理案件总计 6,732 件，案涉标的总额为 948.04 亿元。在受理的国内案件中，当事人一方或双方来自京外省市的案件共有 4,452 件，占国内案件数的 66.13%，同比增长 1,510 件，增长率达 51.33%；当事人双方均来自京外省市的案件共有 1,606 件，占国内案件数的 23.86%，同比增长 796 件，增长率达 98.27%。北仲 2019 年受理涉外案件的数量和标的总额均显著增长，分别达到 163 件和 69.52 亿元。[②]

第六，在仲裁司法审查实务方面，最高院和地方各级法院努力营造更加友好的司法环境，对待撤销和不予执行仲裁裁决的态度非常谨慎，仲裁的公信力稳步提升。2019 年，最高院国际商事法庭（以下简称 CICC）圆满审结了首批五个有关仲裁的司法审查案件，对仲裁协议独立性、通过诉讼规避仲裁的后果等疑难问题进行充分说理、细致裁判，解决了长期以来司法界和仲裁界对这些问题产生的疑惑，统一了处理此类案件的指导性思路和标准，彰显了国际商事法庭处理重大疑难案件的能力和为"一带一路"建设服务的实力。北京四中院与中国政法大学仲裁研究院（以下简称中政仲研院）联合发布的《仲裁司法审查案件大数据研究报告》显示，以北京四中院为代表的地方法院在司法审查中比较精准地把握了最高院提出的"尽量使仲裁协议有效""友善于仲裁"的原则，维护仲裁协议效力的比例很高，而撤销仲裁裁决的比例很低。[③] 本文精选的人民法院司法审查若干案例也证明了人民法院对热点问题、疑难案件的把控能力和求真务实的裁判水平。

第七，在"一带一路"纠纷解决机制方面有了新的发展。2019 年 4 月 25 日至 27 日，在第二届"一带一路"国际合作高峰论坛上，中国国际贸易促进委员会 / 中国国际商会与 30 多个国家和地区的商协会、法律服务机构等共同发起成立"国际商事争端预防与解决组织"。2019 年 11 月 6 日至 7 日，"一带一路"仲裁机

---

① 《中国国际经济贸易仲裁委员会 2019 年工作报告》，载中国国际经济贸易仲裁委员会网站，http://cietac.org/index.php?m=Article&a=show&id=16445，访问时间：2020 年 1 月 21 日。

② 《"不忘初心，与梦同行"——北仲"2019 年工作报告会"成功举办》，载北京仲裁委员会网站 2020 年 1 月 20 日，http://www.bjac.org.cn/news/view?id=3653，访问时间：2020 年 1 月 20 日。

③ 《大数据报告全景展示仲裁司法审查案件审理情况》，载法制网 2019 年 12 月 12 日，http://www.legaldaily.com.cn/Arbitration/content/2019-12/12/content_8072214.htm，访问时间：2020 年 1 月 16 日。

构高端圆桌论坛在北京召开，其间 30 家国际仲裁机构和 13 家国内仲裁机构达成《“一带一路”仲裁机构北京联合宣言》，提出共建“一带一路”仲裁机构更加紧密合作机制的倡议。2019 年 12 月 27 日，最高院发布《关于人民法院进一步为“一带一路”建设提供司法服务和保障的意见》，其中第 28 条、第 33 条和第 34 条的规定助力仲裁事业的国际化发展。

第八，中国继续积极参与国际争议解决机制的建设。2019 年 7 月 18 日，中国政府向联合国国际贸易法委员会（以下简称联合国贸法会）第三工作组第三十八届会议筹备组提交了《关于投资人与国家间争端解决制度可能的改革的意见书》，列举中国认为需要重点关注的问题，并提出对策和建议。2019 年 8 月 7 日，包括中国在内的 46 个国家在新加坡出席会议，签署《关于调解所产生的国际和解协议公约》（以下简称《新加坡调解公约》），旨在解决国际商事调解达成的和解协议的跨境执行问题，有望开启国际商事纠纷解决的崭新局面。2019 年 9 月 23 日至 27 日，联合国贸法会第二工作组（争议解决）第 70 届会议在奥地利维也纳国际中心举行，北仲受邀派出代表团全程参与了会议的讨论，并就“关于快速仲裁的条文草案”相关问题介绍了中国仲裁的实践经验，贡献了中国智慧。

第九，在仲裁理论研究、实务培训和国际交流方面，深度与广度进一步提高。特别是在仲裁实务培训和仲裁人才培养方面，近年来仲裁机构联合政府部门、律师界和高等院校做了大量卓有成效的工作，取得了丰硕成果。北京、上海等地每年一度的仲裁周、仲裁模拟比赛以及北仲在境外举行的“中国商事争议解决高峰论坛”等，都有力地促进了仲裁知识的普及和应用，中外仲裁界出现了互相交流、互相借鉴的新局面。

二、新仲裁法律法规、其他规范性文件及仲裁规则述评

（一）新法律法规及规范性文件

1. 有关仲裁的中央文件、法律法规和部门规章

（1）《仲裁公信力意见》

中共中央办公厅、国务院办公厅于 2018 年 12 月 31 日印发了《仲裁公信力意见》，其中有诸多关于完善仲裁制度的改革方略在 2019 年得到了各地仲裁委员会的积极响应。该意见首次明确提出我国仲裁机构应当是提供公益性服务的非营利性法人，对我国仲裁机构找准定位、深化改革具有重要意义。

（2）《粤港澳大湾区发展规划纲要》

2019 年 2 月 18 日，中共中央、国务院印发《粤港澳大湾区发展规划纲要》，规划近期至 2022 年，远期展望到 2035 年[①]，在第九章明确“完善国际商事纠纷解决机制，建设国际仲裁中心，支持粤港澳仲裁及调解机构交流合作，为粤港澳经济贸易提供仲裁及调解服务”，对粤港澳地区仲裁事业的发展具有深远意义。

（3）《中国（上海）自由贸易试验区临港新片区总体方案》

2019 年 7 月 27 日，国务院印发《中国（上海）自由贸易试验区临港新片区总体方案》（以下简称《临港新区方案》），第 4 条提出“允许境外知名仲裁及争议解决机构经上海市人民政府司法行政部门登记并报国务院司法行政部门备案，在新片区内设立业务机构”。为上海加快打造面向全球的亚太仲裁中心提供了有力的政策支持。

另外，2019 年 9 月 12 日，司法部公布《仲裁委登记管理办法》，列举了不予登记的情形、确定了分支机构的登记备案程序、增加了换届复核的内容、细化了注销登记的规定、明确了登记管理机关对仲裁委员会进行监督检查的内容和形式、引入了有关信用建设的规定，增加了贸仲、海仲、海峡两岸仲裁中心及其分支机构的登记备案规定，同时还规定，境外仲裁机构在境内分支机构的登记工作，依照该办法办理。[②]

2. 有关仲裁的司法解释和司法文件

（1）《两地仲裁保全安排》[③]

2019 年 4 月 2 日，最高院与香港律政司签署了《两地仲裁保全安排》，对保全的范围、香港仲裁程序的界定、申请保全的时间和管辖法院、保全申请的提交和转交、保全申请的处理等内容作出了详尽的规定。2019 年 9 月 26 日，最高院公布了关于《两地仲裁保全安排》的理解和适用，为《两地仲裁保全安排》在内地法院的适用提供了指引规范。2019 年 11 月 11 日和 12 月 20 日，国际商会仲裁院和香港国际仲裁中心先后发布适用《两地仲裁保全安排》的实践指引。在一定程度上提高了当事人在两地特别是在香港仲裁的积极性。

① 《大湾区纲要》前言部分。

② 《仲裁委员会登记管理办法（征求意见稿）》，载微信公众号“司法部”，访问时间：2020 年 1 月 20 日。

③ 《内地与香港〈两地仲裁保全安排〉简评》，载微信公众号“汇仲律师事务所”，访问时间：2020 年 1 月 20 日。

（2）《破产法司法解释（三）》第 7 条

2019 年 2 月 25 日，最高院审判委员会通过《破产法司法解释（三）》，其中第 7 条规定，破产管理人有证据证明债权人与债务人恶意通过仲裁虚构债权债务的，可以向受理破产申请的人民法院申请撤销或者不予执行仲裁裁决。相对于原裁决的当事人而言，破产管理人是仲裁案外人。自 2018 年 3 月 1 日起施行的《最高人民法院关于人民法院办理仲裁裁决执行案件若干问题的规定》第 9 条已经创设了案外人申请不予执行仲裁裁决制度，以保护案外人的合法权益不受虚假仲裁的侵害。《破产法司法解释（三）》进一步规定破产管理人可以提出撤销仲裁裁决的申请，这是人民法院通过司法审查遏制虚假仲裁的新举措。

（3）《民事诉讼证据规定》

2019 年 10 月 14 日，最高院审判委员会通过修订的《民事诉讼证据规定》，于 2020 年 5 月 1 日正式实施。该规定共 100 条，包括“当事人举证”“人民法院调查收集证据”“举证时限和证据交换”“质证”“证据的审核认定”“其他”六个组成部分，内容齐全，修订甚多，对于民商事纠纷处理实务将产生比较大的影响。在“当事人举证”部分，主要补充完善了当事人自认规则，其中第 3 条对自认适用的场合进行了扩大解释，明确规定在证据交换、询问、调查过程中或者在起诉状、答辩状、代理词等书面材料中作出的于己不利的陈述，也可认定为自认；在“人民法院调查收集证据”部分，对鉴定的规定进行了补充完善，增加了对鉴定人虚假鉴定处罚的内容，同时增加规定了“书证提出命令”制度，明确了“书证提出命令”的申请条件、审查程序，并将“书证提出命令”扩展到视听资料和电子数据；在“举证时限和证据交换”部分，完善了举证时限的可操作性规则；在“质证”部分，对于当事人的陈述和证人作证行为的程序、要求进行完善和补充，对于当事人、证人故意虚假陈述规定了处罚措施；在“证据的审核认定”部分，完善了电子数据的审查判断规则。[①]

对于在中国进行的仲裁程序而言，如果仲裁规则中对于特定的证据规则问题无相应规定，《民事诉讼证据规定》可以参考适用，预计《民事诉讼证据规定》将对中国的仲裁实践产生重大的影响。

---

① 徐媛：《新民事诉讼证据规定的亮点解读》，载微信公众号“上海宝山法院”，访问时间：2020 年 1 月 20 日。

（4）《九民纪要》第 98 条

2019 年 11 月 14 日，最高院发布《九民纪要》，第 98 条规定："保险代位求偿权是一种法定债权转让，保险人在向被保险人赔偿保险金后，有权行使被保险人对第三者请求赔偿的权利。被保险人和第三者在保险事故发生前达成的仲裁协议，对保险人具有约束力。"与此同时，鉴于涉外案件仲裁协议的适用法律由相应的冲突法规范指引，《九民纪要》第 98 条也将国内案件和涉外案件区别对待，对于具有涉外因素的民商事纠纷中该问题的处理，不纳入第 98 条规范的范围。

这意味着，对于国内案件，《九民纪要》明确了保险人代位求偿权与《最高人民法院关于适用〈中华人民共和国仲裁法〉若干问题的解释》第 9 条所指的"债权债务全部或者部分转让"不同，也与《中华人民共和国合同法》（以下简称《合同法》）第 73 条所规定的债权人代位权有别，鉴于保险代位求偿权具有"法定债权转让"性质，即使保险人未签署仲裁协议，被保险人和第三人之间的仲裁协议对其仍然具有约束力。这可以防止保险人在取得代位权的同时，随意改变被保险人和第三者之间既定的争议解决方式而择地行诉或者获得"摘樱桃"式的管辖利益，这实际上也是对最高院以往裁判观点的颠覆。[①]

（5）《关于人民法院为中国（上海）自由贸易试验区临港新片区建设提供司法服务和保障的意见》

2019 年 12 月 27 日，最高院发布《关于人民法院为中国（上海）自由贸易试验区临港新片区建设提供司法服务和保障的意见》，该意见是继国务院《临港新区方案》之后，最高院积极为新片区制度创新提供有力的司法服务和保障的重要举措。

3. 地方推动仲裁的规范性文件

（1）《打响"上海仲裁"服务品牌行动方案（2019—2021 年）》

2019 年 5 月 27 日，上海司法局印发《打响"上海仲裁"服务品牌行动方案（2019—2021 年）》，提出整合力量，分工推进，全力打造"上海仲裁"模式，将"上海仲裁"建设成具有较大国内外影响力的高端法律服务品牌。

（2）深圳与海南相继发布仲裁机构管理规定

2019 年 2 月 11 日，中共海南省委全面深化改革委员会第五次会议审议通过了《海国仲管理办法》。《海国仲管理办法》参照了 2012 年 11 月深圳市政府发布

① 王生长：《代位求偿的保险人受仲裁协议约束——最高法九民〈会议纪要〉第 98 条述评》，载微信公众号"汇仲律师事务所"，访问时间：2020 年 1 月 20 日。

的政府规章《深圳国际仲裁院管理规定（试行）》（深圳市人民政府令第245号），结合海南省建设自由贸易试验区和中国特色自由贸易港的新要求，以地方立法的形式明确海国仲将实行以理事会为核心的法人治理机制。引人注目的是，《海国仲管理办法》第28条规定，海国仲应当将“经理事会审定的海南国际仲裁院年度工作报告、财务预（决）算报告”等资讯“在其网站上公开，供公众查询，接受社会监督”。海国仲增加财务透明度的举措，在国内首屈一指。[①]

2019年6月1日，修订后的《深国仲管理规定》开始施行，此次修订内容的亮点颇多：第一，《深国仲管理规定》进一步完善深国仲的法人治理机制，规定由深圳市政府聘请境内外法律界、工商界和其他相关领域的知名人士担任理事，负责深国仲重大事项的决策。同时，强调理事中来自香港、澳门等地的境外人士不少于三分之一，凸显粤港澳大湾区特色。第二，《深国仲管理规定》进一步推进深国仲的管理机制改革，明确深国仲应当建立健全与事业单位独立法人相适应的财务资产管理制度和市场化用人制度。第三，《深国仲管理规定》进一步明确了全球化措施，规定仲裁员名册中来自香港、澳门等境外地区和国家的仲裁员不少于三分之一。[②]

海南与深圳的上述举措，有助于推动商事仲裁的创新发展，是中国仲裁进一步与国际接轨的有益探索。

（3）《临港机构管理办法》《境外仲裁机构在临港新片区设立业务机构申办指引》

为配套《临港机构管理办法》，上海市司法局专门出台了《境外仲裁机构在临港新片区设立业务机构申办指引》，就申请人范围、申请条件、申请材料以及申请和审批流程提供了具体的指引。

（4）江西高院和北京四中院发布关于仲裁司法审查的指引性文件

2019年7月13日，江西高院发布《江西省高级人民法院仲裁司法审查案件审理工作指引》，不仅明确了仲裁司法审查案件的范围、管辖法院、办理部门、审查程序，而且提供了较为详细的审查标准。

---

① 王生长：《有魄力！海南国际仲裁院将实行法人治理结构并向社会公布财务预决算报告》，载微信公众号“汇仲律师事务所”，访问时间：2020年1月20日。

② 《新修订的〈深圳国际仲裁院管理规定〉2019年6月1日起施行》，载微信公众号“深圳国际仲裁院”，访问时间：2020年1月19日。

2019年12月10日，北京四中院发布《仲裁司法审查案件审理规范指南》，包括3个章节和41个条文，内容涉及“仲裁司法审查案件的受理”“确认仲裁协议效力案件审理规范”“申请撤销仲裁裁决案件审查规范”，同时该指南还配套提供了16个仲裁司法审查的典型案例。

上述仲裁司法审查的规范性文件，对于统一、规范本辖区法院仲裁司法审查工作具有指引性的意义，值得其他地区的人民法院效仿和尝试。

（5）广东高院和河南高院发布关于规范网络借贷仲裁裁决执行的通知

2019年11月21日，广东高院发布了《广东省高级人民法院关于规范网络借贷仲裁裁决执行的通知》（以下简称《广东高院网贷仲裁通知》），《广东高院网贷仲裁通知》适用的对象包括两类纠纷：第一类为个体和个体之间通过互联网平台直接借贷产生的P2P网贷纠纷；第二类为小额贷款公司开展网络借贷产生的纠纷。

《广东高院网贷仲裁通知》主要是为防止在上述两类案件中虚假仲裁和对仲裁程序的滥用情形。该《通知》实际上对网络借贷仲裁裁决的执行规定了较为严格的审查措施和审查标准，这不仅有助于维护仲裁的公平正义，也有利于防范化解金融风险、维护社会和谐稳定。

2019年12月13日，河南高院发布与《广东高院网贷仲裁通知》内容类似的《关于规范网络借贷仲裁裁决执行及司法审查工作的通知》。

（二）仲裁机构新动向、新仲裁规则

1. 北仲修改仲裁规则

北仲第七届委员会第四次会议于2019年7月15日审议并通过了新版《北京仲裁委员会仲裁规则》（以下简称《北仲2019年规则》），对北仲现行的2015年版仲裁规则进行了修订，自2019年9月1日起施行。

本次修订的最大亮点，是对北仲现行仲裁收费制度作出了重大改革，在新规则正文及其附录1《北京仲裁委员会案件收费标准》中，将“仲裁员报酬”和“机构费用”分开收取，并统一适用于国内仲裁案件和涉外仲裁案件。当事人还可以约定仲裁员报酬按小时计算，提供多样化的计费模式。

除了对仲裁收费制度的改革之外，《北仲2019年规则》还将适用简易程序的案件争议额上限提升至500万元，完善了紧急仲裁员程序，明确了当事人提交的临时措施申请书需包含哪些内容，为当事人提供了更加明确的规则指引。

2. 北仲发布《北仲投资仲裁规则》

近年来，国际上对于通过仲裁方式解决投资者与东道国之间投资争端的需求显著增加，《北仲投资仲裁规则》应运而生。《北仲投资仲裁规则》包括正文和六个附录，于 2019 年 10 月 1 日正式施行。正文共 6 章、54 条。六个附录分别是收费表、建议时间表、快速程序、紧急仲裁员程序、上诉程序规则及适用《联合国国际贸易法委员会仲裁规则》程序指引。

《北仲投资仲裁规则》在如下方面具有创新意义：一是兼容机构仲裁和临时仲裁。《北仲投资仲裁规则》的主体部分是机构仲裁，即北仲作为仲裁机构依照规则受理依据投资条约、投资协议等提交仲裁的国际投资争端。同时，规则第 2 条和附录六对北仲受理适用《联合国国际贸易法委员会仲裁规则》的仲裁和为适用《联合国国际贸易法委员会仲裁规则》的临时仲裁提供协助制定了程序指引。二是引入上诉等纠错机制，增强裁决的正确性和一致性。近年来，欧盟与一些国家缔结的投资协定已纳入上诉机制；联合国贸法会正在审议的投资争端解决机制改革议题已将上诉机制作为重要议题。目前尚无专门性投资仲裁规则对上诉机制作出明确规定。《北仲投资仲裁规则》首次引入了上诉机制，为国际投资仲裁设置上诉机制探索路径。[①]

3. 深国仲修改仲裁规则引入选择性复裁机制

2019 年 2 月 21 日，修订后的《深国仲 2019 年规则》正式施行。《深国仲 2019 年规则》全文共计 72 条，其中最引人注目的当属第 68 条“选择性复裁程序”以及《深圳国际仲裁院选择性复裁程序指引》。根据深国仲的选择性复裁程序，当事人约定任何一方就仲裁庭依照《深国仲 2019 年规则》第八章作出的裁决可以向深国仲提请复裁的，从其约定，其前提是仲裁地法律不禁止。目前允许或不禁止仲裁内部上诉制度的国家或地区包括美国、法国、英国、新加坡、中国香港等。除此之外，适用快速程序的案件，也不适用选择性复裁程序。[②] 一裁终局原则是我国《仲裁法》的基本原则，深国仲复裁程序虽不适用于在我国内地进行的仲裁，但其创新的尝试对我国《仲裁法》修改有一定的借鉴意义。

---

① 《〈北京仲裁委员会 / 北京国际仲裁中心国际投资仲裁规则〉制定说明》，载微信公众号“北京仲裁委员会”，访问时间：2020 年 1 月 20 日。

② 沈四宝、刘晓春、樊奇娟：《一裁终局的重新评估与复裁机制的创新实践》，载《法制日报》2019 年 11 月 2 日，第 10—11 版。

4. 国内仲裁机构发布仲裁规则推动网上仲裁

2019 年 8 月 8 日,《青岛仲裁委员会互联网仲裁规则》正式开始实施。据介绍，青仲与国内互联网企业合作，运用人工智能、区块链等技术，研发建成互联网仲裁办案平台和国内首个运用 5G 网络切片技术的电子证据平台，对于促进仲裁与互联网经济的深度融合具有开创性意义。[①]

2019 年 12 月 27 日,《中国海事仲裁委员会网上仲裁规则》（以下简称《海仲网上仲裁规则》）正式发布，于 2020 年 1 月 1 日起正式施行。《海仲网上仲裁规则》有四大亮点：第一，明确网上仲裁概念，克服过渡期滞后性。规则第 1 条规定网上仲裁的受案范围不仅包括签订和履行行为全部在互联网上完成的在线纠纷，也包括部分签订或履行行为在互联网上完成的纠纷。在目前学界、业界对于“网上仲裁”“网络仲裁”“在线仲裁”定义存在多种解读的情况下，海仲对网上仲裁的概念和受案范围作出明确规定，有其现实意义。第二，设置快速程序专章，凸显网上仲裁高效性。适用快速程序的，相较普通网上仲裁程序快了一倍。第三，明确电子证据认定、联通区块链等核心技术，实现可靠而便捷的电子数据传输和认定功能。第四，允许程序转换，保障网上仲裁个案需求。规则第 29 条规定了线上线下程序转换模式，赋予了当事人最大限度的自由转换权，在四种情形下仲裁庭或仲裁委员会、仲裁院有权将仲裁程序变更为线下方式，以保障当事人在网络环境下也能够获得程序正义。[②]

5. 北海亚洲国际仲裁中心成立

2019 年 8 月 8 日，即《新加坡调解公约》开放签署的第二天，北海仲裁委员会在新加坡设立的“北海亚洲国际仲裁中心”正式成立，该中心主要受理“一带一路”倡议具体实施中的纠纷以及中国当事人与东盟当事人之间的纠纷，为“一带一路”参与国当事人提供以国际商事仲裁为主，国际投资仲裁、商事调解为辅的多元化解决纠纷服务。该中心的规则以《联合国国际贸易法委员会仲裁规则》为基础制定，并纳入小额仲裁程序（简易程序）。设立该中心是以北海仲裁委员会为代表的国内仲裁机构学习借鉴境外仲裁的理念和做法、加强中外仲裁合作交流

---

① 《青岛仲裁委员会〈互联网仲裁规则〉暨互联网仲裁平台运行发布会和业务研讨会在青岛举行》，载微信公众号“青岛仲裁委员会”，访问时间：2020 年 1 月 20 日。

② 《〈中国海事仲裁委员会网上仲裁规则〉正式发布，争议解决迈入时代的“快车道”》，载微信公众号“中国海事仲裁委员会”，访问时间：2020 年 1 月 20 日。中国海事仲裁委员会公布的网上仲裁平台网址为：https://www.earbitration.org.cn，访问时间：2020 年 1 月 20 日。

的生动实例。①

三、仲裁司法审查大数据统计和典型案例述评

（一）仲裁司法审查案件统计分析

1. 北京地区确认仲裁协议效力类案件、撤销仲裁裁决类案件统计分析

2019 年 12 月 10 日，北京四中院与中政仲研院发布了《仲裁司法审查案件大数据研究报告》，对北京四中院自 2018 年 2 月 8 日专属管辖商事仲裁司法审查案件以来至 2019 年 9 月 1 日审结的案件的情况进行统计。②

（1）北京四中院仲裁司法审查案件整体情况

该报告统计了三类案件，即确认仲裁协议效力（以下简称确仲）类案件、申请撤销仲裁裁决（以下简称撤裁）类案件和申请承认与执行境外仲裁裁决（以下简称承认与执行）类案件。2018 年 2 月 8 日至 2019 年 9 月 1 日，北京四中院共审结该三类案件 968 件，基本情况见下表：

案件类型	数量	备注
确仲类案件	316 件	含涉外 24 件
撤裁类案件	647 件	含涉外 74 件
承认与执行类案件	5 件	含涉港 2 件，其他国家 3 件

（2）确仲类案件分析

确仲类案件裁定情况的统计分析见下表：

序号	裁定结果	国内	涉外	总数量	所占比例	类型
1	驳回申请人确认仲裁协议无效	225	18	243	76.90%	经法院审理裁定
2	支持申请人确认仲裁协议有效	8	1	9	2.84%	
3	驳回申请人确认仲裁协议有效	1	0	1	0.32%	
4	支持申请人确认仲裁协议无效	1	0	1	0.32%	

① 《北海亚洲国际仲裁中心落户新加坡》，载微信公众号“北海海城检察”，访问时间：2020 年 1 月 20 日。

② 《仲裁司法审查案件大数据研究报告》内容可见于《大数据报告全景展示仲裁司法审查案件审理情况》，载法制网 2019 年 12 月 12 日，http://www.legaldaily.com.cn/Arbitration/content/2019-12/12/content_8072214.htm，访问时间：2020 年 1 月 20 日。

续表

序号	裁定结果	国内	涉外	总数量	所占比例	类型
5	准许撤回申请	54	5	59	18.67%	未经法院审理裁定
6	驳回申请，准许上诉	3	0	3	0.95%	未经法院审理裁定
总计		292	24	316	100%	

总体而言，在北京四中院对仲裁协议效力作出判断的全部 254 件案件中，仅有 2 件否定了仲裁协议的效力，支持仲裁协议有效的裁定占比高达 99.21%。这与最高院司法政策指导中强调“尽量使其有效”原则，以及国际上“支持仲裁”理念是高度一致的，体现了北京四中院在该问题上的把握度之精准。

确仲类案件申请理由的统计分析见下表：

序号	申请理由	提出次数	涉案比例（249 件[①]）
1	仲裁协议无效或者不存在	120	48.19%
2	仲裁机构约定不明确	52	20.88%
3	前后协议关系问题及适用范围	50	20.08%
4	仲裁协议主体问题	39	15.66%
5	违背或裁或审原则	33	13.25%
6	仲裁事项约定不明确	27	10.84%
7	其他事由	12	4.82%
8	超出仲裁协议管辖范围	11	4.42%

从以上分类和数据可以看出，实践中当事人对仲裁协议效力的挑战涉及的问题非常多，而不仅仅是《仲裁法》第 16 条、第 17 条、第 18 条规定的情形。对这些理由的进一步研究与分析，不仅对企业的合同管理、合规审查具有参考价值，对仲裁活动的程序管理也提出了新的挑战，是仲裁实践中需要重点关注的新问题。

（3）撤裁类案件分析

撤裁类案件裁定情况的统计分析见下表：

① 在北京四中院对仲裁协议效力作出判断的全部 254 件案件中，有 5 件案件人民法院认定适用法律为新加坡法律，因而将该 5 件案件剔除。

序号	裁定结果	国内	涉外	总数量	所占比例	类型
1	裁定驳回撤销仲裁裁决的申请	525	67	592	91.50%	经法院审理裁定
2	裁定撤销裁决	1	2	3	0.46%	
3	裁定重新仲裁	2	0	2	0.31%	
4	准许撤回申请 / 按撤回申请处理	42	5	47	7.26%	未经法院审理裁定
5	驳回申请，准许上诉	3	0	3	0.46%	
总计		573	74	647	100%	

在北京四中院对撤销裁决与否作出判断的全部 597 件案件中，仅有 3 件裁定撤销仲裁裁决，另仅有 2 件裁定重新仲裁，驳回撤销仲裁裁决请求的比例高达 99.16%。总体而言，北京地区整体的撤裁率很低，在一定程度上可以说明北京地区裁决质量较高，仲裁程序的管理规范到位；另一方面，可以看出北京四中院对撤销裁决这一后果最为严重的认定方式，采取了极为谨慎的态度，有力地维护了仲裁裁决的终局性和公信力。

国内案件中申请人撤裁理由的统计分析见下表：

序号	申请理由	提出次数	涉案比例（528 件）
1	仲裁庭的组成或者仲裁的程序违反法定程序的	288	54.55%
2	对方当事人隐瞒了足以影响公正裁决的证据的	230	43.56%
3	提出了不属于法院审查范围的理由	222	42.05%
4	裁决所根据的证据是伪造的	111	21.02%
5	裁决的事项不属于仲裁协议的范围或者仲裁委员会无权仲裁的	107	20.27%
6	裁决违背社会公共利益的	92	17.42%
7	没有仲裁协议的	76	14.39%
8	仲裁员在仲裁该案时有索贿受贿，徇私舞弊，枉法裁决行为的	76	14.39%

在撤裁申请中，申请人提出不属于法院审查范围的理由的比例高达 42.5%（上述统计表第 3 项），该理由可进一步细分统计如下：

序号	情形	提出次数	涉案比例（528 件）
1	事实认定错误	163	30.87%
2	法律适用错误	62	11.74%
3	证据认定及采纳	25	4.73%
4	裁决不公	24	4.55%
5	仲裁费用承担	12	2.27%
6	重复仲裁	10	1.89%
7	其他情形	39	7.39%

涉外案件中申请人撤裁理由的统计分析见下表：

序号	申请理由	提出次数	涉案比例（528 件）
1	当事人在合同中没有订有仲裁条款或者事后没有达成书面仲裁协议的	22	31.88%
2	被申请人没有得到指定仲裁员或者进行仲裁程序的通知，或者由于其他不属于被申请人负责的原因未能陈述意见的	5	7.25%
3	仲裁庭的组成或者仲裁的程序与仲裁规则不符的	38	55.07%
4	裁决的事项不属于仲裁协议的范围或者仲裁机构无权仲裁的	20	28.99%
5	人民法院认定执行该裁决违背社会公共利益的	15	21.74%
6	提出了不属于法院审查范围的理由	51	73.91%

从上表“不属于法院审查范围的理由”的构成可见，该类撤裁理由总体而言属于“事实认定和法律适用”方面的情形，但法院若对这些情形进行司法审查则违法。国内案件撤裁理由中“不属于法院审查范围的理由”涉案比例高达42.05%，涉外案件更是高达 73.91%。这一方面说明当事人申请撤裁理由不够专业、理性，或者对“法外情形”抱有不切实际的幻想；另一方面也表明北京四中院在仲裁司法审查问题上严格坚持“依法审查”，定位准确。对不属于法律规定撤裁的情形，直接予以排除和否定，为当事人划出了明确的法律界限。这种对仲裁裁决的审查不缺位、不越位的司法态度是保障仲裁长期稳定发展的基础。

2. 仲裁中的保全类案件统计分析

（1）国内仲裁中的财产保全的统计分析

通过在中国裁判文书网上筛选“仲裁程序中的财产保全”的裁定书，选择裁判日期为2019年1月1日至2019年12月31日，网站共显示3,011份文书[①]。本文按照地域共筛选了其中的63份文书做抽样研究。[②]

从笔者随机抽取的63份仲裁财产保全裁定书中可以看出，在申请人提供了相应担保的情况下（其中申请人选择最多的担保方式是财产保全保险），法院均支持了仲裁程序中的财产保全请求。根据笔者的统计，其中有29份裁定书均是在申请人申请后的30日内作出的，比例为80.56%，其余7份裁定书的出具时间则用时较长，最长达180日。总体而言，我国法院基本能够在30日内对财产保全的申请作出裁定。

自申请至作出财产保全裁定的期限	案件数量
1—5日	10
6—10日	8
11—20日	9
21—30日	4
30—60日	4
61日以上	3

（2）适用《两地仲裁保全安排》案件的统计分析

自2019年10月1日《两地仲裁保全安排》生效以来，香港国际仲裁中心已经受理了13例由单方申请的仲裁保全申请，申请保全在中国内地的财产共计约55亿元人民币。[③]所有13例申请均在仲裁过程中提出，其中12例为财产保全申请，1例为证据保全申请。保全申请是向内地9个法院提出，截至2020年2月10日，至少已有5例财产保全申请获得了内地人民法院裁定批准，保全总金额近17亿元人民币。[④]

① 载中国裁判文书网，http://wenshu.court.gov.cn/，访问时间：2020年1月12日。

② 按照1/60的比例抽取，同时至少保证每个省份抽取一个案例。

③《内地与香港仲裁保全安排生效后内地法院保全案件一览表：法院、案情及金额》，载微信公众号“采安律师事务所”，访问时间：2020年3月26日。

④《HKIAC发布适用〈两地仲裁保全安排〉的相关实践》，载微信公众号“香港国际仲裁中心HKIAC”，访问时间：2019年12月20日。吴家欣：《内地与香港的仲裁互助安排——HKIAC的实践与经验》，载微信公众号“香港国际仲裁中心HKIAC”，访问时间：2020年3月26日。

3. 外国仲裁裁决承认与执行、港澳台地区仲裁裁决认可与执行数据分析

（1）2019年依据《承认及执行外国仲裁裁决公约》（以下简称《纽约公约》）申请承认和执行外国仲裁裁决案件的统计分析

<table>
<tr><th></th><th>案号及审理法院</th><th>案件</th><th>裁定结果</th></tr>
<tr><td>1</td><td>（2018）晋01民初921号
太原市中级人民法院</td><td>Fairdeal、Fairdeal Supplies与山西煤炭进出口集团有限公司申请承认和执行外国仲裁裁决案</td><td>不予承认和执行</td></tr>
<tr><td>2</td><td>（2015）琼海法他字第1号
海口海事法院</td><td>特莱顿国际集装箱有限公司与洋浦经济开发区建设投资开发有限公司、海南泛洋航运有限公司特别程序</td><td>部分不予承认和执行</td></tr>
<tr><td>3</td><td>（2018）京04协外认7号
北京市第四中级人民法院</td><td>贸达商品有限公司（Tradex Commodities Limited）申请北京和美汉艺进出口有限责任公司申请承认和执行外国仲裁裁决案</td><td rowspan="8">承认和执行</td></tr>
<tr><td>4</td><td>（2018）津01协外认1号
天津市第一中级人民法院</td><td>利奇食品株式会社、元春秋申请承认与执行法院判决、仲裁裁决案</td></tr>
<tr><td>5</td><td>（2018）津01协外认13号
天津市第一中级人民法院</td><td>世安株式会社、天津市天锻压力机有限公司申请承认与执行法院判决、仲裁裁决案</td></tr>
<tr><td>6</td><td>（2018）苏01协外认8号
南京市中级人民法院</td><td>申请人斯万斯克蜂蜜加工公司申请承认和执行由Peter Thorp、Sture Larsson和Nils Eliasson组成的临时仲裁庭作出的仲裁裁决案</td></tr>
<tr><td>7</td><td>（2018）沪01协外认23号
上海市第一中级人民法院</td><td>IHS Global Limited（信息管理服务全球有限公司）诉新疆美克化工股份有限公司申请承认和执行外国仲裁裁决案</td></tr>
<tr><td>8</td><td>（2019）辽02协外认8号
大连市中级人民法院</td><td>南太平洋风险投资有限公司、盘锦辽河油田凯特石油设备有限公司申请承认和执行外国仲裁裁决案</td></tr>
<tr><td>9</td><td>（2017）豫01协外认11号
郑州市中级人民法院</td><td>昌盛贸易公司、河南江河机械有限责任公司申请承认和执行外国仲裁裁决案</td></tr>
<tr><td>10</td><td>（2019）沪01协外认12号
上海市第一中级人民法院</td><td>ACME清洁技术解决方案私人有限公司（ACME Cleantech Solutions Private Limited）与中电电气（上海）太阳能科技有限公司申请承认与执行法院判决、仲裁裁决案</td></tr>
</table>

续表

<table>
<tr><th></th><th>案号及审理法院</th><th>案件</th><th>裁定结果</th></tr>
<tr><td>11</td><td>（2019）辽 04 外协认 13 号
抚顺市中级人民法院</td><td>抚顺中兴重工有限公司申请承认和执行外国仲裁裁决案</td><td rowspan="4">承认</td></tr>
<tr><td>12</td><td>（2018）鄂 72 协外认 1 号之一
武汉海事法院</td><td>VM 有限公司、江苏中汇进出口有限公司申请承认和执行外国仲裁裁决案</td></tr>
<tr><td>13</td><td>（2018）鲁 11 协外认 3 号
日照市中级人民法院</td><td>大宝产业株式会社、山东浩瀚能源有限公司申请承认和执行外国仲裁裁决案</td></tr>
<tr><td>14</td><td>（2018）鲁 11 协外认 4 号
日照市中级人民法院</td><td>肯考迪亚农产品贸易有限公司、山东晨曦集团有限公司申请承认与执行法院判决、仲裁裁决案</td></tr>
<tr><td>15</td><td>（2019）鲁 02 协外认 2 号
青岛市中级人民法院</td><td>凯德尔有限责任公司、青岛新锐化学有限公司申请承认和执行外国仲裁裁决案</td><td rowspan="2">准许撤回申请</td></tr>
<tr><td>16</td><td>（2016）粤 03 民初 791 号
深圳市中级人民法院</td><td>株式会社东芝（TOSHIBA CORPORATION）与深圳市兆驰股份有限公司申请承认和执行外国仲裁裁决案</td></tr>
</table>

上表显示了通过公开渠道查询得到的中国法院 2019 年处理 16 件申请承认和执行外国仲裁裁决案件结果。其中，中国法院准许撤回申请的 2 件，裁定承认的 4 件，裁定承认和执行的 8 件，裁定部分不予承认和执行的 1 件，裁定不予承认和执行的 1 件。绝大多数案件得到了承认和执行。

在上述案例中，与下图[①]所统计的过往案例情况一致，《纽约公约》第 5 条（乙）项、（丙）项和（丁）项所规定的不予承认和执行的情形依旧是被申请人援引最多的抗辩事由。

① 该图表系基于我国法院适用《纽约公约》裁定不予承认及执行外国仲裁裁决的不同事由，对各事由项下案件数量进行的分别统计。根据公开渠道可查询的最高院复函及各地方法院、海事法院判决，我们初步统计自 2000 年至今，有 31 个案例适用《纽约公约》裁定不予承认和执行外国仲裁裁决。

其中，存在因同时具备两项不予承认和执行的事由裁定不予承认和执行的情况。最高院〔2007〕民四他字第 26 号复函、〔2008〕民四他字第 18 号复函系因存在《纽约公约》第 5 条第 1 款（乙）和（丁）项规定的情形，不予承认和执行；〔2008〕民四他字第 11 号复函系因存在《纽约公约》第 5 条第 1 款（丙）项和第 2 款（乙）项规定的情形，不予承认和执行。该图表对该三项复函在其所涉事由项下进行了重复统计。

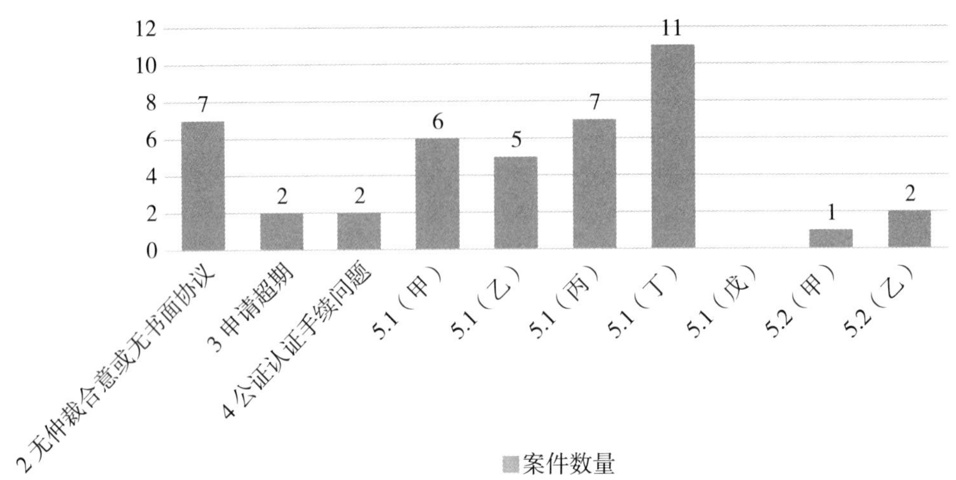

（2）2019年依据《内地与香港特别行政区相互执行仲裁裁决的安排》（以下简称《安排》）申请认可和执行香港仲裁裁决的法院案例

	案号及审理法院	案件	裁定结果
1	（2018）粤72认港1号之一 （2019）粤72认港1号 广州海事法院	华夏航运（新加坡）有限公司、东海运输有限公司申请认可和执行香港特别行政区仲裁裁决案	认可和执行
2	（2015）鄂宜昌中民认字第00002号 宜昌市中级人民法院	盖特汽车自由贸易区公司、埃及盖特汽车制造公司申请认可和执行香港特别行政区仲裁裁决案	不予认可和执行
3	（2015）鄂宜昌中民认字第00003号之一 宜昌市中级人民法院	盖特汽车自由贸易区公司、河北中兴汽车制造有限公司申请认可和执行香港特别行政区仲裁裁决案	
4	（2019）鄂01执异387号 武汉市中级人民法院	关于黄某映提出执行异议一案的执行裁定书	驳回异议请求，认为《安排》并未规定香港仲裁裁决需要先予认可后方可申请执行
5	（2019）闽执复24号 福建省高级人民法院	中煤京闽（福建）工贸有限公司与Noble Resources International Pte Ltd民事执行案	驳回复议请求，理由同上
6	（2019）闽执复31号 福建省高级人民法院	Noble Resources International Pte Ltd、中煤京闽（福建）工贸有限公司其他案由执行审查类执行案	驳回复议申请，认为申请认可是申请执行的前提条件

续表

	案号及审理法院	案件	裁定结果
7	（2018）鲁 02 认港 1 号之二 青岛市中级人民法院	凯能（新加坡）私人有限公司；山东电力建设第三工程有限公司申请认可和执行香港特别行政区仲裁裁决案	准许撤回申请
8	（2019）沪 72 认港 2 号 上海海事法院	申请人中原租船有限公司（CHINALAND CHARTERING LIMITED）申请认可和执行香港特别行政区仲裁裁决案	
9	（2019）沪 72 认港 3 号 上海海事法院	申请人中原租船有限公司（CHINALAND CHARTERING LIMITED）申请认可和执行香港特别行政区仲裁裁决案	
10	（2019）沪 72 认港 4 号 上海海事法院	申请人中原租船有限公司（CHINALAND CHARTERING LIMITED）申请认可和执行香港特别行政区仲裁裁决案	
11	（2019）沪 72 认港 5 号 上海海事法院	申请人中原租船有限公司（CHINALAND CHARTERING LIMITED）申请认可和执行香港特别行政区仲裁裁决案	
12	（2019）津 72 认港 1 号 天津海事法院	海悦航运有限公司、华胜船务有限公司申请认可和执行香港特别行政区仲裁裁决案	
13	（2019）苏 04 认港 1 号 常州市中级人民法院	秦某春、童某申请W E G电力设备公司承认与执行法院判决、仲裁裁决案	

上表显示了通过公开渠道查询得到的中国法院 2019 年处理 13 件申请认可和执行香港仲裁裁决案件结果。其中，中国法院准许撤回申请的 7 件，裁定认可和执行的 1 件，裁定因违反内地的社会公共利益而不予认可和不予执行的 2 件（详见下文典型案例 7 的述评），裁定驳回执行异议和驳回执行复议的 3 件。值得注意的是，内地法院对于申请执行香港仲裁裁决是否须先申请认可仍然存在不同理解。

（二）典型案例述评

【案例 1】仲裁协议独立性也适用于仲裁协议是否成立和生效[①]

【基本案情】

2017 年 3 月 29 日，运裕公司通过北京产权交易所（以下简称北交所）公开

① （2019）最高法民特 1 号运裕有限公司、深圳市中苑城商业投资控股有限公司申请确认仲裁协议效力民事裁定书。CICC 裁判的同类案件还有：（2019）最高法民特 2 号新劲企业公司、深圳市中苑城商业投资控股有限公司申请确认仲裁协议效力民事裁定书，（2019）最高法民特 3 号北京港中旅维景国际酒店管理有限公司、深圳维景京华酒店有限公司申请确认仲裁协议效力民事裁定书。

挂牌转让其持有的新劲公司 100% 的股权。

运裕公司于 2017 年 5 月 9 日向中菀城公司发送北交所提供的标准文本《产权交易合同》，其中第 16.2 条约定“协商解决不成的，提交北京仲裁委员会仲裁”。中菀城公司于 2017 年 5 月 10 日反馈修改后的合同文本，其中第 16.2 条的争议解决机构修改为“协商解决不成的，任何一方均有权提交深圳国际仲裁院以仲裁方式解决”。

2017 年 5 月 11 日，双方对于合同文本又进行了一轮修改，但未再修改第 16.2 条。中菀城公司遂在《产权交易合同》（草签版）上盖章，并将该文本送达运裕公司。2017 年 5 月 17 日，运裕公司向中菀城公司发送《产权交易合同》（拟签署版），拟签署版本中的仲裁条款仍与草签版相同。后双方产生争议，一直未正式签署《产权交易合同》。

2018 年 4 月，中菀城公司根据《产权交易合同》（草签版）第 16.2 条，向深圳国际仲裁院提出仲裁申请。运裕公司遂申请确认仲裁协议不存在。最高院裁定该案由 CICC 审查。

【争议焦点】

本案争议焦点是案涉仲裁条款是否成立。

【裁判观点】

合议庭经审查认为：第一，申请确认当事人之间不存在仲裁协议，属于广义的对仲裁协议效力的异议。第二，依据仲裁协议独立性，在确定仲裁条款效力包括仲裁条款是否成立时，可以先行确定仲裁条款本身的效力。

本案中，就仲裁条款而言，运裕公司发出的合同草签版的仲裁条款是要约，中菀城公司在合同草签版上盖章并将盖章合同文本送达运裕公司是承诺。根据《合同法》第 25 条、第 26 条的相关规定，《产权交易合同》中的仲裁条款于 2017 年 5 月 11 日成立。鉴于运裕公司并未主张仲裁条款存在法定无效情形，故应当认定双方当事人之间存在有效的仲裁条款。

【纠纷观察】

本案是 CICC 成立后首批审结的司法审查案例之一。CICC 在本案中以充分的说理，正面阐述了仲裁协议独立性原则及其实用价值，同时对中国司法界长期以来存在的关于仲裁协议效力司法审查是否包括对仲裁协议存在问题审查的争论给出了明确答案和指引，为弥补《仲裁法》的缺漏、统一司法裁判尺度增添了亮丽的一笔。本案裁定展示了 CICC 法官的专业水平和支持仲裁的态度，增强了人们对于 CICC 的信赖和信心。

仲裁协议的独立性原则是仲裁的基本原则，也是仲裁机关“自裁管辖”的基石。仲裁协议独立性原则的真谛，是以仲裁协议独立于基础合同之实保护当事人的仲裁合意，而不是借独立之名要求当事人在发生争议后对原先达成的仲裁合意再独立地进行二次确认，减损仲裁协议应有的效力。无论是仲裁机关“自裁管辖”还是法院进行司法审查，坚持仲裁协议独立性要义，都是非常重要的。

【案例2】当事人将非仲裁协议当事人列为共同被告以规避仲裁条款，CICC明确“此路不通”①

【基本案情】

2004年至2009年，富士公司与亚洲光学公司、信泰公司分别签订了八份《委托开发合同》，约定富士公司（甲方）委托信泰公司和亚洲光学公司（乙方）实施数码相机开发业务。《委托开发合同》仲裁条款约定与本合同相关的所有纠纷基于日本商事仲裁协会的商事仲裁规则在东京通过仲裁的方式最终解决。

2012年，亚洲光学公司、信泰公司依据八份《委托开发合同》中的仲裁条款向日本商事仲裁协会申请仲裁，请求富士公司对美国判决给乙方造成的损失进行赔偿。

2013年，在仲裁期间，亚洲光学公司、信泰公司与富士公司签订《确认书》，载明：各方关于关联委托开发协议所产生的纠纷，所有的当事人都服从同一内容的仲裁意见，以及关于本次仲裁的一个程序，相互确认对于审查没有异议。

2016年4月，亚洲光学公司、信泰公司作为原告，以富士公司及富士公司在中国的三家全资子公司（即富士投资公司、富士投资深圳分公司和富士光电公司）作为被告，以委托加工合同纠纷为由起诉，向深圳市南山区人民法院提起本案诉讼。被告提起管辖权异议，称本案纠纷系《委托开发合同》中的仲裁条款所约定的“与本合同相关的所有纠纷”，故应通过仲裁解决。原告将富士公司在中国投资的企业列为共同被告，其目的是制造连接点以便在中国法院立案，规避仲裁协议。

最高院裁定该案由CICC审理。

【争议焦点】

本案的争议焦点为：法院对亚洲光学公司、信泰公司与富士公司之间的纠纷

---

①（2019）最高法商初2号，亚洲光学股份有限公司、东莞信泰光学有限公司等与富士胶片株式会社等加工合同纠纷案一审民事裁定书。

是否有管辖权，富士投资公司、富士投资深圳分公司和富士光电公司是否为本案适格被告。

【裁判观点】

针对第一个争议焦点，合议庭认为，本案有关专利费的诉讼请求，属于《委托开发合同》中仲裁条款的范围，各方应通过仲裁解决，法院对本案不具有管辖权。针对第二个争议焦点，合议庭认为，原告将该三公司列为被告是为了制造由人民法院管辖的连接点和规避仲裁条款，应当驳回原告对该三公司的起诉。

【纠纷观察】

有效的仲裁协议约束当事人，可以排除法院对同一纠纷的管辖权。实践中，经常出现有的当事人罗列案外人为共同被告在法院起诉而意图规避仲裁管辖的情况。CICC 通过本案的裁判，明确表达了司法机关不支持当事人增加非仲裁协议当事人为共同被告以达到规避仲裁条款的目的的态度，这一裁判规则对于人民法院处理故意规避仲裁管辖的案件具有重要的参考意义。

【案例 3】最高院明确垄断纠纷不可仲裁①

【基本案情】

壳牌公司与汇力公司签订了经销商协议，约定了争议解决的仲裁条款。后双方发生纠纷，汇力公司向呼和浩特中院提起垄断民事纠纷。壳牌公司遂向呼和浩特中院提出管辖权异议，其中一项理由为经销商协议中已含仲裁条款，该案不属于法院的管辖范围。

【争议焦点】

本案的争议焦点为垄断纠纷的可仲裁性。

【裁判观点】

最高院认为，《中华人民共和国反垄断法》具有明显的公法性质，是否构成垄断的认定超出了合同相对人之间的权利义务关系，并使本案争议不再限于《仲裁法》第 2 条规定的“平等主体的公民、法人和其他组织之间发生的合同纠纷和其他财产权益纠纷”，不再属于《仲裁法》规定的可仲裁范围。

【纠纷观察】

本案为最高院确认垄断纠纷不具有可仲裁性的首例。尽管在其他一些法域（例如美国等）垄断纠纷可以仲裁，但在中国，法院对垄断纠纷的可仲裁性采取了否

① （2019）最高法知民辖终 47 号民事裁定书。

定的态度。本案有助于解决司法实践的分歧，增强当事人就这一问题的可预见性。

【案例 4】快速仲裁与临时仲裁可以相容[①]

【基本案情】

案涉争议解决条款约定“in case of disputes governed by Swedish law and that disputes should be settled by Expedited Arbitration in Sweden”（意为：如发生争议，应适用瑞典法，并且在瑞典通过快速仲裁解决）。争议发生后，申请人斯万斯克公司首先于 2015 年以常力公司为被申请人向瑞典斯德哥尔摩商会仲裁院（SCC）提请仲裁，SCC 受理该案后，经审查以其无管辖权为由驳回该仲裁申请。

2016 年 3 月，斯万斯克公司再次以常力公司作为被申请人启动仲裁地为瑞典的临时仲裁。2017 年 5 月，常力公司代理人致函仲裁庭明确反对仲裁庭的管辖权。嗣后常力公司多次提交了书面答辩和陈述意见，并在听证过程中对仲裁庭的管辖权不再持异议。仲裁庭于 2018 年 6 月作出仲裁裁决。

江苏省南京市中级人民法院（以下简称南京中院）受理承认与执行前述裁决的案件。

【争议焦点】

本案的争议焦点为双方选择适用快速仲裁程序能否通过临时仲裁的方式进行。

【裁判观点】

南京中院认为：第一，双方对在瑞典通过快速仲裁解决争端并无异议，快速仲裁并未排除通过临时仲裁的方式解决。根据常力公司在 SCC 审查中提出的辩论意见，“仲裁条款可以指临时仲裁或瑞典西部规则或瑞典南部规则下的快速仲裁规则”。由此可以反映出，常力公司当时对以临时仲裁处理的方式并不持异议。第二，在临时仲裁庭审中，常力公司的法定代表人并未就仲裁管辖权提出任何异议，故应当认定常力公司对临时仲裁庭的管辖并不持异议。

【纠纷观察】

本案民事裁定书总体上值得赞赏，但若细究，则存在回避争点、说理不足的问题。有关仲裁程序与双方合同约定的仲裁条款不符的抗辩，常力公司明确提出了若干值得剖析的观点，例如：（1）临时仲裁绝不等同于快速仲裁；（2）SCC 仲裁与临时仲裁并不是非此即彼的关系；（3）本案案涉国际因素，极有可能是适用某一仲裁机构的快速规则。对于常力公司提出的这些似是而非的观点，合议庭没有正面分析，

---

① 本案可参见江苏省南京市中级人民法院（2018）苏 01 协外认 8 号民事裁定书。

而是采取了回避的态度，将分析的重点转而放在放弃异议上。事实上，常力公司有意模糊了机构仲裁、临时仲裁、快速仲裁的概念，存在根本上的错误认识。机构仲裁和临时仲裁的甄别，是按照有无仲裁机构管理仲裁程序来区分的，两者是非此即彼的关系。本案仲裁协议没有约定仲裁机构，也没有约定可以推定出仲裁机构的仲裁规则，因此本案仲裁只能是临时仲裁，不可能是机构仲裁。而临时仲裁与快速仲裁是相容的，临时仲裁庭有权在征求当事人意见的基础上，参考相应的快速仲裁规则，以程序令等方式制定出适合于本案的快速仲裁规则或措施，实现当事人在仲裁协议中表达的快速仲裁意愿。本案案情为我国法院正确适用《纽约公约》、通过司法裁判教育民众提供了很好的素材，可惜裁定回避争点说理欠足而留下遗憾。

【案例 5】天津法院主动查明外国法认定仲裁协议效力[①]

【基本案情】

大连正道公司为摩尔曼公司提供船舶修理服务，维修合同第 63 条约定了仲裁条款“本合同适用英国法。所有本合同产生的或与合同相关的争议应提交伦敦仲裁。伦敦仲裁依据 1996 年仲裁法，以及其现行有效的变更和补充进行裁决。案件应按照启动仲裁程序时伦敦海事仲裁员协会现行有效的规则进行审理”。

因摩尔曼公司欠付修理费及违约金，大连正道公司向天津海事法院起诉请求支付欠付费用、违约金等。

【争议焦点】

天津海事法院对本案是否有主管权。天津海事法院经审查认为应依照仲裁地法即英国法，认定涉案仲裁条款是否有效。

【裁判观点】

天津海事法院依职权对英国法下认定仲裁协议效力相关问题进行了查明。查明涉及的材料包括：（一）1996 年英国仲裁法、1950 年英国仲裁法等法律相关条款。（二）《奇蒂论合同法（第 30 版）》《施米托夫论出口贸易（第 11 版）》等国外教科书或专著关于英国仲裁法的相关论述。（三）《伦敦海事仲裁制度研究》《英国仲裁制度研究》《中英海事仲裁制度比较》等国内学者、实务人员关于英国仲裁法的相关论述。（四）山东省高级人民法院另案裁定载明的 The “PetrShmidt”［1995］1LLR202 案例全文。（五）天津市高级人民法院（2018）津民终 272 号民事裁定书。其中，涉及五个英国判例的查明。

---

① （2019）津 72 民初 220 号民事裁定书。

天津海事法院认为，按照查明的英国法，该仲裁条款合法有效，对双方均有约束力，本院对本案不享有主管权，大连正道公司应将纠纷提交仲裁裁决。

【纠纷观察】

本案中，天津海事法院主动依职权对英国法下认定仲裁协议效力相关问题进行了查明，不仅涉及英国成文法，而且涉及相关判例和权威论述。我国是大陆法系国家，在案件适用普通法的情况下，法院敢于且善于对另一法系的相关判例法进行查明和适用，体现了我国法官较高的专业素养。

值得一提的是，2019 年 11 月 29 日上午，最高院域外法查明平台在国际商事法庭网站（http://cicc.court.gov.cn）上线启动，标志着全国法院域外法查明统一平台的正式建立。该平台的上线启动，是最高院贯彻落实中央《关于建立“一带一路”国际商事争端解决机制和机构的意见》要求，有效破解涉外审判实践中域外法查明难的“瓶颈”问题的重要举措。未来，在涉外审判实践中的外国法查明，将会在技术层面得到有效支持。

【案例 6】仲裁调解书是否可以撤销[①]

【基本案情】

2018 年 9 月，在金华勘察院与易能公司的仲裁中，案外人顾某向仲裁庭提交了由“于某”签字并盖有易能公司印章的授权委托书，顾某凭此授权委托书代理易能公司出庭并与金华勘察院达成调解协议，仲裁庭出具调解书。

后易能公司依据《仲裁法》第 58 条请求撤销该调解书，主张顾某系伪造授权委托书。

【争议焦点】

本案的争议焦点为仲裁调解书能否撤销。

【裁判观点】

合议庭认为，我国《仲裁法》第 58 条不包括仲裁调解书的撤销。人民法院对于仲裁裁决和仲裁调解书的司法监督是有所不同的，申请撤销仲裁调解书缺乏法律依据，不能支持。

【纠纷观察】

《仲裁法》第 58 条和《中华人民共和国民事诉讼法》第 274 条分别对撤销纯国内仲裁裁决和涉外仲裁裁决的法定事由进行了规定，但该等规定是否同等适用

① （2019）沪 01 民特 555 号民事裁定书。

于仲裁调解书则并未明确。法律规定不明确，造成司法实践中裁判尺度也不统一。最高院[①]和地方法院[②]都曾在此前的案例中认为仲裁调解书的撤销可以参照仲裁裁决书的撤销，但也有地方法院认为撤销仲裁调解书没有法律依据。[③]由于法律规定的缺失，各地法院除参照适用仲裁裁决书撤销规定外，似乎并无其他更好的解决办法。但是，由于仲裁调解书具备其自身的特殊性，尤其是仲裁调解书系双方自愿达成，并非基于仲裁庭对案件事实、证据进行审理后独立作出的裁判，以仲裁协议无效、仲裁程序违规、仲裁庭超裁等理由申请撤销仲裁调解书就显得不甚妥当。因此，在尊重当事人意思自治原则的前提下，撤销调解书的事由应当被严格限制。在本案中，法院以申请撤销仲裁调解书缺乏法律依据为由不予支持，是另一种裁判思路。从统一裁判尺度的角度来看，将来修订《仲裁法》时有必要对此问题作出明确、统一的规定。

【案例7】域外仲裁的仲裁管辖权与我国已经生效的判决、裁定所确定的司法管辖权直接冲突的，执行该裁决将构成对我国公共政策的违反

【基本案情】

2007年4月20日，申请人儿家埃及公司同被申请人中国中兴汽车公司签署《CKD和代理协议》，对关于CKD项目合作进行了约定。《CKD和代理协议》第14条约定："In case of breach of any of the Articles of this agreement by either of the parties, both Parties agree to put best efforts to remedy by negotiation. Otherwise, both Parties agree

---

① 《关于申请人南方国际租赁有限公司申请撤销深圳仲裁委员会〔2007〕深仲调字第20—1号补正调解书一案的请示的复函》（〔2010〕民四他字第45号）中最高院认为："对于涉外和涉港澳台的仲裁调解书，可以按照《仲裁法》第70条的规定撤销。"

《关于人民法院应否受理撤销仲裁调解书申请的复函》（〔2013〕民四他字第39号）中最高院认为："根据《中华人民共和国仲裁法》第五十八条第一款的规定，当事人可以向人民法院申请撤销仲裁裁决，该法第五十一条第二款又规定，仲裁调解书与仲裁裁决书具有同等法律效力，这就意味着，仲裁调解书也应纳入司法审查的范围。"

② 在（2017）粤01民特1351号案中，广东省广州市中级人民法院认为，裁决与调解均是仲裁庭审查案件、处理纠纷的方式，仲裁庭出具的裁决书与调解书均具有法律约束力，在司法审查问题上应遵循相同的程序和制度。

③ 在（2016）粤18民特41号案中，广东省清远市中级人民法院也认为："《中华人民共和国仲裁法》只规定了当事人有申请撤销仲裁裁决的权利，而没有规定当事人有申请撤销仲裁调解书的权力。申请人李某国申请撤销仲裁调解书，并无法律依据，法律也未赋予人民法院行使撤销仲裁调解书的权力，对申请人李某国撤销仲裁调解书的申请本院应不予受理，因本院已对本案立案受理，故应驳回申请人李某国的申请。"

to arbitration as per the International Chamber of Commerce and held in CHINA?”（意为：若本合同的任何一方违反了本合同的任一条款，双方当事人同意尽力通过协商解决。否则双方当事人同意提交国际商会在中国仲裁）。随后签署的《技术合作协议》中也有类似的仲裁条款。

2011 年 5 月 13 日，中兴汽车公司向河北省石家庄市中级人民法院（以下简称石家庄中院）提出申请，要求确认《CKD 和代理协议》和《技术合作协议》中的仲裁条款无效，石家庄中院于 2011 年 5 月 16 日受理该案，2018 年 7 月 6 日作出裁定认定《CKD 和代理协议》和《技术合作协议》中的仲裁条款均无效。

2011 年 10 月 11 日申请人向国际商会仲裁院提起仲裁。国际商会仲裁院决定仲裁地为中国香港，仲裁庭也认为其有仲裁管辖权。中兴汽车公司提出管辖异议，并请求仲裁程序暂停或终止，以等待石家庄中院对仲裁条款的有效性作出裁定。仲裁庭也知晓石家庄中院的案件，于 2013 年 2 月 19 日作出部分裁决，并于 2015 年 9 月 2 日作出了终局裁决。申请人在湖北省宜昌市中级人民法院（以下简称宜昌中院）申请执行。

【争议焦点】

本案争议焦点是执行该裁决是否违反中国的社会公共利益。

【裁判观点】

宜昌中院认为，石家庄中院的确仲案件受案早于国际商会仲裁案。在人民法院已对当事人之间仲裁协议的效力作出否定性评判的前提下，认可和执行基于上述仲裁协议作出的仲裁裁决，将与人民法院的上述生效裁定相冲突，违反内地社会公共利益，应当不予认可和不予执行。

【纠纷观察】

宜昌中院作出的（2015）鄂宜昌中民认字第 00002 号和（2015）鄂宜昌中民认字第 00003 号之一裁定书是继永宁案[①]（2008 年）和浩普案[②]（2016 年），我国内地法院以违反社会公共利益为由拒绝认可和执行国际商会仲裁院仲裁庭作出的仲裁裁决的又一案例。

总体来说，我国法院在承认和执行外国仲裁裁决时，对于认定是否存在违反“公共政策”即“社会公共利益”情形持慎重态度，对“社会公共利益”做狭义解释，

① 《最高人民法院关于不予承认和执行国际商会仲裁院仲裁裁决的请示的复函》，〔2008〕民四他字第 11 号（以下简称永宁案）。

② 江苏省泰州市中级人民法院民事裁定书（2015）泰中商仲审字第 00004 号（以下简称浩普案）。

即“应当理解为承认和执行外国仲裁裁决将导致违反我国法律基本原则、侵犯我国国家主权、危害社会公共安全、违反善良风俗等足以危及我国根本社会公共利益的情形”[①]。虽然其中的具体情形还可以细化或有待进一步澄清，但有一点始终是明确的，外国仲裁裁决否定我国人民法院已经生效的判决、裁定的既判力，侵犯我国司法主权和人民法院的司法管辖权的，或者域外仲裁的仲裁管辖权与我国已经生效的判决、裁定所确定的司法管辖权直接冲突的，执行该仲裁裁决将构成对我国公共政策的违反。

仲裁庭关于仲裁管辖权的裁决与中国内地法院已经发生既判力的判决、裁定发生冲突，甚至有的仲裁庭故意漠视或直接否定内地法院的判决、裁定，这种冲突可以称之为管辖权的积极冲突。在法院看来，仲裁庭的决定有可能是有意侵害法院司法管辖权的行为，是动摇司法根基的和无法容忍的，法院的反制——主动审查就在所难免。如果仲裁庭关于仲裁协议效力及其有管辖权的决定先于中国内地法院作出，则较有可能避免因管辖权冲突带来的消极后果。[②] 发生管辖权冲突的法律文书的作成时间甚为关键。

四、热点问题观察

（一）北仲仲裁员报酬改革

《北仲 2019 年规则》对仲裁员报酬收付制度的重大改革是 2019 年中国仲裁发展的亮点，在国内外都引起了强烈反响。

在《北仲 2019 年规则》正文及其附录 1《北京仲裁委员会案件收费标准》中，仲裁费用被明确分为仲裁员报酬和机构费用，按照案件争议金额的大小实行从价累退费率收费，或者在对机构费用按照案件争议金额的大小实行从价累退费率收费的同时，对仲裁员报酬也可依约定按小时费率收费。各收费标准均规定了收费的封顶金额，并统一适用于国内仲裁案件和涉外仲裁案件。

笔者在早前参与的一份研究报告《中国涉外商事仲裁案件仲裁员报酬制度改

① 《最高人民法院关于申请人 Castel Electronics Pty Ltd. 申请承认和执行外国仲裁裁决一案请示的复函》，〔2013〕民四他字第 46 号。

② 《最高人民法院关于申请人 Castel Electronics Pty Ltd. 申请承认和执行外国仲裁裁决一案请示的复函》，〔2013〕民四他字第 46 号。

革之探讨：突出问题和改革建议》[①]中已经指出，在仲裁员报酬方面，国内仲裁机构的做法与境外仲裁机构的做法存在很大的不同，主要表现在：（1）仲裁员报酬和机构管理费界限不清，仲裁员报酬在仲裁费用中所占的比例相差悬殊；（2）仲裁员报酬内外有别，同工同酬的目标尚未实现；（3）仲裁员报酬分配方案不透明；（4）仲裁员报酬的规则过于简单；（5）仲裁员报酬主要与案件争议金额挂钩，并存在以丰补歉、跨案调剂现象。其中最为关键的差别，就是我国仲裁委员会在收取仲裁费用时，未能做到将仲裁员报酬和机构管理费分开收取、分别支用。北仲的改革是重大而富有远见的举措，它解决了仲裁费用细分和仲裁费用实际用途问题，从财务的角度理顺了仲裁机构与仲裁庭之间的关系，大大提高了仲裁费用之于当事人和仲裁员的透明度，既有利于激发仲裁员的工作积极性，也有利于当事人规划和控制仲裁成本。

但若参考世界其他知名仲裁机构的经验，仲裁费用制度还有改进完善的余地，简评如下三点。

第一，对仲裁庭成员相互之间如何分配报酬以及仲裁员报酬是否应作为仲裁裁决主文决定项问题，未有触及。

第二，对于当事人选定的仲裁员，其“适用费率由仲裁员和选定该仲裁员的当事人协商确定”，是否会引发另一方当事人对仲裁员与当事人一方之间存在潜在利害关系的疑问，尚待观察。

第三，对于争议金额大、程序复杂的案件，仲裁庭也有可能认为有必要在征求当事人意见的基础上，在现有仲裁庭秘书之外聘请仲裁庭助理，处理仲裁庭委托的行政事务。其报酬是否应列入仲裁员报酬并在裁决书中写明，未作规定。

（二）PPP 协议仲裁条款的效力

2019 年 12 月 10 日，最高院发布《最高人民法院关于审理行政协议案件若干问题的规定》（以下简称《行政协议司法解释》）第 1 条明确了行政协议的内涵和要素，第 2 条则列举了属于行政协议的几种类型，第 26 条规定：“行政协议约定仲裁条款的，人民法院应当确认该条款无效，但法律、行政法规或者我国缔结、参加的国际条约另有规定的除外。”

《行政协议司法解释》发布后，在社会上引起了较大反响和争论。对该司法解

① 《中国涉外商事仲裁案件仲裁员报酬制度改革之探讨：突出问题和改革建议》，载微信公众号“汇仲律师事务所”，访问时间：2020 年 1 月 19 日。

释的主要批评意见是，“行政协议”的定义标准模糊、不科学，不适当地扩充了行政协议的范围和行政优益权，把政府特许经营协议、政府与社会资本合作协议（即PPP协议）等具有民事性质的协议排除在仲裁范围之外将造成市场的法律危机。[①]

事实上，自2015年《最高人民法院关于适用〈中华人民共和国行政诉讼法〉若干问题的解释》出台以来，PPP协议的性质及其争议解决方式即引发业内热议。如果PPP协议被定性为行政协议，则该等纠纷今后仅能通过行政诉讼程序予以解决，无法通过民事诉讼以及仲裁程序予以解决。值得注意的是，在《行政协议司法解释》第2条所列举的六类行政协议中，只有PPP协议加上了一个前提限制“符合本规定第一条规定”，从字面意思来看，似可理解为PPP协议并非都是行政协议，只有符合《行政协议司法解释》第1条规定的PPP协议才应按行政协议处理，这为PPP协议仲裁条款是否一定无效仍然留下了可争论空间。

《行政协议司法解释》在《仲裁法》和《最高人民法院关于适用〈中华人民共和国仲裁法〉若干问题的解释》之外创设了无效仲裁协议的新的连接点。但是对于具有行政和商事复合性质的PPP协议，一概否定其仲裁条款的有效性将剥夺私人投资者选择通过仲裁解决商事争议的能力，似也不甚妥当。《行政协议司法解释》对仲裁带来的后果及其影响，尚待在实践中进一步观察。

（三）仲裁机构异地开庭

2019年9月，深圳市中级人民法院（以下简称深圳中院）的一份执行裁定[②]引发了国内仲裁界关注。在该案中，湛江仲裁委员会在深圳开庭审理并作出了仲裁裁决。当一方当事人持仲裁裁决向深圳中院申请执行时，深圳中院认为：湛江仲裁委员会未经批准在深圳进行仲裁，违反了《仲裁法》第10条第3款关于仲裁委员会应当依法设立并严格按照法律、法规开展业务之规定，其所作出的仲裁裁决不具有法律效力。裁定驳回执行申请。

深圳中院的上述裁定引发了诸多批评，申请执行人也就该裁定向广东高院提

---

① 相关讨论和分歧意见，可参阅黄永维等：《行政协议司法解释的若干重要制度创新》，载微信公众号“行政执法与行政审判”，访问时间：2020年1月20日；邓峰：《PPP市场面临法律危机？行政协议司法解释可能产生的影响》，载《财经》2019年12月18日；王利明：《论行政协议的范围——兼评〈关于审理行政协议案件若干问题的规定〉第1条、第2条》，载《环球法律评论》2020年第1期。

② 深圳市中级人民法院（2019）粤03执1869号《深圳市银盛小额贷款有限公司、深圳市京佰建设工程有限公司借款合同纠纷执行实施类执行裁定书》（2019年9月11日）。

出复议申请。2019 年 12 月 24 日，广东高院在对深圳中院裁定复议后，作出（2019）粤执复 948 号执行裁定书，认为：如果仲裁裁决由非依法设立的仲裁机构作出，可以对申请执行该仲裁裁决依法裁定不予受理或者驳回执行申请，但是本案中，“执行法院查实的是湛江仲裁委员会在深圳开庭审理本案，既不能以此认定湛江仲裁委员会非法设立，也不足以认定湛江仲裁委员会非法设立了分支机构、派出机构或业务站点。故执行法院裁定驳回本案执行申请，缺乏相应的事实依据”。因此深圳中院的裁定是错误的，予以撤销。

深圳中院的上述裁定之所以引起非议，是因为该裁定存在明显的认知错误：

第一，该裁定混淆了仲裁机构所在地和开庭审理地的概念。开庭审理地并无特殊的法律意义，在何地开庭主要取决于其是否方便于案件审理。本案湛江仲裁委员会规则第 27 条也规定了，“开庭审理在湛仲总部或辖区内各分支机构所在地进行，但当事人另有约定的除外。湛仲也可以根据案件具体情况决定临时开庭地”。在异地开庭和仲裁机构在异地设立分支机构属于两个不同层面的问题，不可混为一谈。

第二，该裁定混淆了执行法院和撤销法院的不同功能。深圳中院作为受理执行申请的法院，依法仅可决定裁决是否执行（含中止执行），仲裁裁决在法律上是否有效，应该由受理撤销的法院审理决定。仲裁机构所在地的法院对裁决撤销享有专属管辖权。深圳中院直接引用《仲裁法》第 10 条第 3 款去判定湛江仲裁委员会仲裁裁决没有法律效力，有越俎代庖之嫌。

令人遗憾的是，在另外一件类似的案件中，[①] 广东高院却在同时期作出了截然不同的裁定。该起案件中，同样是湛江仲裁委员会，同样是在深圳开庭，广东高院认为“湛江仲裁委未经批准在深圳设立分支机构，并开庭审理许某元（注：执行申请人）与郑某金（注：被执行人）之间的纠纷及作出裁决，已违反了上述《中华人民共和国仲裁法》第十条的规定”，因此湛江仲裁委员会的“仲裁裁决不具有法律效力”。如前所述，这样的裁定是不妥当的，类案不同判则不利于维护司法裁判的权威性。

五、总结和展望

2019 年虽然是世界经济风云变幻的一年，但中国商事仲裁持续了快速发展

---

① 深圳市中级人民法院（2018）粤 03 执异 2494 号之一《许某元、郑某金国内非涉外仲裁裁决执行实施类执行裁定书》（2019 年 4 月 30 日），广东省高级人民法院（2019）粤执复 430 号《许某元、郑某金执行审查类执行裁定书》（2019 年 12 月 20 日）。

的势头，将迎来新一轮的变革浪潮。在国内，仲裁机构的体制机制改革将朝向公益性非营利机构转换，进而带动机构监管、竞争秩序、财务体制、人员素质等全方位的变化；在国际，中国仲裁服务市场进一步开放，符合条件的境外仲裁机构被准入中国特定市场，其“鲶鱼效应”将倒逼中国仲裁机构以更加积极的姿态提供高质量的仲裁服务，树立中国仲裁国际性和区域性品牌，逐步实现“中国仲裁2022”计划目标。

最高院在中国仲裁法治建设中继续起到中流砥柱的作用，其倡导和建设的诉讼、仲裁、调解“一站式”平台具有旺盛的生命力，为人民法院正确处理司法和仲裁的关系提供了范例，在国际上展现了我国司法对仲裁的适度监督和支持，提高了我国作为当事人首选仲裁地的吸引力。

我国仲裁机构在2019年表现出了旺盛的创新能力和办案能力。无可置疑，中国已经成为世界仲裁大国，国际影响力和话语权不断增强。但是，应当看到，与世界上高度成熟的仲裁法域相比，我国的商事仲裁还存在一些差距，有待改进。

例如，根据最高院的司法解释，虽然自贸区企业间可以约定在特定地点由特定人员按照特定规则进行临时仲裁，但现实情况是自贸区企业对临时仲裁仍然采取观望态度。个中原因，与《仲裁法》规定不健全、最高院迄今未明确该临时仲裁裁决在内地法院如何执行密切相关。同样地，境外仲裁机构在内地开展仲裁业务，其执行也面临于法无据的困境。此外，还有境外仲裁机构仲裁规则是否与我国《仲裁法》相容的疑问。

现行《仲裁法》在某些方面不利于仲裁机构放胆改革。最明显的例子是仲裁庭采取临时措施的权力和当事人选择复裁程序的权利无法在我国现行法律框架内行使，因此我国某些仲裁机构不得不在其仲裁规则中作出保留，规定这些具有实用性或创新性的工具仅在适用法律许可的情况下予以使用。《仲裁法》没有明确仲裁机构可以让市场力量决定仲裁费用的收取和分配，这也给我国一些具备转型条件的仲裁机构改革带来了不确定性。

凡此种种，说明我国《仲裁法》的修改不仅要提上日程，而且有尽快修改的必要。我们期待中国仲裁制度的完善、《仲裁法》的修改能够发现问题和解决问题，使我国商事仲裁能够聚集力量，朝着更加健康自由的方向发展。

中国商事调解年度观察（2020）

朱华芳　顾　嘉　郭佑宁[①]

一、概　述

近年来，伴随中国经济转型迈入高质量发展和对外开放不断扩大，中国商事争议进入高发时期。面对日趋复杂化的利益格局和日益多元化的利益诉求，诉讼、仲裁等传统争议解决手段已不能完全满足当事人需求。在此背景下，立足传统“东方经验”、融合西方实践特色的调解制度，凭借其独特优势和价值，日益受到重视，成为商事争议解决的新潮流。同时，在国家全面深化改革、全面依法治国的战略布局中，建立健全中国特色调解制度被纳入顶层设计，成为推进国家治理体系和治理能力现代化、坚持和完善共建共治共享的社会治理制度的重要组成部分，中国调解制度和实践迎来快速发展的历史机遇。

2019 年，着眼于完善社会治理、深化司法体制改革、优化营商环境、扩大对外开放等目标，中央和地方有关部门和机构锐意进取、开拓创新，立足本土实际，对接国际规则，采取有力举措推动中国调解制度不断发展完善，中国商事调解进入发展窗口期。

在中国，调解主要有人民调解[②]、行政调解[③]和商事调解三大类，商事调解是

---

① 朱华芳，北京市天同律师事务所高级合伙人，仲裁及涉外业务负责人。顾嘉，北京市天同律师事务所合伙人。郭佑宁，北京市天同律师事务所律师。北京市天同律师事务所高级顾问吴颖和律师卞舒雅亦有参与。

② 人民调解在中国具有悠久的传统，是独具中国特色的一种调解形式，在历史上对解决民间纠纷发挥了重要作用。但它更多的是解决家事和邻里等社区纠纷，其理念与做法不能满足当前社会经济发展及商事纠纷解决工作的需求，与国际上的商事调解实践亦相去甚远。

③ 行政调解是国家行政机关根据法律规定，对属于国家行政机关职权管辖范围内的民事纠纷，协助当事人在平等协商的基础上达成一致协议。

解决商事纠纷的调解，与人民调解和行政调解相比，发展相对滞后。实践中，我国商事调解以是否属于独立程序为标准，可分为独立商事调解和非独立商事调解。独立商事调解是指独立于诉讼、仲裁程序进行的商事调解，其达成的调解协议本身不具有强制执行力，这类调解主要包括商事调解组织、行业调解组织、律师调解工作室或律师调解中心等调解组织独立主持的商事调解。值得注意的是，目前这些调解组织的案源有相当一部分来源于诉调对接机制下法院诉讼案件的分流，调解达成的调解协议，也可能基于诉调对接或仲调对接机制，进一步转化成法院的调解书、仲裁调解书或者裁决书。非独立商事调解包括诉讼调解和仲裁调解，分别指在诉讼程序中法官、法院委托的调解组织或调解员主持的调解，以及在仲裁程序中仲裁员、仲裁机构委托或者当事人选定调解组织或调解员主持的调解；当事人达成调解协议后，可以请求法院或仲裁庭制作调解书（国际商事法庭还可制作判决书，仲裁庭还可制作裁决书），当事人可持调解书或法院判决、仲裁裁决申请执行。本报告将主要围绕商事调解组织调解、行业调解、诉讼调解和仲裁调解在2019年的相关立法和实践情况，对我国商事调解2019年的发展进行总结和评述。

（一）在国家大力倡导多元争议解决机制，完善共建共治共享的社会治理制度的背景下，商事调解总体得到快速发展，在争议解决中发挥越来越重要的作用

调解作为一种传统工作方法，一直在我国民商事诉讼和仲裁程序中得到广泛应用，近年来独立的商事调解组织调解、行业调解等也逐步发展，在商事争议解决中发挥了积极作用。

诉讼调解、仲裁调解继续快速发展。诉讼调解方面，以部分地方法院为例，安徽全省法院2019年诉前调解纠纷170,056件，同比增长42%，占一审民商事案件28.6%；[①] 吉林全省法院2019年诉前调解纠纷共131,628件，调解成功率为59.4%，占一审诉讼案件总量的35.9%；[②] 重庆全市法院2019年引导群众通过调解组织、驻院调解室诉前调解纠纷7.3万件，同比增长84.1%。[③] 截至2019年底，

---

① 《一图读懂2020年安徽省高级人民法院工作报告》，载搜狐网，https://www.sohu.com/a/366778606_120047314，访问时间：2020年3月13日。

② 《〈吉林省高级人民法院工作报告〉解读》，载吉林日报网站，http://jlrb.chinajilin.com.cn/pc/paper/c/202001/15/content_97315.html，访问时间：2020年3月13日。

③ 《重庆市高级人民法院工作报告》，载澎湃网，https://www.thepaper.cn/newsDetail_forward_5611534，访问时间：2020年3月13日。

全国共有 2.5 万家调解组织、9.6 万名调解员入驻人民法院调解平台；每日有 750 家、1,341 名调解员在平台上开展调解，日均调解量超过 5,000 件，调解成功率达 60.47%。[①] 其中，北京全市法院特邀人民调解员已达 1,294 名，其中 494 名常驻法院，北京全市法院与 110 家行业性专业性调解组织建立诉调对接关系，吸纳 2,090 名行业性专业性特邀调解员，覆盖了房地产、金融、医疗等二十余个专业领域，调解阶段也拓展到诉前、诉中及执行全流程。[②] 仲裁调解方面，以北京仲裁委员会 / 北京国际仲裁中心（BAC/BIAC，以下简称北仲）为例，北仲 2019 年共审结仲裁案件 5,868 件，以调解形式结案 1,072 件，占总结案数的 18.27%，比上一年度同期增加 441 件，同比增长 69.89%。[③] 在商事诉讼和仲裁中，调解的地位与作用不断凸显，诉调对接和仲调对接机制日益完善，衔接日益紧密。

独立商事调解逐步得到发展。近年来，全国商事调解组织逐步发展壮大，其中大部分商事调解组织为商会所设立。截至 2019 年，工商联系统共有 3,400 多家工商联组织，工商联所属商会共有 4.9 万个，截至 2018 年全国商会调解组织数量达 1,520 家[④]，其中中国国际经济贸易促进委员会 / 中国国际商会于 1987 年便成立了调解中心（以下称中国贸促会调解中心），截至 2019 年 12 月已设立 52 家分会调解中心，[⑤] 这些商事调解组织在高效快捷低成本化解商事争议、促进商贸合作方面发挥了独特优势。除了商会设立的商事调解组织，国内各主要仲裁机构也都设立了调解中心。以北京仲裁委员会调解中心为例，2019 年共受理 27 件商事调解案件，争议金额共计 4,078 万元，其中涉外案件 2 件；共计结案 26 件，其中调解成功 15 件，成功率为 55.56%。行业调解方面，我国证券、期货、保险、银行等金融领域纠纷的行业调解机制相对成熟，调解已成为化解金融纠纷、保护中小投资者和金融消费者的重要方式。例如，截至 2018 年 7 月，中证中小投资者服务中心共登记纠纷案件 6,480 件，正式受理 4,121 件，调解成功 3,044 件，投资者和解

---

① 胡仕浩、何帆：《司改 2019：更高起点 更进一步》，载最高人民法院网站，http://www.court.gov.cn/zixun-xiangqing-213841.html，访问时间：2020 年 3 月 13 日。

② 赵加琪：《本市法院“多元调解 + 速裁”缩短审理时间》，载北京青年报网站，http://epaper.ynet.com/html/2020-01/12/content_346823.htm?div=-1，访问时间：2020 年 3 月 13 日。

③ 《中国国际经济贸易仲裁委员会 2019 年工作报告》，载中国国际经济贸易仲裁委员会网站，http://www.cietac.org/index.php?m=Article&a=show&id=16447，访问时间：2020 年 3 月 13 日。

④ 《联手共建　努力打造大调解工作格局》，载中华人民共和国司法部网站，http://www.moj.gov.cn/subject/content/2019-05/13/912_234796.html，访问时间：2020 年 3 月 13 日。

⑤ 《中国国际贸易促进委员会 / 中国国际商会调解中心简介》，载中国国际贸易促进委员会 / 中国国际商会调解中心网站，https://adr.ccpit.org/articles/25，访问时间：2020 年 2 月 26 日。

获赔金额达 6.68 亿元，逐渐成为资本市场纠纷化解的主渠道。[①] 调解在解决其他行业纠纷方面的作用也不断扩大。例如，中国房地产业协会调解中心自 2015 年成立以来，从每年调解案件不足 10 件，已快速发展至 2019 年承接案件 364 件，其中进入调解程序 75 件，调解成功 46 件。[②]

（二）推进调解体制规则建设，深化司法体制综合配套改革，引领商事调解长效发展

大调解工作格局开始建立。2019 年 7 月，中共中央办公厅、国务院办公厅印发《关于加快推进公共法律服务体系建设的意见》，提出积极打造新时代人民调解工作升级版，完善律师调解和商事调解制度。2019 年 5 月 9 日，司法部召开了首次全国调解工作会议，[③] 明确提出到 2022 年，基本形成以人民调解为基础，人民调解、行政调解、行业性专业性调解[④]、司法调解优势互补、有机衔接、协调联动的大调解工作格局。[⑤] 值得注意的是，2018 年国家机构改革后，除司法调解外，人民调解、行政调解、行业性专业性调解均由司法行政机关负责指导管理，因此，与以往“全国人民调解工作会议”不同，这次会议名称为“全国调解工作会议”，对调解工作进行了相对全面的回顾和部署，调解在社会治理中的重要性将进一步显现。

商事调解配套制度改革优化。2019 年 12 月 28 日，全国人大常委会决定授权最高人民法院（以下简称最高院）在部分地区开展民事诉讼程序繁简分流改革试点工作；根据授权，最高院对优化调解协议司法确认程序等事项作出改革试点规定。

多元化纠纷解决机制加快建立。2019 年 1 月 14 日，最高院、全国工商联印发《关于发挥商会调解优势推进民营经济领域纠纷多元化解机制建设的意见》（法

---

① 《纠纷调解案例评析（2018 年）——第一篇 纠纷调解案例》，载中证中小投资者服务中心网站，http://www.isc.com.cn/html/jfdjalpx2018n/20190515/600.html，访问时间：2020 年 3 月 13 日。

② 根据中国房地产业协会调解中心提供的数据。

③ 《联手共建 努力打造大调解工作格局》，载中华人民共和国司法部网站，http://www.moj.gov.cn/subject/content/2019-05/13/912_234796.html，访问时间：2020 年 3 月 13 日。

④ 我国不同规范性文件对人民调解和行政调解之外的调解类型的用语并不统一，此处的“行业性专业性调解”应主要指行业调解、商事调解组织调解和律师调解等商事调解。

⑤ 《司法部对十三届全国人大二次会议第 5984 号建议的答复》，载中华人民共和国司法部网站，http://www.moj.gov.cn/government_public/content/2019-11/25/142_3236414.html，访问时间：2020 年 3 月 13 日。

〔2019〕11号），提出发挥商会调解优势，加强诉调对接工作，推进民营经济领域纠纷多元化解机制建设。2019年7月31日，最高院印发《关于建设一站式多元解纷机制一站式诉讼服务中心的意见》（法发〔2019〕19号），促进建立调解前置机制，完善诉调一体对接机制。2019年11月19日，最高院、中国人民银行（以下简称人民银行）、中国银行保险监督管理委员会（以下简称银保监会）联合印发《关于全面推进金融纠纷多元化解机制建设的意见》，就加强金融纠纷调解组织建设、规范工作流程等作出部署。2019年11月，全国首家基金行业人民调解委员会北京基金小镇基金行业纠纷人民调解委员会揭牌成立。[①]2019年12月，中国证券投资基金业协会分别与北仲、杭州仲裁委员会签署合作协议，合作开展建设证券投资基金纠纷仲调对接机制。[②]

（三）围绕国家发展战略加强国际商事调解机制建设，助力优化营商环境、扩大对外开放

1. 贯彻落实粤港澳大湾区规划，加快推进粤港澳大湾区商事调解机制建设

2019年2月，中共中央、国务院印发《粤港澳大湾区发展规划纲要》，提出加强粤港澳司法交流与协作，推动建立共商、共建、共享的多元化纠纷解决机制，完善国际商事纠纷解决机制，支持粤港澳仲裁及调解机构交流合作，为粤港澳经济贸易提供仲裁及调解服务。2019年7月，中共广东省委、广东省人民政府印发《关于贯彻落实〈粤港澳大湾区发展规划纲要〉的实施意见》，提出要加强深港司法合作交流，完善港籍调解员制度，建设集国际商事调解、域外法律查明于一体的国际商事调解中心，联动香港打造国际法律服务中心和国际商事争议解决中心。

2019年5月16日，内地、港、澳相关机构签署两项合作备忘录，提出加强三地调解机构交流合作，对接三地调解模式，将联合调解机构打造成为粤港澳大湾区综合性国际商事调解平台。[③] 2019年7月25日，《粤澳地区金融纠纷调解合

---

① 吴娟娟：《中国证券投资基金业协会会长洪磊：发展多元调解机制　化解私募基金行业风险》，载中证网，http://www.cs.com.cn/tzjj/jjdt/201911/t20191119_6000304.html，访问时间：2020年3月13日。

② 《建立仲调对接合作 助推纠纷多元化解——协会与北仲、杭仲签署仲调对接合作协议》，载中国证券投资基金业协会网站，http://www.amac.org.cn/aboutassociation/gyxh_xhdt/xhdt_xhyw/201912/t20191228_4408.html，访问时间：2020年3月13日。

③ 《粤港澳大湾区调解研讨会暨内地—香港—澳门联合调解机制合作备忘录签约仪式在香港举行》，载中国国际贸易促进委员会/中国国际商会调解中心网站，https://adr.ccpit.org/articles/234，访问时间：2020年3月13日。

作框架协议》在珠海签署，粤澳将建立多项调解联络合作机制。[①] 2019 年 10 月 28 日，深圳市蓝海法律查明和商事调解中心揭牌运行，致力于成为集国际商事调解和域外法律查明于一体的国际商事调解中心。[②]2019 年 11 月 13 日，粤港澳大湾区知识产权调解中心在广州成立，该调解中心将整合粤港澳三地调解资源力量，推动三地知识产权调解规则、调解结果互认。[③]

2. 服务"一带一路"和自贸区建设，完善国际商事纠纷调解机制和平台

2018 年 11 月，最高院将中国贸促会调解中心和上海经贸商事调解中心作为首批纳入"一站式"国际商事纠纷多元化解决机制的调解机构，对诉至国际商事法庭的国际商事纠纷案件，当事人可以协议选择纳入机制的调解机构调解，达成调解协议的，国际商事法庭可以依照法律规定制发调解书，当事人要求发给判决书的，可以依协议的内容制作判决书送达当事人。在此基础上，2019 年 12 月 9 日，最高院印发《关于人民法院进一步为"一带一路"建设提供司法服务和保障的意见》（法发〔2019〕29 号），提出大力支持国家调解发展，拓展国际商事法庭"一站式"纠纷解决平台的国际商事调解机构名单和适当引入域外国际商事调解机构，在国际商事案件中贯彻调解优先原则。

2019 年，全国多地自贸区商事调解工作取得重要进展。（1）上海：2019 年 12 月 13 日，最高院印发《关于人民法院为中国（上海）自由贸易试验区临港新片区建设提供司法服务和保障的意见》（法发〔2019〕31 号），推动完善上海自贸区临港新片区调解机制。2019 年，上海多个部门先后出台多项文件，对上海调解机制和平台建设发展作出全面规范和部署。[④]（2）海南：2019 年 9 月 26 日，海南第一、第二涉外民商事法庭挂牌成立，这是全国首次设立的省级跨区域集中管辖涉外民商事案件的专门法庭，将加强与国际商事仲裁、调解机构的衔接，建设

① 《〈粤澳地区金融纠纷调解合作框架协议〉在珠海签署》，载中国新闻网，http://www.chinanews.com/ga/2019/07-25/8907119.shtml，访问时间：2020 年 3 月 13 日。

② 《深圳市蓝海法律查明和商事调解中心揭牌运行》，载深圳市司法局，http://sf.sz.gov.cn/xxgk/xxgkml/gzdt/201910/t20191028_18462267.htm，访问时间：2020 年 3 月 13 日。

③ 《广州市黄埔区成立粤港澳大湾区知识产权调解中心》，载人民法治网，http://www.rmfz.org.cn/contents/2/249107.html，访问时间：2020 年 3 月 13 日。

④ 主要包括：《上海法院服务保障中国（上海）自由贸易试验区临港新片区建设的实施意见》《培育发展"上海调解"服务品牌三年行动方案（2019—2021 年）》（沪司发〔2019〕42 号）、《关于进一步加强诉调对接工作的若干意见》（沪司规〔2019〕3 号）、《关于规范本市调解组织发展的规定》（沪司规〔2019〕4 号）、《关于政府购买人民调解服务的实施细则》（沪司发〔2019〕119 号）、《关于促进本市调解组织发展的若干意见》（沪司发〔2019〕120 号）。

国际商事争端解决中心。[①] 2019 年 12 月 6 日，海南上线全国首个涉外民商事纠纷在线调解平台，海南涉外民商事法庭依托该平台已成功在线调解多起涉外案件。[②]（3）重庆：2019 年 7 月，重庆自贸区建立诉讼、仲裁与调解一站式纠纷解决机制。[③]（4）江苏：2019 年 9 月 24 日，江苏自贸区建立江苏自贸区（南京片区）国际商事调解中心。[④]

（四）签署《联合国关于调解所产生的国际和解协议公约》（以下简称《新加坡公约》），推动国际商事调解法治规则建设

2019 年 8 月 7 日，我国签署了《新加坡公约》。《新加坡公约》旨在解决国际商事调解达成的和解协议的跨境执行问题，将补充现行国际调解法律框架，有助于发展和谐的国际经济关系。[⑤] 中国全面参与公约起草并作为首批签约方签署《新加坡公约》，充分体现了中国捍卫多边主义体制，维护国际法治规则的坚定决心和建设性作用。

总体而言，2019 年，在构建大调解格局的背景下，我国商事调解进入加速发展阶段。中央和地方各有关部门、机构从健全商事调解规范，完善诉讼、仲裁与调解对接机制，优化调解协议司法确认程序，推进商事调解组织建设等方面采取新举措，实现新突破。我国积极参与国际调解规则建设，抓住“一带一路”建设、自贸区建设等战略机遇，扩大商事调解国际交流合作，深化港澳台商事调解务实合作。在取得一定成绩的同时，更应看到，在我国司法部牵头推进建设的大调解工作格局中，人民调解和行政调解仍是基础和重点，商事调解的重要性有待进一步提升；商事调解作为一种独立于诉讼和仲裁的争议解决方式，在通过发挥其自身优势吸引案源并为当事人所信赖方面，还有较长的路要走。此外，我国商事调

---

① 《海南第一、第二涉外民商事法庭和海口知识产权法庭挂牌成立》，载海南人民政府网站，http://www.hainan.gov.cn/hainan/ldhd/201909/798ebb2e2d2b4fdaa78fdc67c869bbf1.shtml，访问时间：2020 年 3 月 13 日。

② 邢东伟、崔善红：《创新举措服务自贸区（港）法治建设 海南第一涉外民商事法庭成立 75 天调解结案率达 100%》，载《法制日报》2019 年 12 月 17 日，第 3 版。

③ 孙莹：《重庆自贸区建立诉讼、仲裁与调解一站式纠纷解决机制》，载央广网，http://news.cnr.cn/native/gd/20190717/t20190717_524695744.shtml，访问时间：2020 年 3 月 13 日。

④ 施文：《江苏自贸区（南京片区）率先推动建立自贸区国际商事调解合作机制》，载新华网，http://www.js.xinhuanet.com/2019-09/25/c_1125039123.htm，访问时间：2020 年 3 月 13 日。

⑤ 王丽丽：《中国签署〈新加坡调解公约〉》，载新华网，http://www.xinhuanet.com//2019-08/07/c_1124849699.htm，访问时间：2020 年 3 月 13 日。

解还面临规则零散、相关规范效力层级不高，调解协议执行渠道不够畅通，调解组织和调解员队伍建设亟需加强，商事调解的专业化优势尚未得到充分发挥等问题，全面推进商事调解建设仍然任重道远。

二、新出台的法律法规或其他规范性文件

（一）《新加坡公约》

商事调解具有灵活、包容、高效等优势，但长期以来，缺乏便捷有力的执行机制始终是制约商事调解发展的机制性障碍。在《新加坡公约》通过前，由于缺乏高效、统一的跨境执行制度安排，当事人在考虑选择调解作为国际商事争议解决方式时往往顾虑重重。顺应现实需求，回应实践痛点，《新加坡公约》应运而生。《新加坡公约》旨在便利国际贸易，促进调解成为一种解决贸易争端的有效替代方法，并确保当事人达成的和解协议根据简化和精简的程序具有约束力并且可执行。[①] 2019 年 8 月 7 日，《新加坡公约》开放签署，我国作为首批缔约国签署公约。截至 2020 年 3 月 12 日，包括中国、美国、印度、韩国等在内的 52 个国家已签署公约，[②] 其中，新加坡、斐济及卡塔尔已相继批准《新加坡公约》，根据《新加坡公约》规定，其将于第三个国家批准后的 6 个月，即 2020 年 9 月 12 日正式生效。[③]《新加坡公约》将为国际商事调解发展奠定坚实的制度基础，有助于发展成熟和基于规则的全球商业体系。对于我国而言，签署《新加坡公约》有望促进我国商事调解与国际接轨，助力打造市场化、国际化、法治化的营商环境，进一步推动“一带一路”建设和提升对外开放水平。

《新加坡公约》系统地规定了缔约方在执行《新加坡公约》涵盖的和解协议方面的义务以及商事争议当事人援用和解协议的权利，《新加坡公约》由序言和正文

---

① 《联合国关于调解所产生的国际和解协议公约介绍册》，载联合国贸易法委员会网站，https://uncitral.un.org/sites/uncitral.un.org/files/media-documents/uncitral/zh/v1808433_chinese_revised.pdf，访问时间：2020 年 3 月 13 日。

② 《状况：〈联合国关于调解所产生的国际和解协议公约〉》，载联合国贸易法委员会网站，https://uncitral.un.org/zh/texts/mediation/conventions/international_settlement_agreements/status，访问时间：2020 年 3 月 13 日。

③ “Coming into Force of the Singapore Convention on Mediation on 12 September 2020”，http://zh.simc.com.sg/blog/2020/03/13/coming-into-force-of-the-singapore-convention-on-mediation-on-12-september-2020/，访问时间：2020 年 3 月 13 日。

组成，正文共 16 条，主要内容如下：

1. 适用范围

根据《新加坡公约》第 1 条规定，《新加坡公约》适用于调解所产生的、当事人为解决商事争议而以书面形式订立的国际性和解协议，不适用于在消费者保护、家庭、继承、就业等领域达成的和解协议，也不适用于在司法程序中产生且在执行国可作为判决执行的协议，以及可作为仲裁裁决执行的协议。和解协议具有“国际性”，是指和解协议当事人营业地设在不同国家，或者和解协议的主要义务履行地与和解协议当事人营业地属不同国家。①《新加坡公约》的适用只着眼于和解协议本身的国际性，而不要求当事人必须是缔约国国民，也不要求和解协议缔结地属于缔约国。根据《新加坡公约》第 2 条规定，“调解”指由一名或者几名第三人（调解员）协助，在其无权对争议当事人强加解决办法的情况下，当事人设法友好解决其争议的过程，而不论使用何种称谓或者进行过程以何为依据；和解协议的内容以任何形式记录下来即为“书面形式”，电子通信所含信息可调取以备日后查用的，该电子通信即满足了和解协议的书面形式要求。

对应到中国现行法律制度和实践，《新加坡公约》中的“和解协议”是指由调解员等第三人主持形成的、本身不具有强制执行力的国际商事调解协议，范围上涵盖经人民调解委员会、商事调解组织、行业调解组织、律师调解中心 / 工作室等调解组织的调解员主持而达成的国际商事调解协议，也涵盖商事诉讼、仲裁程序中在法官、仲裁员或调解员主持或协助下达成但未进一步形成调解书或法院判决、仲裁裁决等具有强制执行力的文书的国际调解协议，但不包括当事人未经调解员主持自行达成的和解协议，也不包括诉讼、仲裁程序中最终进一步形成调解书或法院判决、仲裁裁决等具有强制执行力法律文书的调解协议。

此外，根据《新加坡公约》第 3 条的规定，《新加坡公约》赋予当事人两种救济方式，一是申请执行和解协议，二是援用和解协议证明相关争议已得到解决，故《新加坡公约》不仅适用于和解协议的执行程序，也适用于非执行程序。

2. 和解协议执行的一般原则

《新加坡公约》第 3 条第 1 款规定，缔约国应按照本国程序规则并根据《新加坡公约》规定的条件执行和解协议。这表明，《新加坡公约》采取直接执行机制而非审查机制，即和解协议当事人可以直接在执行地请求执行，而无需先行由和解

---

① 温先涛：《〈新加坡公约〉与中国商事调解——与〈纽约公约〉〈选择法院协议公约〉相比较》，载《中国法律评论》2019 年第 1 期，第 198—208 页。

协议来源国进行审查。[①] 这一制度设计参照了《纽约公约》的做法，提高了和解协议得到执行的效率。同时，为保证被执行的和解协议具备基本的正当性，《新加坡公约》第 4 条、第 5 条等条文赋予执行国主管机关按照其国内程序和《新加坡公约》规定条件对和解协议进行有限审查的权力。同《新加坡公约》相比，在我国现行法律制度下，除非在诉讼、仲裁程序中转化为调解书或法院判决、仲裁裁决，当事人经调解达成的和解协议本身不具有强制执行力。

3. 依赖和解协议寻求救济的要求

根据《新加坡公约》第 4 条规定，当事人依据《新加坡公约》寻求救济，应当提供当事人签署的和解协议，以及和解协议产生于调解的证据。《新加坡公约》允许当事人提交调解员在和解协议上签名、调解员签署表明进行了调解的文件、调解过程管理机构的证明或可为主管机关接受的其他证据证明调解员参与调解过程。《新加坡公约》明确，当事人或调解员可以使用电子签名及其他通信手段签署和解协议或文件。

4. 拒绝准予救济事由

《新加坡公约》第 5 条规定了两大类主管机关可据以拒绝准予救济的事由。第一类须由抗辩一方当事人提出并进行证明，主要包括当事人无行为能力，和解协议无效、失效或无法履行，和解协议不具有约束力、非终局、被修改，和解协议义务已履行或不清楚、无法理解，准予救济有悖和解协议条款，以及调解员严重违反准则或未履行披露义务等。第二类则可由主管机关依职权主动适用，包括违反公共政策，以及争议事项具有不可调解性。

5. 保留条款

《新加坡公约》明确，除其规定的两项缔约国可声明保留事项外，不允许缔约国作出其他保留。第一项是商事保留，即缔约国可声明，对于其为一方当事人，或任何政府机构或其代表为一方当事人的和解协议，不适用《新加坡公约》。该等保留条款给予了缔约国灵活处理涉及政府主体所签和解协议执行问题的选择权，有利于吸引更多国家加入《新加坡公约》。第二项是选择适用保留，即缔约国可声明，只有在当事人明示同意适用《新加坡公约》的情况下才能适用《新加坡公约》。该等保留条款变更了《新加坡公约》的默认适用地位，在尊重当事人意思的同时亦在一定程度上限制了《新加坡公约》的适用范围。

---

① 孙巍：《〈联合国关于调解所产生的国际和解协议公约〉立法背景及条文释义》，法律出版社 2018 年版，第 32—34 页。

（二）民事诉讼繁简分流改革试点方案涉及调解的内容

2019年12月28日，全国人大常委会作出《关于授权最高人民法院在部分地区开展民事诉讼程序繁简分流改革试点工作的决定》（人大常委会字〔2019〕42号），授权最高院在北京、上海等地中级人民法院、基层人民法院就优化司法确认程序等事项进行改革试点。根据授权，最高院于2020年1月15日印发《民事诉讼程序繁简分流改革试点方案》（法〔2020〕10号）、《民事诉讼程序繁简分流改革试点实施办法》（法〔2020〕11号），对优化调解协议等事项作出具体规定和部署。

针对当前司法实践中诉调衔接不通畅、司法确认程序适用范围过窄、管辖规定不尽合理等突出问题，试点方案提出了若干优化举措：一是健全特邀调解制度，加强特邀调解名册管理，完善诉前委派调解与司法确认程序的衔接机制。二是合理拓宽司法确认程序适用范围，规定经律师调解工作室（中心）等特邀调解组织、特邀调解员调解达成的调解协议，当事人可以申请司法确认。三是完善司法确认案件管辖规则，暂时调整适用《中华人民共和国民事诉讼法》（以下简称《民事诉讼法》）第194条的规定，明确司法确认案件按照以下规定依次确定管辖：（1）委派调解的，由作出委派的人民法院管辖。（2）当事人选择由人民调解委员会或者特邀调解组织调解的，由调解组织所在地基层人民法院管辖；当事人选择由特邀调解员调解的，由调解协议签订地基层人民法院管辖。案件符合级别管辖或者专门管辖标准的，由对应的中级人民法院或者专门人民法院管辖。

（三）上海创新商事调解机制建设的系列新规范

上海作为我国改革开放的排头兵、先行区，长期在制度创新上走在全国前列。2019年，在中央支持下，上海着力在商事调解体制机制创新上实现新突破，取得重要进展。

1. 坚持调解先行，完善诉调对接机制

2019年10月31日，上海市高级人民法院（以下简称上海高院）、上海市司法局印发《关于进一步加强诉调对接工作的若干意见》（沪司规〔2019〕3号），细化诉调对接工作机制与流程，主要亮点包括：（1）明确法院委派调解、委托调解案件范围；[①]（2）确定上海市各区非诉讼争议解决中心（人民调解中心）是枢纽性工作平台，当事人起诉后，法院可以通过非诉讼争议解决中心在线委派或委托

① 上海高院、上海市司法局《关于进一步加强诉调对接工作的若干意见》（沪司规〔2019〕3号）第3条至第5条。

调解组织进行调解；[①]（3）调解员在征得各方当事人同意后，可以书面记录案件争议焦点及各方无争议的事实，并由当事人签字确认，在诉讼程序中，除涉及国家利益、社会公共利益和他人合法权益之外，当事人无需对调解过程中已确认的无争议事实举证；[②]（4）经各方当事人同意，法院可以在先行调解阶段开展委托审计、评估、鉴定工作；[③]（5）经各方当事人同意，调解员可以通知与调解案件有利害关系的第三人参加调解；[④]（6）建立诉讼费激励机制，当事人接受委托调解的可以适当减免诉讼费用，如果委托调解成功并撤诉，免收案件受理费。[⑤]

2. 加快建立涉外商事纠纷诉讼、调解、仲裁多元化解决一站式工作机制

最高院《关于人民法院为中国（上海）自由贸易试验区临港新片区建设提供司法服务和保障的意见》（法发〔2019〕31 号）提出，坚持把非诉讼纠纷解决机制挺在前面，着力推动新片区调解制度创新，形成调解、仲裁与诉讼相互衔接的多元化纠纷解决机制。《上海法院服务保障中国（上海）自由贸易试验区临港新片区建设的实施意见》提出，组建上海国际商事专家委员会，专家委员会成员可接受法院委托对国际商事、金融案件主持调解。2019 年 12 月 30 日，上海高院印发《上海法院涉外商事纠纷诉讼、调解、仲裁多元化解决一站式工作机制的指引（试行）》，涉及商事调解的主要内容包括：（1）当事人申请立案后，法院对于双方有调解意向的纠纷、事实较简单双方争议不大的纠纷以及其他适宜调解的纠纷，引导当事人选择调解；[⑥]（2）法院在法律适用等方面为调解组织和仲裁机构提供裁判指引，促进诉讼、调解、仲裁之间的法律适用统一[⑦]；（3）法院支持仲裁机

---

① 上海高院、上海市司法局《关于进一步加强诉调对接工作的若干意见》（沪司规〔2019〕3 号）第 6 条、第 7 条。

② 上海高院、上海市司法局《关于进一步加强诉调对接工作的若干意见》（沪司规〔2019〕3 号）第 13 条。

③ 上海高院、上海市司法局《关于进一步加强诉调对接工作的若干意见》（沪司规〔2019〕3 号）第 14 条。

④ 上海高院、上海市司法局《关于进一步加强诉调对接工作的若干意见》（沪司规〔2019〕3 号）第 15 条。

⑤ 上海高院、上海市司法局《关于进一步加强诉调对接工作的若干意见》（沪司规〔2019〕3 号）第 25 条。

⑥《上海法院涉外商事纠纷诉讼、调解、仲裁多元化解决一站式工作机制的指引（试行）》第 6 条至第 8 条。

⑦《上海法院涉外商事纠纷诉讼、调解、仲裁多元化解决一站式工作机制的指引（试行）》第 19 条。

构和调解组织引入外籍调解员、仲裁员，建立外籍调解员、仲裁员名册。[①]

3. 改革创新调解组织和调解员队伍建设

2019年，上海出台一系列政策文件，大力改革创新和推动调解组织和调解员队伍建设，主要制度创新包括:（1）明确调解组织可以设立为民办非企业单位（社会服务机构）、公司等组织形式，[②]鼓励探索设立个人独资企业、合伙企业等新型调解组织，探索设立营利性调解组织登记制度；[③]（2）成立全市性调解行业组织，对调解组织实行行业自律；[④]（3）调解组织对于商事纠纷和部分民事纠纷案件，可进行有偿的法律咨询和调解，调解组织可以选择根据争议标的金额或者调解时间收取咨询费和调解费；[⑤]（4）推动各类社会调解组织建立办案补贴标准，推动政府向调解组织购买服务，支持符合条件的调解组织探索市场化运作；[⑥]（5）大力完善在线调解功能，推进调解组织普及应用"智慧调解"系统；[⑦]（6）制定调解员队伍发展规划，推进上海市级调解智库建设，加强对调解实践的指导；[⑧]（7）制定调解员职业道德准则、等级评定办法，明确评定条件、评定程序、报酬补贴、考核奖励等，建立完善调解员分类、分级管理制度。[⑨]

---

① 《上海法院涉外商事纠纷诉讼、调解、仲裁多元化解决一站式工作机制的指引（试行）》第22条。

② 上海市司法局、上海市民政局、上海市财政局《关于规范本市调解组织发展的规定》（沪司规〔2019〕4号）第3条。

③ 中共上海市委政法委员会等五部门《关于促进本市调解组织发展的若干意见》（沪司发〔2019〕120号）第1条第2款。

④ 上海市司法局、上海市民政局、上海市财政局《关于规范本市调解组织发展的规定》（沪司规〔2019〕4号）第8条、中共上海市委政法委员会等五部门《关于促进本市调解组织发展的若干意见》（沪司发〔2019〕120号）第1条第2款。

⑤ 上海市司法局、上海市民政局、上海市财政局《关于规范本市调解组织发展的规定》（沪司规〔2019〕4号）第24条、中共上海市委政法委员会等五部门《关于促进本市调解组织发展的若干意见》（沪司发〔2019〕120号）第2条第3款。

⑥ 《培育发展"上海调解"服务品牌三年行动方案（2019—2021年）》（沪司发〔2019〕42号）第11条、第12条。

⑦ 《培育发展"上海调解"服务品牌三年行动方案（2019—2021年）》（沪司发〔2019〕42号）第15条。

⑧ 《培育发展"上海调解"服务品牌三年行动方案（2019—2021年）》（沪司发〔2019〕42号）第7条、第8条。

⑨ 上海市司法局、上海市民政局、上海市财政局《关于规范本市调解组织发展的规定》（沪司规〔2019〕4号）第37条、中共上海市委政法委员会等五部门《关于促进本市调解组织发展的若干意见》（沪司发〔2019〕120号）第3条第4款。

（四）《关于全面推进金融纠纷多元化解机制建设的意见》

推进金融纠纷多元化解机制建设，是畅通金融消费者权利救济渠道、防范化解金融风险，推进国家金融治理体系和治理能力的重要举措。近年来，我国已陆续初步建立保险、证券、期货、银行等金融领域纠纷多元化解机制。2019 年 11 月 19 日，最高院、人民银行、银保监会联合印发《关于全面推进金融纠纷多元化解机制建设的意见》，全面深化金融纠纷多元化解机制工作，其中有两项制度创新尤其值得关注。一是探索建立小额纠纷快速解决机制。对赔付金额在一定数额内的金融纠纷，调解员可以根据法律法规和行业惯例，依照公平公正的原则，提出纠纷解决意见。如果金融消费者接受该意见，则争议各方当事人均应当接受并承诺履行该调解意见。如果金融消费者不接受该意见的，则调解意见对各方当事人均无约束力，作为专家意见供当事人参考。① 二是建立中立评估机制。对于争议较大、具有典型性的金融纠纷，金融纠纷调解组织可聘请无利害关系的独立专家，基于对各方陈述及所提交证据材料的综合考量，作出建议性评估报告，供当事人参考。②

三、典型案例

【案例 1】中国国际贸易促进委员会深圳分会（以下简称深圳贸促会）调解中心成功调解一起涉外商事纠纷 ③

【基本案情】

俄罗斯 R 公司向深圳 S 公司采购一批平衡车，双方签订了销售合同，R 公司一次性将货款支付给 S 公司，但是 S 公司由于种种原因没有发货，导致合作失败。双方多次沟通无果后，S 公司拒绝与 R 公司洽谈。R 公司向深圳贸促会调解中心申请调解，要求 S 公司全额退款。

【调解过程】

深圳贸促会调解中心专职调解员接到 R 公司调解申请后，积极与 S 公司沟

---

① 最高人民法院、中国人民银行、中国银行保险监督管理委员会《关于全面推进金融纠纷多元化解机制建设的意见》第 6 条。

② 最高人民法院、中国人民银行、中国银行保险监督管理委员会《关于全面推进金融纠纷多元化解机制建设的意见》第 7 条。

③ 《深圳市贸促委调解中心成功调解一起中俄贸易纠纷》，载中国国际贸易促进委员会 / 中国国际商会调解中心网站，https://adr.ccpit.org/articles/238，访问时间：2020 年 3 月 13 日。

通，表明中立身份，帮助双方重新建立对话平台。调解员与双方当事人多次沟通，了解到双方签订合同后R公司一次性支付了货款，S公司也按要求生产了平衡车，但由于S公司无法按照R公司的要求提供相关证明文件，货物一直搁置在仓库。R公司认为没有收到货物，故应全额退款。S公司则认为下单时已明确告知R公司无法提供该证明文件，但对方仍然坚持下单，且合同也没有关于证明文件的条款，生产与仓储货物均发生了成本，故S公司认为最多只能退回20%的货款。

调解员从合同签订前沟通的缺陷、合同签订时文本的疏漏、国际贸易惯例和法律法规等方面厘清双方的责任，经过两轮电话调解后，双方争议焦点逐渐缩小，但仍无法达成一致意见。调解中心随即启用专家调解员进一步提供调解服务，专家调解员组织双方当事人进行现场调解，了解到搁置的货物零配件仍具有市场需求，帮助S公司详细估算产品的损耗和产品剩余价值，缩小双方争议金额的差距。最终，双方达成和解，S公司返还七成货款解决纠纷。

【纠纷观察】

相较于诉讼和仲裁，调解的优势主要有：对抗性低，有利于维持合作；绝对的自主权和控制权，结果可控；程序灵活、简易、高效；费用相对低廉；保密性更高。若使用得当，是更为高效和便捷的争议解决方式，在跨境争议解决中尤其如此。本案由俄罗斯当事人主动向深圳贸促会调解中心申请调解，正是源于商事调解在解决跨境争议方面的优势，同时也说明我国商事调解组织的行业影响力在不断提高。

本案调解有以下几个亮点：一是调解员表明中立身份，积极重建双方当事人对话平台，通过分析矛盾焦点，告知诉讼与调解的利弊，引导双方务实解决纠纷；二是先运用电话调解方式进行初步调解，在取得初步进展后，再组织当面调解，节省了调解成本，提高了调解效率；三是采用递进式调解方法，先由专职调解员进行初步调解，再由精通外语和法律的专家调解员主持现场调解，实现调解资源的有效配置，为双方当事人提供了多层次、全方位的调解服务。

【案例2】中国贸促会调解中心与北仲“调仲对接”的首次尝试[①]

【基本案情】

A建筑设计有限公司（以下简称A公司）与B装备有限公司（以下简称B公司）

① 北京仲裁委员会/北京国际仲裁中心2019年度仲裁案例。

因科特迪瓦某建设工程设计费及居间服务费的支付产生争议，因双方未签署书面合同且一直保持较好的商业关系，双方决定先将争议提交至中国贸促会调解中心进行调解。

【调解过程】

双方在中国贸促会调解中心独任调解员张某某的组织下签署和解协议，中国贸促会调解中心据此作出调解协议。因和解协议约定的履行期限较长，为保障和解协议的执行力，双方希望能以仲裁调解书的形式对和解协议内容予以进一步确认。在了解到中国贸促会调解中心与北仲有关于“调仲对接”的安排后，A 公司与 B 公司决定就上述争议重新达成仲裁协议，并提交北仲进行仲裁。双方在仲裁协议中约定共同选择张某某担任仲裁员。北仲受理上述案件后，确定由双方当事人共同选定的张某某担任仲裁案件的独任仲裁员。仲裁员张某某开庭审理了本案，帮助双方再次细化了和解协议的安排，保证和解协议内容的具体、明确、可执行，并根据当事人当庭修改后达成的和解协议作出仲裁调解书。

【纠纷观察】

该案系北仲与中国贸促会调解中心在 2018 年 7 月签署《战略合作协议》后关于“调仲对接”安排的首次尝试。“调仲对接”模式本身尚无统一定义，该案采取的模式是当事人将已经商事调解组织独立调解解决的案件提交至仲裁机构，由仲裁庭审查后按照当事人和解协议或调解协议的内容作出仲裁调解书或和解裁决，以保障和解协议或调解协议内容的强制执行力。能否顺利获得强制执行是当事人选择争议解决方式的重要考虑因素，目前我国《民事诉讼法》规定的调解协议司法确认制度不能解决当事人的疑虑，一方面，可申请司法确认的调解协议的范围以及流程和实践操作存在不确定性，另一方面，即使经法院司法确认，也无法满足涉外案件中当事人域外执行的需求。“调仲对接”模式的制度价值在于，仲裁调解书在国内具有与仲裁裁决书相同的法律效力，且仲裁庭还可基于当事人和解协议作出和解裁决，该等和解裁决可通过《承认及执行外国仲裁裁决的纽约公约》在域外得到承认与执行。该案的成功，为如何结合商事调解与商事仲裁两种争议解决方式更好地满足当事人的争议解决需求提供了新的思路。

该案的具体操作亦有值得后续实践借鉴参考之处。首先，合理利用意思自治原则，通过约定简化仲裁程序。该案中，双方详细约定了仲裁程序的组织和推进，最大限度简化仲裁程序，为高效审理奠定了坚实基础。例如，双方在仲裁协议中约定放弃根据《北京仲裁委员会 / 北京国际仲裁中心仲裁规则》所享有的所有期限性权利、无论争议金额大小案件由独任仲裁员审理、案件可以书面审理而不开庭，双方还共同选定更了解案件情况的前调解员继续担任本案的仲裁员。这些约定大大加速了案件的处理，该案从仲裁申请受理、仲裁庭组成、开庭到最后结案，仅用时 19 天。其次，虽然本案根据当事人的要求以仲裁调解书的方式结案，但该案因义务履行地位于科特迪瓦，具有涉外因素，如果当事人确有境外执行的需求，亦可申请由仲裁庭作出和解裁决，以保障双方和解协议内容的域外执行效力。

需要注意的是，“调仲对接”模式在未来大规模的适用可能会面临一些挑战，须在后续实践中不断摸索和完善。首先是费用机制的构建。一般情况下仲裁机构会将调仲对接案件仍作为独立的仲裁案件进行立案与受理，这意味着当事人需按照独立仲裁案件的标准再次支付仲裁费用，增加了当事人的争议解决成本，也会直接影响到“调仲对接”的选择和使用。对此，仲裁机构和调解机构可以通过协商费用机制安排，当事人也可以通过约定书面审理、仲裁员报酬按小时费率计算等方式降低费用。其次，即使调仲对接案件的争议在调解程序中已被妥善解决，但仲裁庭在审查和解协议的过程中需特别注意是否存在虚假仲裁、损害第三人利益等情形，避免当事人利用调仲对接机制谋求不法利益。最后，不少和解协议的内容，特别是关于履行条件的约定，往往不够明确、具体、可执行，如果直接按照和解协议的内容作出仲裁调解书或者和解裁决，可能出现执行受阻的情况，所以需要仲裁员在处理“调仲对接”案件中谨慎对待。

【案例 3】法院委托行业调解组织在线异地调解超亿元金融借款合同纠纷案①

【基本案情】

B 银行向 H 公司贷款人民币约 1.16 亿元。因 H 公司未按时还款，B 银行向上海金融法院起诉，请求 H 公司提前还清贷款本息人民币约 1.19 亿元。上海金融法院委托上海银行业纠纷调解中心（以下简称上海银调中心）对该案进行调解。

【调解过程】

上海银调中心接受委托后，发现该案调解存在两个难点：一是当事人和调解组织分处三地，B 银行代理人位于北京、H 公司位于黑龙江、上海银调中心则在

① 《金融纠纷多元化解十大典型案例》，载法信网，http://www.faxin.cn/lib/lfsf/SfContent.aspx?gid=H6283&libid=010401，访问时间：2020 年 3 月 13 日。

上海，如采用传统现场调解方式，沟通协调困难；二是案件标的额较大，H公司虽有意还款，但短期内筹措资金较为困难。

针对第一个难点，上海银调中心组织各地当事人和调解员同时登录上海银调中心网络在线调解平台，通过远程视频会议，实现了网上“面对面”调解。上海银调中心的在线调解平台已顺利接入上海金融法院金融纠纷解决网上平台，法官也可以进入网络在线调解平台，见证当事人达成调解方案。针对第二个难点，调解员基于其银行从业背景和专业知识，努力寻求双方争议平衡点和案件突破口。一方面，考虑到涉案金额较大，H公司短期内筹措还款资金较为困难，调解员建议B银行在法规政策允许的范围内，对该笔争议贷款进行适当展期，在展期期间则根据行业惯例适当提高贷款利率。另一方面，调解员也向H公司分析其败诉风险，指出若被法院强制执行，对于企业的生产经营活动不利，建议H公司缩短展期时间。最终，当事人之间达成了调解协议，上海金融法院经审查出具民事调解书，矛盾由此化解。

【纠纷观察】

目前我国法院主要建立了委派调解和委托调解两种诉讼与调解对接的机制。委派调解是指对当事人起诉到法院的适宜调解的案件，登记立案前，法院委派特邀调解组织、特邀调解员进行调解；委派调解达成协议的，当事人可以依法申请司法确认。委托调解是指登记立案后或者在审理过程中，法院认为适宜调解的案件，经当事人同意，委托给特邀调解组织、特邀调解员或者由人民法院专职调解员进行调解；委托调解达成协议的，经法官审查后依法出具调解书。

该案为委托调解，是最高院、人民银行、银保监会联合召开的金融纠纷多元化解机制建设推进会公布的金融纠纷多元化解十大典型案例之一。银行金融借款纠纷往往法律关系并不复杂，但标的额大，地域跨度大，诉讼处理耗时耗力，企业也可能因为执行程序而陷入经营困难。针对这类案件的特点，一方面，本案通过网络在线调解方式，实现异地调解，大大降低调解成本。通过法院与调解组织的网络平台对接，在当事人同意的前提下，法官可以随时进入在线调解平台，见证当事人调解过程，大大提高法院对调解协议的审查效率。另一方面，本案借助行业调解专业力量，更加快速、妥当地化解纠纷。针对银行、证券、期货、保险等专业性较强的金融纠纷，充分发挥行业调解的优势，利用在线调解手段快速化解纠纷，已成为近年来中国商事调解发展的一个亮点。

【案例 4】最高院知识产权法庭巡回调解案[①]

【基本案情】

涉案专利为“自动甘蔗削皮机”，专利权人田某某发现郭某某长期销售、许诺销售被诉侵权产品，起诉请求郭某某赔偿包括合理费用在内的经济损失 50 万元。一审法院经审理认为，被诉侵权产品的技术特征经比对完全落入了涉案专利的保护范围，故判决郭某某停止侵权、赔偿经济损失 8 万元。郭某某向最高院知识产权法庭提起上诉，认为其销售的甘蔗削皮机与涉案专利的技术特征存在不同，未落入涉案专利的保护范围，而且其不知道销售的系侵权产品，不应当承担损害赔偿责任。二审中，最高院知识产权法庭合议庭发现涉案专利部分技术特征系功能性特征，原审法院未结合说明书及附图进行技术比对，当事人对此存在较大争议；而被诉侵权产品体积较大，不便运输，双方当事人均为个体经营者，到北京开庭经济负担较重。为方便进一步开展调查，减轻当事人诉讼负担，合议庭决定赴郑州进行现场勘验。

【调解过程】

勘验当天，合议庭先就当事人争议的技术事实进行了听证，固定了关于技术特征比对的争议焦点，然后结合涉案专利及相关说明书附图，对被诉侵权产品的技术特征进行了一一比对，特别是就其中争议较大的“抱紧装置”“牵引装置”的技术特征，让当事人充分陈述了各自的比对意见。经勘验，案件涉及的技术事实已经清楚明确，具有很好的调解基础，合议庭当即决定组织当事人现场调解。一方面，经合议庭的法律释明，权利人理解了侵权并非只是从被诉侵权产品具有相应的功能来判定，而是必须从手段、功能、效果等三个方面进行综合判断，并认识到自身在专利撰写方面存在的问题，更加明确认识到自身诉讼风险。另一方面，被控侵权者认识到其作为一名销售商，虽然主观上不知道销售的是侵权产品，但也存在经营不规范的问题，表示今后将注意规避法律风险。经过与双方当事人耐心细致沟通，本案最终成功调解结案。

【纠纷观察】

最高院知识产权法庭自 2019 年 1 月 1 日成立以来，多次开展巡回审判，并通过远程示证勘验、派遣技术调查官赴涉案纠纷当地勘验等便民司法举措，大大减

---

① 周蓉蓉：《新时代“枫桥经验”的知产实践——最高人民法院知产法庭现场勘验促和解》，载中国法院网，https://www.chinacourt.org/article/detail/2019/10/id/4503073.shtml，访问时间：2020 年 3 月 13 日。

轻了当事人的诉讼负担，妥善解决了多起复杂疑难案件。本案通过在案件审理中积极探索“现场勘验 + 调解”的非诉讼纠纷化解模式，通过法律释明，引导双方当事人认识到自身问题，力促矛盾纠纷就地化解，实现了法律效果与社会效果的统一。

调解不是简单地和稀泥，而是一项系统工程，需要通过妥善安排当事人各自利益关切达成协议。法官得当的调解技术和对当事人的专业影响力是本案调解成功的重要原因。法官具体地向当事人解释了案涉核心法律问题，客观分析了各自面对的法律风险，这与专职调解员在调解中使用的“评估式”（Evaluative）调解技能相似，都着眼于对客观事实、法律适用和法律风险的慎重分析和评估，以利于当事人对诉讼结果进行合理预测并作出理性选择。

【案例 5】确认港籍调解员异地调解商事纠纷效力案①

【基本案情】

Z 公司与 X 公司均为在香港注册成立的公司，双方签订钢结构加工合同，约定由 Z 公司提供产品和加工服务，X 公司支付加工合同价款，后双方进行结算并签署结算单。此后，双方因加工合同履行产生纠纷，Z 公司向广东省深圳前海合作区人民法院（以下简称前海法院）起诉，要求 X 公司支付合同款项及利息。

【调解过程】

案件审理过程中，双方均表达了希望在香港进行调解的意愿。为此，前海法院通过前海“一带一路”国际商事诉调对接中心，委托前海律师调解组织和香港律师开展调解工作。调解员先后两次组织双方当事人和代理律师在香港律师事务所，适用香港法律进行调解，双方当事人最终达成调解协议。前海法院依法对调解协议的自愿性、合法性以及调解过程的合法性进行审查后，制作民事调解书进行确认。

【纠纷观察】

该案系广东省高级人民法院首次统一发布的粤港澳大湾区跨境纠纷典型案例之一。完善港籍调解员制度，推动建立共商共建共享的多元化纠纷解决机制，是粤港澳大湾区法治营商环境建设的重要内容之一。

本案中，前海法院充分尊重当事人意愿，运用委托调解的方式，通过内地和

① 《广东法院粤港澳大湾区跨境纠纷典型案例（全文）》，载澎湃网，https://www.thepaper.cn/newsDetail_forward_5283993，访问时间：2020 年 3 月 13 日。

香港两地调解力量并适用香港法律，促成双方当事人达成调解协议。对于法院审理过程中委托调解达成的调解协议，前海法院依法审查并制作民事调解书，将双方调解协议转化为具有强制执行力的法律文书，实现了纠纷的妥善、有力解决。本案对探索建立粤港澳大湾区跨境诉调对接机制，完善港籍调解员制度，深化内地法院涉外涉港澳审判机制改革具有一定示范意义。

四、热点问题观察

（一）我国适用《新加坡公约》的配套机制建设

我国尚未制定统一的调解法对各类调解组织和调解行为进行统一规范。关于调解的规定分散于《民事诉讼法》《中华人民共和国人民调解法》《中华人民共和国仲裁法》等法律和各级法院、政府部门制定的相关规范性文件中。从内容上看，现有规范主要是关于人民调解、行政调解、诉讼调解或者仲裁调解的规定，对于独立商事调解的规定很少，远未形成制度体系。我国签署《新加坡公约》后，配套机制建设应当成为下一阶段的工作重点。一方面，为扩大适用范围和适应不同法域的法律制度，《新加坡公约》许多条款采取了折中或较为模糊的表述，相关条款的具体内涵尚需国内立法予以明确；另一方面，如何衔接统一国际调解协议和国内调解协议的救济方式（特别是执行程序），亦需予以明确。我们认为，围绕《新加坡公约》在我国内地的批准生效与落地适用，应着重做好以下几个方面的工作：

第一，明确执行管辖法院。《新加坡公约》虽未明确和解协议得到执行之前应经过类似《纽约公约》规定的“承认”程序，但其关于拒绝执行和解协议事由的规定，事实上隐含了和解协议须经过类似“承认”的执行国审查环节的意思。《新加坡公约》与《纽约公约》的性质存在一定相似性，为便于《新加坡公约》的顺利适用，我国在规定国际和解协议执行管辖时，可以考虑参照外国仲裁裁决在我国的承认与执行管辖规定，由被执行人住所地或被执行的财产所在地中级人民法院管辖，先由涉外商事审判庭归口审查，裁定予以执行后交由执行部门执行。

第二，统一审查标准。《新加坡公约》对拒绝准予救济的理由作出规定，但部分事由的理解与适用尚需进一步明确。建议最高院制定相关司法解释，对《新加坡公约》的部分条文进行细化：一是进一步明确和解协议中的义务不清楚或者无法理解的标准，对此可考虑借鉴《最高人民法院关于人民法院办理仲裁裁决执行案件若干问题的规定》第3条对仲裁裁决、仲裁调解书的可执行性判断标准予以明确；二是进一步明确调解员的披露义务，细化严重不当行为的具体表现，为实践中判断调解过程的合法性提供指引；三是进一步明确公共政策的范围，避免不当以公共政策为由妨碍和解协议执行。此外，在《新加坡公约》适用初期，各级法院难免对《新加坡公约》适用的标准和条件有掌握不清之处，为统一裁判尺度，可以考虑参照仲裁司法审查报核程序建立和解协议执行报核程序，规定拟拒绝准予救济的案件应层报最高院批准。

第三，建立健全虚假调解惩治规则。《新加坡公约》出台后，不少观点对《新加坡公约》可能引发的虚假调解问题表示担忧，尤其是在国际和解协议的缔结地、调解机关分处不同法域，虚假调解的查明和惩治可能更加困难。为此，我国应结合国际调解的特点，探索建立案外人申请不予执行调解协议制度，从民事、刑事等多方面加强虚假调解惩治。根据《新加坡公约》第 4 条的规定，证明“和解协议产生于调解”主要依赖于调解员、调解过程管理机构，我国可考虑加强与外国主管机关的合作，逐步建立外国调解员、调解组织名录，这既有利于防止当事人通过不合法甚至完全虚假的调解组织、调解员进行虚假调解，也有利于提高个案审查效率。

第四，统一国内、国际调解协议的执行程序。《新加坡公约》对经调解产生的国际和解协议采取直接执行原则，而根据我国《民事诉讼法》的规定，国内调解协议需经司法确认程序才具有强制执行力，这就导致国际、国内调解协议的执行程序存在双轨制。为同《新加坡公约》规定衔接，促进调解在解决国内商事争议中的适用，建议借鉴《新加坡公约》规定，改革国内调解协议进入执行的程序（详见下文分析）。

第五，适时推进统一的调解法的制定。建议借助落实《新加坡公约》之机，响应我国调解实践发展需求，借鉴国际调解立法经验，制定一部能保障、引领和推动调解实践发展的调解法，统一规范调解员任职资格和行为准则、各类调解组织的设立和调解行为、调解程序以及调解协议的执行等。

（二）改革调解协议司法确认制度

目前我国商事调解的具体实践主要包括以下几种情形：一是当事人直接向调解组织提出调解申请，调解员主持当事人进行调解，调解成功的，当事人签订调解协议；二是当事人向法院起诉，法院在立案前委派调解组织进行调解（委派调解），调解成功的，当事人签订调解协议，法院不再立案审理；三是当事人向调解组织申请调解，调解成功的，当事人签订调解协议，并根据调仲对接机制向仲裁机构申请仲裁，由仲裁庭审查后依据调解协议的内容作出仲裁裁决或调解书；四是商事诉讼程序中法院委托调解组织进行调解（委托调解）或法官自行主持调解，达成调解协议的，法官审查确认后出具调解书（最高院国际商事法庭还可以根据调解协议内容制作判决书）；五是商事仲裁程序中仲裁庭主持调解，达成调解协议后，仲裁庭作出调解书或根据调解协议内容作出仲裁裁决。在后三种方式中，调解协议的内容转化至调解书或法院判决、仲裁裁决等具有强制执行力的法律文书中，当事人可以直接依据法律文书申请强制执行。

但在上述前两种方式下，当事人达成的调解协议仅具有民事合同性质，不能直接作为执行依据，当事人还需通过其他法律程序才能执行此类调解协议。在中国现行法律制度下，这些路径主要包括：（1）司法确认，即调解协议当事人共同向法院申请司法确认，法院审查后裁定调解协议有效的，如债务人不履行调解协议，债权人可以向法院申请强制执行；（2）强制执行公证，即调解协议具有给付内容的，当事人可以申请公证机构依法赋予调解协议强制执行效力，债务人不履行公证债权文书的，债权人可以向法院申请强制执行；（3）督促程序，即调解协议具有金钱或者有价证券给付内容的，债权人向法院申请支付令，债务人未在法定期限内提出书面异议且逾期不履行支付令的，债权人可以向法院申请强制执行。但是，债权人通过这三种制度寻求救济，均有赖于债务人配合。以专门为调解协议创设的司法确认制度为例，根据《民事诉讼法》第194条的规定，申请司法确认调解协议须由各方当事人共同向法院提出申请，而如果债务人不配合提出申请，债权人只能另诉请求履行调解协议。调解协议执行路径不畅，事实上已成为制约当事人选择调解的主要障碍之一。

我国现行法律的上述规定与《新加坡公约》确立的调解协议无需来源国审查、当事人可直接申请执行的机制不一致。这意味着，为衔接《新加坡公约》的规定，我国有必要修改国内立法，改革现行以司法确认为基础的调解协议司法审查制度。就其中涉及的几个主要问题，我们提出以下建议：

第一，《新加坡公约》虽然排除调解协议来源国的事先审查，但允许执行地法院根据被执行人请求或依职权对调解协议进行审查。与此衔接，我国可将现行的执行前的司法确认程序调整为进入执行程序后的司法审查，具体而言：一方面，我国应考虑修改立法，承认经调解组织及其调解员协助达成的调解协议具有强制执行力，债务人不履行调解协议的，债权人可以直接向法院申请执行；另一方面，债权人申请执行调解协议后，允许法院根据被执行人提出的不予执行调解协议申请或依职权对调解协议进行有限审查，具体审查程序可参考仲裁裁决不予执行制度来建立。此外，为惩治虚假仲裁，保护案外人利益，还可以参考案外人申请不予执行仲裁裁决制度，建立案外人申请不予执行调解协议制度。

第二，根据《最高人民法院关于适用〈中华人民共和国民事诉讼法〉的解释》第 360 条的规定，目前我国不予确认调解协议效力的情形包括违反法律强制性规定的，损害国家利益、社会公共利益、他人合法权益的，违背公序良俗的，违反自愿原则的，内容不明确的等情形。这与《新加坡公约》第 5 条规定的拒绝准予救济理由有一定相似性。在此基础上，我国可以《新加坡公约》第 5 条规定事由为基础，结合现行司法确认程序的审查事项，具体规定依被执行人申请、依案外人申请和法院依职权裁定不予执行的各项事由。

第三，《新加坡公约》仅适用于对经调解产生的国际和解协议（国际调解协议），但从统一国内、国际调解协议执行程序的角度出发，我国应统一改革国内、国际调解协议的司法确认制度，建立统一的调解协议不予执行制度。当然，在规定审查事由时，可以结合国内调解协议和国际调解协议的具体特点有所区分。

第四，根据《新加坡公约》第 1 条第 3 款的规定，结合联合国贸易法委员会第二工作组的讨论意见和决定，在诉讼或者仲裁程序中达成的和解协议，如果和解协议没有转化为调解书或法院判决、仲裁裁决（如当事人在法官协助下达成和解协议后撤诉），那么和解协议仍应适用《新加坡公约》，不能仅因法官或仲裁员参与调解过程就将和解协议排除在公约适用范围外。① 因此，对于上述和解协议，我国在修改立法时应将其纳入可直接申请执行的范围，并适用调解协议不予执行制度进行审查。

（三）完善我国商事调解倡导机制

调解作为工作方法在我国历史悠久，有些学者甚至称中国为“调解的故乡”，调解被视为“东方经验”，但商事调解作为一种独立争议解决方式在我国尚处发展初期，不少商事主体对调解的功能和作用缺乏了解，商事调解的吸引力和受信任度有待提高，进一步完善商事调解倡导机制对促进我国商事调解发展具有重大意义。从国际上看，较为典型的促进措施有两种：一是赋予法官决定相关案件是否进入调解程序的自由裁量权，从而更为精准地实现案件分流，增加调解权威性；二是发挥诉讼费杠杆作用，对当事人接受调解的案件减免诉讼费用，而对无正当

---

① 孙巍：《〈联合国关于调解所产生的国际和解协议公约〉立法背景及条文释义》，法律出版社 2018 年版，第 14—15 页。

理由拒绝调解的当事人，在判决时惩罚性地令其承担更多诉讼费用。[①]

借鉴国际经验，结合国内实践，特别是《新加坡公约》实施后可能产生的巨大影响，建议我国可重点从以下几个方面完善商事调解倡导机制：一是如上所述，对标《新加坡公约》，改革调解协议司法确认程序，明确当事人可以直接申请执行调解协议，法院通过不予执行调解协议制度进行有限司法审查，从而增强商事调解的权威性和吸引力；二是完善诉讼、仲裁案件向调解分流的制度，细化适宜调解案件的具体标准，完善诉讼立案前委派调解、诉讼中委托调解和仲裁立案前移交调解的工作机制和具体流程，引导当事人选择调解方式解决纠纷；三是落实完善费用激励惩戒机制，适当减免接受调解一方当事人的诉讼费用，适当增加无正当理由不参与或阻碍调解一方当事人的诉讼费用。

（四）加强商事调解员队伍建设，提升商事调解的专业化和公信力

商事调解对调解员素养和能力具有很高要求，加快商事调解的调解员队伍建设对于提升商事调解的规范化、专业化水平，从而增强调解这种争议解决方式对当事人的吸引力意义重大。国际上，不少调解制度较为发达的国家和地区都建立了统一的调解员认证制度和认证标准，提高调解员的专业化水平。

参考相关域外实践经验，我们建议，我国商事调解员队伍建设可重点从以下方面加以完善：一是建立统一的职业资格准入制度，引入符合要求的外籍调解员，提升我国商事调解员的专业水平和国际化程度；二是制定调解员行为准则，为调解员执行行为提供指引和约束，并为执行程序审查调解程序的正当性提供审查标准；三是区分民事调解与商事调解，提升商事调解的市场化运作水平，大幅提高商事调解员的报酬水平，促进商事调解员的专职化、职业化。

五、结语与展望

2019 年是国际商事调解和国内商事调解蓬勃发展的一年。以《新加坡公约》开放签署为标志，全球商事调解进入发展新纪元。围绕和服务国家改革任务和发展战略，加快商事调解发展成为促进司法体制改革、打造市场化法治化国际化营商环境、提升对外开放水平的重要举措。在国家和地方政策鼓励、支持和引导下，

---

① 龙飞：《替代性纠纷解决机制立法的域外比较与借鉴》，载《中国政法大学学报》2019 年第 1 期，第 93 页。

我国商事调解机制和平台建设取得显著进步，商事调解和诉讼、仲裁的良性互动明显增强，商事调解在多元化纠纷解决机制中的重要地位和作用进一步显现。我国商事调解展现出前所未有的广阔发展空间和难得的历史机遇。

与此同时，我们也应看到，一些制约商事调解发展的体制机制性因素还没有完全消除，《新加坡公约》的签署实施也将带来新的挑战。这些障碍和挑战要求我们以发展的眼光，不断在改革创新中予以妥善应对。

第一，商事调解的基础法律规范尚不健全，商事调解的运行、发展与监管缺乏系统、全面的顶层设计，商事调解的权威性有待提升。特别是，商事调解组织、调解员队伍在执业规则、能力建设、监督管理等方面的基础规范亟待进一步完善。多年来，理论界和实务界多有制定商事调解专门法律的呼声，我们建议相关部门、机构抓紧研究推进商事调解立法工作，为我国商事调解的发展繁荣提供坚实法治保障。

第二，目前我国商事调解主要依赖于诉调对接、仲调对接机制展开，调解平台总体上缺乏独立的稳定案源。社会公众特别是商事纠纷的当事人，尚未完全将调解视为一种独立的争议解决方式，在纠纷产生时少有提交调解的意识和意愿。为此，应当着力提升商事调解的权威性、独立性和公信力，充分激发商事调解灵活、高效、便捷、维护合作等制度优势，大力完善调解倡导机制，做好普及宣传工作，逐步提升商事主体对调解的认知度、接纳度和吸引力。

第三，《新加坡公约》为国际和解协议的执行提供了前所未有的制度化便利，可以预见，《新加坡公约》必将在世界范围内极大促进商事调解的发展。依托《新加坡公约》确立的制度性安排，各国在商事调解制度、平台、人员方面的竞争或将进入全新阶段。我国应当抓紧建立《新加坡公约》在国内的实施机制，借机健全和完善我国商事调解制度和机制，加快培育具有国际影响力的调解组织和调解员队伍，力争打造世界和区域调解中心。

中国建设工程争议解决年度观察（2020）

周显峰　罗　策　汪派派[①]

一、概　述

（一）建筑业集中迎来一批重量级法律法规规范性文件发布和施行

2019年，我国建筑业“放管服”改革持续深化，集中体现为对工程建设资金的“放管结合”。首先，全国人民代表大会常务委员会（以下简称全国人大常委会）通过修订《中华人民共和国建筑法》（以下简称《建筑法》）正式确立建筑工程施工许可实行“建设资金已经落实承诺制”。其次，国务院先后发布《政府投资条例》《保障农民工工资支付条例》两部行政法规，明确规定在政府投资项目中，不得由施工单位垫资建设，并对工程变更和投资概算进行严格监管；为强力解决拖欠农民工工资问题，强制实行“建设单位工程款支付担保”“施工总承包单位无条件先行清偿”等管理制度。

作为建筑业两大基本法之一的《中华人民共和国招标投标法》（以下简称《招标投标法》）也进入全面修订阶段，国家发展与改革委员会（以下简称国家发改委）在2019年12月3日发布修订草案公开征求意见稿。

在工程总承包领域，《房屋建筑和市政基础设施项目工程总承包管理办法》（以下简称《工程总承包管理办法》）在历经两年征求意见后，于2019年底由住房和城乡建设部（以下简称住建部）与国家发改委联合发布，可谓“千呼万唤始出来”。该办法确立的工程总承包单位“双资质”制度备受瞩目，具体详见本文第四（二）

① 周显峰，君合律师事务所合伙人，我国首位工程法律研究方向博士，国家一级建造师、英国皇家特许测量师（MRICS）、英国皇家特许建造师（MCIOB）。罗策，君合律师事务所基础设施和项目融资组律师。汪派派，君合律师事务所基础设施和项目融资组律师。

“工程总承包领域”。

（二）建设工程争议解决领域出现一系列突破性典型案例，同时也在面临新型冠状病毒感染肺炎疫情（以下简称新冠肺炎疫情）的重大挑战

2019 年，我国建设工程争议解决领域的实践向纵深方向发展，出现了一系列具有一定创新性、突破性、关键性的最高人民法院（以下简称最高院）典型案例和裁判意见。例如，承包人向项目融资银行放弃优先受偿权的承诺是否有效，应以项目贷款是否实际用于工程款支付作为附加条件；又如，当裁判机构认定建设工程合同无效并向当事人释明，而当事人坚持基于合同有效提出请求的，裁判机构可能将其驳回；再如，对于工业工程，应当将占主要权重的设备采购和安装工程认定为“主体工程”，对建筑工程的分包并不必然构成“主体结构违法分包”。以上最高院典型案例的分析具体详见本文第三部分“典型案例”。

需要特别关注的是，自 2020 年 1 月开始暴发的新冠肺炎疫情的影响覆盖境内外工程建设领域的各个环节，已经对建设工程合同的履行构成重大影响。新冠肺炎疫情是否构成不可抗力，是否构成情势变更，因受疫情影响而导致的各类损失和风险后果应当如何根据适用法律及合同约定予以分配，已成为全行业的热点话题。相关分析详见本文第四（一）“新冠肺炎疫情对建设工程合同履行的影响及风险分配框架原则”。

（三）对外承包工程业务持续发展

2019 年，我国对外承包工程业务扭转了 2018 年完成营业额和新签合同额双双下降的不利局势，再创历史新高。其中，对外承包工程业务完成营业额 11,927.5 亿元人民币，同比增长 6.6%（折合 1,729 亿美元，同比增长 2.3%）；新签合同额 17,953.3 亿元人民币，同比增长 12.2%（折合 2,602.5 亿美元，同比增长 7.6%）[①]。此外，我国企业在“一带一路”沿线的 62 个国家新签对外承包工程项目合同 6,944 份，新签合同额 1,548.9 亿美元，占同期我国对外承包工程新签合同额的 59.5%，

① 《2019 年我国对外承包工程业务简明统计》，载中华人民共和国商务部对外投资和经济合作司网站，http://hzs.mofcom.gov.cn/article/date/202001/20200102932442.shtml，访问时间：2020 年 2 月 8 日。

同比增长23.1%；完成营业额979.8亿美元，占同期总额的56.7%，同比增长9.7%[①]。

尽管完成营业额、新签合同额均创历史新高，但是值得注意的是，我国对外承包工程业务份额向排名前列的央企承包商集中的趋势日益明显，而大批中小对外承包商的海外经营日益窘迫，濒临倒闭甚至破产的情形日益增多。在这种背景下，境外工程发生争议频率日益提升，各类跨境、跨法域的疑难问题日益增加。

在本文第三部分“典型案例”中，我们选取了一个经最高院终审的独立保函欺诈纠纷案例。该案例系因利比亚内战引起，并关联破产债权确认纠纷，非常具有代表性，详见本文第三（三）【案例4】部分。

（四）PPP争议解决

2019年底，最高院发布《关于审理行政协议案件若干问题的规定》（以下简称《行政协议司法解释》）。该司法解释对行政协议的定义以及对行政协议可仲裁性的否定，将对各类政府与社会资本合作协议（以下简称PPP协议）在争议解决机制方面产生重大影响。对此热点问题的分析，详见本文第四（三）“PPP协议与行政协议的关系及可仲裁性”。

二、新出台的法律法规或其他规范性文件

（一）常规建设工程领域

1. 全国人大常委会修改《建筑法》

2019年4月23日，全国人大常委会审议通过了《关于修改〈中华人民共和国建筑法〉等八部法律的决定》，其中《建筑法》的修改条款自决定公布之日起施行。本次修改仅针对第8条“申请施工许可证”，除了限定规划许可证种类、取消兜底条件以及缩短审批期限之外，一个核心变化是将原许可条件中“建设资金已经落实”修改为“有满足施工需要的资金安排”，即建设单位申请领取施工许可证时，不再需要提交“银行出具的到位资金证明或保函”以及“截至申请之日无拖欠工程款情形的承诺书或其他证明材料”，而是提供“建设资金已经落实承诺书”

---

① 《2019年我对“一带一路”沿线国家投资合作情况》，载中华人民共和国商务部对外投资和经济合作司网站，http://hzs.mofcom.gov.cn/article/date/202001/20200102932445.shtml，访问时间：2020年2月8日。

即可。[①]

建筑施工许可实行“建设资金已经落实承诺制”，是推进工程建设项目审批制度改革的措施之一，有利于降低建设单位资金成本。但是，如果发证机关对建设单位履行承诺的监督和追责不到位，那么也可能增加建设单位拖欠工程款的风险。

2. 国务院《政府投资条例》

2019 年 4 月 14 日，国务院发布《政府投资条例》（国务院令第 712 号），该条例于 2019 年 7 月 1 日正式施行。该条例专门规范政府投资行为，是继《企业投资项目核准和备案管理条例》（国务院令第 673 号）之后投资领域又一部重要的行政法规，解决了我国政府投资管理缺乏上位法，现有规章、规范性文件权威性不足、指导性不够、约束性不强的问题。

《政府投资条例》共 7 章、39 条，分别从政府投资的决策、计划、实施、监管、法律责任等方面对政府投资行为进行规范。该条例与工程建设领域有关的新规则，主要体现在以下几个方面：

（1）政府投资项目不得由施工单位垫资建设

《政府投资条例》第 22 条规定：“政府投资项目所需资金应当按照国家有关规定确保落实到位。政府投资项目不得由施工单位垫资建设。”此规定意味着自该条例施行之后，政府投资项目由施工单位垫资建设的行为将构成违反行政法规“强制性规定”的情形。但是，该规定是否属于“效力性强制性规定”，进而是否可能影响建设工程合同效力，目前还缺乏权威解释。

同时，针对“要求施工单位对政府投资项目垫资建设”这一违法行为，该条例第 34 条规定项目单位的相应法律责任为“责令改正，根据具体情况，暂停、停止拨付资金或者收回已拨付的资金，暂停或者停止建设活动”。这些法律责任虽然由项目单位承担，但显然会直接影响建设工程合同的履行，特别是如果出现停止拨付资金或者停缓建，那么将可能导致承包单位产生额外费用损失。但是，对于此类损失，承包单位如何有效获得索赔权利保护，是否可能因明知垫资建设违法而应当承担部分损失等问题，仍有待探索和实践。

（2）对工程总承包项目中发包人设计责任的影响

《政府投资条例》第 9 条规定，政府投资项目的项目单位应当编制项目建议书、

---

① 详见 2018 年 9 月 30 日住建部《住房城乡建设部关于修改和废止有关文件的决定》（建法〔2018〕98 号）、2014 年 9 月 4 日住建部办公厅《关于进一步加强建筑工程施工许可管理工作的通知》（建办市〔2014〕34 号）。

可行性研究报告、初步设计，按照政府投资管理权限和规定的程序，报投资主管部门或者其他有关部门审批。项目单位应当加强政府投资项目的前期工作，保证前期工作的深度达到规定的要求，并对项目建议书、可行性研究报告、初步设计以及依法应当附具的其他文件的真实性负责。

该规定还要求项目单位对初步设计等前期文件的真实性负责，这对工程总承包合同当事人在设计责任界面上的风险分配，将可能产生深远影响。但是，此处项目单位的设计责任仅限于"真实性"，并未要求"准确性"和"完整性"。对"真实性"内涵和外延的理解，可能成为潜在争议焦点。

（3）对工程变更的严格监管

《政府投资条例》第21条规定："政府投资项目应当按照投资主管部门或者其他有关部门批准的建设地点、建设规模和建设内容实施；拟变更建设地点或者拟对建设规模、建设内容等作较大变更的，应当按照规定的程序报原审批部门审批。"

项目单位如果存在"未经批准变更政府投资项目的建设地点或者对建设规模、建设内容等作较大变更"情形，那么根据该条例第34条，将承担的法律责任包括：责令改正，暂停、停止拨付资金或者收回已拨付的资金，暂停或者停止建设活动，对负有责任的领导人员和直接责任人员依法给予处分。

以上规定对从源头上制约政府投资项目因违规工程变更导致投资失控，进而引发建设工程合同疑难纠纷等现象，具有积极意义。

（4）对投资概算的严格监管

《政府投资条例》第23条规定政府投资项目建设投资原则上不得超过经核定的投资概算。因国家政策调整、价格上涨、地质条件发生重大变化等原因确需增加投资概算的，项目单位应当提出调整方案及资金来源，按照规定的程序报原初步设计审批部门或者投资概算核定部门核定；涉及预算调整或者调剂的，依照有关预算的法律、行政法规和国家有关规定办理。

在实践中，如果政府投资项目的工程价款超过投资概算，那么将可能实质性阻碍建设工程合同的履行和权利救济，特别是在合同约定"价款结算以行政审计结论为准"的情形下，工程承包单位将可能更加难以主张正当权益。

鉴于此，在建设工程合同订立及履行过程中，对于不属于"因国家政策调整、价格上涨、地质条件发生重大变化等原因确需增加投资概算"的情形，特别是可能导致超出投资概算的较大工程变更，各方当事人均需要高度重视并严格控制履约风险。

3. 国务院《保障农民工工资支付条例》

2019 年 12 月 30 日，国务院正式发布《保障农民工工资支付条例》（国务院令第 724 号）（以下简称《支付条例》)，该条例自 2020 年 5 月 1 日起施行。

在境内外工程建设领域，不仅农民工数量高度集中，而且牵涉的法律关系也更加多样化，导致拖欠农民工工资问题更加突出，相关争议解决也更加复杂。鉴于此，《支付条例》第四章专门针对工程建设领域进行了一系列特别规定，其中包括工程款支付担保、人工费最长拨付周期、人工费与工程款分账、工资专用账户、实名制管理、施工总承包单位先行清偿及代发工资、工资保证金等制度，这些制度对包括建设单位、施工总承包单位、分包单位、农民工在内的工程建设领域各相关主体之间的权利义务关系，均将产生结构性影响。其中，对各方权利义务交互影响较大，甚至可能突破合同相对性原则的几项制度包括：

（1）建设单位工程款支付担保制度

《支付条例》第 24 条第 1 款规定："建设单位应当向施工单位提供工程款支付担保。"这意味着，工程款支付担保已经由当事人约定事项转化为行政法规的强制性规定。同时，根据该条例第 49 条、第 57 条规定，如果建设单位未提供工程款支付担保导致拖欠农民工工资的，将会影响其新建项目和信用记录；"逾期不改正的，责令项目停工，并处 5 万元以上 10 万元以下的罚款"。

以上关于工程款支付担保制度的强制性规定，对从源头上解决包括农民工工资在内的工程款拖欠纠纷具有积极意义。但是，考虑到建设工程市场发承包当事人的客观交易地位，工程款支付担保制度能否真正落实，如何避免类似于"阴阳合同"的"阴阳担保"问题，还有待实践检验。

（2）建设单位因违法行为导致拖欠农民工工资的清偿责任

根据《支付条例》第 36 条、第 37 条规定，建设单位如果存在如下违法行为，导致拖欠农民工工资的，将直接承担清偿责任：

第一，将建设工程发包给个人或者不具备合法经营资格的单位；

第二，工程建设项目违反国土空间规划、工程建设等法律法规。

（3）施工总承包单位对农民工工资的先行清偿责任

根据《支付条例》第 30 条、第 36 条的规定，施工总承包单位在以下情形中，将对农民工工资承担先行清偿责任：

第一，分包单位拖欠农民工工资的，由施工总承包单位先行清偿，再依法进行追偿——需要特别注意的是，该情形并未设置任何前提条件，只要发生分包单位拖欠农民工工资的情形，施工总承包单位就有义务先行清偿。

第二，工程建设项目转包，拖欠农民工工资的，由施工总承包单位先行清偿，再依法进行追偿。

第三，施工总承包单位违法分包或者出借资质，导致拖欠农民工工资的，由施工总承包单位清偿。

以上规定意味着，在农民工工资支付问题上，无论是合法分包，还是转包、违法分包、挂靠，施工总承包单位一律不能再以“合同相对性”进行抗辩。

（4）农民工工资委托施工总承包单位代发制度

根据《支付条例》第 31 条规定，工程建设领域推行分包单位农民工工资委托施工总承包单位代发制度。基本程序为：分包单位应当按月考核农民工工作量并编制工资支付表，经农民工本人签字确认后，与当月工程进度等情况一并交施工总承包单位；施工总承包单位根据工资支付表，通过农民工工资专用账户直接将工资支付到农民工本人的银行账户，并向分包单位提供代发工资凭证。

与上述“农民工工资代发制度”相配套，《支付条例》第 28 条还规定施工总承包单位应当在工程项目部配备劳资专管员，对分包单位劳动用工实施监督管理，掌握施工现场用工、考勤、工资支付等情况，审核分包单位编制的农民工工资支付表，分包单位应当予以配合。

以上无论是农民工工资代发制度，还是要求项目部配备劳资专管员并对分包单位用工实施全方位监督，都将在很大程度上影响和改变总承包单位和分包单位之间长期形成的管理模式和交易习惯。

综上所述，《支付条例》以保障农民工工资支付为出发点，在较大程度上突破合同相对性，通过打通总分包合同上下游的支付链条，重构了建设单位、施工总承包单位、分包单位、农民工之间的权利义务关系。这对各相关主体无论是在合同管理、资金管理、用工管理方面，还是在法律风险管理等方面，均提出了巨大挑战。

（二）工程总承包领域——住建部和国家发改委《工程总承包管理办法》

2019 年 12 月 23 日，住建部与国家发改委联合发布《工程总承包管理办法》（建市规〔2019〕12 号）。该办法自 2020 年 3 月 1 日起施行。

《工程总承包管理办法》既吸收了以往实践中的良好做法，也在一些核心问题上进行了重大调整，这将对工程总承包市场的交易规则产生深远影响。而由住建部与国家发改委联合制定和发布，也有助于提高该办法在市场（特别是政府投资项目）中的地位。

需要特别说明的是，受限于我国工程建设领域“条块分割”的行政管理体制，《工程总承包管理办法》的适用范围为房屋建筑与市政基础设施项目。该办法对其他行业的影响程度，特别是工业工程领域，目前还存在较大不确定性。鉴于此，为免歧义，下文中的“工程总承包”除特别说明外，仅限于房屋建筑和市政基础设施项目，而不适用于其他工程建设领域。

《工程总承包管理办法》明确了工程总承包项目的发包阶段、必须招标的条件、招标文件应当具备的主要内容和推荐合同示范文本、工程总承包单位的资质条件、前期咨询单位的利益冲突和例外情形、建设单位承担的主要风险种类、工程总承包项目经理应当具备的条件、分包方式、建设单位和工程总承包单位各自的质量和安全责任等。其中，该办法第 10 条关于工程总承包单位应当同时具有设计和施工的“双资质”的新规定，将对现有工程总承包市场准入要求和合同责任分担机制产生重大影响，具体详见本文第四（二）“工程总承包领域”。

从工程总承包合同的订立、履行和争议解决角度，《工程总承包管理办法》在如下几个方面的规定也值得注意：

第一，关于工程总承包项目应当在什么阶段发包，《工程总承包管理办法》第 7 条明确规定，企业投资项目应当在核准或者备案后进行工程总承包项目发包；但是，政府投资项目原则上应当在初步设计审批完成后进行工程总承包项目发包。

第二，关于前期咨询单位能否成为工程总承包单位这一关键问题，《工程总承包管理办法》第 11 条明确规定，代建单位、项目管理单位、监理单位、造价咨询单位、招标代理单位不得作为工程总承包单位；在政府投资项目中，在已完成项目建议书、可行性研究报告、初步设计文件公开的条件下，其编制及评估单位有资格成为工程总承包单位。这里值得注意的是，上述第 11 条并未明确在企业投资项目中，项目建议书、可行性研究报告、初步设计文件的编制和评估单位在何种条件下可以作为工程总承包单位——从文字逻辑上理解，似乎是不设置限制条件，但我们认为更谨慎的做法是参照政府投资项目的条件，公开前期咨询设计成果。此外，还需要特别注意的是，国家发改委等九部委联合发布的《中华人民共和国标准设计施工总承包招标文件（2012 年版）》目前仍禁止前期咨询单位参加工程总承包投标。而在《招标投标法实施条例》第 15 条已明确规定依法必须招标的项目应当使用标准招标文件的情形下，对《工程总承包管理办法》第 11 条的适用性存疑。

第三，关于工程总承包合同风险分配机制，《工程总承包管理办法》第 15 条规定建设单位承担的主要风险包括“（一）主要工程材料、设备、人工价格与招标时基期价相比，波动幅度超过合同约定幅度的部分；（二）因国家法律法规政策变化引起的合同价格的变化；（三）不可预见的地质条件造成的工程费用和工期的变化；（四）因建设单位原因产生的工程费用和工期的变化；（五）不可抗力造成的工程费用和工期的变化”。上述风险分配机制尽管更公平合理，但考虑到该办法为效力等级低的行政规范性文件，如果政府部门强制推行，那么反而可能与当事人合法约定之间产生冲突，进而诱发新的“阴阳合同”问题。

三、典型案例

（一）常规建设工程领域典型案例

【案例 1】承包人向项目融资机构放弃优先受偿权承诺的效力认定[①]

【基本案情】

2013 年 4 月 19 日，中国工商银行股份有限公司枣庄薛城支行（以下简称项目融资银行）与山东浙商联合实业股份有限公司（以下简称发包人）签订《房地产借款合同》，向其提供住房开发贷款 1.38 亿元人民币，并办理了在建工程和国有土地使用权抵押登记手续。同日，案涉工程施工单位江苏南通二建集团有限公司（以下简称承包人）向项目融资银行出具《承诺函》：“我单位已知山东浙商联合实业股份有限公司‘嘉豪国际公寓’项目建设资金来源已全部落实，我单位自愿放弃本项目工程款优先受偿权。”

贷款到期后，发包人未按期归还借款，项目融资银行向人民法院提起诉讼，法院判决项目融资银行对上述抵押财产享有优先受偿权。该判决生效后，项目融资银行于 2017 年 9 月 13 日向法院申请强制执行。

2015 年 3 月 30 日，承包人与发包人因建设工程施工合同纠纷提起诉讼，山东省高级人民法院于 2015 年 6 月 25 日作出《调解书》，确认双方当事人在开庭审理前自愿达成《和解协议》，《和解协议》第 2.5 条约定承包人对案涉工程享有优先受偿权。该调解书已经发生法律效力。

项目融资银行认为《调解书》建立在承包人向法院隐瞒了放弃工程价款优先受偿权基础上，《调解书》第 2.5 条关于承包人享有工程价款优先受偿权的内容损

---

① 江苏南通二建集团有限公司、中国工商银行股份有限公司枣庄薛城支行第三人撤销之诉，（2019）最高法民终 978 号（2019 年 10 月 31 日）。

害其合法权益，向法院提起第三人撤销之诉。

【争议焦点】

第一，承包人放弃工程款优先受偿权的《承诺函》是否构成附条件放弃；

第二，《调解书》第2.5条关于承包人享有工程款优先受偿权的内容，是否错误，是否损害项目融资银行合法权益。

【裁判观点】

1. 关于工程款优先受偿权是否为附条件放弃

法院认为，从《承诺函》的内容看，承包人放弃该项目工程款优先受偿权是因已知项目建设资金来源已全部落实。结合2013年4月18日发包人致承包人的承诺函，其中发包人明确承诺保证本次贷款只用于承包人承建案涉工程的进度款和结算款；再结合项目融资银行与发包人就案涉项目签订的《房地产借款合同》中借款发放和账户管理的相关内容，承包人主张其向项目融资银行出具承诺函放弃其对案涉工程价款优先于项目融资银行抵押权的受偿顺位，是一种附条件的放弃，理由成立。

在案涉《建设工程施工合同》《房地产借款合同》实际履行过程中，2013年5月22日，项目融资银行根据发包人的提款申请和支付委托将1.38亿元人民币贷款进行了一次性发放，其中仅向承包人发放500万元人民币。据此，承包人认为并未实现本次贷款全部用于承包人承建案涉工程建设资金的条件，故主张其向项目融资银行出具《承诺函》，放弃其对案涉工程价款优先于项目融资银行抵押权的受偿顺位的所附条件未成就，该主张具有一定合理性。

2. 关于《调解书》第2.5条内容

首先，关于《调解书》确认承包人享有优先受偿权是否错误，法院认为，承包人出具的《承诺函》，仅是针对特定抵押权人，即向项目融资银行所作出的对工程价款优先于抵押权受偿顺位的放弃，并未针对发包人承诺放弃优先受偿权，故承包人与发包人在建设工程施工合同纠纷诉讼中达成和解，确认其享有工程款优先受偿权具有正当性。因此，项目融资银行主张《调解书》第2.5条内容错误的依据不足。

其次，关于《调解书》第2.5条是否损害项目融资银行合法权益，法院认为：

第一，项目融资银行在从事贷款业务过程中有检查、监督贷款使用情况的责任，其在与发包人签订的《房地产借款合同》中也约定有相关条款。承包人基于对项目融资银行的信赖，在发包人未按承诺将案涉贷款全部用于支付其承建工程的工程款情况下，有理由认为《承诺函》所附生效条件未成就，因此在其与发包人达成的和解协议中未涉及《承诺函》相关内容并不具有主观过错，项目融资银行主张承包人故意隐瞒已放弃工程价款优先受偿权的事实，依据不足。

第二，项目融资银行与承包人所争优先权实质，是执行程序中执行款项的分配顺位。在执行结果未明确的情况下，项目融资银行的民事权益是否实际受到损害亦不明确。综上，项目融资银行请求撤销《调解书》第 2.5 条内容，理据不足。

【纠纷观察】

关于承包人放弃工程款优先受偿权的效力，最高院《关于审理建设工程施工合同纠纷案件适用法律问题的解释（二）》（以下简称《施工合同司法解释（二）》）第 23 条规定："发包人与承包人约定放弃或者限制建设工程价款优先受偿权，损害建筑工人利益，发包人根据该约定主张承包人不享有建设工程价款优先受偿权的，人民法院不予支持。"工程款优先受偿权制度主要是为了保护第三人（建筑工人）利益而设立的制度，最高院确立承包人的弃权以不应损害建筑工人的利益为要件。

本案值得高度关注的是最高院对承包人放弃工程款优先受偿权意思表示的解释方式。根据《承诺函》内容，一方面，最高院认定承包人放弃工程价款优先受偿权的承诺，仅是针对项目融资银行，并非针对发包人；另一方面，也是本案的关键之处，最高院将项目贷款实际用于支付案涉工程价款，认定为承包人放弃工程价款优先受偿权承诺生效的附加条件。最高院在对承包人放弃优先受偿权意思表示的解释过程中，基于以下关键事实：

首先，发包人先行向承包人出具承诺函，明确承诺本次贷款只用于案涉工程的进度款和结算款；随后，在承包人收到该承诺函的次日，因项目融资银行就案涉工程提供住房开发贷款，并与发包人签订《房地产借款合同》，即发包人作出的承诺与项目融资银行同意贷款的行为，对承包人确信工程款已获保障形成双重合理信赖。在此前提下，承包人才愿意向项目融资银行出具放弃优先权的《承诺函》。

其次，项目融资银行在发放贷款过程中，根据发包人提款申请和支付委托发放 1.38 亿元，但其中仅向承包人发放 500 万元。鉴于此，如果项目融资银行在发放贷款时未尽合理审查义务，或者明知程序违规仍向发包人发放，那么裁判机构不支持其关于承包人放弃工程价款优先受偿权承诺已生效的观点，更符合诚实信用原则。

无论如何，最高院这一裁判规则从特定角度一定程度上进一步响应了《施工合同司法解释（二）》第23条设立的立法本意，即放弃优先受偿权“损害建筑工人利益”的，人民法院不予支持，可能对项目融资机构、发包人、承包人等各利益相关方围绕工程价款优先受偿权的“博弈”注入新的变量。

（二）工程总承包领域典型案例

【案例2】工业工程总承包模式下再分包、主体结构违法分包的认定①

【基本案情】

2010年9月30日，新疆中泰矿冶有限公司（以下简称建设单位）与中国电力工程顾问集团中南电力设计院有限公司（以下简称工程总承包单位）签订《100万吨/年电石项目动力站EPC总承包合同》（以下简称《EPC合同》）。

2011年1月24日，建设单位、工程总承包单位经过招投标程序，作为共同发包人与中国能源建设集团江苏省电力建设第三工程有限公司（以下简称施工单位）签订《施工合同》，约定由施工单位承建EPC项目中的建筑和安装施工。

2011年3月，施工单位与中国江苏国际经济技术合作集团有限公司（以下简称分包单位）签订《分包合同》，约定由分包单位承建建筑工程。

2012年6月22日，建设单位和工程总承包单位要求施工单位安排分包单位退场，分包单位亦同意退场。随后施工单位完成了分包单位遗留工程的施工，并完成竣工验收。

此后，因《分包合同》项下价款结算纠纷，分包单位向法院起诉，诉讼请求包括判令《分包合同》无效、施工单位提供代付工资及材料款凭证、施工单位支付欠付工程款、建设单位和工程总承包单位在欠付工程款范围内承担连带清偿责任等。

【争议焦点】

第一，案涉《分包合同》是否无效；

第二，建设单位和工程总承包单位是否应当承担连带清偿责任。

① 中国江苏国际经济技术合作集团有限公司、中国能源建设集团江苏省电力建设第三工程有限公司、中国电力工程顾问集团中南电力设计院有限公司、新疆中泰矿冶有限公司建设工程分包合同纠纷，（2019）最高法民终346号（2019年5月30日）。

【裁判观点】

1. 关于《分包合同》的合同效力

在本案中，分包单位主张由于施工单位构成一系列违法分包行为，因此《分包合同》应当无效。对此，法院根据《建设工程质量管理条例》第 78 条，对施工单位在本案中是否构成违法分包行为一一作出如下认定。

第一，关于施工单位是否进行建设工程再分包。在本案中，由于《EPC 合同》的承包模式为 EPC 总承包，工程总承包单位仅具有设计资质，其仅负责工程设计而不进行施工，案涉工程系由建设单位和工程总承包单位通过招标共同确定施工单位，并且作为共同发包单位与其签订《施工合同》。据此，施工单位事实上从建设单位直接获得案涉工程承包权利，应为施工总承包单位，而非分包单位。据此，施工单位将其中标工程进行分包，并未违反我国法律关于工程再分包的禁止性规定。

第二，关于施工单位是否将建设工程主体结构施工进行分包。法院认为，就整个电石项目动力站工程而言，机组设备运转是电力工程施工的核心及《施工合同》的主要目的，设备机组的采购和安装在工程造价中所占比重亦高于建筑工程，故施工单位负责实施的设备机组采购和安装是案涉工程施工的核心和主体工程，而分包单位所承建的建筑工程处于从属地位。因此，施工单位并未违反我国法律关于禁止将建设工程主体结构施工进行分包的强制性规定。

第三，由于分包单位具有相应资质条件，且已经建设单位、工程总承包单位同意，因此，施工单位也不构成将建设工程分包给不具备相应资质条件的单位、未经建设单位同意，进行分包的违法分包行为。

综上，法院认定施工单位并未违法分包，《分包合同》系双方当事人的真实意思表示，不违反法律、行政法规的强制性规定，应认定有效。

2. 关于建设单位和工程总承包单位是否应当承担连带清偿责任

在本案中，法院认定由于施工单位在《分包合同》项下已经超付工程款，分包单位主张建设单位、工程总承包单位在应付款范围内承担连带责任并无事实依据，未支持该项诉讼请求。

【纠纷观察】

在本案中，分包单位主张施工单位构成违法分包的目的之一，是主张其构成“实际施工人”，进而依据最高院《关于审理建设工程施工合同纠纷案件适用法律问题的解释》（以下简称《施工合同司法解释（一）》）第 26 条规定，请求上游合同即《施工合同》的发包人，在欠付工程款范围内承担支付责任。对此，法院基于对工业工程总承包模式特点的准确把握，就施工单位是否构成违法分包行为分别进行了严密分析和准确判断。

案涉电石项目电力站工程属于一种工业工程。在本案中，与房屋建筑施工总承包模式相比，工业工程总承包模式的差异性集中体现在两方面，一是总分包法律关系不同；二是对“主体工程”的界定不同。

关于总分包法律关系的差异性，主要是由于工业项目的工程总承包单位多为设计单位，而设计单位大多数并不兼具施工资质，因此只能通过分包或联合体方式将施工部分交由有资质的施工单位完成。如果采用施工分包的方式，那么施工单位的法律地位将是分包单位，这样其再进行专业工程分包，将很可能构成法律上禁止的工程再分包。本案的特别之处在于，建设单位与工程总承包单位对施工单位进行联合招标并共同签订合同，实际采取的是类似于 EPCM 的总承包项目管理模式，这样有效解决了施工单位的法律地位风险，使其可以进行合法分包。不过，在这种项目管理模式下，设计单位的工程总承包责任相对弱化，这对建设单位的项目管理能力提出更高要求。

关于“主体工程”界定的差异性，可以说是本案审理的一大亮点。《建筑法》《建设工程质量管理条例》的立法以房屋建筑工程的管理体制为主要基础，其中关于禁止建筑 / 建设工程“主体结构”分包的表述，也在较大程度上体现了房屋建筑工程的特征。但是，在以机电设备为主的工业工程项目中，建筑工程大多数处于附属地位，而机电设备的采购和安装工程才是主体部分。这样，简单将建筑工程认定为工业工程的“主体结构”并禁止分包，显然是不合理的。现有案例统计显示，本案应是最高院首次在判决中，将法律规定的“主体结构”扩大解释为“主体工程”，并将工业工程中的机电设备采购和安装部分认定为“主体工程”。这对解决实践中如何准确认定工业工程的“主体结构”，进而正确处理“主体结构违法分包”问题具有重大意义。

【案例 3】EPC 合同解除权的行使及结算价款权利的主张[①]

【基本案情】

2013 年 2 月 4 日，中国庆华能源集团有限公司（以下简称发包人）与中国机械工业建设集团有限公司（以下简称承包人）签订《5000t/d 熟料新型干法综合利用废渣生产水泥项目 EPC 工程合同》（以下简称《EPC 工程合同》），采用固定总价。

---

① 中国机械工业建设集团有限公司、中国庆华能源集团有限公司、新疆庆华环保建材有限公司 EPC 合同纠纷，（2017）新民初 8 号（2019 年 10 月 15 日），该判决已经生效。

《EPC工程合同》约定，发包人在接到承包人提交竣工结算报告和完整竣工结算资料30日内未能提出修改意见，也未予答复的，视为发包人认可了该竣工结算资料作为最终竣工结算资料；同时，专用条款还约定适用《建设工程价款结算暂行办法》。此外，还约定了承包人可以解除合同的事由、通知程序及后果。

此后，由于发包人未履行约定的工程款支付、开立设备款信用证及修改支付保函义务，承包人按合同约定的一系列通知和时限要求，在2015年6月15日书面通知发包人解除《EPC工程合同》。

2015年10月30日，承包人向发包人提交案涉工程《分包执行情况说明》《工程设计执行情况表》《设备材料供货执行情况表》《专项工程执行情况表》及《结算报告》。《结算报告》包括已完成工程、变更增加、三次停工损失三大类。《结算报告》包括的《合同内完成情况汇总表》记载了设计费、设备费的完成比例，以及经监理单位、发包人签认的已完建安工程量。随后，承包人通过邮件向发包人提供了现场清点资料并进行公证。2016年2月26日，承包人向发包人发函主张享有工程优先受偿权。在起诉前，承包人还对案涉工程现场进行了证据保全。

【争议焦点】

第一，承包人主张《EPC工程合同》解除是否成立；

第二，《EPC工程合同》解除后价款结算，能否适用“逾期不答复视为认可竣工结算”的合同约定；

第三，承包人对案涉工程优先受偿权的起算日期。

【裁判观点】

1.承包人主张《EPC工程合同》解除是否成立

在本案中，法院认定发包人存在违约行为，承包人有权依据合同相关约定行使合同解除权。同时，承包人已经履行了通知合同解除的义务。发包人在收到解除合同的通知后，虽然不同意解除合同，但并未对违约行为采取补救措施，也未依法提出诉讼。因此，法院支持了承包人主张的合同已经依法解除的请求。

2.《EPC工程合同》解除后的价款结算能否适用“逾期不答复视为认可竣工结算”的合同约定

在本案中，法院认定《EPC工程合同》中关于发包人逾期不答复视为认可竣工结算条款约定明确，具有法律约束力。《施工合同司法解释（一）》第20条规定：“当事人约定，发包人收到竣工结算文件后，在约定期限内不予答复，视为认可竣工结算文件的，按照约定处理。承包人请求按照竣工结算文件结算工程价款的，应予支持。”

法院认为，在本案中，虽然案涉工程因《EPC 工程合同》解除未竣工，但可参照上述规定进行价款结算。由于发包人既未在《EPC 工程合同》通用条款约定 30 天内也未在《建设工程价款结算暂行办法》规定 60 天内就结算报告提出任何意见，因此视为发包人认可了承包人的结算报告。同时，由于案涉工程未竣工，并不具备制作竣工结算资料的条件，因此对发包人提出因承包人未提交竣工结算资料而不具备支付条件的答辩理由，法院未予支持。

3. 承包人对案涉工程优先受偿权的起算日期

《施工合同司法解释（二）》第 22 条规定："承包人行使建设工程价款优先受偿权的期限为六个月，自发包人应当给付建设工程价款之日起算。"

在本案中，经综合考虑《EPC 工程合同》关于支付期限的约定，以及合同解除后的移交及结算情况，法院认定应付工程价款的时间为起诉之日，并将此日期认定为承包人工程款优先受偿权的起算日期，优先受偿权范围包括全部欠付的已完工程价款和变更工程价款。

【纠纷观察】

工业工程的 EPC 合同通常包括设计、设备采购、土建安装施工、试运行等特征各异的组成部分，这些组成部分之间不仅计价规则显著不同，而且在合同履行过程中的状态也更加多样化，特别是非标准设备采购，往往需要经过工厂制造、在途运输、现场存储、安装进行中、安装完成等多个阶段。这些特点导致工业 EPC 合同在解除后的结算和纠纷处理，比常规建设工程施工合同更加复杂。

在本案中，值得充分肯定的是法院并未习惯性地依赖工程造价鉴定机构来处理 EPC 合同解除后的价款结算工作，而是在充分查明事实的基础上，将案涉 EPC 合同中发包人逾期不答复视为认可竣工结算的相关约定参照适用于合同解除后的价款结算。这不仅有效率地解决了复杂结算纠纷，还为《施工合同司法解释（一）》第 20 条的更广泛适用提供了宝贵的司法实践。

（三）境外工程领域重大案例

【案例 4】独立保函欺诈例外认定与不可抗力[①]

【基本案情】

2009 年 7 月 29 日，长江岩土工程总公司（武汉）（以下简称总承包商）与中

① 长江岩土工程总公司、中国建设银行股份有限公司温岭支行信用证纠纷，（2019）最高法民终 302 号民事判决书（2019 年 6 月 28 日）。

博建设工程集团有限公司（以下简称分包商）签订《承包合同书》，承包工程位于利比亚境内两地，暂定合同价款分别约为22亿元人民币、37亿元人民币。根据《承包合同书》的约定，分包商向中国建设银行股份有限公司温岭支行（以下简称保函开立行）申请开立5份预付款保函和2份履约保函，保函受益人均为总承包商。

2011年1月24日，总承包商与分包商共同向驻利比亚参赞处申请开具证明文件。2011年1月27日，驻利比亚参赞处出具两份意见，载明2010年案涉两个工程完成工程量合计约为26.7亿元人民币。

2011年2月，利比亚发生内战，我国公民全部撤出，案涉工程停工。此后，保函开立行以停工系不可抗力导致，分包商不存在违约为由，对总承包商索兑保函的要求予以拒绝。

2015年，总承包商以保函开立行为被告，分包商为第三人，向浙江省高级人民法院提起诉讼，要求保函开立行兑付5份预付款保函项下金额合计约为5.88亿元人民币以及2份履约保函项下金额合计约为1.18亿元人民币。

2016年3月7日，浙江省温岭市人民法院裁定受理分包商的重整申请。2016年11月22日，总承包商以分包商为被告、保函开立行为第三人，提起普通破产债权确认之诉，请求确认对分包商享有到期破产债权及利息。法院终审判决解除《承包合同书》，驳回总承包商的其他诉讼请求。终审判决文书编号为（2018）浙10民终1355号（以下简称1355号判决）。[①]

【争议焦点】

第一，总承包商索赔履约保函是否构成欺诈；

第二，总承包商索兑预付款保函是否构成欺诈。

【裁判观点】

1. 关于总承包商索赔履约保函是否构成欺诈

案涉《承包合同书》第34条明确约定，如果由于不可抗力或发包人原因造成工程延期或其他责任，总包人和承包人双方免责，并共同采取措施减少损失。

法院认为，1355号判决已查明分包商和总承包商撤离涉案工程是由于利比亚内战，分包商系因不可抗力不能履行合同，并未违约；总承包商对其不享有涉案保函索赔权是明知且清晰的。在此情形下，总承包商仍然坚持以分包商违约为由，要求保函开立行兑付履约保函，缺乏诚实信用，属于滥用索赔权，构成最高院《关

---

① 2019年1月4日，浙江省高级人民法院通过（2018）浙民申4399号民事裁定书，裁定驳回总承包商的再审申请。

于审理独立保函纠纷案件若干问题的规定》（以下简称《独立保函司法解释》）第12条第5项“受益人明知其没有付款请求权仍滥用该权利的其他情形”。

2. 关于总承包商索兑预付款保函是否构成欺诈

法院认为，1355号判决认定能够查明的涉案工程量款项不低于26.695亿元人民币，高于总承包商给付的工程预付款金额，说明工程预付款已用于工程，分包商并没有不当占有该工程款项，即分包商对总承包商没有交还预付款的义务。

涉案工程量的认定系已经生效判决认定的主要事实，已生效的法院判决认定分包商作为基础交易的债务人没有付款责任，即构成《独立保函司法解释》第12条第3项“法院判决或仲裁裁决认定基础交易债务人没有付款或赔偿责任的”情形。

【纠纷观察】

本案除涉及独立保函欺诈例外情形的适用之外，还涉及战争与不可抗力的认定及后果处理，建设工程合同纠纷、保函欺诈纠纷及破产债权确认纠纷等法律程序之间的关联，以及境外证据的证明力等一系列跨境法律问题。该案例对“一带一路”背景下建设工程疑难争议解决十分具有借鉴价值。

四、热点问题观察

（一）新冠肺炎疫情对建设工程合同履行的影响及风险分配框架原则

2020年1月20日，新冠肺炎疫情被正式列入《中华人民共和国传染病防治法》规定的乙类传染病，国家采取甲类传染病的疾病预防措施。2020年1月31日，世界卫生组织宣布新冠肺炎疫情已构成“国际关注的突发公共卫生事件”。

为防治新冠肺炎疫情，全国各地方政府相继采取了居家隔离、交通管制、延长假期、延迟复工等一系列行政措施。这些行政措施在发挥防治疫情的重要作用的同时，不可避免地对各行业产生影响。而在人力和建材、设备资源高度集中的工程建设领域，新冠肺炎疫情的影响尤为突出。在此背景下，新冠肺炎疫情对建设工程合同履行的影响后果及潜在纠纷处理，迅速成为工程界、法律界共同关注的热点问题。

1. 新冠肺炎疫情对建设工程合同履行的影响类型

新冠肺炎疫情对建设工程合同履行的影响具有多样性，不同影响后果所对应的法律救济路径和风险分配机制也有所差异。鉴于此，在作进一步深入分析之前，我们将新冠肺炎疫情的可能影响及后果大致分为五类：

第一类：工期延误

采取防治新冠肺炎疫情行政措施是导致工期延误的原因，一方面是政府直接要求建设工程延迟复工或停工，另一方面则是因交通管制、疫区隔离、企业停产等导致人员、建筑材料和设备短缺，进而导致工程停建或缓建。

就境外工程而言，导致工期延误的原因更加多样，例如东道国政府对中国籍人员采取的拒签、入境检疫、隔离观察等限制措施导致人员短缺，以及在我国国内采购的材料、设备因停产、物流困难和海关检疫措施等导致交付迟延。

第二类：停、缓建导致的额外费用

因采取防治新冠肺炎疫情行政措施导致的停建、缓建将产生额外费用，主要表现为两种类型：一是因停建、缓建导致的工期延误期间额外发生的主要与时间有关的成本或支出——从承包人角度，通常称为拖期费用（Prolongation costs），例如人工费、周转材料和施工机具租赁费或摊销费、折旧费、现场管理费（与时间有关的部分）、总部管理费等（注：不同计价规则的工程造价的构成不同）；二是因对施工现场或生活区采取防疫措施等干扰行为导致的工效降低，并由此发生的额外费用——通常称为干扰费用（Disruption costs）。

第三类：疫情防护费用

疫情影响期间，工程承包单位可能发生的疫情防护费包括必要管理人员在岗、施工现场和办公生活区域消毒、疫情防护宣传教育、疫情防护物资购置储备等相关额外措施项目费。

第四类：价格要素上涨

如果疫情防治行政措施导致的人力、物资短缺持续发生，那么受市场供求关系影响，人工、材料、设备、施工机械等价格要素将可能上涨，进而导致承包商履约成本进一步增加。

第五类：赶工成本

受疫情影响导致的工期延误，如果发包人基于经济利益或其他原因提出赶工，那么将发生赶工的额外成本。

2. 建设工程合同履行情境下新冠肺炎疫情与不可抗力及情势变更

对以上各类新冠肺炎疫情影响后果的处理依据主要有两大类，一是合同约定，二是法律规定。在我国法律中，与新冠肺炎疫情事件有关的主要法律原则一是不可抗力，二是情势变更。

以“非典”疫情相关司法实践作为参照。最高院在 2003 年 6 月 11 日发布《关于在防治传染性非典型肺炎期间依法做好人民法院相关审判、执行工作的通知》

（以下简称《“非典”通知》）中指出，由于“非典”疫情原因，按原合同履行对一方当事人的权益有重大影响的合同纠纷案件，可以根据具体情况，适用公平原则处理；因政府及有关部门为防治“非典”疫情而采取行政措施直接导致合同不能履行，或者由于“非典”疫情的影响致使合同当事人根本不能履行而引起的纠纷，按照《中华人民共和国合同法》（以下简称《合同法》）第117条和第118条的规定妥善处理。该通知尽管已经废止，但是其针对“非典”疫情引发的合同纠纷案件，根据疫情的不同影响及后果，分别适用公平原则、不可抗力原则的处理思路，仍是经得起实践检验的。

（1）新冠肺炎疫情是否构成不可抗力

在工程建设领域，采取防治新冠肺炎疫情行政措施导致建设工程合同履行迟延的情形已经发生，这使得讨论新冠肺炎疫情是否构成不可抗力已经有了事实基础。目前，业界对将新冠肺炎疫情事件认定为符合中国法律下不可抗力定义的分歧总体较小，即使存在分歧，其实也更多集中在如何准确理解和适用不可抗力的各种约定和法定免责条件，例如因果关系的论证以及违约方是否履行了通知、证明、减损义务等。

（2）新冠肺炎疫情是否构成情势变更

尽管最高院在2009年通过《关于适用〈中华人民共和国合同法〉若干问题的解释（二）》第26条，基于公平原则确立了情势变更原则，但为避免滥用情势变更，最高院又要求审慎适用该原则；确需适用的，也应由高级人民法院审核，必要时还应报最高院审核。①

考虑到在建设工程合同履行的情境下，情势变更主要体现为价格要素的异常上涨。而相比论证新冠肺炎疫情影响是否可能构成情势变更，进而当事人是否有权请求变更或解除合同这一争议问题，我国在工程建设领域对因价格要素异常上涨而导致的建设工程合同纠纷的相关审判实践显然要更加丰富。因此，我们认为，如果今后发生此类纠纷，当事人和裁判机构可以更多地将争议焦点锁定在价格要素异常上涨风险的风险分配规则。

3. 新冠肺炎疫情对建设工程合同履行各类影响后果的风险分配机制

（1）第一类：工期延误

考虑到不可抗力是法定免责事由，且大多数通用建设工程合同示范文本均将

---

① 2009年4月27日《最高人民法院关于正确适用〈中华人民共和国合同法〉若干问题的解释（二）服务党和国家的工作大局的通知》（法［2009］165号）。

不可抗力作为工期顺延情形，因此，在采取防治新冠肺炎疫情行政措施确实导致工期延误的情形下（必须存在因果关系），承包商应有权以不可抗力为由主张工期顺延。当然，承包商能否获得工期顺延，还需要注意履行约定或法定的各类通知、证明及减损义务。

在这里，需要注意的是，《合同法》第 117 条规定："当事人迟延履行后发生不可抗力的，不能免除责任。"对于该规定，针对建设工程合同履行，如果仅从字面解释，那么比较容易解释为：如果承包商在新冠肺炎疫情发生前即存在迟延竣工行为，而迟延竣工期间受到新冠肺炎疫情影响，那么承包商将不能以新冠肺炎疫情构成不可抗力为由申请工期顺延。对此，我们认为基于建设工程合同履行的特点，不宜作此简单结论。例如，由于承包人原因仅仅在竣工延误 1 天后即遭受不可抗力事件，导致竣工持续延误 100 天；如果承包商延误原因在不可抗力事件发生时已经消除，即不可抗力事件是导致竣工延误 100 天的单一原因，那么按前述解释，将出现承包人仅因为 1 天延误，却要承担总计 101 天的延误违约责任的后果——其违约行为和后果之间显然是严重失衡的。对此，我们认为有必要对前述规定进行更符合建设工程合同履行特点的合理解释，即在承包人延误事件与不可抗力事件同时发生期间，承包人不能申请工期顺延；但是如果承包人延误事件终止，即不可抗力事件是后续延误期间的单一原因，那么不可抗力事件仍应当作为此期间工期顺延事由。简言之，针对建设工程合同的履行，对于"当事人迟延履行后"更合理的解释，应是当事人在发生迟延履行后的持续延迟期间。

（2）第二类：停、缓建导致的额外费用损失

目前，我国法律、行政法规及最高院相关司法解释并未明确规定因不可抗力事件导致的建设工程停、缓建费用损失的风险分配原则。尽管《工程总承包管理办法》第 15 条第 2 款第 5 项将"不可抗力造成的工程费用和工期的变化"列为建设单位风险，但如前所述，该办法作为部门规章效力等级较低。

在此背景下，此类费用损失的风险分配原则，将主要取决于合同约定。在合同没有约定或约定不明的情形下，根据《合同法》第 61 条规定，或可以国家发布的建设工程合同示范文本、计价规范作为交易习惯——例如 2017 年版《建设工程施工合同（示范文本）》、2013 年版《建设工程工程量清单计价规范》，依其关于此类费用的风险分配原则来处理纠纷。限于篇幅，相关细节不予列举。

当然，此类示范文本或计价规范能否作为建设工程合同的交易习惯，在实践中还存在一定争议。在此情形下，上述《工程总承包管理办法》关于将不可抗力列为建设单位风险的规则，或可作为进一步加强该交易习惯认定的依据。

（3）第三类：额外疫情防护费用

与第二类损失类似，对于此类风险损失的分配原则，我国现行法律也未有明确规定，也主要取决于合同约定。在合同没有约定或约定不明的情形下，或可以示范文本或计价规范作为交易习惯来进行风险分配。在示范文本或计价规范也没有直接规定的情形下，可以考虑以基准日期后法律或政府规定变化导致工程变更为由，来确定额外费用的分担方式。

（4）第四类：价格要素上涨

对于因此类风险引发的建设工程价款纠纷，目前的司法实践主流发展趋势是：合同中对于价格变动风险负担有明确约定的，则按约定处理；如果没有约定或约定不明，例如概括性地约定总价闭口，但未约定具体的风险幅度和范围的，那么当人工、建材价格发生重大变化，工程所在地建设行政主管部门的价差调整意见，将可能构成裁判机构如何界定正常市场风险范围，是否适用“情势变更”的重要依据 。

（5）第五类：赶工成本增加

在承包人有权顺延工期的情形下，除非合同另有约定，否则发包人应当无权单方面要求承包人缩短工期（包括顺延后的工期）。即使承包人同意赶工，双方也应当通过变更，就包括赶工成本在内的各种变更后果达成约定。由于情况紧急等原因承包人先行赶工的，承包人也应当有权以构成变更为由向发包人主张赶工费用。

（二）工程总承包领域——工程总承包单位“双资质”要求

《工程总承包管理办法》第10条规定：“工程总承包单位应当同时具有与工程规模相适应的工程设计资质和施工资质，或者由具有相应资质的设计单位和施工单位组成联合体。”这意味着，在房屋建筑和市政基础设施工程领域（其他工程领域目前尚不明确），工程总承包单位必须具备设计与施工“双资质”，否则只能采取联合体的形式。该规定从根本上改变了以往工程总承包单位仅需要具备设计或施工的“单资质”的市场准入要求，这将对工程总承包合同的核心风险特征和争议解决产生深远影响。

1. 与设计单位资质有关的问题

工程总承包单位资质问题，将直接影响工程总承包合同效力。最高院在“陕西达华电力工程有限责任公司与陇川鸿宇安新能源科技有限公司建设工程施工合同纠纷［（2016）最高法民终695号］”一案中，首次确认住建部颁布的《工程设计资质标准》可以作为认定工程总承包市场准入的法律依据。

我国自20世纪80年代开展工程总承包的探索和实践以来，与房屋建筑和市政、水利、交通基础设施等领域相比，我国在石油、化工、建材、电力、新能源等工业工程领域的工程总承包模式起步更早，发展也相对更成熟。工业工程总承包项目往往以设计为龙头，设计单位作为工程总承包商是主导模式——住建部以往发布的关于工程总承包的指导意见也充分体现了这一现状。

在工业工程领域，由于设计单位同时拥有设计、施工资质的情形总体占少数，因此，《工程总承包管理办法》关于设计和施工“双资质”要求，如果也强制或参照适用于工业工程领域的工程总承包实践，那么反而可能对该领域基于长期市场的内在驱动形成的现有平衡和良性发展构成不利影响。

对此，尽管《工程总承包管理办法》第12条为设计和施工单位申请双资质设计了“绿色通道”，即“已取得工程设计综合资质、行业甲级资质、建筑工程专业甲级资质的单位，可以直接申请相应类别施工总承包一级资质”“具有一级及以上施工总承包资质的单位可以直接申请相应类别的工程设计甲级资质”“完成的相应规模工程总承包业绩可以作为设计、施工业绩申报”，但这项制度在实践操作中的实际效率和效果如何，还有待观察和实践检验。

2. 关于联合体成员的连带责任

在不具备“双资质”的情形下，设计或施工单位只能通过组建联合体的方式承接工程总承包业务。但是，这种通过“资质”而非“资源”为纽带形成的设计和施工联合体，更容易因合作基础的不足甚至扭曲而引发疑难纠纷。以下对几类在实践中仍未有定论的问题进行简要剖析。

（1）联合体成员对发包人的连带责任问题

《建筑法》第27条规定，“共同承包的各方对承包合同的履行承担连带责任”。显然，联合体成员对于发包人承担连带责任在法律上无任何异议。

在以“施工为龙头”的工程总承包项目中，在以往“单资质”体制下，设计单位可以作为设计分包人，仅就其设计分包合同约定范围，与工程总承包人向发包人承担相对有限的连带责任。但是，在“双资质”体制下，单资质的施工单位将不得不要求设计单位与其组成联合体，共同向建设单位承担连带责任——在这种情形下，设计单位在联合体协议中的份额如果仅限于设计费，那么其有限的设计费利益与连带责任风险相比，将很可能出现严重失衡。

（2）联合体成员对分供商的连带责任问题

在仅由联合体成员一方（通常为牵头人）签订分供合同的情形下，其他联合体成员是否也应当对该分供合同的履行承担连带责任？这个问题在司法实践中的认定相当复杂，以结果为导向可以概括为两大类：

第一类是认定应当承担连带责任。主要理由或是基于认为分供合同的履行系《建筑法》第 27 条中履行承包合同的行为，或是基于《中华人民共和国民法通则》（以下简称《民法通则》）第 52 条关于合伙型联营体对外承担连带责任的规定，但均结合联合体协议内容认定牵头人代表联合体，联合体是分供合同的实际权利义务主体——典型案例如最高院“四川省冶金设计研究院、贵州省冶金建设公司建设工程施工合同纠纷案［（2018）最高法民申 2076 号］”①、陕西省高级人民法院“神木市苏家壕煤矿与上海强盛投资管理有限责任公司、徐某良、徐某红等建设工程施工合同纠纷案［（2019）陕民终 850 号］”、甘肃省高级人民法院“南京龙源环保有限公司、温州市张强标牌有限公司、中国石油天然气股份有限公司玉门油田分公司、南京利朗科技有限公司承揽合同纠纷案［（2017）甘民申 596 号］”等。

第二类是认定不应当承担连带责任。主要理由是基于合同相对性原则，认定联合体其他成员并非分供合同当事人，同时认定联合体协议中关于联合体成员承担连带责任的约定不应及于联合体协议第三人——典型案例如“四川恒彩建筑装饰工程有限公司、四川俏世钢结构有限公司、四川乾亨建设工程有限公司建设工程施工合同纠纷案［（2018）渝民申 1412 号］”。

基于对以上各案例相关细节的分析、总结和批判，我们认为正确地处理此类纠纷的基本原则应当是：

首先，关于《建筑法》第 27 条“共同承包的各方对承包合同的履行承担连带责任”，其中“对承包合同的履行”承担连带责任的对象应是指向发包人，而不应扩大解释为任何与“承包合同的履行”有关的其他合同相对人。对此，《招标投标法》第 31 条已经明确规定联合体各方就中标项目“向招标人”承担连带责任。

其次，根据合同相对性原则，由于其他联合体成员并非分供合同的当事人，因此分供合同应仅对签订该合同的联合体成员和分供商具有约束力。

但是，需要特别注意的是，上述合同相对性原则的适用可能存在法定例外情

① 该案二审判决书为四川省高院（2015）川民终字第 664 号，2019 年在工程总承包业界引起热议。

形。根据《民法通则》第52条[①]，其他联合体成员即使不是分供合同当事人，但在两种情形下仍应当向分供商承担连带责任：一是法律规定，二是联合体协议的约定。对于前者，基于前述对《建筑法》第27条的分析，我国目前没有关于联合体各方应当向分供商承担连带责任的明确法律规定。这样，联合体协议的约定将成为判断联合体协议各方是否应当对分供商承担连带责任的依据。我们认为，如果联合体协议本身明确约定了联合体各方对分供商承担连带责任，那么，一方联合体在向分供商承担责任后，其他联合体成员即使未参与分供合同的签订，根据《民法通则》第52条，也可能无法以合同相对性原则为由，否认其作为联合体成员应承担的连带责任。

（三）PPP协议与行政协议的关系及可仲裁性

《行政协议司法解释》第26条规定："行政协议约定仲裁条款的，人民法院应当确认该条款无效，但法律、行政法规或者我国缔结、参加的国际条约另有规定的除外。"

上述规定在PPP实务界和仲裁界引起震动，因为这意味着，除特定情形外，PPP协议的仲裁条款的效力将取决于PPP协议是否属于行政协议。如果PPP协议不属于行政协议而属于民事合同，那么其仲裁条款的效力将依据《中华人民共和国仲裁法》（以下简称《仲裁法》）来予以确定，PPP协议当事人可以根据有效仲裁条款，通过仲裁解决争议；反之，如果PPP协议属于行政协议，那么根据《行政协议司法解释》第26条规定，仲裁条款无效，相应PPP协议将不再具有可仲裁性。鉴于此，判断PPP协议是否具有可仲裁性，首先将取决于PPP协议是否属于行政协议。

1.《行政协议司法解释》并未将PPP协议一律认定为行政协议

《行政协议司法解释》第1条规定："行政机关为了实现行政管理或者公共服务目标，与公民、法人或者其他组织协商订立的具有行政法上权利义务内容的协议，属于行政诉讼法第十二条第一款第十一项规定的行政协议。"第2条则进一步列举了行政协议的六种类型，分别是："（一）政府特许经营协议；（二）土地、房屋等征收征用补偿协议；（三）矿业权等国有自然资源使用权出让协议；（四）政府

① 《民法通则》第52条规定："企业之间或者企业、事业单位之间联营，共同经营、不具备法人条件的，由联营各方按照出资比例或者协议的约定，以各自所有的或者经营管理的财产承担民事责任。依照法律的规定或者协议的约定负连带责任的，承担连带责任。"

投资的保障性住房的租赁、买卖等协议；（五）符合本规定第一条规定的政府与社会资本合作协议；（六）其他行政协议。”

其中，只有第（五）类 PPP 协议被限定为“符合本规定第一条规定”——这意味着并非所有的 PPP 协议均为行政协议，除第（一）类政府特许经营协议明确为行政协议外，对于其他类型的 PPP 协议，只有符合该司法解释第 1 条规定的，才能按行政协议处理。

对此理解，最高院行政审判庭副庭长梁凤云在《行政协议司法解释》新闻发布会上的发言可以作为支持依据①：“政府与社会资本合作协议一般情况下以合同群的方式存在，在很多情况下表现为行政协议，但是在个别的情况下又体现为民事合同。所以在司法解释里明确规定，对于符合本司法解释规定的行政协议定义的政府与社会资本合作协议、PPP 协议属于行政协议范围。”

2. PPP“合同群”中不属于行政协议的合同

如前所述，PPP 协议通常以“合同群”的形式存在，其合同体系主要包括项目合同、股东合同、融资合同、工程承包合同、运营服务合同、原料供应合同、产品采购合同和保险合同等。②

首先，根据《行政协议司法解释》第 1 条的定义，在 PPP 合同群中，对于政府通常不作为当事人的合同，例如股东合同、融资合同、工程承包合同、运营服务合同、原料供应合同、产品采购合同和保险合同等，应当不属于行政协议而属于民事合同，具有可仲裁性。

接下来的核心问题是，对于政府作为当事人的合同，是否必然属于行政协议呢？这需要根据《行政协议司法解释》第 1 条规定的行政协议的四要素来确定。根据最高院行政审判庭庭长黄永维在《行政协议司法解释》新闻发布会上的发言，行政协议四要素包括：一是主体要素，即必须一方当事人为行政机关；二是目的要素，即必须是为了实现行政管理或者公共服务目标；三是内容要素，即协议内容必须具有行政法上的权利义务内容；四是意思要素，即协议双方当事人必须协商一致。③其中，“主体要素”“目的要素”和“意思要素”并非行政协议所独有，因为民事合同在一定条件下也可以同时具备以上三要素，例如《中华人民共和国政

---

① 参见最高人民法院网站，http://courtapp.chinacourt.org/zixun-xiangqing-207571.html，访问时间：2020 年 2 月 5 日。

② 参见 2014 年 12 月 30 日财政部发布《PPP 项目合同指南（试行）》。

③ 参见最高人民法院网站，http://courtapp.chinacourt.org/zixun-xiangqing-207571.html，访问时间：2020 年 2 月 5 日。

府采购法》下的政府采购合同。[①]

鉴于此，判别行政协议的真正关键在于“内容要素”[②]，即“必须具有行政法上的权利义务内容”。对此，最高院在“四川省大英县人民政府与大英县永佳公司不履行行政协议纠纷”一案中，有较全面地阐述：“行政法上的权利义务可以从以下三方面进行判断：一为是否行使行政职权、履行行政职责；二为是否为实现公共利益或者行政管理目标；三为在协议里或者法律上是否规定了行政机关的优益权。其中，行使行政职权、履行行政职责及行政机关具有优益权构成了行政协议的标的及内容，而是否属于上述标的及内容无法判断时，还可以结合‘实现公共利益或者行政管理目标’这一目的要素进行判断。从所起的作用看，是否行使行政职权、履行行政职责为本质要素，只要符合该要素，所涉协议即为行政协议，而实现公共利益或者行政管理目标及行政机关的优益权这两个要素为判断是否行使行政职权的辅助要素。”据此，政府方与社会资本方订立的 PPP 合同如果仅是对民事权利义务、合同履行、变更、解除等进行约定，并不具有“行政法上权利义务内容”，那么也应当认定为民事合同。

3. PPP 协议是否只能属于行政协议

如果 PPP 协议符合行政协议的四要素，那么是否只能属于行政协议，而不能兼具民事合同属性呢?

事实上，PPP 协议大多数呈现出“合同联立”[③]的现象，即将投资合作合同、股东合同、工程承包合同、运营服务合同、资产转让合同等数个合同内容集成在一份合同中，同时还会设置政府方对项目提供支持、进行行政管理和监督等内容。这些不同类型、不同领域的权利义务之间存在一定的相互依存、相互传递的关系。因此,PPP 协议的这种特性使得其涉及的法律领域十分广泛，涵盖《民法总则》《合同法》《预算法》《政府采购法》《公司法》《担保法》《保险法》《行政许可法》《行政处罚法》《行政诉讼法》《行政复议法》《民事诉讼法》《仲裁法》《会计法》《土地管理法》《建筑法》《环境保护法》等多个法律，呈现出明显的公法和私法混合的特征。

---

① 《政府采购法》第 43 条第 1 款规定：“政府采购合同适用合同法。采购人和供应商之间的权利和义务，应当按照平等、自愿的原则以合同方式约定。”

② 方杨方：《深度解析最高法行政协议司法解释对 PPP 协议的定性》，载微信公众号“PPP 知乎”，访问时间：2020 年 2 月 2 日。

③ “合同联立”是指数个合同不失其个性而相结合的法律事实。参见史尚宽：《债法总论》，中国政法大学出版社 2000 年版，第 11 页。

对于PPP协议中涉及政府特许经营协议的授予、收回，政府采购投诉，政府信息公开，项目规划许可，对项目公司的行政处罚，对项目公司征收补偿决定、收费标准的确定等，因涉及相关行政管理职能的履行，显然应当作为行政行为处理。例如，在公路PPP项目中，政府通常承诺在一定年限内不在项目附近一定区域内修建另一条具有竞争性的公路。这种承诺实质上构成对政府方依法行使行政许可职权的限制，这种限制显然只能以行政行为实现，并受限于行政优益权。

但是，对于PPP协议项下项目公司的投资和融资、土地使用权的取得、工程建设、项目产权的归属、项目收益的分配、项目担保、项目收益权抵押、项目回购、税费负担、违约责任等问题，这些内容虽然集合在一份PPP协议中，但实质上只是通常的企业投资、建设、采购、运营等行为的叠加，不影响其民事行为的本质。

此外，对于政府方付费项目和可行性缺口补助项目，政府方承担一定的金钱支付义务，这部分资金需要通过财政资金予以解决，但这仅仅是政府方获得社会资本代为提供公共服务的一个对价，与一般的民事服务合同并无本质差别，不能仅仅因为涉及财政资金或冠以“补助”“补贴”的名义即曲解为属于行政行为。

同理，除金钱支付义务外的其他政府方义务，例如提供土地使用权用于项目建设、经营的行为或者外部条件保障的行为，亦是政府方获取服务而支付的对价，只不过给付标的是“实物”或“行为”而非“金钱”，因此也应识别为民事行为。

正如北京仲裁委员会/北京国际仲裁中心秘书长林志炜先生所总结的，“PPP协议争议焦点主要是利益平衡，社会资本方很少真正挑战政府方的行政权。即使有，这种挑战也都能转化为利益的权衡”。[①]

综上，如果采用“一刀切”的方式，不做甄别地将PPP协议绝对地划为行政协议，那么将不利于准确把握PPP协议的“二元性”本质，不利于PPP纠纷的有效解决。

“法律的生命不在于逻辑而在于经验。”事实上，在《行政协议司法解释》发布前，最高院已经在一系列典型案例中基于PPP协议“二元性”来区分涉案争议性质，进而确定是适用行政还是民事法律规范。

在这里，我们首先以PPP项目终止及回购纠纷为例，进一步分析PPP协议“二元性”特征。在“北京北方电联电力工程有限责任公司与乌鲁木齐市交通运输局

① 《我国PPP协议相关法律问题的探讨》，载《人民法院报》2017年8月30日，第5版。

其他合同纠纷［（2014）民二终字第 40 号］”一案中，[①] 最高院认为影响回购发生及方式的行政行为，与回购过程中就回购款依据产生的争议，分属不同的法律关系、相互独立。在各方当事人对终止前的行为并无异议，即并不涉及具体行政行为，而争议仅为回购款依据的情形下，各方当事人在回购款的支付问题上，处于平等的法律地位，不能排除民事法律规范的适用。

除上述案例之外，基于 PPP 协议“二元性”来区分涉案争议性质的最高院典型案例还包括“和田市人民政府与新疆兴源建设集团有限公司、和田天瑞燃气有限责任公司合同纠纷［（2014）民二终字第 12 号］”[②] “辉县市人民政府与河南新陵公路建设投资有限公司合同纠纷［（2015）民一终字第 244 号］”[③] “中节能资产经营有限公司、荆门京环环保科技有限公司股东出资纠纷［（2016）最高法民再 234 号］”[④] 等。

在《行政协议司法解释》发布后，我们认为各级法院基于 PPP 协议“二元性”已经形成的良好实践，仍然有必要持续和深入发展。

---

① 在该案中，最高院认为：“案涉《BOT 协议》《补充协议》履行过程中，交织着相关行政主体的具体行政行为，而两种性质不同的法律关系中，双方主体重叠，在民事合同关系中的双方当事人，是相关行政法律关系中的行政主体和行政相对人。但该协议与其履行过程中所涉及的行政审批、管理事项等行政行为，依据不同的法律规范，这些行政行为虽影响双方合作，但不能因此否认双方民事合同关系的存在及独立性……其次，交通局行政主体身份，不能当然决定本案争议为行政法律关系。争议法律关系的实际性质，不能仅凭一方主体的特定身份确定。本案需判断争议是否与行政主体行使行政职权相关，应结合争议的具体内容及所针对的行为性质认定。关于本案争议是否涉及具体行政行为问题。根据《中华人民共和国行政诉讼法》第十一条有关受案范围的规定，本案当事人间就回购款支付依据发生的争议，是否属行政诉讼范围，应以争议是否针对具体行政行为判断……一审裁定关于《BOT 协议》《补充协议》具公益目的，作为一方当事人的行政机关在合同订立、解除等方面享有单方优越主导地位，合同履行与行政许可紧密关联，两协议不属平等主体间的民事合同，本案属行政诉讼的观点，混淆了上述协议履行过程中涉及的行政行为与协议终止后的回购款支付行为的性质，没有法律依据。”

② 在该案中，最高院认为，“案涉合同内容虽然存在对双方权利义务的约定，在一定程度上体现了双方协商一致的特点，但其中关于特许经营权的授予、经营内容、范围和期限的限定、价格收费标准的确定、设施权属与处置、政府对工程的监管等内容，均体现了政府在合同签订中的特殊地位，并据此认定涉案争议应通过行政诉讼解决”。

③ 在该案中，最高院从特许经营协议的目的、职责、主体、行为、内容等方面综合认定合同具有明显的民商事法律关系性质，应当定性为民商事合同，具备可仲裁性。

④ 在该案中，最高院认为：“二审判决认定《特许经营合同》属于行政合同并无不妥……行政合同中既含行政性要素，又含契约性要素，行政合同中关于民事权利义务内容的约定，可以适用民商事法律的规定……《特许经营合同》9.1.3 条款规定……条款内容涉及讼争合同履行过程中特定款项的权益归属，性质上应属于双方当事人间民事权利义务的约定。”

五、结语与展望

回顾2019年，我国建筑业史无前例地在这一年集中迎来一系列效力等级较高、影响力重大的法律、行政法规、最高院司法解释和典型案例，内容涵盖了建筑施工许可条件、政府投资项目、农民工工资支付保障、工程总承包、PPP、境外工程等多个工程建设重要领域及核心问题，必将给建设工程市场格局、交易规则和各相关主体之间的权利义务关系，产生结构性的冲击和改变，必将对建设工程争议的解决甚至发展趋势产生重要影响。

展望2020年，在立法领域，国家发改委发布《招标投标法（修订草案公开征求意见稿）》对现行《招标投标法》修改58条，增加28条，删除2条，维持8条不变，是一次全面修订；其中，在必须招标的项目范围、确定中标人程序、经评审最低投标价法的适用范围、履约担保等方面的一系列重大修改，已经引起行业广泛关注和讨论。相信此次《招标投标法》的全面修订，必将对建设工程合同的订立、履行及相关争议解决产生重大而深远的影响。

展望2020年，在实践领域，新冠肺炎疫情过后，因疫情对建设合同履行的影响而导致的各类争议处理，必将是各项复建工作的核心内容之一，中国建设工程法律界同仁在全力支持疫情防治工作的同时，也纷纷发布了一系列具有高品质、前瞻性、国际视野的研究成果，而随着相关工期和费用索赔争议的出现，相信这些研究成果将在很大程度上进一步丰富和发展我国建设工程法律的规则体系和实践成果。

中国房地产争议解决年度观察（2020）

赵显龙　陶章启　齐　元[①]

一、概　述

（一）2019 年房地产行业发展概况

2019 年，在经济下行的压力以及房地产长效机制实施、棚改退潮、融资偏紧、开发商以价换量等共同作用下，中国房地产行业整体业绩规模稳中有增，住宅投资及销售进一步增长，但地域分化逐渐严重、办公楼及商业营业用房销售额及销售面积下降明显。

2019 年 1—12 月，全国房地产开发投资 132,194 亿元（如无特别说明，本文所涉币种均为人民币），比上年增长 9.9%，其中，住宅投资 97,071 亿元，增长 13.9%。商品房销售面积 171,558 万平方米，比上年下降 0.1%，其中住宅销售面积增长 1.5%，办公楼销售面积下降 14.7%，商业营业用房销售面积下降 15.0%。商品房销售额 159,725 亿元，增长 6.5%，增速比上年回落 5.7%，其中住宅销售额增长 10.3%，办公楼销售额下降 15.1%，商业营业用房销售额下降 16.5%。[②]

---

① 赵显龙，北京市金杜（深圳）律师事务所负责人、合伙人。陶章启，北京市金杜（深圳）律师事务所合伙人。齐元，北京市金杜（深圳）律师事务所合伙人。本文的写作得到了北京市金杜（深圳）律师事务所王涛、王祉涵、罗锦荣、徐来、汪帅的协助，在此表示感谢。

② 参见国家统计局网站，http://www.stats.gov.cn/tjsj/zxfb/202001/t20200117_1723389.html，访问时间：2020 年 1 月 19 日。

（附表一：2019 年 1—12 月东中西部和东北地区房地产开发投资情况）

地区	投资额（亿元）	住宅	比上年增长（%）	住宅
全国总计	132194	97071	9.9	13.9
东部地区	69313	49839	7.7	9.9
中部地区	27588	21439	9.6	14.0
西部地区	30186	21946	16.1	24.7
东北地区	5107	3847	8.2	12.1

（附表二：2019 年 1—12 月东中西部和东北地区房地产销售情况）

地区	商品房销售面积		商品房销售额	
	绝对数（万平方米）	比上年增长（%）	绝对数（亿元）	比上年增长（%）
全国总计	171558	–0.1	159725	6.5
东部地区	66607	–1.5	83833	5.8
中部地区	50037	–1.3	35505	4.9
西部地区	47410	4.4	34488	10.8
东北地区	7503	–5.3	5899	2.8

从中央政策层面来看，房地产调控经历了从年初的平稳预期、年中的加码预期，到年末的平稳预期的转变。2019 年 3 月，全国人民代表大会和人民政治协商会议表态“防止房市大起大落”，4 月中央政治局会议重申“房住不炒”，7 月底中央政治局会议首次提出“不将房地产作为短期刺激经济的手段”，12 月中央经济工作会议重申“坚持房住不炒的定位，全面落实因城施策，稳地价、稳房价、稳预期的长效机制”。

值得关注的是，除上述宏观调控的大政方针外，更为细化的融资政策对于房地产的发展、房企的经营活动具有非常直观的影响。2019 年一季度延续了 2018 年底的短暂宽松态势，但由于 2019 年 4 月土地市场过于火热，在上述“房住不炒”的调控基调下，政府再度收紧房企融资。2019 年 5 月 17 日，中国银行保险监督管理委员会（以下简称银保监会）发布《关于开展“巩固治乱象成果促进合规建设”工作的通知》（银保监发〔2019〕23 号），明确要求银行以及信托、保险、金融资产管理公司、金融租赁公司等非银行金融机构不得违规进行房地产融资，开启 2019 年房地产融资调控。随后，7 月、8 月主管部门连续对房地产信托、银行机构进行整治约谈，同时对开发贷、境外债等多种融资方式进行进一步限制。7月，国家发展和改革委员会（以下简称国家发改委）发布《关于对房地产企业发行外债申请备案登记有关要求的通知》（发改办外资〔2019〕778号），要求房企发行外债只能用于置换未来一年内到期的中长期境外债务；多家银行于2019年8月底收到主管部门的窗口指导，被要求收紧房地产开发贷额度，原则上开发贷控制在2019年3月底时的水平。统计显示，2019年房企新增融资成本为7.07%，较2018年的6.53%显著上升了0.54%。[①] 由于融资环境的收紧，不少房企出现了资金链困难的现象，部分中小房企资金承压，最终导致债务危机甚至破产。据人民法院公告网的公告显示，2019年宣告破产的房地产相关企业数量多达525家。[②]

此外，需要特别指出的是，在与民生关系密切的住房租赁方面，2019年，政府继续出台政策促进、规范住房租赁市场平稳发展，并发布政府立法计划，意旨为集体土地入市清除法规障碍。2019年1月，国家发改委等十个部门联合发布《进一步优化供给推动消费平稳增长促进形成强大国内市场的实施方案（2019年）》，支持专业化、机构化住房租赁企业发展，将集体土地建设租赁住房作为重点支持内容。2019年5月，国务院发布2019年立法工作计划，其中与房地产相关的《城镇住房保障条例》《住房租赁条例》和《建设工程抗震管理条例》列入立法计划。2019年7月，北京、长春、上海、南京、杭州、合肥、福州、厦门、济南、郑州、武汉、长沙、广州、深圳、重庆、成都等16个城市进入2019年中央财政支持住房租赁市场发展试点范围，获得财政奖补资金支持。此外，近年来高速发展的长租公寓市场开始趋于理性，对于部分长租公寓企业发生的“爆雷”“跑路”问题，中央和地方住建部门相继出台政策、加强监管。

（二）2019年房地产争议概况[③]

总体而言，2019年法院受理的房地产相关纠纷数量基数依然庞大，反映了房

---

① 《［克而瑞］2019年中国房地产总结与展望 | 融资篇》，载中房网，http://www.fangchan.com/data/13/2019-12-30/6617303878277075229.html，访问时间：2020年1月20日。

② 参见全景网，http://www.p5w.net/kuaixun/202001/t20200109_2370049.htm，访问时间：2020年1月20日。

③ 本节数据根据中国裁判文书网检索总结而成，本节中的纠纷数量指的是一审、二审、再审、再审审查与审判监督及其他程序中产生的判决书、裁定书、调解书、决定书等文件的数量。需要说明的是，部分诉讼案件并不公开上网，一些案件由于撤诉不出具文书，上网公开的仅为生效的诉讼文书且需要一定的上传周期，因此本节统计的数据与法院实际受理的案件数量将存在差异。参见中国裁判文书网，http://wenshu.court.gov.cn/，访问时间：2020年1月22日。

地产市场的持续火热，但较2018年出现了轻微回落。房屋买卖合同纠纷、房屋租赁合同纠纷以及物业服务合同纠纷在数量上依旧为房地产争议的主要类型。从笔者作为从业者的观感来看，2019年下述房地产纠纷较为多发：一是由于新房限价政策，房企压缩开发成本导致房屋质量下降或者配套缩水而引发的房屋买卖合同纠纷；二是由于政策变化，导致合资、合作开发目的无法实现而引发的合资、合作开发房地产项目纠纷；三是“套路贷”交易链条中的房屋抵押或让与担保纠纷；四是由于房企资金链断裂，导致已经售出但未为业主办理房产证的房屋被查封，由此而引起的执行异议之诉案件。

据不完全统计，2019年房屋买卖合同纠纷577,875件，较2018年的633,335件回落约8.8%；房屋租赁合同纠纷195,799件，较2018年的202,979件回落约3.5%；物业服务合同纠纷595,011件，[①]较2018年的556,793件增长约6.9%。值得关注的是，由于近年来住宅销售的持续火热，部分热门城市实行新房限价政策，导致新房和二手房价格倒挂，房屋买受人“闭眼买新房”的现象较为突出，对新房情况不了解或者超出经济能力购房，由此导致了后续关于房屋买卖合同的若干纠纷，甚至引发群体诉讼。

2019年建设用地使用权合同纠纷4,280件，较2018年的5,059件回落约15.4%；土地租赁合同纠纷20,460件，2018年为20,736件；农村土地承包经营权纠纷40,328件，2018年为44,384件。上述三类案件，除建设用地使用权合同纠纷数量回落明显外，其余均与上一年度基本持平。

2019年房地产开发经营合同纠纷3,903件，较2018年的4,460件回落约12.5%。其中，合资、合作开发房地产合同纠纷2,702件，2018年为3,171件；委托代建合同纠纷485件，2018年为514件；项目转让合同纠纷333件，2018年为307件。在目前房地产市场集中度越来越高的背景下，大型房企与小型房企进行优势互补而采取合作开发房地产项目所引发的纠纷，在数量上依然占据房地产开发经营合同纠纷的绝大部分。值得关注的是，因争议标的额大、案情复杂，房地产开发经营合同纠纷案件普遍审理级别较高，大多数案件的一审即在中级人民法院，部分案件的一审是在高级人民法院。

2019年涉及房企的金融借款纠纷案件29,892件，较2018年的32,534件回落约8.1%。据中国人民银行发布的金融机构贷款投向统计报告，截至2019年末，

① 在上一批注的基础上，需要进一步指出的是，由于实践中物业服务合同纠纷多以撤诉方式结案，故法院实际受理的该等纠纷案件应比该统计数据要多。

房地产贷款余额为44.41万亿元，同比增长14.8%，增速比上年末低5.2个百分点，连续17个月回落；全年增加5.71万亿元，占同期人民币各项贷款增量的34%，比上年全年水平低5.9个百分点[①]。需要关注的是，因境内融资政策收紧，不少房企更偏向于选择在境外发债。中原地产研究中心数据显示，2019年房企海外融资高达752亿美元，较2018年的496亿美元同比上涨52%，“现有债务再融资”或“偿还现有债务”为常见的募资用途，需关注境外融资产生的相关违约风险。

因仲裁的保密性，仲裁机构处理房地产相关纠纷案件的具体情况并不公开。但也得益于其保密性、专业性以及审理效率的比较优势以及一裁终局的特点，仲裁近年来无疑已成为房地产相关纠纷的重要解决途径。此外，国内部分仲裁机构公布了其办案数据，笔者对该等增加仲裁透明度的做法表示欣赏与欢迎。据统计数据显示，2019年北京仲裁委员会/北京国际仲裁中心（以下简称北仲）受理的房地产相关纠纷达422件，2018年为351件；中国国际经济贸易仲裁委员会受理的房地产相关纠纷为167件，2018年为170件。[②]

二、新出台的法律法规或其他规范性文件

2019年，新出台的主要法律法规及规范性文件如下，内容涉及土地制度、房屋制度、房地产担保、房地产金融等诸多方面，这些新出台的主要法律法规及规范性文件，既有新制度的构建，也有对既有制度的修改，对房地产行业的发展及纠纷解决有着重大参考意义。

类型	法律法规名称	生效日期	文号/发文机构
土地制度	中华人民共和国农村土地承包法（2018修正）	2019年1月1日	主席令第17号，全国人大常委会
	中华人民共和国土地管理法（2019修正）	2020年1月1日	主席令第32号，全国人大常委会
	中华人民共和国土壤污染防治法	2019年1月1日	主席令第8号，全国人大常委会

① 参见中国人民银行网，http://www.pbc.gov.cn/goutongjiaoliu/113456/113469/3965314/index.html，访问时间：2020年1月24日。

② 《中国国际经济贸易仲裁委员会工作报告》，载中国国际经济贸易仲裁委员会网站，http://www.cietac.org/index.php?m=Article&a=index&id=23，访问时间：2020年1月24日。

续表

类型	法律法规名称	生效日期	文号 / 发文机构
土地制度	土地储备项目预算管理办法（试行）	2019 年 5 月 20 日	财预〔2019〕89 号，财政部、自然资源部
	节约集约利用土地规定（2019 修正）	2019 年 7 月 24 日	自然资源部令第 5 号，自然资源部
	土地复垦条例实施办法（2019 修正）	2019 年 7 月 24 日	自然资源部令第 5 号，自然资源部
	土地调查条例实施办法（2019 修正）	2019 年 7 月 24 日	自然资源部令第 5 号，自然资源部
房屋制度	中华人民共和国城市房地产管理法（2019 修正）	2020 年 1 月 1 日	主席令第 18 号，全国人大常委会
	城市房地产开发经营管理条例（2019 修订）	2019 年 3 月 24 日	国务院令第 710 号，国务院
房地产担保	（第九次）全国法院民商事审判工作会议纪要	2019 年 11 月 8 日	法〔2019〕254 号，最高人民法院
房地产金融	关于开展“巩固治乱象成果促进合规建设”工作的通知	2019 年 5 月 8 日	银保监发〔2019〕23 号，中国银保监会
	关于对房地产企业发行外债申请备案登记有关要求的通知	2019 年 7 月 9 日	发改办外资〔2019〕778 号，国家发改委

（一）土地制度方面重要新法律法规和规范性文件

2019 年新法律法规继续以节约集约用地为原则，出台了一系列法律法规，其中意义较为重大的法规为：2019 年 8 月 26 日，全国人民代表大会常务委员会修改通过的《中华人民共和国土地管理法（2019 修正）》（以下简称新《土地管理法》）。变动内容包括：

1. 完善土地征收制度

（1）土地征收的事由

新《土地管理法》对土地征收的“公共利益需要”做列举式界定，包括军事和外交需要用地，基础设施建设需要用地，公共事业需要用地 v 扶贫搬迁、保障性安居工程建设需要用地，成片开发建设需要用地以及其他情形，从而明确了征收制度适用的情形。

（2）土地征收的审批事权

新《土地管理法》根据征收土地的性质及面积确定了征收审批的审理机构。其中，征收永久基本农田、永久基本农田以外的耕地超过35公顷、其他土地70公顷的，由国务院批准，除此以外，由省、自治区、直辖市人民政府批准。

（3）修改土地征收程序

新《土地管理法》对于土地征收程序由原来的“批后公告”变更为“批前公告”。县级以上地方人民政府在公告土地征收计划后，进入听证会程序，在拟征收土地的所有权人办理补偿登记后，县级以上地方人民政府方可申请征收土地。

（4）明确土地征收补偿范围

新《土地管理法》明确征收土地需要足额支付土地补偿费、安置补助费、农村村民住宅、其他地上附着物和青苗等补偿费以及被征收农民的社会保障费用。其中，对于土地补偿费、安置补助费的赔偿计算方法由土地征收原用途、年产值倍数法变更为区片综合地价计算法。

以上关于土地征收补偿制度的修改，细化并完善了我国土地征收制度的内容，为土地征收确定了法定依据与程序。

2. 完善农村宅基地制度

新《土地管理法》规定了集体经营性建设用地在符合一户一宅的前提下，在出让、出租、赠与、抵押时，需要符合如下条件：（1）经依法登记；（2）符合总体规划及城乡规划；（3）经本集体经济组织成员的村民会议三分之二以上成员或者三分之二以上村民代表同意。

3. 宅基地退出

《土地管理法》允许农村村民出卖、出租、赠与自有宅基地，鼓励进城落户的农村村民自愿有偿退出宅基地。

（二）房屋制度方面重要新法律法规和规范性文件

1. 集体经营性建设用地

为与新《土地管理法》集体经营性建设用地制度相适应及配套，2019年8月26日，全国人民代表大会常务委员会通过了《中华人民共和国城市房地产管理法（2019修正）》（以下简称新《房地产管理法》）。新《房地产管理法》一方面保留了关于集体土地经征收转为国有土地后方可有偿出让的制度，另一方面允许集体经营性建设用地有偿出让，从而使其与新《土地管理法》相衔接。

2. 商品房消费者权利保护

2019 年 11 月 8 日，最高人民法院印发了《全国法院民商事审判工作会议纪要》（法〔2019〕254 号，以下简称《九民纪要》)，认可了商品房消费者权利保护制度。其中，房地产开发企业因欠债而被强制执行，未及时办理房地产过户手续的商品房消费者在满足特定条件时，可以提出执行异议，以排除强制执行。①

（三）房地产担保方面重要新法律法规和规范性文件

1. 抵押权权利范围

《九民纪要》第 61 条明确了“房地一体”规则的内容，仅以建筑物设定抵押的，抵押权的效力及于占用范围内的土地；仅以建设用地使用权抵押的效力及于其上的建筑物。建筑物及土地分别抵押给不同债权人时，需视为同一财产，依照《中华人民共和国物权法》（以下简称《物权法》）第 199 条的规定确定清偿顺序。②

2. 约定物权担保对于抵押物和质押物的效力

《九民纪要》第 67 条肯定了约定物权担保的合同效力，即当事人可以请求按照担保合同的约定就担保财产折价、变卖或者拍卖所得价款清偿债务，但该请求不具有对抗其他权利人的优先效力。③

---

① 参见《九民纪要》第 127 条：“金钱债权执行中，商品房消费者之外的一般买受人对登记在被执行人名下的不动产提出异议，请求排除执行的，《最高人民法院关于人民法院办理执行异议和复议案件若干问题的规定》第 28 条规定，符合下列情形的依法予以支持：一是在人民法院查封之前已签订合法有效的书面买卖合同；二是在人民法院查封之前已合法占有该不动产；三是已支付全部价款，或者已按照合同约定支付部分价款且将剩余价款按照人民法院的要求交付执行；四是非因买受人自身原因未办理过户登记。人民法院在审理执行异议之诉案件时，可参照适用此条款。”

② 参见《九民纪要》第 61 条：“根据《物权法》第 182 条之规定，仅以建筑物设定抵押的，抵押权的效力及于占用范围内的土地；仅以建设用地使用权抵押的，抵押权的效力亦及于其上的建筑物。在房地分别抵押，即建设用地使用权抵押给一个债权人，而其上的建筑物又抵押给另一个人的情况下，可能产生两个抵押权的冲突问题。基于‘房地一体”规则，此时应当将建筑物和建设用地使用权视为同一财产，从而依照《物权法》第 199 条的规定确定清偿顺序：登记在先的先清偿；同时登记的，按照债权比例清偿。同一天登记的，视为同时登记。应予注意的是，根据《物权法》第 200 条的规定，建设用地使用权抵押后，该土地上新增的建筑物不属于抵押财产。”

③ 参见《九民纪要》第 67 条：“债权人与担保人订立担保合同，约定以法律、行政法规未禁止抵押或者质押的财产设定以登记作为公示方法的担保，因无法定的登记机构而未能进行登记的，不具有物权效力。当事人请求按照担保合同的约定就该财产折价、变卖或者拍卖所得价款等方式清偿债务的，人民法院依法予以支持，但对其他权利人不具有对抗效力和优先性。”

3. 让与担保约定的效力

《九民纪要》第 71 条明确了让与担保约定下各个主体的权利义务，与《物权法》第 186 条的异同点是，《九民纪要》对于抵押人与抵押权人约定的“流质条款”，仍然认定为无效；但债权人请求对该财产拍卖、变卖、折价偿还所欠债权人合同项下债务的，人民法院予以支持。[①]

（四）房地产金融方面重要新法律法规和规范性文件

2019 年，银保监会对房地产金融领域继续保持着“房住不炒”的监管原则，持续加强对房地产市场的资金管控，新出台的主要监管法律法规及规范性文件如下：

1. 严格遵守“四三二”监管要求

2019 年 5 月 17 日，银保监会下发《关于开展“巩固治乱象成果促进合规建设”工作的通知》（银保监发〔2019〕23 号），强调银行业不得直接或变相用于土地出让金融资，需要严格审查房地产开发企业资质，不得向“四证”不全的房地产开发项目提供融资，不得向项目资本金比例未足额到位（未达到 25%）的房地产开发项目直接提供融资，不得向未获得二级房地产开发资质的项目提供融资，或通过“股权投资及股东借款”“股权投资及债权认购劣后”以及应收账款、特定资产收益权等方式变相提供融资。

2. 房地产企业发行外债的用途限制

2019 年 7 月 9 日，国家发改委办公厅下发《关于对房地产企业发行外债申请备案登记有关要求的通知》（发改办外资〔2019〕778 号），要求房地产企业应制订发行外债的总体计划，房地产企业发行的外债要明确资金用途，且只能用于置换未来一年内到期的中长期境外债务。

---

① 参见《九民纪要》第 71 条：“债务人或者第三人与债权人订立合同，约定将财产形式上转让至债权人名下，债务人到期清偿债务，债权人将该财产返还给债务人或第三人，债务人到期没有清偿债务，债权人可以对财产拍卖、变卖、折价偿还债权的，人民法院应当认定合同有效。合同如果约定债务人到期没有清偿债务，财产归债权人所有的，人民法院应当认定该部分约定无效，但不影响合同其他部分的效力。

当事人根据上述合同约定，已经完成财产权利变动的公示方式转让至债权人名下，债务人到期没有清偿债务，债权人请求确认财产归其所有的，人民法院不予支持，但债权人请求参照法律关于担保物权的规定对财产拍卖、变卖、折价优先偿还其债权的，人民法院依法予以支持。债务人因到期没有清偿债务，请求对该财产拍卖、变卖、折价偿还所欠债权人合同项下债务的，人民法院亦应依法予以支持。”

三、典型案例

【案例 1】国兴公司与美联公司增减挂钩周转指标权益转让纠纷案①

【基本案情】

2013 年 1 月 18 日，国兴环球土地整理开发有限公司（以下简称国兴公司，为合同甲方）与河北美联房地产开发有限公司（以下简称美联公司，为合同乙方）签订协议书，鉴于国兴公司曾在一级开发过程中与相关村集体合作改造而获得拆村后的建设用地节余指标（以下简称指标），而美联公司在二级开发过程中未批先建、占用国兴公司指标 204.942 亩的事实，双方就指标补偿进行了约定。后因在履行过程中，美联公司未按约定支付补偿款，国兴公司向河北省高级人民法院（以下简称河北高院）起诉，美联公司提起反诉，河北高院认定协议无效，但参照有效处理，后双方均不服河北高院的一审判决，上诉至最高人民法院（以下简称最高院）。

【争议焦点】

本案的争议焦点在于案涉《协议书》的性质及其效力。

国兴公司主张，案涉合同属于非典型权益转让合同，不违反法律、行政法规的强制性规定，应合法有效。《协议书》中定义的“建设用地节余指标”或称“拆村指标”，实质为增减挂钩周转指标，系由国兴公司一级开发建设工作产生，国兴公司对其享有权益。且广西、河南、重庆等地相关规定及实践反映，部分地方政府已认可独立法人可成为增减挂钩周转指标的所有权人及交易主体。本案《协议书》也是在政府协调下，国兴公司与美联公司就案涉指标权益的转让签订的协议，美联公司建设的项目也实际使用了拆村指标。

美联公司认为，《协议书》违反了土地使用权公开招拍挂的国家土地管理根本制度，系无效协议。国兴公司所称指标的权益化、可转让化没有见于任何规定。国兴公司实施的土地一级开发整理只能形成对政府的债权，不能形成所谓的指标

① 最高人民法院（2018）最高法民终 1195 号民事判决书，摘录自中国裁判文书网，http://wenshu.court.gov.cn/website/wenshu/181107ANFZ0BXSK4/index.html?docId=125d9cbfdbb14c6a8c86aacc00c0cd4b，访问时间：2020 年 1 月 23 日。

权益，不具有可交易、可控制等特点。国兴公司实施一级开发时，本身处于违法状态。国兴公司在审理中拒绝提供其与政府签署的一级开发协议，是为了掩盖政府以土地出让金返还其所支付的一级开发成本费用的约定。美联公司不应当支付土地指标费。《协议书》无效，不需要履行，美联公司已经支付的1,000万元，国兴公司应当返还。

【裁判观点】

最高院认为，首先，根据《协议书》的约定，《协议书》的标的是土地指标，而非土地使用权。其次，根据新《房地产管理法》第8条规定，土地使用权的出让方只能是国家，而《协议书》的缔约主体并不包括政府。故《协议书》并非对土地使用权的出让。根据原国土资源部《城乡建设用地增减挂钩试点管理办法》等相关规定，城乡建设用地增减挂钩周转指标实为国土资源部门进行土地管理、加强和规范城乡建设用地增减挂钩试点工作的一种方式和手段，故美联公司有关《协议书》中所约定"节余指标"是一项非法标的的主张不能成立。关于增减挂钩指标的交易，现行法律、行政法规并没有禁止性规定，且《协议书》得到了当地政府的认可，应当认定为有效。

【纠纷观察】

增减挂钩指标是指将农村建设用地复垦为耕地，而新增或结余的城镇建设用地指标，其经济价值至少不低于拆村、复垦工作所支出的成本。国兴公司通过参与土地的一级开发即俗称的"撤村圈地"，投入了资金而获得了增减挂钩指标，该指标使当地政府得以出让对应面积的建设用地使用权。但是，获得增减挂钩指标不等同于获得土地使用权，国兴公司仍需要通过公开土地出让程序取得建设用地使用权，并存在着未竞拍失利的风险。另一方面，美联公司未批先建，需要补正其用地手续，否则政府将拆除违法建筑，但是政府出让城镇建设用地需要该地块具有建设用地指标，因此，该指标则成为有价值的交易对象。在一方需要用地指标、一方需要资金收益的情况下，相关政府协调美联公司、国兴公司签订协议书，国兴公司转让相关指标而美联公司支付相应款项，实现美联公司项目建设的合法化，避免因违法建筑被拆除而国兴公司另行建设造成的资源浪费。因此，案涉《协议书》从结果而言是双赢的，并不违反法律或行政法规的相关规定，符合双方当事人的真实意思，最高院据此认定《协议书》有效，具有充分的依据，对于双方而言也较为公平。该判决也有利于鼓励社会资本参与土地一级开发工作，使其即便最终未进行二级开发，也能获得相应的收益和保障。

【案例2】九玖公司与莱山区城市开发中心房地产开发项目转让合同纠纷案[①]

【基本案情】

2014年3月12日，烟台市莱山区城市资源开发经营管理中心（以下简称莱山区城市开发中心，为合同转让方，系全民所有制企业）与九玖地产有限公司（以下简称九玖公司，为合同受让方）签订了两份合同，将迎春大街中段改造房地产项目进行转让，并具体约定九玖公司应当自行开发建设，其中九玖公司承诺其有资格受让项目，并有能力继续开发建设合同项目。其后，莱山区城市开发中心并未实际履行，并发函通知解除合同，且将该项目交由烟台正大博海置业有限公司建设，九玖公司据此向山东省高级人民法院（以下简称山东高院）起诉莱山区城市开发中心，要求解除合同并赔偿3亿元。山东高院查明，九玖公司没有房地产开发资质，以不法手段取得工商营业登记，没有进行经营活动所必备的组织机构、工作人员和必要财产、经费。此外，综合考虑到合同约定的权利义务严重失衡，山东高院认定合同因损害社会公共利益而无效，据此驳回了九玖公司的诉请。九玖公司不服，向最高院上诉。

【争议焦点】

本案的争议焦点为：（1）案涉合同属于土地使用权转让合同还是房地产项目转让合同；（2）案涉合同是否因受让方不具备房地产开发资质而无效。

九玖公司上诉称：案涉合同为建设用地使用权转让合同，而我国目前并没有相关法律、行政法规规定，土地使用权转让双方必须具备房地产开发资质。因此，案涉合同合法有效。

莱山区城市开发中心认为合同无效，相关损失即便存在也应当自担。理由一，九玖公司不具有房地产开发资质，是以提交虚假材料方式骗取公司注册登记，不具有项目受让资格和房地产项目的开发建设能力，属于以合法形式掩盖非法目的；理由二，案涉项目开发不足投资总额的25%，且案涉合同涉及国有资产的重大事项，但未经国有资产的审批和评估程序。

① 最高人民法院（2018）最高法民终1345号民事判决书，摘录自中国裁判文书网，http://wenshu.court.gov.cn/website/wenshu/181107ANFZ0BXSK4/index.html?docId=734b98d1bb3345b29504aa9200c03ad0，访问时间：2020年1月23日。

【裁判观点】

最高院扭转了山东高院在一审中的观点并认为，九玖公司与莱山区城市开发中心签订的合同中明确约定“就迎春大街中段改造房地产项目转让签订本合同”，同时还对转让项目土地使用性质、项目法律手续、项目建设及出售、项目转让费及其支付等进行了详细约定，即双方当事人关于项目转让的意思表示明确而具体，不仅仅是项目所涉土地使用权的转让。一审法院认定案涉合同转让的标的是房地产项目而非土地使用权，因此合同的性质应确定为项目转让合同。因此，一审法院的上述认定是适当的。

有关案涉合同的效力问题，因案涉项目转让合同系双方当事人真实意思表示，没有违反法律、行政法规的禁止性规定，应当认定为有效合同。一审法院以案涉合同存在损害社会公共利益的情形为由认定无效显然不妥，最高院予以纠正。因九玖公司隐瞒其不具备房地产开发资质的事实，莱山区城市开发中心已经依法解除合同，九玖公司主张的损失没有依据，不予支持。

【纠纷观察】

本案中的争议焦点是合同性质与合同效力。两级法院在合同性质上着墨，是有其目的性的。一审法院将合同定性为房地产项目转让合同，目的是为后续将九玖公司不具有房地产开发资质作为否定合同效力的重要依据。而最高院将合同定性为房地产项目转让合同并否定了一审法院关于合同无效的观点，但将九玖公司是否具备资质作为合同履行阶段是否存在违约的判断依据。该判决一方面保证案涉合同不被轻易认定无效，另一方面也使得未按合同“保证”具备房地产开发资质的九玖公司未从其违约中获益。值得关注的是，最高院认为山东高院主动评价合同条款并认为权利义务不对等、造成国有资产流失进而损害公共利益的裁判思路，显然不妥，并予以了纠正。

同时，莱山区城市开发中心在一审中以合同项下的土地使用权转让没有达到房地产管理法规定的完成开发投资总额 25% 以上的法定条件为由，主张合同无效，未得到两级法院的支持。因此，本案的处理意见与《第八次全国法院民事商事审判工作会议（民事部分）纪要》第 13 条一致，即认定新《房地产管理法》第 39 条第 1 款第 2 项并非效力性强制性规定，不影响合同效力，但其会影响合同的履行，即登记部门在土地使用权未满足开发条件的情况下不予办理过户登记。

【案例3】恒光公司与超汽公司、香港四宝公司、珠海四宝公司房地产项目股权转让合同纠纷案①

【基本案情】

超级汽车投资有限公司（以下简称超汽公司，为合同转让方）、四宝咨询有限公司（以下简称香港四宝公司，为合同标的公司）、珠海市四宝咨询有限公司（以下简称珠海四宝公司，为标的公司全资子公司，亦为其唯一资产）与恒光有限公司（以下简称恒光公司，为合同受让方）于2006年签订《意向书》，约定恒光公司在向超汽公司支付诚意金后，各方应相互配合签署正式的股权转让合同，进而使得恒光公司取得超汽公司所持的香港四宝公司全部股权，而间接收购珠海四宝公司股权，并以此实际控制珠海四宝公司在内地的一处项目开发权益。《意向书》中，除珠海四宝公司外，其他均为境外主体，但实际转让对象又是境内的房地产权益。《意向书》约定适用香港法律以及在香港仲裁及/或内地诉讼的平行解决方式。签约后，恒光公司支付了诚意金但时值内地房地产大幅增值，故超汽公司发函主张解除《意向书》，恒光公司向香港国际仲裁中心（以下简称港仲）申请仲裁要求继续履行《意向书》。超汽公司、香港四宝公司和珠海四宝公司则以各方未在约定时间内签订正式合同为由向广东省高级人民法院（以下简称广东高院）起诉，主张《意向书》终止。恒光公司也向广东高院反诉要求各方继续履行《意向书》。广东高院审理后，以双方提交的香港法案例结论不一致故无法查明香港地区法律为由，认定适用中国内地法律审理，同时认定《意向书》属于预约合同，且由于未能在约定的时间内签订正式协议，故一审判决认定《意向书》应予终止。双方随后上诉到最高院。上诉期间，港仲作出生效裁决，认定《意向书》有效存续并应继续履行，随后恒光公司根据港仲的裁决，在香港取得了香港四宝公司的股权和控制权，但因广东高院的相反一审判决和最高院尚未下判之原因，珠海相关主管机关对于香港四宝公司请求办理珠海四宝公司的工商变更登记仍有顾虑。

【争议焦点】

本案主要争议焦点为：（1）本案应适用内地法律还是香港法律；（2）《意向书》的效力是否终止。

超汽公司等一方主张：因双方在《意向书》中约定的最晚交易期限已终止，

① 最高人民法院（2013）民四终字第3号民事判决书，摘录自中国裁判文书网，http://wenshu.court.gov.cn/website/wenshu/181107ANFZ0BXSK4/index.html?docId=2669df8fbc404baebca2aa180101ed72，访问时间：2020年1月24日。

故应认定《意向书》已终止，并返还诚意金即可。同时，因各方提交的香港法的法律意见不一致，恒光公司也未能提供或证明香港法律的相关内容，故本案不得适用香港法审理，广东高院认定正确。

恒光公司则认为，其已经提供了香港律师出具的法律意见及判例，履行了提供或证明香港法律的义务，专家给予的法律意见不一致乃正常现象，广东高院不能仅从形式上以各方提交的法律意见不一致就认定无法查明香港法律。另外，结合《意向书》签订的目的、背景以及香港法专家意见，可以判断合同签订后必须遵守，超汽公司作为违约方，无权单方面终止《意向书》。

【裁判观点】

最高院认为，第一，关于准据法的问题：不同域外法专家意见观点或引用的案例不一致，属于法律适用问题的正常现象，法院应对如何适用香港法律作出评判，但不得据此认定香港法律无法查明，因此本案应当适用香港法律，广东高院法律适用错误，应予以纠正。第二，关于《意向书》是否终止：根据香港法律合同解释原则，香港法并不具体区分预约合同和主合同，而是应顾及合同整体性以及商业常理并遵循“有效解释原则”。现恒光公司已依约履行，而仅剩超汽公司等方拒绝履行，股权转让合同也因超汽公司一方拒绝履行而无法在约定期限内签订，故《意向书》应继续履行。第三，关于争议的具体处理：因恒光公司已通过执行港仲仲裁裁决取得了香港四宝公司的全部股权和实际控制权，故应判令继续履行的内容是，超汽公司协助恒光公司和香港四宝公司办理珠海四宝公司的法定代表人等变更手续。

【纠纷观察】

本案交易背景复杂，历时近10年。本案中，最高院首先对域外法查明程序表达了立场，在当事人选择适用外国法的情况下，往往存在域外法律专家观点不同甚至相反的情形，法院不能据此简单地认定“无法查明域外法”，而应当对如何适用作出判断，该案是为数不多的在中国内地法院运用域外法律进行审理的案件。最后，最高院妥善地运用了域外法的合同解释的原则，认定恒光公司作为房地产项目权益受让方具有一定的权益优势和继续履行的可行性，从而判决合同继续履行，体现了“法官知法”及尊重当事人的合意，也展示了我国开放、自信、公平的司法形象。

此外，本案也出现了平行解决纠纷中罕见的内地诉讼与域外仲裁平行现象，最高院也坚持了一贯的原则，认为非经内地法院承认并执行，域外裁判程序不影响内地法院管辖权。最后，最高院在本案中对于如何建立多元化的合同履行替代措施进行了探讨，创造性地以合同目的（即房地产项目权益受让方实际获得权益）

为落脚点，对于合同继续履行方式进行了针对性的指引，且裁判方向与境外仲裁结果一致，也未因此产生冲突判决的问题。

【案例 4】小象公司与巨洋公司、湖心公司房屋租赁合同纠纷案①

【基本案情】

四川巨洋假日饭店管理有限公司（以下简称巨洋公司，为合同出租方）与成都湖心文化传播有限公司（以下简称湖心公司，为合同承租方）签订的《房屋租赁合同》，约定："出租方同意承租方单独设立该项目公司，同意可将本合同项目租赁的权利义务全部转让给乙方新设立的项目公司，给予配合乙方办理相关合同变更手续。……" 其后，湖心公司作为持股 65% 的股东与其他股东共同设立了泸州中影小象影院管理有限公司（以下简称小象公司），但未办理任何承租方的变更手续。小象公司自成立后近两年内，实际向巨洋公司按时支付了租金。后因湖心公司转让股权，小象公司 100% 股权由案外人持有，巨洋公司以湖心公司擅自转租为由解除合同并要求小象公司腾退，并采取断电措施。小象公司起诉要求巨洋公司继续履行合同并赔偿损失，一、二审法院均认为湖心公司股权转让行为实质上是变相转租行为，驳回其诉讼请求。后小象公司向最高院申请再审。

【争议焦点】

本案的争议焦点在于湖心公司转让股权的行为是否构成转租，以及小象公司是否已经通过继受成为承租人。

小象公司主张，巨洋公司在签约之初就已经知悉并同意该合同将会发生概括转让，巨洋公司在小象公司设立后与其相互履约近两年，按月收付数十笔租金、物管费并逐一开具增值税发票的客观事实，足以认定巨洋公司以行为方式对租赁合同概括转让的确认。

巨洋公司认为，此前小象公司作为湖心公司参股和控制的项目公司，巨洋公司才允许小象公司实际使用物业并接收其交付的租金，不代表确认湖心公司的权利义务转让给小象公司。湖心公司在转让其持有的小象公司全部股权后，其实质是将房屋变相转租，小象公司的实际控制人及合同的履行能力等均全部发生变化。这实质上动摇了出租人对物业使用人能否善意使用的信任基础，损害了出租人的

---

① 最高人民法院（2019）最高法民再 16 号民事裁定书，摘录自中国裁判文书网，http://wenshu.court.gov.cn/website/wenshu/181107ANFZ0BXSK4/index.html?docId=cc5accdf0c6b408e98f9aa4900bf9543，访问时间：2020 年 2 月 19 日。

处分权，也不符合双方签署租赁合同的本意和初衷。因此巨洋公司有权解除合同。

【裁判观点】

最高院扭转了一、二审的认定，其认为，虽巨洋公司未与湖心公司、小象公司办理相关合同变更手续，但小象公司自成立后近二年时间内，向巨洋公司按时支付了租金，交纳了物管费、设施费等费用，小象公司已经履行了《房屋租赁合同》的主要义务，巨洋公司根据小象公司的缴费情况出具收据以及向其开具增值税发票。据此，可以认定湖心公司已将该合同项目租赁的权利义务概括转让给了小象公司，且经过了巨洋公司同意。小象公司与巨洋公司之间形成新的房屋租赁合同关系。小象公司股权结构的变化，并未导致合同主体变化，不构成转租。退言之，即便如巨洋公司所称，其认可湖心公司控制的项目公司小象公司交付租金、使用租赁物业，是将小象公司的行为视为湖心公司履行案涉合同的行为。则湖心公司转让其所持有的小象公司全部股份后，小象公司不再是湖心公司的项目公司，但小象公司仍是代湖心公司继续使用案涉租赁物业，湖心公司的股权转让行为亦不构成转租。故巨洋公司解除合同不成立，构成违约，需承担违约责任。

【纠纷观察】

本案涉及实践中常见的租赁模式：由母公司作为承租人签订合同，合同约定可以由其设立的子公司受让或履行。正如最高院所述，这其实涉及两种不同法律关系：如由子公司受让合同，则子公司已经成为承租人，承租人股权变动自然不构成转租；如仅是由子公司履行，则承租人仍为母公司，子公司是债务履行辅助人，此时承租人未发生变化，也不构成转租。实践中，如果出租人特别重视其与承租人之间信任关系、对于承租人有特定要求的，应当在租赁合同中就变相租赁作进一步的补充解释，将本案的情形甚至是承租人自身股权发生转让的情形囊括在内。在无合同特别约定的情况下，裁判者应从严解释转租，除非出租人能够充分证明其对于租赁物的实际使用人有特定要求或限制。

【案例5】张某、杜某与锦泰公司商品房预售合同纠纷案[①]

【基本案情】

2015年12月12日，张某、杜某与北京锦泰房地产开发有限公司（以下简称

---

① 北京市朝阳区人民法院（2019）京0105民初78512号民事判决书，摘录自中国裁判文书网，http://wenshu.court.gov.cn/website/wenshu/181107ANFZ0BXSK4/index.html?docId=fef3e5878fc34e41be1aab39000bb47b，访问时间：2020年2月19日。

锦泰公司）签订《商品房预售合同》及《前期物业服务合同》，约定张某、杜某购买锦泰公司所开发的天璞家园小区（以下简称小区）4 栋自住型商品房一套。交房前，张某、杜某发现，小区自住型商品房与其他商品房被绿植、铁栅栏和铁艺门分隔开来，且其房屋侧建有一处未经规划审批的垃圾房。同时，因小区北门主出入口直接连接非自住型商品房区域，锦泰公司也拒绝向张某、杜某等自住型商品房业主发放小区北门主入口的门禁卡。张某、杜某及小区有关业主，已经通过各种途径向北京市有关行政执法部门投诉，但进展缓慢。就上述争议事宜，小区其他业主也曾向法院起诉，但法院认为应由已启动调查的行政机关先行处理，暂不宜通过诉讼程序处理。鉴于此，张某、杜某向北京市朝阳区人民法院起诉（以下简称朝阳区法院），请求锦泰公司拆除小区的隔离铁栅栏、绿植，拆除垃圾房；锦泰公司保障小区北门主出入口的通行权；以及请求按日赔偿经济损失。

【争议焦点】

本案的争议焦点为：法院应否在相关行政机关未对违法建设予以处理的情况下径行裁判。锦泰公司所述小区北门门禁卡发放、隔离设施拆除均属于业主共治共管范畴的主张可否成立及能否对抗张某、杜某作为适格主体提出本案的请求，以及张某、杜某的通行权是否实际受到影响。

张某、杜某认为，其穷尽了救济途径，认为行政机关始终未能对违法建设予以处理，故法院应发挥司法能动性，径行判决拆除违法建设。并且，是否发放北门门禁卡并非业主共治共管范畴，而是锦泰公司应尽的合同义务，锦泰公司不给办理小区北门的门禁卡妨碍了张某、杜某通行小区北门行为。另外，张某、杜某认为现锦泰公司交付的房屋因隔离设施、垃圾房的存在而不符合合同约定的规划条件以及小区内非市政道路上建有铁艺门导致未达到约定的使用条件。

锦泰公司认为，既然朝阳区法院已经就其他业主有关请求作出过生效判决，且确认隔离设施拆除等事宜，应由行政机关先行处理，故法院应遵循同案同判原则，先由行政机关处理有关争议。并且，小区业主在收房时均已被明确告知小区内设施交付现状，业主均无异议。另外，关于重建、改建设施，以及门禁卡的发放，应属于全体业主共同决定的事项，开发商无权自行决定。

【裁判观点】

朝阳区法院认为，通过庭审查明的事实，可以认定小区隔离设施、垃圾房等均没有相应的规划审批手续，但通过法院调查确认，相关的行政主管部门已经就锦泰公司是否违反行政规划的行为开始进行调查。因该事项目前正由行政主管部门行政处置过程中，在行政主管部门就上述拆除事项作出生效行政行为之前，该事项暂不宜由法院通过民事诉讼予以处理。对于小区北门通行权事宜，因锦泰公司已委托物业公司管理，故锦泰公司并非门禁卡发放主体，张某、杜某提出要保障其北门通行权的请求没有事实依据。最后，因小区内设置隔离设施在事实上妨碍了张某、杜某等自住型商品房业主使用小区内较好的公用设施设备的权利，故锦泰公司应当赔偿张某、杜某所主张的经济损失。

【纠纷观察】

本案纠纷落脚于2019年北京地区常见的小区隔离所引发的争议。本案虽为基层人民法院案例，但具有典型代表性，本案判决所体现的裁判思路也具有广泛借鉴意义。一方面，朝阳区法院依据合同约定及小区规划审批的数据，认定作为本小区项目开发商的锦泰公司违反了合同所约定的承诺小区建设方案按照北京市住房和城乡建设委员会公示的建设方案来确定的义务，同时确认小区隔离设施不具备相应的审批手续，应属违法建筑。另一方面，出于本案争议事项目前已经由行政机关介入处置的考虑，朝阳区法院认为在行政机关作出生效行政行为之前，不宜由民事诉讼程序处理本案，故并未支持本案原告关于拆除隔离设施、垃圾房的诉讼请求。最后对于原告方的民事赔偿请求，朝阳区法院又从违约责任、民事主体财产权的角度酌定金额并予以了支持，起到了平衡双方矛盾的显著效果。这种裁判思路既给予了权益受损方态度上的支持，又很好地平衡了行政与司法争议解决机制，节省了纠纷解决的成本。

四、热点问题观察

（一）热点问题

1. 集体经营性建设用地使用权入市制度的确立

2019年8月26日，第十三届全国人大常委会第十二次会议表决通过新《土地管理法》及新《房地产管理法》的决定，修订后的两部法律将于2020年1月1日起施行。

本次修订的最大亮点之一，即删除了原《土地管理法》第43条关于任何单位和个人进行建设需要使用土地的必须依法申请使用国有土地的规定，而增加规定集体经营性建设用地在符合规划、依法登记，并经三分之二以上集体经济组织成员同意的情况下，可以通过出让、出租等方式交由农村集体经济组织以外的单位或个人直接使用，同时使用者在取得集体经营性建设用地之后还可以通过转让、互换、抵押的方式进行再次转让。同时，根据新《土地管理法》，集体建设用地使用权的出让及其最高年限、转让、互换、出资、赠与、抵押等，参照同类用途的国有建设用地。

总体而言，上述修订内容是在总结此前全国范围内 33 个试点区域农村土地制度改革经验的基础上，将党中央的有关决策和试点成功经验上升为法律。新《土地管理法》的修正通过意味着集体经营性建设用地入市有了法律依据，从根本上解决了农村集体经营性建设用地不能和国有建设用地同等入市的问题，是我国土地制度的重大创新，更改了自 1998 年以来确定的“土地由国家供给”的基本逻辑。集体经营性建设用地的入市，作为房地产市场的供给侧改革政策，优化了土地市场的供给面。土地成本大幅降低后，未来的租金价格和房屋售价也会随之降低。这对促进房地产市场的稳健持续发展、构建城乡统筹的建设用地市场与土地收益分配机制有着重大意义。

2. 房地产市场的强力宏观调控

2019 年，受内外形势的影响，经济面临下行压力。为了防止各地区因经济下行压力过大而轻率放松房地产市场，中央政府在 2019 年第一次提到“房住不炒”的核心政策，以及“一城一策”和“租售并举”等配套政策。这对于防范、化解房地产市场风险，维持房地产市场平稳健康发展有非常积极的作用。[①]

围绕该市场调控政策的定调，2019 年间，房地产调控政策频度达到历史高峰。据不完全统计，2019 年以来全国各地出台房地产调控政策约 595 次，较 2018 年增长 35%，是至少近十年宏观调控政策出台最多的一年。在全国范围内，各地因地制宜，形成了以“限价”“限贷”“限售”“限购”为主要手段的调控政策。

“房住不炒”也是 2019 年房地产宏观调控中最鲜明的特征，对引导市场行为和预期均有积极影响。虽然短期内，融资端和销售端被收紧，房企和房地产信托公司日子不好过。如该政策可被有效坚持，对于市场而言，当商品房的投资属性被削弱后，购房者将更加注重商品房本身，居住型购房需求将成为主流。下一步，楼市很可能会进入一个前所未有的慢爬坡或高位横盘的状态，交易量和交易价格也会逐渐趋于平稳和理性。

---

① 参见澎湃新闻网，https://www.thepaper.cn/newsDetail_forward_3318877 ，访问时间：2020 年 2 月 27 日。

（二）争议点问题

1. 商品房买卖合同之外另行签署装修合同对商品房买卖合同的影响

随着住宅产业现代化快速发展，近年来，精装房简单便利的入住方式，得到了许多购房者的青睐，商品房买卖中买卖装修房的比例日趋增多。实操中，开发商为了规避限价监管要求以及实现自身盈利目标，常常会在商品房装修的标准和费用方面进行一些特别的安排，例如在商品房买卖合同之外通过指定第三方与购房业主签署装修合同。在上述操作模式中，如何界定另行签署的装修合同对商品房买卖合同的影响，尤其是在装修部分出现质量瑕疵的情况下，购房业主能否在上述合同关系中直接追究开发商的责任，成为该类商品房买卖纠纷的争议焦点问题。

从目前的审判实践来看，江苏省高级人民法院于 2019 年 12 月 16 日颁布的《商品装修房买卖合同装修质量纠纷案件审理指南》第 3 条规定，“商品装修房买卖合同的界定。房屋装修合同是否在法律性质上独立于商品房买卖合同，应当结合商品房买卖合同、房屋装修合同的订立、约定和履行情况综合判断。在毛坯房屋实际交付前装修房屋，交付标的物为装修房的，按照商品房买卖合同纠纷处理；在毛坯房屋实际交付后装修房屋，交付标的物为毛坯房的，按照装饰装修合同纠纷处理”。上述规定确定的从合同订立、约定和履行情况进行综合判断的裁判思路，对实操中解决同类问题有很大的借鉴意义。

2. 租赁合同解除条件成就后，解除权人继续履行合同的法律后果

在租赁合同履行过程中，由于逾期缴纳租金等原因导致租赁合同约定的解除条件成就，而解除权人要求违约人继续履行合同的情况非常常见。实践中对于该等情况的法律后果应无争议，即在合同约定条件成就后，解除权人应当就解除合同还是继续履行合同择其一行使。若解除权人要求相对方继续履行合同的，应视为其以自己的行为放弃解除权，该解除权消灭。

但实践中存在一种特殊情况，在解除权消灭、双方继续履行合同后，如果违约方再次出现违约行为导致解除条件再次成就的，此时守约方是否要再次行使解除权？一种理解为，前后两项违约行为是相互独立的，守约方放弃因前项违约行为而产生的解除权不影响其对后项违约行为行使解除权；另一种理解为，守约方对前项违约行为不行使解除权而继续履行合同，实际已通过履行行为对行使解除权的约定进行了变更，且合同相对方对此已经产生了合理信赖，故守约方无权再依据原合同的约定行使解除权。对此，司法实践中目前尚无定论，尚需司法实践中统一裁判规则。

五、总结与展望

2019 年，在宏观调控政策延续“房住不炒”以及“稳字当头”的大背景下，中国房地产行业整体业绩规模稳中有增。2019 年房地产相关纠纷的数量较 2018 年虽然出现了轻度回落，但基数依然庞大。传统的房屋买卖合同纠纷、房屋租赁合同纠纷以及物业服务合同纠纷在数量上依旧为房地产争议的主要类型，但纠纷发生的原因，以及个别纠纷类型的案件数量变化受到了法规修订、政策调整及经济发展情况的影响。展望 2020 年，房地产争议可能存在如下趋势：

（一）因质量问题、配套设施缩水以及断供等引发的房屋买卖合同纠纷将会增多

在“房住不炒”的调控基调下，2019 年住宅的销售依旧保持增长，部分热门城市存在大量的所谓“日光盘”，相关房屋买受人在购买房屋时对其所购新房情况并不了解，存在盲目购房的情形。限价政策下，部分房企存在以偷工减料、减少或者降低配套设施等手段降低开发成本的现象。除此之外，经济下行、失业率有所上升，部分购房家庭供楼压力增大。2020 年将是相关新房的交房年，因房屋质量、配套设施缩水以及断供等问题所引发的房屋买卖合同纠纷将有所增加，加之互联网带来的信息流通之便利，我们合理预测会在一些问题楼盘中爆发大量集体诉讼。

（二）房企融资引发的金融纠纷将迎来增长

2019 年房地产贷款余额继续增长，但在经济仍然面临较大下行压力，以及办公楼及商业营业用房销售额及销售面积已经出现明显下降趋势的背景下，房企所涉及的借款以及发行的资产证券化和其他金融产品比往年易出现违约风险。尤其需要引起关注的是，房企在境外发行债券若发生违约将导致的跨境纠纷与后续的承认与执行。

（三）中小房企破产纠纷将在数量上进一步增加，房企并购迎来窗口期

如上述分析，房地产融资政策收紧，信贷资源将进一步向大型、头部房企倾斜，中小房企资金将继续承压。在房地产销售市场已出现小幅下降的趋势，负债率高的中小房企更易出现债务危机，引发破产。与此同时，有意扩大规模、调整战略布局的房企也将迎来进行投资并购的窗口期。2020 年，我们预计人民法院受

理的中小房企破产申报的数量将进一步增加，房企的投资并购交易可能趋于活跃。

（四）疫情的负面影响初现，期待房地产企业度过危机

最后，因2020年初暴发的新冠肺炎疫情的影响，房地产市场受到多层次的冲击。一方面，住房需求短期被抑制，房地产市场成交量大幅下跌；另一方面，在建工程被要求停工，大型商超、售楼处无法正常开门营业，现金流较差的房企为求生只得减员增效、增加回款渠道、缩减投拓规模。因此可合理预见的是，在疫情影响期间，租赁纠纷、劳动纠纷、合作纠纷可能会增加，但从长远来看，居民在经历长期居家隔离后对于居住体验的感受更深，疫情过后可能会引发新的购房热潮，房地产市场也会缓慢复苏，此外，我们相信国家层面也必将出台一些例如降息降准、税收优惠等刺激性政策，这些都会对房地产市场产生利好。总体而言，疫情并不改变房地产市场的底层逻辑，即供求关系和宏观调控，其行业的成长性应值得肯定。

中国能源争议解决年度观察（2020）

齐晓东　崔轶凡　付国敏[①]

一、概　述

2019 年国际油价呈现先涨后跌的走势，布伦特原油价格整体走势在每桶 55—75 美元间徘徊，而影响油价的各种因素在不断角力。在油价问题上，石油输出国组织（OPEC）和几大产油国之间一直存在一定程度的分歧。俄罗斯总统普京年中表示 60—65 美元每桶的价格对于莫斯科是合适的，不希望 OPEC 继续减产。但沙特阿拉伯能源大臣法利赫表示沙特阿拉伯支持 OPEC 减产，认为这将有利于全球诸多国家。[②]OPEC 在 2019 年前 11 个月综合减产执行率高达 143%，然而美国原油产量逐渐增高成为全球第一，影响了 OPEC 希望以减产适当推高油价的愿望。伊朗由于美国的制裁，减少了对外石油输出，但沙特阿拉伯、阿联酋两个美国盟友却表态会推高产量以填补因制裁伊朗而出现的供应缺口。

第二届"一带一路"国际合作高峰论坛于 2019 年 4 月 25—27 日在北京举行，推进"一带一路"建设工作领导小组办公室对外发布《共建"一带一路倡议"：进展、贡献与展望》[③]。在能源领域，中国已组织召开"一带一路"能源部长会议，并与 18 个国家建立了"一带一路"能源合作伙伴关系。目前，中俄原油管道、中国—

---

① 齐晓东，北京仲裁委员会 / 北京国际仲裁中心、香港国际仲裁中心、中国国际经济贸易仲裁委员会仲裁员，北京市兰台律师事务所高级合伙人 / 资深顾问。崔轶凡，目前主要负责思科大中华区产品销售和服务法律事务。付国敏，北京市兰台律师事务所律师。北京市兰台律师事务所臧雪柳律师对本报告亦有贡献。

② 《三大能源国高层与 OPEC》，载微信公众号"海贝能源"，访问时间：2020 年 2 月 28 日。

③ 《高峰论坛丨一图读懂 2019"一带一路"建设成果报告》，载澎湃网，https://www.thepaper.cn/newsDetail_forward_3330224，访问时间：2020 年 1 月 27 日。

中亚天然气管道稳定运营，中俄天然气管道将实现部分通气，中缅油气管道已全线贯通。

国内方面，能源结构继续沿着“十三五”规划的目标推进优化，继续向清洁化、低碳化转型。油气勘探开发力度明显提升，煤炭领域降产能成效明显，新能源伴随着能源互联网及区块链的发展快速增长，成为能源发展的新动力，综合节能服务行业异军突起。

2019 年，中国能源政策法规方面主要动向有：油气管网设施进一步公平开放，监管进一步强化；油气管网公司国有资本控股，但同时推进投资主体多元化；油气行业进一步减免行政审批，取消外资进入勘探开发领域的限制。对尚未实行市场化交易的燃煤发电电量，取消了煤电价格联动机制，将现行标杆上网电价机制改为基准价加上下浮动机制，以此使燃煤发电价格定价机制更加市场化。电力现货市场进一步得到建立健全，完善了电力定价及交易机制。在电力市场建立了社会信用体系并推出信用损失修复机制。风电光伏平价上网，八项政策的推出更有利于风电光伏企业摆脱长期依赖的财政补贴，使企业早日进入市场竞争模式。政策上继续大力推出支持可再生能源，各地区超出规划的可再生能源消费量不纳入其能源消耗的总量和强度的“双控”考核，推动可再生能源行业的发展。这些动向均促进了能源行业的公开化、多元化及市场化，提升市场主体在市场交易中的自由度。

综观 2019 年能源领域争议解决，不论国内国际，仲裁都仍然是争议解决的重要手段。例如，根据伦敦国际仲裁院（LCIA）在 2018 年公布的年报中显示，能源和矿产纠纷占比 19%，是 LCIA 受理案件的主要类型之一。[①] 根据中国国际经济贸易仲裁委员会的数据统计，2019 年受案总量（涉外、国内）共计 3,333 件，其中受理自然资源、矿产资源纠纷 157 件，占受案总量的 4.71%。[②]

除了各仲裁机构案件中能源案件占比依然较高以外，有些仲裁机构所受理案件涉及风、电、核、热及太阳能等新能源领域的案件数已远远超过传统能源（煤、石油、天然气等）领域案件。以北京仲裁委员会 / 北京国际仲裁中心（以下简称北仲）2019 年受理的能源领域案件情况为例。

---

① 中国国际经济贸易仲裁委员会主编：《中国国际商事仲裁年度报告（2018~2019）》，法律出版社 2019 年版，第 12 页。

② 《中国国际经济贸易仲裁委员会 2019 年工作报告》，载中国国际经济贸易仲裁委员会网站，http://www.cietac.org.cn/index.php?m=Article&a=show&id=16447，访问时间：2020 年 2 月 26 日。

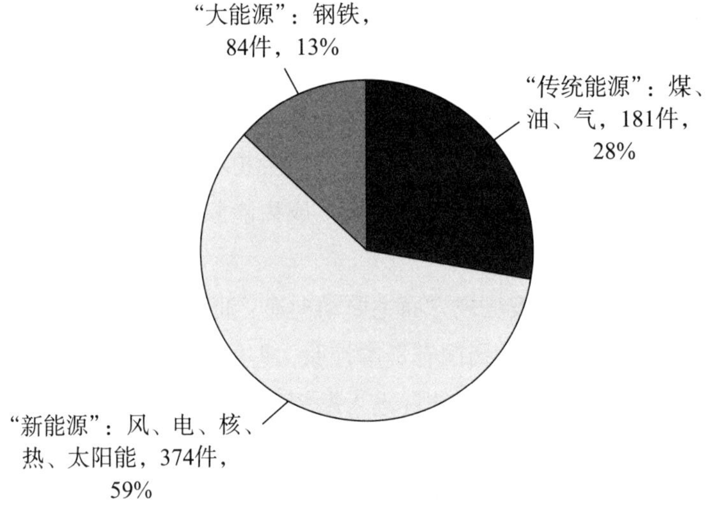

图 1　北仲 2019 年受理能源领域案件数和构成比例

依照图 1，北仲 2019 年受理能源案件数之和为 639 件，对比 2018 年案件数据［北仲 2018 年受理能源领域案件数之和为 451 件，其中传统能源为 148 件，所占比例为 32.81%；新能源为 243 件，所占比例为 53.88%；大能源（钢铁）为 60 件，所占比例为 13.3%］可以得出：2019 年度案件数总和相较于 2018 年度案件数总和增长了约 41.68%。其中，传统能源案件数所占比例基本持平，均为 30% 左右；新能源案件数所占比例继续攀升，达到了 59%，体现了仲裁在新能源行业争议解决中的作用。

二、新出台的法律法规或其他规范性文件

（一）石油天然气行业

1. 油气管网设施和运营机制的改革深化

2019 年 3 月 19 日，习近平总书记主持召开了中央全面深化改革委员会第七次会议，审议通过了《石油天然气管网运营机制改革实施意见》，明确要求组建国有资本控股、投资主体多元化的石油天然气管网公司，推动形成上游油气资源多主体多渠道供应、中间统一管网高效集输、下游销售市场充分竞争的油气市场体系。

2019 年 5 月 24 日，国家发展和改革委员会（以下简称国家发改委）、国家能源局、住房和城乡建设部、国家市场监督管理总局四部门联合发布了《油气管网设施公平开放监管办法》（以下简称《监管办法》），旨在促进油气管网设施公平开放，提高油气管网设施利用效率，保障油气安全稳定供应，规范油气管网设施开

放相关市场行为，建立公平、公正、有序的市场秩序。

《监管办法》的出台可以说是正当其时，它将进一步促进改革机制、强化监管，更大力度地推动油气管网设施公平开放，更好地营造公平开放的制度环境，逐步破解制约公平开放的关键问题和实际困难，不断提高油气管网设施利用效率，加快油气市场多元竞争，提升资源接续保障能力和集约输送能力。①

2.《石油天然气规划管理办法》的最新修订

2019 年 2 月 23 日，国家能源局发布了关于印发《石油天然气规划管理办法》（2019 年修订）（以下简称《管理办法》）的通知，对 2017 年的《石油天然气规划管理办法》进行了修订。

《管理办法》规定，石油天然气规划应遵循国家法律法规，符合油气管道保护和设施公平开放的要求，符合石油天然气行业相关规程和标准规范，同步开展环境影响评价，注重提升覆盖面、权威性和科学性，增强透明度和公众参与度。依据《管理办法》，石油天然气规划重大项目涵盖跨境、跨省（区、市）原油、成品油、天然气管道、进口液化天然气（LNG）接收站及地下储气库等需要通过年度备案加以明确。重大项目布局遵循“坚持底线思维”的原则，大力提升国内油气勘探开发力度，保障能源安全。加强油气资源评价和勘探，特别是加大风险勘探，明确勘探开发部署和主攻方向。

《管理办法》要求，统筹规划并加快油气大数据平台建设，为规划和监管工作提供全面、准确、开放的数据支撑。地方政府相关部门、行业协会、油气企业等应为平台建设提供必要的基础数据和信息。《管理办法》鼓励有条件的省（区、市）积极推进省级油气大数据平台建设。②

3. 对外合作审批及限制取消

2019 年 3 月，国务院发布《关于取消和下放一批行政许可事项的决定》，“石油天然气（含煤层气）对外合作项目总体开发方案审批”这一行政许可事项取消，改为备案。油气对外合作项目总体开发方案由审批改备案后，将进一步调动油气企业积极性，有利于进一步方便中外油气企业开展合作，积极利用外资。

2019 年 6 月 30 日发布的《外商投资准入特别管理措施（负面清单）（2019 年

---

① 《国家能源局市场监管司有关负责人就〈油气管网设施公平开放监管办法〉有关问题答记者问》，载国家能源局网站，http://www.nea.gov.cn/2019-06/04/c_138116127.htm，访问时间：2020 年 1 月 30 日。

② 《国家能源局发布关于印发《〈石油天然气规划管理办法〉（2019 年修订）的通知》，载国家能源局网站，http://zfxxgk.nea.gov.cn/auto86/201903/t20190304_3628.htm，访问时间：2020 年 1 月 30 日。

版）》，取消了石油天然气勘探开发限于合资、合作的限制。这是中国首次对外资全面开放油气上游领域。之前，中国油气勘探开发由“三桶油”（“三桶油”是中国石油天然气集团有限公司、中国石油化工集团有限公司、中国海洋石油集团有限公司这 3 个石油企业的简称）和陕西延长石油（集团）有限责任公司四大国有石油公司垄断，只在新疆区域和页岩气领域进行了开放试点。对于合资合作限制的取消，不仅为外资和民企提供了勘探开发新区块的机会，也为外资和民企与“三桶油”合作正在开发的项目提供了机会。

上述油气行业改革开放的法律法规，无疑将吸引更多中外油气企业以平等民事主体身份参与到油气行业的大发展中，对于繁荣行业，提升行业活力，具有重要的意义。

（二）煤炭行业

煤炭是我国的基础能源，但我国煤炭资源禀赋复杂。一方面，93.5% 的煤矿为井工开采（世界其他主要产煤国家的井工煤矿仅占 20%—30%，其余为露天开采），瓦斯、水、冲击地压等灾害威胁严重。另一方面，全国现有冲击地压矿井产能约 4 亿吨 / 年，三分之二分布在煤炭净调入省份，一半以上属于冶金与化工用煤，在煤炭供应保障中发挥着重要作用。因此，有效防治冲击地压灾害，既是煤矿安全生产领域亟待解决的当务之急，也是保障能源和原料供应必须解决的现实问题。2019 年 4 月 29 日，国家能源局等四部门共同研究出台了《关于加强煤矿冲击地压源头治理的通知》，要求实施的重点举措包括：严控新建冲击地压矿井，建设矿井进行冲击性评估、鉴定危险性评估等强制监管措施，分类处置存量冲击地压矿井，加快推进落后产能淘汰退出，落实安全生产责任等。[①] 实施这些举措的目标是严格依法开展“限产和减人”“停产整改”“关闭退出”，保证煤矿安全生产。

（三）电力行业

1. 取消煤电价格联动机制

2019 年 9 月 26 日召开的国务院常务会议决定，对尚未实现市场化交易的燃煤发电电量，从 2020 年 1 月 1 日起，取消煤电价格联动机制。国务院常务会议提出，

---

① 《国家能源局煤炭司、国家煤矿安监局科技装备司有关负责同志就〈关于加强煤矿冲击地压源头治理的通知〉（发改能源〔2019〕764 号）答记者问》，载国家能源局网站，http://www.nea.gov.cn/2019-06/10/c_138131428.htm，访问时间：2020 年 1 月 30 日。

抓住当前燃煤发电市场化交易电量已占约50%、电价明显低于标杆上网电价的时机，对尚未实现市场化交易的燃煤发电电量，取消煤电价格联动机制，将现行标杆上网电价机制改为“基准价+上下浮动”的市场化机制。从此我国告别了已经实行了15年的煤电价格联动机制（“煤电价格联动机制”始于2004年末，它要求以6个月为一个周期，在平均煤价波动超过5%时进行电价调整）。从此，电力产业采用市场化的浮动定价机制，煤电产业由以前的“市场煤和计划电”转变为“市场煤和市场电”，可能会在一定程度上缓解一直存在的煤电矛盾。新政策的价格传导机制更加通畅，有利于平衡煤电双方利益，长期来看，有利于发展煤电合作和联营。

2. 探索电力现货市场建设

2019年8月7日，国家发改委、国家能源局联合印发《关于深化电力现货市场建设试点工作的意见》（以下简称《意见》），要求进一步发挥市场决定价格的作用，建立完善现货交易机制，以灵活的市场价格信号，引导电力生产和消费，加快放开发用电计划，激发市场主体活力。《意见》的主要内容包括：合理设计电力现货市场建设方案及模式选择；统筹协调电力现货市场衔接机制；建立健全电力现货市场运营机制，包括用电侧和清洁能源消纳参与现货市场的机制；强化提升电力现货市场运营能力；规范建设电力现货市场运营平台，对技术支持系统功能建设和运行管理提出要求；建立完善电力现货市场配套机制，包括建立与现货市场衔接的用电侧电价调整机制。[①]《意见》的推出，对于已在试点的8个电力现货市场进一步健全机制及健康发展有着积极和重要的意义。

3. 电力业务许可信用监管

2019年7月，国务院办公厅印发《关于加快推进社会信用体系建设构建以信用为基础的新型监管机制的指导意见》，进一步明确要求构建以信用为基础的，贯穿市场主体全生命周期，衔接事前、事中、事后全监管环节的新型监管机制。为深入贯彻落实党中央、国务院决策部署，切实提高监管的精准性和有效性，国家能源局出台《国家能源局关于实施电力业务许可信用监管的通知》，全面实施电力业务许可信用监管。

为推动信用机制在全能源行业发挥更大作用，2019年3月27日，国家能源局印发《能源行业市场主体信用修复管理办法（试行）》（以下简称《修复管理办

---

① 《〈关于深化电力现货市场建设试点工作的意见〉——国家能源局法制和体制改革司、国家发展改革委体制改革综合司负责人答记者问》，载国家能源局网站，http://www.nea.gov.cn/2019-08/12/c_138303139.htm，访问时间：2020年1月30日。

法》)，对能源行业市场主体不良信用信息修复工作进行了详细界定，鼓励和引导能源行业失信主体主动纠正失信行为，消除不良影响，以进一步促进全行业形成良好的诚信氛围。

2019 年的“市场化改革”无疑是电力行业的法律法规的关键词。上述市场化改革也必将促进更多企业市场主体，主动选择仲裁作为更“市场化”且更有效率的争议解决方式。

（四）新能源行业

1. 风电和光伏发电平价上网的大势已定

2019 年 1 月 9 日，为积极推动风电、光伏发电高质量发展，促进行业早日摆脱补贴依赖，国家发改委、国家能源局联合印发《关于积极推进风电、光伏发电无补贴平价上网有关工作的通知》。该通知对无补贴平价上网项目，提出了多项政策支持措施。2019 年 4 月 28 日，国家发改委印发了《关于完善光伏发电上网电价机制有关问题的通知》，进一步完善光伏发电价格形成机制，公布了 2019 年光伏发电上网电价政策。该通知提出，将集中式光伏电站标杆上网电价改为指导价。

为了顺应新能源电力“平价上网”的大势，2019 年 5 月 30 日，国家能源局发布《关于 2019 年风电、光伏发电项目建设有关事项的通知》，要求在积极推进平价上网项目建设的同时，各省级能源主管部门分别按风电和光伏发电项目竞争配置工作方案确定落实可平价上网项目。

这一政策对于推进我国风电、光伏电迅速进入无补贴平价上网交易阶段具有重大支持作用。同时也标志着我国风电、光伏发电开始进入“平价上网”的时代。

2. 生物天然气产业化的发展机遇

2019 年 12 月 19 日，国家能源局等部门联合印发了《关于促进生物天然气产业化发展的指导意见》。生物天然气是以秸秆、畜禽粪、农副产品加工废水等有机废弃物为原料，经厌氧发酵和净化提纯产生的绿色低碳清洁可再生的天然气。生物天然气不仅有一般新能源的环保特点，还对振兴乡村经济有重要作用。该指导意见提出的生物天然气发展目标，是到 2025 年生物天然气年产量超过 100 亿立方米，到 2030 年超过 200 亿立方米。该指导意见把生物天然气作为战略性新兴产业，而这一行业也将迎来新的发展机遇。

3. 可再生能源配额制政策正式落地

2019 年 5 月 15 日，国家发改委、国家能源局联合印发《关于建立健全可再生能源电力消纳保障机制的通知》。该通知总的目的是加快构建我国清洁低碳的能源体系。该通知规定国务院能源主管部门按省级行政区域确定消纳责任权重，包括总量消纳责任权重和非水电消纳责任权重，对以上两类权重，分别按年度设定最低消纳责任权重和激励性消纳责任权重。需要注意的是，电网企业承担经营区消纳责任权重实施的组织责任，售电企业和电力用户也协同承担责任。

（五）能源行业深入推进依法治理

2019 年 1 月 18 日，国家能源局发布了《能源行业深入推进依法治理工作的实施意见》（以下简称《实施意见》）。《实施意见》对推进能源行业依法治理的工作目标、主要任务、保障措施等予以统筹安排，涵盖了能源立法、普法、执法、行政复议和行政应诉、“放管服”改革等能源依法治理各个方面内容。《实施意见》的核心是“依法治理”，特别提出要“畅通权利救济渠道”和“建立案件反应机制”，对潜在的法律风险跟踪分析、及时疏导，争取将矛盾在内部化解。

三、典型案例

（一）煤炭领域

【案例 1】新疆龙煤能源有限责任公司（以下简称龙煤公司）、郑某平股权转让纠纷上诉案[①]

【基本案情】

龙煤公司与郑某平于 2010 年 3 月签订《股权转让协议》，约定：郑某平向龙煤公司转让其持有的新疆恒润泰商贸有限公司（以下简称恒润泰公司）51% 的股权。恒润泰公司持有乌鲁木齐市辖区内一处煤矿的探矿权。付款方式为：龙煤公司在协议签订后 3 日内向郑某平支付定金，在收到定金后 10 日内双方办理股东变更登记及法定代表人变更登记，并将公司各类证照、公章等资料移交龙煤公司指定人员，变更登记手续办理完毕后 3 日内龙煤公司支付全部转让余款，先期支付的定金自动转为转让款。协议签订后，双方当事人办理了股东工商变更登记和法定代表人变更登记。

① 新疆龙煤能源有限责任公司、郑某平股权转让纠纷二审民事判决书，（2017）最高法民终 672 号，载中国裁判文书网，http://wenshu.court.gov.cn/website/wenshu/181107ANFZ0BXSK4/index.html?docId=a8b59a5567e243e8aeeaab1900c1be5b，访问时间：2020 年 1 月 19 日。

2010年7月，由于乌鲁木齐市城市规划，要求将煤矿逐步退出，乌鲁木齐市辖区内新建煤矿不予批准。勘探区位于辖区内，龙煤公司召开会议研究探矿权转让事宜。2010年8月4日，乌鲁木齐市人民政府办公厅作出《督查通知》对风景区范围内的各类矿场进行清理整顿，停止开展各类开采行为。之后几年，政策逐渐收紧。2017年3月，新疆维吾尔自治区发展和改革委员会要求龙煤公司逐步实施减产、关停。

郑某平向一审人民法院提出的核心诉请为：龙煤公司支付欠付的股权转让款；龙煤公司向一审法院提出的反诉核心诉请为：解除其与郑某平签订的《股权转让协议》以及郑某平返还其已支付的股权转让价款。

一审法院判决龙煤公司败诉，龙煤公司向最高人民法院（以下简称最高院）提起上诉。

【争议焦点】

笔者认为，本案中的两个核心争议焦点为：（1）《股权转让协议》的性质、效力如何认定问题；（2）《股权转让协议》是否应当解除。

【裁判观点】

最高院经二审认为：

1.《股权转让协议》的性质。从《股权转让协议》的内容来看，协议记载郑某平拟向龙煤公司转让其持有的恒润泰公司的股权，就股权转让给龙煤公司一事达成一致协议，此部分是对该协议签订目的的表述。从该协议条款的安排来看，对股权转让方、受让方、目标公司、目标股权、转让价款、股权转让完成进行了定义与释义，对股权转让标的、股权转让价款及支付、股权转让的交割事项、股权转让前目标公司的债务处理、违约责任等进行了详细约定。从条款的具体内容看，该协议记载“本协议转让标的为甲方（郑某平）所持有的目标公司的股权”，转让标的为股权并非探矿权。

2.《股权转让协议》是否有效。龙煤公司上诉主张案涉矿区位于风景名胜区以及国家森林公园内，勘查开采案涉煤矿违反了《中华人民共和国环境保护法》《风景名胜区条例》的强制性规定，依据《最高人民法院关于审理矿业权纠纷案件适用法律若干问题的解释》的规定，应认定《股权转让协议》无效。如前所述，《股权转让协议》是股权转让的合同，而非探矿权转让的合同。上述法律法规禁止的是勘查开采矿产资源的行为，而非股权转让行为。目标公司之后的探矿、开采行为可能违反禁止性规定，但股权转让行为本身并不违反法律、行政法规的规定。龙煤公司上诉主张适用上述法律的观点不成立，法院不予支持。

3.《股权转让协议》是否应当解除。龙煤公司签订协议的目的是通过股权转让的方式实际控股恒润泰公司，通过控股优势影响恒润泰公司的经营、决策，从而实现其股东权益。探矿权作为恒润泰公司的主要财产，之后探矿权转为采矿权是公司运营产生利益的主要来源。也正是基于此，龙煤公司将探矿权行使过程中发生的政策变化，作为股权转让合同目的不能实现的理由，主张适用《最高人民法院关于适用〈中华人民共和国合同法〉若干问题的解释（二）》第26条情势变更的规定，要求解除合同。

对此最高院认为：首先，该第26条是当合同原有利益平衡因无法预见的客观情况发生后导致不公正的结果，造成不公平的状态存在，为调整这种状态施以的法律救济。该条情势变更针对的是合同成立的基础环境发生了异常的变动，所造成的风险属于意外的风险。本案中，案涉矿区位于风景名胜区内，自2006年12月1日起施行的《风景名胜区条例》第26条规定："在风景名胜区内禁止进行下列活动：（一）开山、采石、开矿、开荒、修坟立碑等破坏景观、植被和地形地貌的活动……"龙煤公司在庭审中亦称"国家禁止在风景区采矿，当时新疆的政策把握得较为宽松，取得探矿权证始终是在禁区范围内"。龙煤公司作为矿产企业，在《股权转让协议》签订时对于案涉矿区位于风景名胜区内应当知晓，对当地的政策变化应当预见，政策的逐步收紧不属于不可抗力，龙煤公司请求解除合同不符合《中华人民共和国合同法》第94条规定的合同法定解除的条件。

最高院认为原审判决认定事实清楚，适用法律正确，应予维持。

【纠纷观察】

最高院在本案中以实例对《最高人民法院关于适用〈中华人民共和国合同法〉若干问题的解释（二）》第26条中规定的非不可抗力的"客观情势变更"作出了更为具体的澄清。

笔者对此归纳为：（1）情势变更原则适用的前提是合同订立后客观情况发生了当事人在订立合同时无法预见的、非不可抗力造成的，不属于正常的商业风险的重大变化。风景区不能探矿采矿的法规政策是双方在签订合同时已知的政策，不属于无法预见情形。（2）政府对已颁布政策的实施（当事人表述"逐步收紧"）属正常情势发展，不属于客观情况重大变化。（3）政府对政策的实施与否及对业务的影响应属于商业风险，应为当事人在签署股权转让合同时需综合考虑评估的内容。

另外，当事人对于股权与矿权的异同未能理解透彻。如前所述，《股权转让协议》约定的是股权转让行为，并非规定探矿权转让，亦未将探矿权能否继续维持作为股权转让的条件。虽然法律法规禁止了在该地区勘查开采矿产资源的行为，但法律并未禁止股权转让行为。因此《股权转让协议》对合同双方仍然具有约束力。

最高院在本案中对上述问题的澄清对其他诉讼及仲裁案件均具有普适意义及很高的参考价值。

（二）光伏发电领域

【案例2】申请人A新能源科技有限公司与被申请人B新能源科技有限公司争议仲裁案

【基本案情】

申请人A新能源科技有限公司与被申请人B新能源科技有限公司于2015年12月签订《S省Y市C镇150MWp农光互补光伏发电项目一期50MWp项目服务协议》约定，被申请人委托申请人就该项目提供专项技术服务，由被申请人支付相应的技术服务费，申请人确保项目按被申请人需求取得备案手续、电力接入许可及项目用地手续并保证所有项目相关手续。支付金额按照实际获批的备案指标乘以每瓦电价的单价进行计算。通过双方合作，被申请人于2015年取得5兆瓦的指标，于2016年取得20兆瓦的指标。双方同意2015年的每瓦电价为0.6元，2016年的每瓦电价为0.55元。

技术服务费分五次支付，每次支付总价款的20%，付款节点分别为：（1）申请人以被申请人名义签订或取得项目土地租赁合同及T市国土局出具的建设用地预审意见、T市国土局及农业局对项目农光互补方案认可的书面文件、项目取得T市发改委备案文件及向S省发改委保送备案指标的上行文以及项目取得供电公司原则同意接入电网的回复；（2）申请人以被申请人名义取得电力公司同意电力接入批复意见；（3）申请人以被申请人名义取得S省发改委的备案指标；（4）申请人以被申请人名义取得并办理完成项目全部手续；（5）项目全部并网发电且无障碍运行240小时。被申请人于2016年10月开工建设，之后C镇人民政府《关于加快光伏小镇项目农业大棚设施建设的通知》显示，到2017年2月27日，光伏板基础桩已基本完工，已经开始安装光伏板，项目没有动工建设农业大棚设施；并限期要求进行农业大棚建设。之后在被申请人未能按期完成农业大棚建设后，Y市国土局责令被申请人在30天内拆除在非法占用土地上的光伏板，即未按照农光互补方案施工的光伏板构成了对土地的非法占用，并对被申请人征收高额罚款，被申请人并因此产生拆除建筑物损失的额外费用。项目之后于2017年3月10日全面停工。被申请人已向申请人支付第一个和第三个节点技术服务费，尚未支付

第二个节点技术服务费。

申请人向北仲提起仲裁，核心请求为被申请人向申请人支付第二个节点技术服务费及违约金。被申请人答辩核心观点为申请人未按照合同约定及时为项目取得 50MWp 的备案指标并且未给项目取得合法用地及环评手续，造成项目被当地政府叫停、罚款及要求拆除。

【争议焦点】

笔者认为本案有两个核心争议焦点：（1）申请人是否应承担违约责任；（2）申请人是否应赔偿被申请人主张的损失。

【裁判观点】

1. 关于申请人是否应承担违约责任，仲裁庭认为，项目服务合同在履约过程中依赖申请人和被申请人双方互动并且较多受制于行政部门等第三方行为。本案中申请人有迟延完成备案指标、土地等相关服务手续文件的违约行为，应承担一定的违约责任。但仲裁庭同时认为，造成本案项目无法继续推进的根本原因在于被申请人违反农光互补方案施工，在没有完成农业设施建设的情况下开展光伏设备施工，且在收到政府整改通知后，未能依政府要求按期完成农业大棚建设导致了项目用地未能符合农业用地规定的用途的情况，且结合本案工程周期而言，申请人的前述违约行为并不必然导致本案合同之目的无法实现。

2. 关于申请人是否应赔偿被申请人主张的损失，仲裁庭审理意见为，申请人履行本案合同时存在迟延履约行为，应承担相应的违约责任。但该行为与被申请人违法施工遭受行政处罚并产生相应损失，是可以分离、不具有必然因果关系的不同事件，被申请人要求申请人就该行政处罚和损失相应赔偿的主张不能成立。

【纠纷观察】

本案中光伏项目与其他光伏项目相比，具有一定的共性及特性。共性在于均涉及电力公司的接入、发改委审批指标及备案等行政审批环节。特性在于本项目利用了国家农光互补、光伏发电政策，使用了农业用地。国家对于农耕地用途管理严格，原则上只能用于农业生产。因此，光伏电力站的建设必须与农业大棚的建设紧密管理。被申请人未能及时完成作为项目农业相关的设施建设，即贸然开始进行光伏板基桩建设及光伏板的安装，使相关政府部门认定项目改变了土地须用于农业生产的用途，给项目造成了被叫停、罚款及拆除等不幸的结果。特别是对于能源项目而言，政府监管的领域及范围较一般的工程施工多，项目的推进有赖于双方当事人依据各自的职权和能力分别履行监管下的不同的责任。本案中，双方当事人均因为各自原因使得政府审批迟延或是受到行政处罚，那么如何确认双方的责任，本案仲裁庭的裁决遵循了因果关系原则，根据违约行为所产生的结果来区分双方当事人的责任。这样的裁决思路不仅能够合理地划分双方的责任，做到权责明晰，也有助于当事人厘清相互之间的法律关系。对于当事人而言，在项目中应该注重相互配合，严格履行自身的合同责任，如若出现对方当事人违约的情形，仍然应当注重风险管理，做好相应的应对。具体到本案而言，可以设想，如申请人与被申请人能够在项目进展过程中及时与相关政府部门沟通项目计划，在审批手续、农业大棚建设与光伏板基桩建设及安装进度上进行很好的调度及匹配，应能避免造成项目产生巨大损失并且最终停工、无法继续的不幸后果。

（三）综合节能领域

【案例3】申请人节能服务A公司与被申请人会展B公司争议仲裁案

【基本案情】

申请人节能服务A公司与被申请人会展B公司于2017年4月签订《能源管理节能服务合同》，约定：在整个协议期间5年5个月中，由被申请人就某能源项目委托申请人进行节能托管，由申请人负责对被申请人原有设备进行节能改造。托管期间，被申请人和申请人分别按照25%和75%的比例分享项目节能效益。双方约定：自2017年4月起，双方按月进行节能率计算并按实际节能率进行节能效益分享，当节能率首次达到20%之后，被申请人每月向申请人支付一笔固定数额的节能服务费。年终汇总时若实际节能率高于保底节能率，则被申请人应向申请人支付剩余申请人应分享的节能效益；若实际节能率低于保底节能率，则申请人向被申请人退还多收取的节能服务费。双方约定，若被申请人迟延履行付款义务达30日时，申请人有权书面通知被申请人解除本合同并拆除、取回相关设备。因被申请人主观原因或过错导致合同解除的，被申请人应按每月固定费用金额向申请人支付合同剩余期限内应支付的各期节能服务费作为合同解除违约金。被申请人自2018年4月起未支付节能服务费，理由为申请人之前制定的节能检测机制和测算目标不合理。申请人于2019年3月书面告知被申请人解除合同并要求支付拖欠款项及违约金等。

申请人向北仲提起仲裁，核心请求为被申请人向申请人支付合同解除违约金。

【争议焦点】

笔者认为本案核心争议焦点为被申请人是否需要向申请人支付合同解除违约

金及数额。

【裁判观点】

对于申请人主张依据合同约定由被申请人支付解除合同违约金，被申请人辩称申请人未能举证证明因合同终止使申请人产生额外损失。仲裁庭审理意见为，相关证据材料显示合同执行的前 20 个月期间，被申请人认可申请人节能服务产生了节能效益，也按照合同约定支付了申请人应分享的节能效益款项。因此充分显示出合同终止会对申请人带来因失去节能效益分享所致经济损失。参考本案合同双方依约执行期间被申请人认可申请人应分享的节能效益收入，仲裁庭认为合同约定的合同解除违约金数额具有一定的合理性。综合考虑该约定以及合同履行过程中各月节能率存在一定浮动的情况，并且合同提前终止后申请人不再需要继续提供服务因而成本费用会有所降低的因素，并参照《最高人民法院关于适用〈中华人民共和国合同法〉若干问题的解释（二）》第 29 条相关规定，仲裁庭酌定支持了申请人主张的合同解除违约金的大部分数额。

【纠纷观察】

合同履行期间，被申请人认为申请人在合同中设定的节能方案不合理，但亦未能举证证明同行业中合理的节能方案以及签署合同前为何未能完成此评估工作。另外，依据双方在合同中设定的机制，被申请人已经就合同期内前 20 个月如约支付了节能服务费，不仅体现了被申请人在该段时期内对服务的认可，亦体现了合同中的节能指标已经实现。因此容易形成仲裁庭对申请人的违约赔偿的主张予以支持。

合同能源管理对赌机制是一种以节省的能源费用与服务公司分成的投资及商业模式。使用这种机制，用能单位及节能服务公司均需要对于节能指标及方案有清醒的认识，才不至于使得合同设定的核算机制显失公平。

（四）国际油气工程领域

【案例 4】申请人 A 石油公司与被申请人 B 工程公司争议仲裁案

【基本案情】

被申请人 B 工程公司承包了海外天然气储库的施工项目，并将其中钻井工程分包给了申请人 A 石油公司。并在 2012 年签署了《钻井工程施工承包合同》，由 A 石油公司负责 12 口井的施工。2015 年 10 月，在其中 1A 井施工过程中，出现了 8m^3 泥浆漏失问题，后该井持续涌出大量二氧化碳导致该井不能形成储气溶腔而无法通过验收，其他剩余 11 口井均已完工并通过了验收，由被申请人签发了付款里程碑证书。但就 1A 井问题，各方无法达成一致。随后申请人向北仲提起仲裁要求支付全部剩余工程款。被申请人认为，由于业主方认为，造成二氧化碳涌出系因申请人在施工过程中出现失误，引起泥浆漏失，进而导致二氧化碳涌出，使得被申请人面临业主方巨额的索赔风险，因而付款条件无法成就。申请人则认为造成 1A 井二氧化碳涌出，系由于地质原因造成，并非前述申请人事故造成，且被申请人在与业主就该事项召开的会议上也认可了系地质原因造成，因此付款条件已经成就。

【争议焦点】

笔者认为，本案的核心争议焦点在于：（1）在业主与被申请人之间未就二氧化碳涌出事故得出一致结论的情况下，本案仲裁庭是否可以径行就事故问题进行审理并作出判断；（2）在 1A 井未能通过验收的情况下，被申请人是否有权拒绝支付全部款项。

【裁判观点】

针对第一个争议焦点，仲裁庭认为，本案项目所涉各方主体，基于不同地位、站在各自角度，针对泥浆漏失所各自坚持的分析观点和权益主张，均有其相应合理性。 鉴于本案争议背景的特殊性，申请人以被申请人曾经坚持向业主主张发生泥浆漏失系由于地质原因引发，进而推导出被申请人实质认可排除了申请人可能承担的相关责任，显然不符合本案实际、不合乎基本情理。被申请人希望“发生 $8m^3$ 泥浆漏失系由于地质原因引发”的结论得到业主接受认可，是基于双方当事人共同利益下的积极作为，但不应该简单以此认定被申请人认可了泥浆漏失系由于地质原因的结论。业主至今仍明确表示拒绝接受 1A 井的问题是由于地质原因造成的，认为 1A 井关于技术方面的论证和调查还没有结束，应当继续进行。仲裁庭认为，申请人尽管也努力配合被申请人进行了理论分析和成因论证工作，但未能促使业主接受，各方也未能达成一致的结论性意见。按照合同约定，申请人的分析论证工作需进一步深入进行，以最终证明发生该漏失与 1A 井不能形成储气溶腔的结果之间是否有牵连。基于现有案件材料，仲裁庭目前也不能作出判断。 申请人需就此继续履行其相关合同义务。

针对第二个争议焦点，本案合同范围内的 12 口井钻井实施过程中，各单井的实施情况可以各自独立评估，特别是 1A 井更明显区别于其他 11 口井，虽然双方实际履行过程中，工程款结算支付是概括进行的，但通过现有证据材料可以确定工程款数额、保留金数额以及归属于 1A 井的款项单独部分。鉴于目前 1A 井发生的泥浆漏失与其无法形成储气溶腔的因果关系仍然有待于被申请人与业主之间的确定，而被申请人与业主之间开展后续事项，包括展开诉讼或是仲裁，均离不开申请人的协助，因此仲裁庭认定被申请人应当向申请人支付其余 11 口井的款项，而对于 1A 井的款项的请求则暂不予以支持。

【纠纷观察】

本案属于中国企业在“走出去”的过程中，参与国际油气开发工程中比较典型的发生事故后责任的承担问题。本案中，地下天然气储库存在大量地下隐蔽工程，而且由于油气工程本身不仅实施技术难度高，通常还会涉及复杂的地质地理条件，特别是有一些地质条件在开工之前并无法完全确认，在此情况下一旦发生事故，那么在判定质量事故原因上，将首先面临着较大的技术方面的困难，这也就容易引起各方之间的争议；特别是对于本案中境外的工程，受制于各方面条件，在调查取证和质量鉴定等方面的难度，也往往大大高于国内工程。这些特点均在很大程度上为争议工作带来挑战，同样这也对于中国油气企业的风险管理、资料管理及合规管理都提出了极高的要求。

此外，在确定质量责任的过程中，总承包商常常面临上下游合同不同主张的困境：在上游总承包合同中，总承包商通常向业主主张质量缺陷并非由总承包商原因导致，但该主张在下游分包合同中，可能被分包商作为免责的依据。在这种情形下，总承包商在向业主提出相关主张时，需要充分评估其在分包合同中的立场，例如通过事先签订非弃权声明等方式，以保持对分包商追偿的权利。

四、热点问题观察

2019 年能源领域比较热点的讨论话题有以下两项：

1. 关于矿权出让协议的属性

围绕 2019 年 11 月 27 日发布的《最高人民法院关于审理行政协议案件若干问题的规定》（以下简称《解释》）。该解释第 2 条就矿业权等国有自然资源使用权出让协议（以下简称矿权协议）属于行政协议作出了明确的规定。在《解释》出台之前，就矿权协议属于行政协议还是民事合同，学术界就一直存在不同的观点。《解释》将矿业权等国有自然资源使用权出让协议清晰规定为行政协议，主导这一意见的学术看法[①]为行政协议包括四个要素：一是主体要素，即一方当事人必须为

① 黄永维等：《行政协议司法解释的若干重要制度创新》，载《法律适用》2020 年第 1 期。

行政机关；二是目的要素，即必须是为了实现行政管理或者公共服务目标；三是内容要素，即协议内容必须具有行政法上的权利义务内容；四是意思要素，即协议双方当事人必须协商一致。

但民法学界学者对《解释》的观点并不完全赞同。他们认为按照物权法定的原则，矿业权应属于民事权利。此观点的主要理由为：由于矿权协议需要民事主体之间的协商，属于民事法律关系形成的一个主要特征，所以矿权协议产生的争议应属于民事争议。王利明教授认为，虽然《解释》第2条对行政协议的类型进行了具体列举，对于实践中认定行政协议的范围具有重要的指导意义，但是从《解释》的具体规定来看，其对行政协议概念的界定并不清晰。所列举的行政协议的范围也较为宽泛，这将使许多本应纳入民事合同范围的协议被纳入行政协议的范畴。[①] 王利明教授进一步分析，"主体标准"和"目的标准"不应是判断是否为行政协议的认定标准，从而，其认为《解释》第2条所列举的矿权协议应属于民事协议，而非行政协议。

笔者倾向于同意矿权协议应属民事协议这种观点。虽然矿权协议是政府部门与公司等民事主体签署的，并且包含一定的满足社会公共利益的目的成分，但由此将矿权协议直接认定为行政协议失之偏颇。矿权协议中包含着相当多的民事协议要素，例如双方权利义务、出让费用、违约金等，并且矿权的申请和获得也是通过出让及受让双方主观自愿，经过招投标及合同签署等复杂程序才能完成的活动。在整个过程中，双方民事合意属性和色彩贯穿始终。仅强调出让协议的一方主体为政府部门，难免落入以偏概全的窠臼。

2. 资源税法的出台

2019年8月26日，全国人民代表大会常务委员会表决通过了《中华人民共和国资源税法》（以下简称《资源税法》）。相较于现有法律，《资源税法》主要有三个新变化：（1）简并了征收期限，有利于减轻办税负担；（2）规范了税目税率，有利于简化纳税申报；（3）强化了部门协同，有利于维护纳税人权益。

《资源税法》对能源行业有着重要和深远的影响。它对煤、原油和天然气等重要基础能源产品的税率作出了明确的规定。同时，为保持灵活性也规定了许多免征和减征的情形。例如，煤炭开采企业因安全生产需要抽采的煤成（层）气，免征资源税；并对低丰度油气田、高含硫天然气、深水油气田等减征资源税。《资源

---

① 王利明：《论行政协议的范围——兼评〈关于审理行政协议案件若干问题的规定〉第1条、第2条》，载《环球法律评论》2020年第1期。

税法》还特意关注了之前依法订立的中外合作开采陆上、海上石油资源合同。其第 15 条规定 2011 年 11 月 1 日前已依法订立中外合作开采陆上、海上石油资源合同的，在该合同有效期内，允许继续依照国家有关规定缴纳矿区使用费，不缴纳资源税；合同期满后，依法缴纳资源税。此外，《资源税法》确立“资源税一般实行从价计征”规则，该举措可切实促进环境保护税、环境责任险等环境政策工具的协调配合及功能互补，对于建立健全规范公平、调控合理、征管高效的资源税制，发挥资源税促进资源节约集约利用和生态环境保护功能作用具有深远影响。[①]

除了以上积极方面，亦有学者提出了一些值得探讨的意见。例如有关有些特定资源如砂石材料，有学者认为由于各省资源分配不均、地域差异较大，开采范围、开采条件、开采成本都不同，《资源税法》也授权地方结合实际情况自行调整某些资源的具体适用税率。因此在各地决定具体税率前，难以判断具体纳税主体的税负将增加还是减少。[②]

同时，《资源税法》中许多条款还有待进一步细化，相关纳税主体应密切关注后续配套征管办法和措施。而资源税征管工作专业性、技术性强，税务机关与自然资源部门的配合是税收征管面临的现实挑战，两部门之间的涉税信息共享及工作配合需要磨合和完善。[③] 还需要注意的是，鉴于目前资源税已经立法，国家立法机关和主管部门可能需要研究矿产资源补偿费和资源税的关系，这可能涉及矿产资源补偿费与资源税合并的问题。

五、结语与展望

2019 年是能源行业继续贯彻国家“十三五”规划深化落实的一年，能源结构转型落地已成规模。油气勘探开发增储上产态势良好，煤炭结构性降产能继续稳步进展，新能源发展迅速，能源数字化助力成效显著。某些“十三五”规划前几年尚未完成目标的地区和单位进入最后冲刺阶段，例如浙江省在连续两年未完成能源消费总量控制目标的情况下，出台了“进一步加强能源双控推动高质量发展

---

① 《从价计征有利于发挥资源税功能》，载中国税务网，http://www.ctax.org.cn/csyw/201711/t20171128_1068731.shtml，访问时间：2020 年 3 月 23 日。

② 《资源税法来了！砂石资源税变化巨大，砂石价格或将回落？》，载工保网，https://baijiahao.baidu.com/s?id=1644265673837049500&wfr=spider&for=pc，访问时间：2020 年 3 月 8 日。

③ 《〈资源税法〉之新法解读》，载搜狐网，https://www.sohu.com/a/337915138_99904063，访问时间：2020 年 3 月 23 日。

实施方案”[①]。

在法治建设方面，2019年能源行业各领域政策加强精细化管理，在天然气管网运行机制、公平开放监管办法、重大项目规划管理、加大外资领域开放、规范电力现货市场、推动风电、光伏等新能源平价上网等方面硕果累累。这些规定或政策的出台都将极大促进能源行业的公开化、主体多元化及市场化。

在能源行业纠纷解决实践中，裁判机关对于天然气特许使用权、探矿权与探矿主体股权的异同、用电价格构成、用能公司与节能服务商之间的对赌等专业问题作出了司法层面的认定。随着类似案例的增加以及学术的探讨及研究，有些目前仍然模糊的认识也会得到不断的澄清，也会在理论界及实务界达成更多的共识。

放眼国际层面，习近平主席所提出的“一带一路”倡议已经从理念转化为行动，从愿景转变为现实，并不断纵深发展。在落实和推进“一带一路”建设过程中，能源行业的商事主体难免会遇到一系列法律纠纷，仲裁基于独特优势将不断发挥及彰显在争议解决领域中的巨大作用。在这个过程中，中国的仲裁机构也将越来越国际化，不断提升公信力和国际影响力。

我们相信，2020年立法、司法及仲裁实践一定会继续大有作为，顺应能源领域发展态势，支持能源战略“十三五”规划最后冲刺完成目标，为“一带一路”纵深发展保驾护航。

---

① 李凯、张英魁:《我国节能市场发展现状与趋势》，载《中国能源》2019年第12期。

中国投资争议解决年度观察（2020）

鲍　治　李海峰　魏一南[①]

一、概　述

2019 年是中国经济环境面临重大挑战的一年。为应对挑战，中国政府坚持进一步扩大开放，推动以市场化为导向的各项改革，推出了一系列稳定投资、扩大开放的具体措施。在投资领域，建立新型外商投资法律体系，完成证券法第二次大幅度修订，以及最高人民法院（以下简称最高院）及时颁布相关司法解释及指导意义，形成了 2019 年的立法亮点。

伴随着经济下行，与投资有关的争议案件数量呈现出明显的攀升态势。以北京仲裁委员会 / 北京国际仲裁中心（以下简称北仲）2019 年度案件统计数据为例，在案件数量及标的总额显著增长的同时，“投资金融合同类案件”分别位居受案数量和增长比例之首位。

根据笔者对北仲等机构于 2019 年度处理的投资争议案件的观察，本年度的投资争议案件的类型分布体现出以下特点：其一，目标公司或创始人团队违反陈述与保证、投资者不履行投资义务、投资后公司治理纠纷类案件仍然是较为典型的投资纠纷类型；其二，投资者主张履行对赌义务的案件数量持续上升；其三，目标公司或投资者要求解除相关投资合同并赔偿损失的纠纷数量亦占据了相当的比重。

究其原因，笔者认为，可能涉及如下因素：首先，从目标公司角度，我国内外部宏观经济环境挑战，企业面临流动资金短缺、融资困境、经营增长不及预期的压力，进而导致其难以按照投资合同如期或充分履行合同义务。其次，从投资

---

① 鲍治，北京市奋迅律师事务所合伙人。李海峰，北京市奋迅律师事务所合伙人。魏一南，北京市奋迅律师事务所律师。

者角度，经济下行导致投资者对于目标公司的发展预期发生改变，促使有些投资者采取审慎投资，甚至不惜违约以实现“止损”目的。此外，在盈利预期落空的情形下，有些投资者对于目标公司或创始人团队的非主观违约行为的容忍度降低，更倾向于诉讼、仲裁的方式而非和解、谈判的方式处理双方矛盾。最后，有些法律意识不强的当事人为追求效率、节约成本，其签署的投资合同存在严重的条款瑕疵，这在一定程度上也促使了投资纠纷的产生。

在下文中，笔者拟对2019年度与投资相关的重要立法及市场关注的争议案件[①]进行梳理和总结，提出自己的理解与分析，并试图对市场形势作出研判。

二、新出台的法律法规或其他规范性文件

根据笔者观察，坚持“改革”与“开放”是2019年度投资立法的主题。全国人大、国务院、最高院、相关部委及地方政府采取了一系列立法努力，以优化投资环境，提振投资信心和稳定投资预期。

（一）新型外商投资法律体系建立

2019年3月15日，全国人大通过了《中华人民共和国外商投资法》（以下简称《外商投资法》）。《外商投资法》确立了中国对外商投资实施准入前国民待遇加负面清单的新型外商投资法律制度，是我国外商投资领域新的基础性法律。[②]2019年12月26日，国务院公布了《中华人民共和国外商投资法实施条例》（以下简称《实施条例》），对《外商投资法》的投资保护、投资促进、投资管理等原则性规定，提出了具体操作规则。[③]此外，商务部、国家市场监督管理总局、国家发展与改革委员会、外汇管理局等部门亦先后发布了涉及《外商投资准入特别管理措施（负面清单）（2019年版）》、外商投资信息报告制度、外商投资企业注册登记管理等方面的配套部门规章及规范性文件。最高院亦公布了《最高人民法院关于适用〈中

① 本文仅涉及与投资活动有关的民商事争议（private investment disputes），不涉及国际法意义上的与投资条约有关的争议（investment-treaty related disputes）。

② 关于《外商投资法》的基本内容，笔者在上一年度的观察报告中已做阐述，故本文不予赘述。

③ 在细化相关法律规则的同时，《实施条例》对一些市场关注且存在争议的问题，例如，VIE架构问题、返程投资问题等，予以“留白”处理。业界普遍认为，这充分显示了立法机构在当前国内外复杂形势下对于敏感问题所采取的谨慎态度。

华人民共和国外商投资法〉若干问题的解释》（法释〔2019〕20 号）。《外商投资法》以及上述配套规定于 2020 年 1 月 1 日起一并施行，此前的“外资三法”及其配套规定于同日废止。

《外商投资法》及其配套规定构造了新型的外商投资管理体系。一是商务部门不再负责外商投资的审批及备案工作。二是外商投资的准入审查改由企业登记部门会同行业主管部门负责。三是外国投资者及外商投资企业应履行相关信息报告义务。

对于外国投资者尤为关注的投资保护问题，《实施条例》等配套规定做了细化规定。例如，配套规定进一步明确，在特殊情况下国家为了公共利益的需要对外国投资者的投资实行征收的，应当依照法定程序、以非歧视性的方式进行，并按照被征收投资的市场价值及时给予补偿。外国投资者对征收决定不服的，可以依法申请行政复议或者提起行政诉讼。

对于涉及外商投资的合同争议解决，特别是合同效力的确定问题，《最高人民法院关于适用〈中华人民共和国外商投资法〉若干问题的解释》进行了规定。上述司法解释在依法维护和保障外资管理秩序的前提下，“尽可能促进投资合同有效，最大限度保障投资者的合法权益”[①]，体现了中国法院鼓励促进保障投资交易的态度。

虽然一些部门规章及规范性文件仍在清理过程中，但业界普遍认为，以《实施条例》的颁布为标志，中国对于外商投资的新法律体系已构建完成。

（二）证券法完成了第二次大幅度修订

由于资本市场与股权投资活动存在密不可分的关系，投资者实施股权投资时，亦高度关注资本市场的立法动态。2019 年 12 月 28 日，全国人大常委会通过了新修订的《中华人民共和国证券法》（以下简称新《证券法》），新法于 2020 年 3 月 1 日起施行。继 2005 年第一次修订后，本次证券法完成了第二次大幅度修改，完善了证券市场基础制度，体现了市场化、法治化、国际化方向，并作出了一系列制度创新：

一是全面推行证券发行注册制度。新《证券法》按照全面推行注册制的基本定位，对证券发行制度做了系统修改完善。

---

① 参见最高院关于《外商投资法司法解释》《“一带一路”意见二》《新片区意见》新闻发布会（2019 年 12 月 27 日（星期五）上午）上最高院副院长罗东川的上述发言，载最高人民法院网站，http://www.court.gov.cn/zixun-xiangqing-212951.html。

二是显著提高证券违法违规成本，大幅提高对证券违法行为的处罚力度。

三是完善投资者保护制度。

四是进一步强化信息披露要求。新《证券法》设专章规定信息披露制度，系统完善了信息披露制度。

五是完善证券交易制度。

六是放松管制，取消不必要的行政许可。

七是强化中介机构的法律责任。

八是建立健全多层次资本市场体系。

九是强化监管执法和风险防控。

十是扩大证券法的适用范围。

此外，此次证券法修订还对上市公司收购制度、证券公司业务管理制度、证券登记结算制度、跨境监管协作制度等作了完善。业界普遍认为，新《证券法》为防控市场风险，提高上市公司质量，维护投资者合法权益，促进证券市场功能，提供了对应的法律制度保障，具有深远意义。

（三）最高院发布《全国法院民商事审判工作会议纪要》（法〔2019〕254 号，以下简称《九民纪要》），对投资有关的热点争议问题提出指导意见

2019 年 11 月 14 日，最高院发布了《九民纪要》，该纪要对在司法实践中争议比较大、迫切需要统一裁判尺度的 12 个问题进行了回应，共计 130 条，涉及公司、合同、担保、金融（包括金融消费者保护、证券、信托、保险、票据）、破产等民商事审判的绝大部分领域。与《最高人民法院关于适用〈中华人民共和国外商投资法〉若干问题的解释》[①] 相比，《九民纪要》虽然不是具有司法拘束力的法律文件，[②] 不能直接作为裁判依据，但其内容的深度与广度远超过前述司法解释。业界普遍认为，该纪要对统一裁判思路，增强民商事审判的公开性、透明度以及可

① 该《解释》是最高人民法院根据全国人民代表大会及其常委会通过宪法和法律授予的解释权在审判工作中就适用《外商投资法》普遍存在的问题作出的抽象性、规范性解释，属于“授权性”解释。尽管该《解释》的篇幅较短，共计仅有 7 条，但其自身作为有司法约束力的官方解释，是中国各级法院及法官办案的直接依据。

② 《九民纪要》明确规定：其自身不是司法解释，不能作为裁判依据进行援引；《九民纪要》发布后，法院尚未审结的一审、二审案件，在裁判文书“本院认为”部分具体分析法律适用的理由时，可以根据《九民纪要》的相关规定进行说理。

预期性，指引商业模式和交易设计，具有重要意义。尽管《九民纪要》对仲裁机构裁决案件亦不具有拘束力，但其对于仲裁庭分析争议焦点及法律适用亦有重要的参考意义。

《九民纪要》对"对赌协议"、股东出资加速到期、表决权限制、有限责任公司清算义务人的责任、公司人格否认、公司对外担保等争议问题统一了裁判思路：

第一，关于"对赌协议"的效力及履行。该纪要规定，投资方与目标公司签订的"对赌协议"在不存在法定无效事由的情况下，一方当事人仅以协议存在股权回购或者金钱补偿约定为由，主张协议无效的，人民法院不予支持。但当事人主张实际履行的，人民法院应当审查是否符合公司法关于"股东不得抽逃出资"或股份回购的强制性规定，判决是否支持其请求。

第二，关于股东出资应否加速到期问题。该纪要规定了两种例外情形：一是公司作为被执行人的案件，因穷尽执行措施无财产可供执行，已具备破产原因，但不申请破产的；二是在公司债务产生后，公司股东（大）会决议延长股东出资期限的。

第三，关于公司人格否认。该纪要明确，否认公司独立人格，由滥用公司法人独立地位和股东有限责任的股东对公司债务承担连带责任，只是股东有限责任的例外情形。另外，该纪要对否定公司人格的三种典型情形（人格混同、过度支配与控制、资本显著不足）的认定进行了细化。

第四，关于有限责任公司清算义务人的责任。该纪要对于《最高人民法院关于适用〈中华人民共和国公司法〉若干问题的规定（二）》第 18 条第 2 款规定的"怠于履行义务"等情形做了进一步明确。

第五，关于公司对外担保。该纪要明确，根据《中华人民共和国公司法》（以下简称《公司法》）第 16 条的规定，担保行为不是法定代表人所能单独决定的事项，必须以公司股东（大）会、董事会等公司机关的决议作为授权的基础和来源。法定代表人未经授权擅自对外提供担保的，构成越权代表，人民法院应当根据《中华人民共和国合同法》（以下简称《合同法》）第 50 条关于法定代表人越权代表的规定，区分订立合同时债权人是否善意分别认定合同效力：债权人善意的，合同有效；反之，合同无效。

此外，该纪要还对表决权能否受限、有限公司的股权变动、侵犯优先购买权的股权转让合同的效力、上市公司为他人提供担保的合同效力、债务加入准用担保规则、实际出资人显名的条件以及股东代表诉讼等问题进行了规定。

值得提示的是，除上述问题外，该纪要规定的其他问题亦与投资活动紧密相关。例如，关于合同违反公序良俗而应归于无效的适用情形，合同不成立、无效或者被撤销时的返还责任、折价补偿以及损害赔偿之间的关系等。该纪要对于这些问题的回应，对于投资者设计股权架构，开展募资活动，确定出资违约行为及其责任等具有重要指导意义。

综上，就与投资有关的立法而言，2019 年度是个成果丰硕、意义深远的立法收获年。

三、典型案例

【案例 1】2019 年“华工案”：法院对对赌协议的最新态度[①]

【基本案情】

2011 年，华工公司与扬锻公司和潘某等共同签订《增资扩股协议》，约定华工公司以现金 2,200 万元人民币对扬锻公司增资。同日，潘某等作为甲方，扬锻公司作为乙方，华工公司作为丙方就增资的有关事宜达成《补充协议》。《补充协议》约定：若乙方在 2014 年 12 月 31 日前未能在境内资本市场上市或乙方主营业务、实际控制人、董事会成员发生重大变化，丙方有权要求乙方回购丙方所持有的全部乙方的股份，乙方应以现金形式收购；乙方回购丙方所持乙方股权的价款按以下公式计算：回购股权价款 = 丙方投资额＋（丙方投资额 ×8%× 投资到公司实际月份数 /12）– 乙方累计对丙方进行的分红；甲方、乙方应在丙方书面提出回购要求之日起 30 日内完成回购股权等有关事项……；本协议生效后，乙方的违约行为导致丙方发生任何损失，甲方、乙方承担连带责任。2011 年 7 月 20 日，华工公司向扬锻公司实际缴纳新增出资 2,200 万元，其中 200 万元作为注册资本，2,000 万元列为公司资本公积金。2011 年 11 月 20 日，扬锻公司所有股东一致表决同意通过新的公司章程。

2014 年 11 月 25 日，华工公司致函扬锻公司，以《补充协议》回购条件成就为由，提出回购请求。

【争议焦点】

其一，对赌协议是否有效；其二，对赌协议是否具备履行可能性。

---

① 2019 年 4 月，江苏省高级人民法院作出（2019）苏民再 62 号判决，认可投资者与目标公司之间对赌协议的有效性。

【裁判观点】

1. 关于案涉对赌协议的效力认定。公司回购本公司股份不当然违反《公司法》的强制性规定。案涉对赌协议中关于股份回购的条款内容系各方当事人的真实意思表示。股份回购条款中关于股份回购价款约定虽为相对固定收益，但约定的年回报率为8%，与同期企业融资成本相比并不明显过高，不存在脱离目标公司正常经营下所应负担的经营成本及所能获得的经营业绩的企业正常经营规律。关于华工公司上述投资收益的约定，不存在《合同法》第52条规定的合同无效的情形，亦不属于合同法所规定的格式合同或者格式条款，不存在显失公平的问题。在案涉对赌条款激活后，扬锻公司应按照协议约定履行股份回购义务，潘某等原扬锻公司股东应承担连带责任。

2. 关于案涉对赌协议是否具备履行可能性。扬锻公司履行法定程序，支付股份回购款项，并不违反公司法的强制性规定，亦不会损害公司股东及债权人的利益。关于华工公司缴纳的冲入扬锻公司资本公积金部分的本金2,000万元及相关利息损失问题，对赌协议投资方在对赌协议中是目标公司的债权人，在对赌协议约定的股权回购情形出现时，当然有权要求公司及原股东承担相应的合同责任。在投资方投入资金后，成为目标公司的股东，但并不能因此否认其仍是公司债权人的地位。投资方基于公司股东的身份，应当遵守公司法的强制性规定，非依法定程序履行减资手续后退出，不能违法抽逃出资。而其基于公司债权人的身份，当然有权依据对赌协议的约定主张权利。《公司法》亦未禁止公司回购股东对资本公积享有的份额。案涉对赌协议无论是针对列入注册资本的注资部分还是列入资本公积金的注资部分的回购约定，均具备法律上的履行可能。

扬锻公司持续正常经营，参考华工公司在扬锻公司所占股权比例及扬锻公司历年分红情况，案涉对赌协议约定的股份回购款项的支付不会导致扬锻公司资产的减损，亦不会损害扬锻公司对其他债务人的清偿能力，不会因该义务的履行构成对其他债权人债权实现的障碍。案涉对赌协议约定的股份回购条款具备事实上的履行可能。

【纠纷观察】

对于如何判断对赌协议效力的问题，2012年，最高院作出的（2012）民提字第11号判决（以下简称海富案）引发了业界的热议。海富案反映了当时法院在对赌协议效力问题上的态度，即投资者与目标公司的股东对赌原则上会被认定为有效，但是与目标公司对赌可能被归于无效。中国虽然不属于判例法法系，但最高院的该项判决对于各地法院处理类似案件具有重要的指导意义。然而，基于业界对于该问题的深入研判，在仲裁实践中，越来越多的仲裁裁决基于契约自由与当事人意思自治原则，倾向于认可投资者与目标公司之间对赌协议有效。在某种意义上，在过去几年的争议解决实践中，在对赌协议效力认定方面，法院判决与仲裁裁决呈现出两相分离的态势。有鉴于此，有些投资者特意选择仲裁作为争议解决机制，排除法院管辖，以免司法判决对当事人事前达成的交易安排不予认可。业界普遍认为，2019 年华工案是法院在对赌协议效力认定态度上的重大转折。笔者认为，本案对于仲裁机构精细化处理对赌纠纷亦具有重要的参考意义。

需要说明的是，对于该案判决认定对于列入资本公积金的注资部分的回购约定具有法律上的履行可能问题，笔者持不同观点。我们认为，将投资款中计入资本公积的部分认定为投资者作为债权人对目标公司享有的一般债权，进而将投资者的债权人身份与股东身份二分是不妥的。对于估值调整下的股权投资而言，影响投资额的基本要素是目标公司估值和拟投股权份额，至于这些投资款如何在注册资本和资本公积间分配，是基于当时的注册资本情况进行的会计处理。我们认为，投资总额是根据目标公司总体情况确定的，不应简单以投资款所计入的科目不同，将投资款的性质作出截然不同的划分。①

【案例 2】2019 年上海金融法院就代持上市公司股权行为效力认定依据及收益分配原则展示出最新立场②

【基本案情】

杉浦系日本籍人士，与中国公民龚某是朋友关系。2005 年，经双方协商，杉浦委托龚某购买 A 公司股份 88 万股，认购价为每股 4.36 元。2005 年，杉浦分数笔向龚某支付了股份认购款 383.68 万元，龚某出具了收据。2005 年 8 月，双方签订《股份认购与托管协议》。2017 年 4 月，A 公司在上海证券交易所完成上市。此后，杉浦得知，龚某于 2005 年 8 月代为购买案涉股份所支付的实际对价款仅为 88 万元（即每股作价 1 元），远低于杉浦交付给龚某的股份认购款。2018 年 5 月，A 公司股东大会通过了《2017 年度利润分配暨资本公积金转增股本的预案》，向全体股东派发红利转增股本，因此龚某代持的股份数量增加至 123.2 万股，并获得

---

① 对于该问题，最高院民事审判第二庭亦持同样立场，见最高人民法院民事审判第二庭编著：《〈全国法院民商事审判工作会议纪要〉的理解与适用》，人民法院出版社 2019 年版，第 118—119 页。

② 2019 年 7 月，上海金融法院作出（2018）沪 74 民初 585 号判决，确认隐名代持境内上市公司股权合同无效。

2017年现金分红35.2万元。因双方为代持股份的利益发生纠纷，杉浦向法院提起诉讼，请求确认龚某名下证券账户内股份的收益权归自己所有，并要求龚某返还股份分红、股票认购差额，并赔偿相关律师费及担保费等。杉浦认为，双方签订的《股份认购与托管协议》合法有效且已实际履行，其作为实际投资人有权要求龚某支付股份收益，且龚某作为受托人向杉浦收取的股份认购款远超其实际购买金额，严重侵犯委托人利益，超出部分应予返还。龚某认为，其与杉浦之间不存在委托代理买卖股份的关系。杉浦作为外国人不得投资A股上市公司股份，双方签订的《股份认购与托管协议》自始无效，应当恢复原状。自己可返还杉浦股份认购款，A公司股份仍应由自己持有。

【争议焦点】

其一，案涉合同是否有效；其二，相应投资收益应如何分配。[①]

【裁判观点】

1.《股份认购与托管协议》的效力问题。法院认为，上市公司就其股权权属情况的如实披露义务是证券市场的基本交易规范，无论是从实体还是程序角度都应构成证券市场的公共秩序。据此，由于代持人与实际出资人间的隐名代持并未作如实披露，违背了证券市场的公共秩序，被认定为无效。

2.关于投资收益问题。法院认为，系争《股份认购与托管协议》因涉及发行人股份隐名代持而无效，根据《合同法》第58条的规定，“合同无效或者被撤销后，因该合同取得的财产，应当予以返还；不能返还或者没有必要返还的，应当折价补偿。有过错的一方应当赔偿对方因此所受到的损失，双方都有过错的，应当各自承担相应的责任”。本案中，首先，系争A公司股份应归龚某所有，龚某作为A公司股东围绕公司上市及其运营所实施的一系列行为有效；其次，本案中不存在投资亏损使得股份价值相当的投资款贬损而应适用过错赔偿的情形，故杉浦向龚某支付的投资款应予返还；最后，系争A公司股份的收益，包括因分红以及上市而发生的大幅增值，并非合同订立前的原有利益，而是合同履行之后新增的利益，显然不属于恢复原状之适用情形，如何分配应由双方当事人协商确定，协商不成的应当适用公平原则合理分配。最终，法院根据公平原则，判决被告龚某支付原告杉浦2017年现金红利35.2万元的70%；原告杉浦可在判决生效后10日内与被

---

① 该案还涉及其他争议。例如，股东协议与公司章程的孰优适用问题，鉴于本文第三个案例对该问题有所阐述，故不予赘述。再如，本案还涉及有关对赌安排的其他问题分析，例如资本维持原则，鉴于笔者在上一年度的观察报告里已对该问题做了详细论述，故本文亦不予赘述。

告龚某协商，对龚某名下123.2万股A公司股票进行出售，协商不成，则可申请对股票进行拍卖、变卖，所得款项优先支付杉浦投资款383.68万元，若所得款项金额超过投资款金额，超出部分的70%归原告杉浦所有，剩余部分归被告龚某所有。

【纠纷观察】

以《合同法》之公共利益考虑而否定股权代持行为效力的裁判思路，最高院曾发布过数个判决。例如，在最近两起分别涉及上市公司和保险公司股权代持的纠纷中，最高院均认定，所涉违规股权代持行为属于《合同法》项下“损害社会公共利益”的法定无效情形，故应归于无效。[①] 相比最高院此前判决，上海金融法院的上述判决，呈现出两个新的亮点。

其一，该案可能是首例适用《中华人民共和国民法总则》（以下简称《民法总则》）项下“公序良俗”规定审理的股权代持类案件。法官在判决中特别提示，《民法总则》系我国第一次在民事立法中采用“公序良俗”这一概念，并用以取代之前《中华人民共和国民法通则》和《合同法》等法律一直采用的“社会公共利益”的概念。民事法律行为因违背公序良俗而无效，体现了法律对民事领域意思自治的限制，但由于公序良俗的概念本身具有较大弹性，故在具体案件裁判中应当审慎适用，避免其被滥用而过度克减民事主体的意思自治。

其二，该案尝试对投资收益分配的考量因素提出相对明确的判断标准。此前，最高院在华懋金融服务有限公司与中国中小企业投资有限公司股权纠纷上诉案（以下简称华懋案）[②] 中认定，根据公平原则，除了返还本金之外，代持人还应向实

---

① 参见杨某国、林某坤股权转让纠纷再审审查与审判监督案［（2017）最高法民申2454号］和福建伟杰投资有限公司、福州天策实业有限公司营业信托纠纷二审案［（2017）最高法民终529号］。该两案的代持行为没有明确违反法律和行政法规，仅仅是违反了立法位阶更低的管理规章，但最高人民院依据行业管理规定所涉及的上位法和下位法，论述了违规股权代持与公共利益的关系，进而认定案涉股权代持行为属于《合同法》第52条第4项“损害社会公共利益”情形，故认定代持协议无效。对此，笔者在上一年度的争议观察报告中已有详细分析，故本文不予赘述。

② 见（2002）最高法民四终字第30号民事判决书，法官认定，华懋公司故意规避法律以借款名义将其资金委托中小企业公司投资入股民生银行，双方的行为违反了金融法规的强制性规定，故应当认定中小企业公司与华懋公司所签委托协议无效。中小企业公司虽系依无效的委托关系而取得的民生银行股东地位，但其是依法定程序注册而取得的，因此中小企业公司合法持有民生银行股份。合同被确认无效后，中小企业公司应当将华懋公司的实际出资（1,094万美元）返还给华懋公司；对于因股份价值增值、享受增送股和分配红利而获得的利益，根据公平原则和有关法律规定的基本精神，应当判令中小企业公司向华懋公司支付合理的补偿金，该部分赔偿金应当以中小企业公司持有的诉争股份市值及其全部红利之和的40%确定。

际投资人支付合理补偿金，该部分赔偿金应以代持股份市值及其全部红利之和的40%确定。相比华懋案，本案将隐名投资人可获收益部分由40%提升到70%。从业界的评价看，本案亮点在于，法官在援引公平原则确定当事人投资利益分配的同时，试图提出相对明确的判断因素。即，股份投资是以获得股份收益为目的并伴随投资风险的行为，在适用公平原则时应当着重考虑以下两个方面的因素：一是对投资收益的贡献程度，即考虑谁实际承担了投资期间的机会成本和资金成本，按照“谁投资、谁收益”原则，将收益主要分配给承担了投资成本的一方；二是对投资风险的交易安排，即考虑谁将实际承担投资亏损的不利后果，按照“收益与风险相一致”原则，将收益主要分配给承担了投资风险的一方。法官认定，本案代持人并无出资以最终获得股份所有权的投资意图，其目的在于赚取差价。反之，实际投资人的投资意图是通过支付投资款以换取系争股份的长期回报。案涉股份的资金最初来自实际投资人，后者实际承担了长期以来股份投资的机会成本与资金成本。本案代持协议无效之原因系违反公序良俗而非意思表示瑕疵，但是，该协议中关于收益与风险承担的内容仍体现了双方的真实意思。基于上述考虑，法官认为，应由实际投资人获得案涉股份投资收益的大部分，进而判令实际投资人应当获得投资收益的70%，代持人应获得投资收益的30%。

基于笔者的观察，上海金融法院的上述裁决思路，获得了很多从事争议解决业务的专业人士的认可。笔者预计，仲裁机构处理同类案件时，尤其在投资收益的分配原则方面，也可能会考虑类似的考量思路。

【案例3】关于股东协议中的仲裁条款与章程中不一致时的处理①

【基本案情】

2015年9月，天舟公司作为投资人，与戴某、阙某等决胜教育有限公司（以下简称目标公司或决胜教育）的股东签订《附生效条件投资协议》及其补充协议（以下统称《投资协议》)，核心内容为天舟公司认购目标公司新增注册资本，同时规定了投资人股份转让权、优先购买权、共同出售权、控股股东回购或股份补偿义务、回购权及股份补偿条款等。上述协议均约定有仲裁条款，即，因履行本协议产生的争议应提请中国国际经济贸易仲裁委员会（以下简称贸仲）裁决。

2018年8月，决胜教育修改了公司章程。新章程第26条规定：“公司董事、

① 2019年6月28日，北京市第四中级人民法院作出（2019）京04民特250号裁决，认定当股东协议中的仲裁条款与章程中不一致时，当事人可按股东协议的仲裁条款提起仲裁。

监事、高级管理人员、持有公司股份5%以上的股东，将其所持有的公司股份在买入之日起6个月以内卖出，或者在卖出之日起6个月以内又买入的，由此获得的收益归公司所有。本公司董事会将收回其所得收益。但是证券公司因包销购入剩余股票而持有5%以上的股份的，卖出该股票不受6个月的时间限制。公司董事会不按前款规定执行的，股东有权要求董事会在30日内执行。公司董事会未在上述期限内执行的，股东有权为了公司的利益，以自己的名义直接向人民法院提起诉讼。”

在天舟公司出资认购决胜教育的股权后，决胜教育严重亏损，天舟公司认为约定的回购条件已经触发，于是依据《投资协议》提出仲裁，要求戴某和阙某回购天舟公司持有的决胜教育的全部股权，并支付投资收益。戴某随后向北京市第四中级人民法院提出认定《投资协议》中的仲裁条款无效的申请。其理由是：戴某、阙某、天舟公司均为决胜教育持股超过5%的股东，根据公司章程，案涉争议的管辖权应归法院。

【争议焦点】

投资协议的仲裁条款是否有效。

【裁判观点】

仲裁协议（仲裁条款）系合同双方当事人约定将争议提交仲裁解决的意思表示，其是否具有效力决定了争议解决方式的选择。人民法院应适用《中华人民共和国仲裁法》（以下简称《仲裁法》）第16条、第17条及第20条第1款规定[①]对仲裁协议效力进行审查。本案《投资协议》的仲裁条款在形式上具备《仲裁法》规定的要件，且无《仲裁法》规定的无效情形。因此，应认定《投资协议》对于各方将所涉争议提交仲裁的意思表示是明确的。

对于戴某主张的《投资协议》仲裁条款已被公司章程第26条规定的争议解决方式予以替代问题，经查，公司章程第26条是对公司特定人员及股东，将其所持有的公司股份在特定时期卖出或买入所获收益应归属公司的规定。根据章程该条

① 《仲裁法》第20条第1款规定：“当事人对仲裁协议的效力有异议的，可以请求仲裁委员会作出决定或者请求人民法院作出裁定。”第16条规定：“仲裁协议包括合同中订立的仲裁条款和以其他书面方式在纠纷发生前或者纠纷发生后达成的请求仲裁的协议。仲裁协议应当具有下列内容：（一）请求仲裁的意思表示；（二）仲裁事项；（三）选定的仲裁委员会。”第17条规定：“有下列情形之一的，仲裁协议无效：（一）约定的仲裁事项超出法律规定的仲裁范围的；（二）无民事行为能力人或者限制民事行为能力人订立的仲裁协议；（三）一方采取胁迫手段，迫使对方订立仲裁协议的。”

规定，若董事会拒绝执行该项制度，则股东有权为公司利益向人民法院提起诉讼。相比之下，《投资协议》是对天舟公司作为投资人认购决胜教育的新增注册资本及相关权利义务的规定。因此，二者界定的是完全不同的法律关系，《投资协议》独立于公司章程。就天舟公司是否有权依据《投资协议》要求戴某和阙某回购股权，应当适用上述协议中的仲裁条款向约定的仲裁机构申请仲裁解决。故对于戴某主张上述协议中的仲裁条款无效，该争议应由法院管辖，缺乏事实和法律依据，本院不予支持。

【纠纷观察】

仲裁协议是当事人约定将双方之间已经发生或者可能发生的争议提交仲裁解决的协议，其本质上是约定争议解决方式的特殊合同，具有合同的相对性，因而也只能对签订仲裁协议的当事人产生效力。通常情况下，公司纠纷因当事人违反公司法下的权利义务而产生，其权利义务主体众多，既包括公司本身，也包括股东、董事、监事、高级管理人员以及公司的债权人、债务人等。此外，由于股东协议与公司章程均系重要的公司法律文件，在规定不明的情况下，经常出现股东协议与公司章程孰优的争议。[①]在实践中，此类纠纷往往同时涉及公司法及合同法、仲裁协议的相对性以及公司纠纷的开放性等复杂问题，也频频引起管辖权争议。

本案裁判意见有两点值得注意：

其一，关于认定仲裁协议效力的标准。法院在论述《投资协议》中的仲裁条款的效力时，引用依据均系《仲裁法》第 16 条和第 17 条。其引述这两条法条之后，未就所涉仲裁条款是否有效给出明确结论，而是继续论述《投资协议》与章程的关系。我们理解，法官可能考虑将《仲裁法》作为判定仲裁条款是否有效的唯一依据，其之后关于章程的论述只是为了回应申请人的对应主张而已。

其二，关于股东协议与章程的关系。法院认为，案涉争议内容属于《投资协

① 公司章程作为公司的宪章性文件，是公司注册登记的主要文件，其自身具有公示功能，对公司的董事、监事、经理等公司职工，甚至对公司经营的相对人均有影响力。股东协议通常是公司全体股东就公司事项达成的协议，对全体股东具有约束力。相比之下，股东协议不具备公示功能，其效力一般只限于公司股东。关于股东协议与章程孰优的问题，涉及复杂的法律分析及事实认定问题。通常而言，在第三人不知悉股东协议的情况下，出于第三人信赖利益保护，争议解决机构一般仅考虑适用公司章程。但是，若股东之间基于公司章程和股东协议提出不同主张，在不涉及控股股东滥用股东地位侵害小股东权利的情形下，争议解决机构通常会优先考虑适用股东协议。另外，若公司章程经过修改后，与此前的股东协议存在冲突，争议解决机构可能会本着合同更新原则，考虑适用修订后的公司章程。鉴于该等“孰优”问题非常复杂，且与本案争议焦点没有直接关系，本文不予赘述。

议》规定的范围，而非公司章程规定的争议范围，故案涉纠纷仍应依照《投资协议》中的仲裁条款解决，进而推导出申请人关于仲裁条款无效的主张缺乏事实和法律依据的结论。但是，其并没有论述“争议仍应根据《投资协议》解决”与“仲裁协议有效”之间的逻辑关系。有鉴于此，值得我们进行延伸探讨的问题是，假设章程中规定的争议标的和股东协议中规定的标的相同，则争议应依照《投资协议》还是公司章程的争议解决方式解决？法院是否仍会认可仲裁条款有效的主张？裁决思路是应当先认定仲裁条款有效，再认定应当通过仲裁解决，还是相反逻辑（即，先认定应当通过仲裁解决，再认定仲裁条款有效）？我们理解，法院在论述《投资协议》中的仲裁条款的效力时，其援引《仲裁法》第16条和第17条之后，可直接得出仲裁条款有效的结论。而且这结论与裁决后续关于《投资协议》与公司章程范围的论述并不重合。另外，考虑到股东协议与章程在孰优问题上的复杂性，若出现与公司章程约定法院管辖的争议，法院可从合同解释的角度，分析案涉争议是否已被章程修改，结合其他具体情况，得出一个应当按照哪种解决方式解决的个案结论，而无需就章程与股东协议孰优问题进行论证分析。

四、热点问题观察

（一）问题的提出

在此前几个年度的观察报告里，针对股权回购、业绩对赌以及违反强制性规定的投资合同效力问题，[①] 笔者予以持续跟踪。可喜的是，在2019年度，学术界和实务界对于这类问题的认识达到一个新的高度。以北仲为例，专门召开会议，组织仲裁员讨论对赌类案件的热点问题。在学术界，很多学者围绕这些问题，撰写出理论与实务紧密结合的学术论文。[②] 业界广泛认为，以《九民纪要》为代表，各界将这些问题的研讨推向一个新的高潮。下文尝试总结学术界和实务界在2019年

---

① 在此前年度投资争议观察的“热点问题观察”部分，笔者曾梳理了股权回购及对赌类案件纠纷的简要裁判思路，围绕投资人与目标公司控股股东以及投资人与目标公司之间的利益平衡，并结合资本维持原则等法理问题，就相关问题进行了探讨。对于违反监管规定的股权代持合同效力问题，笔者亦曾结合保险公司代持案等案例，对于最高人民法院的裁判逻辑予以分析。为免重复，本文对相关案例不予赘述。

② 例如，北京大学法学院许德风教授撰写了《公司融资语境下股与债的界分》（载《法学研究》2019年第2期），从债权与股权的界分关系角度，对于涉及股权回购、对赌等实务问题进行理论探讨，获得了学术界和实务界的广泛认可。

度对名股实债、对赌和违反公序良俗合同无效这几个热点问题的讨论。

（二）关于“名股实债”问题

股权与债权在法理上有清晰的区别，《公司法》与《合同法》中对股权与债权确立了不同的法律适用规则。但在投融资实践中，股权与债权的区分并非泾渭分明，“名股实债”就是典型的例子。

“名股实债”交易的核心是，以股权投资为表象，通过约定股权回购条款，达到投资期限内回收本金并取得固定收益的交易目的。在争议解决实践中，不同当事人从各自利益出发，对于资金提供方或投资人的权利到底是股权还是债权，存在不同主张。对此，理论界与实务界进行了诸多探讨。笔者认为，该问题的核心在于，争议解决机构能否采取穿透式审判思维，围绕缔约及履约的全过程，查明当事人的真实意思，探求真实法律关系。为此，若当事人在协议中对投资人参与公司经营管理活动，如管理人员的任免、表决权、知情权等作出详尽约定，且实际行使股东权利的情况下，笔者认为，可以推定投资人的投资目的是取得股权，进而参与公司的经营管理。与之相反，若当事人在协议中未对投资人参与公司经营管理作出详尽约定，协议主要约定了投资人按时收回本金并取得固定收益，且投资人实际上也未行使股东权利的，笔者认为，可推定其投资目的系债权投资。

值得进一步探讨的是，若争议解决机构认定投资人的真实意思是债权投资而非股权投资，对于相关交易安排是否构成虚伪意思表示中的隐藏行为以及其行为有效性的问题，在实践中也存在不同认识。《民法总则》第 146 条规定：“行为人与相对人以虚假的意思表示实施的民事法律行为无效。以虚假的意思表示隐藏的民事法律行为的效力，依照有关法律规定处理。”有时，一方当事人可能会援引上述规定，主张相关合同无效。有时，一方当事人可能基于“借贷”关系之主张，并以借款合同约定利息过高为由，要求调减协议约定的回购价格或固定收益。笔者认为，仲裁机构作为商事争议解决机构，应本着充分尊重意思自治，审慎考察当事人缔约及履行行为是否符合诚实信用原则。一方面，对于否认合同效力的主张，务必慎之又慎；另一方面，对于回购价格或固定收益调减的主张，也作出审慎判断，不宜僵化地参照适用《最高人民法院关于审理民间借贷案件适用法律若干问题的规定》中关于借款年利率 24% 的上限规定进行调减。

（三）有关对赌协议问题

最高院在《九民纪要》中将“对赌协议的效力及履行”作为专项议题予以分析。

现将业界对该项问题讨论要点总结如下。

第一，关于“对赌协议”的定义。根据《九民纪要》的界定，实践中俗称的“对赌协议”又称估值调整协议，是指投资方与融资方在达成股权性融资协议时，为解决交易双方对目标公司未来发展的不确定性、信息不对称以及代理成本而设计的包含了股权回购、金钱补偿等对未来目标公司的估值进行调整的协议。与之类似的是，《上海证券交易所科创板股票发行上市审核问答（二）》（上证发〔2019〕36号）亦将“对赌协议”界定为私募股权投资基金、风险投资基金等机构在投资时约定的估值调整机制。

有人认为，对赌更接近于国际并购交易中的“或有负债机制”（Earn-out Cluase），原因是对赌更体现为支付机制安排。从实务角度看，笔者认为，对赌协议的确糅合了国际并购交易中的价格调整机制条款（Valuation Adjustment Mechanism）和Earn-out Clause的一些因素，但与两者并不相同。原因是，Valuation Adjustment Mechanism侧重于估值的调整因素，而Earn-out Cluase则体现了相关支付安排，相比之下，中国市场常见的对赌机制，则是将估值调整以及后续的支付安排设置在同一类条款之中。究其原因，在于我国法律尚不允许有限责任公司设置优先股机制。在这样的立法限制下，熟悉境外交易机制的投资人，尤其是私募股权投资基金，只能设计类似于优先股的补偿机制加上相关支付及后续合同履行条款，以保护其利益。从这个角度看，对赌协议的确是国际经验与本土智慧有机结合的有中国特色的交易机制。

第二，关于投资人与目标公司订立的“对赌协议”是否有效以及能否实际履行问题。《九民纪要》提出如下处理规则：其一，投资方与目标公司订立的“对赌协议”在不存在法定无效事由的情况下，目标公司仅以存在股权回购或者金钱补偿约定为由，主张“对赌协议”无效的，人民法院不予支持，但投资方主张实际履行的，人民法院应当审查是否符合公司法关于“股东不得抽逃出资”及股份回购的强制性规定，判决是否支持其诉讼请求。其二，投资方请求目标公司回购股权的，人民法院应当依据《公司法》第35条关于“股东不得抽逃出资”或者第142条关于股份回购的强制性规定进行审查。经审查，目标公司未完成减资程序的，人民法院应当驳回其诉讼请求。其三，投资方请求目标公司承担金钱补偿义务的，人民法院应当依据《公司法》第35条关于“股东不得抽逃出资”和第166条关于利润分配的强制性规定进行审查。经审查，目标公司没有利润或者虽有利润但不足以补偿投资方的，人民法院应当驳回或者部分支持其诉讼请求。今后目标公司有利润时，投资方还可以依据该事实另行提起诉讼。

对此，有人认为，这是最高院对于“海富案”立场的修正，继华工案之后，最高院能够明确认可投资人与目标公司对赌协议的有效性，此举在指引当事人行为模式方面具有重要意义。根据笔者的观察，从交易架构设计的角度看，非诉讼律师普遍欢迎该等明确指引。此外，有人认为，《九民纪要》按照“目标公司没有利润或者虽有利润但不足以补偿投资方”为标准，未能充分保障当事人的意思自治。原因是，股东抽逃出资涉及第三人信赖利益的保护，但就利润分配而言，其更多地体现为股东之间的利益安排。在股东协议明确约定对赌安排的前提下，若公司不存在抽逃出资的情形，应充分尊重公司股东的合同约定。笔者认为，考虑到债权人对股东抽逃出资问题的举证困难，《九民纪要》以“目标公司没有利润或者虽有利润但不足以补偿投资方”作为区分标准，不失为一种较为稳妥的裁判指引。

第三，关于对赌协议后续履行及违约责任界定问题，《九民纪要》在“对赌协议”部分未做明确指引。在争议解决实践中，有个较为复杂的问题在于，若对赌协议中约定的预期收益率高于受法律保护的民间借贷利率上限，投资人诉请对赌义务人按约履行回购义务，而非要求对方承担违约损害赔偿责任，对于该等请求，争议解决机构应持何种立场。具体而言，涉及两个问题，其一，争议解决机构是否参照民间借贷利率上限；其二，争议解决机构是否支持该等主张，换言之，支持该主张，意味着对赌义务人将承担高于民间借贷利率上限的补偿责任。

关于第一个问题，笔者注意到，在“违约金过高标准及举证责任”部分，《九民纪要》提出，认定约定违约金是否过高，一般应当以《合同法》第 113 条规定的损失为基础进行判断，这里的损失包括合同履行后可以获得的利益。除借款合同外的双务合同，作为对价的价款或者报酬给付之债，并非借款合同项下的还款义务，“不能以受法律保护的民间借贷利率上限作为判断违约金是否过高的标准”，而应当兼顾合同履行情况、当事人过错程度以及预期利益等因素综合确定。主张违约金过高的违约方应当对违约金是否过高承担举证责任。不难看出，《九民纪要》坚持同质补偿原则，即，违约责任以直接救济受害人为宗旨，以补偿受害人实际损失为原则。关于第二个问题，笔者认为，争议解决机构应当从诚实信用和公平原则角度予以考量。在确认对赌协议效力和履行条件已满足的前提下，应根据具体案件的交易背景，双方承担风险和收益情况，适当平衡双方利益。

（四）关于违反公序良俗合同无效的问题

在合同效力认定的问题上，如何识别效力性强制性规范与管理性强制性规范一直是争议解决实践中的热点问题。针对一些地方法院动辄以违反法律、行政法规的强制性规定为由认定合同无效，不当扩大无效合同范围的情形，最高院曾在《最高人民法院关于适用〈中华人民共和国合同法〉若干问题的解释（二）》中将《合同法》规定的“强制性规定”明确限于“效力性强制性规定”。此后，《最高人民法院关于当前形势下审理民商事合同纠纷案件若干问题的指导意见》进一步提出了“管理性强制性规定”的概念，指出违反管理性强制性规定的，人民法院应当根据具体情形认定合同效力。随着这一概念的提出，审判实践中又出现了另一种倾向，有的地方法院认为凡是行政管理性质的强制性规定都属于“管理性强制性规定”，不影响合同效力。对此，最高院通过《九民纪要》试图做进一步指引，即，“强制性规定涉及金融安全、市场秩序、国家宏观政策等公序良俗的；交易标的禁止买卖的，如禁止人体器官、毒品、枪支等买卖；违反特许经营规定的，如场外配资合同；交易方式严重违法的，如违反招投标等竞争性缔约方式订立的合同；交易场所违法的，如在批准的交易场所之外进行期货交易”应当认定为“效力性强制性规定”，与之相对应的是，“关于经营范围、交易时间、交易数量等行政管理性质的强制性规定”，一般应当认定为“管理性强制性规定”。

对于《九民纪要》的上述界定，业界普遍持欢迎态度。但也有人认为，《九民纪要》将涉及“市场秩序”的强制性规范均归为效力性规范，其范围太过宽泛。原因是，绝大多数强制性规定的目的均可解读为“维护市场秩序”。笔者认为，《九民纪要》试图对效力性规范做进一步界定，值得赞赏。但需要说明的是，为审慎界定当事人利益归属，仲裁机构在参照《九民纪要》上述规定的同时，有必要围绕《民法总则》有关公序良俗之规定，并结合具体的强制性规范，对于案涉争议进行个案分析。换言之，若两个投资合同分别违反同一个规定下的不同条款，其效力可能需要做不同认定。《关于规范金融机构资产管理业务的指导意见》（以下简称《资管新规》）的出台对金融和投资领域产生重大影响，在下文中，笔者拟以违反《资管新规》的合同为例，讨论违反公序良俗合同的效力问题。

《资管新规》系由中国人民银行、中国银行保险监督管理委员会、中国证券监督管理委员会、国家外汇管理局四部委联合印发，在法律位阶上属于规章，而非法律、行政法规。对于规章的违反，无法直接适用《合同法》第 52 条第 5 项关于合同无效的规定。然而《资管新规》涉及国家金融安全和市场秩序，对社会经济具有重大影响，如果在合同效力的判断上对《资管新规》置之不理，则会对《资管新规》所要调整的法益产生反向激励作用，不利于金融秩序的构建。笔者认为，在违反《资管新规》的合同效力问题上，可参照《九民纪要》的审判思路，从《民法总则》规定的公序良俗原则角度出发进行判断。对于《资管新规》中诸如禁止刚性兑付、禁止嵌套通道等直接调整交易行为、市场主体准入条件且所调整的对象对金融安全和市场秩序具有重大影响的规定，则纳入公序良俗的范畴，进而认定违反该等规定的合同条款无效。与之相对应，违反《资管新规》中其他关于金融机构人员、管理等方面的规定的，因其更偏向于机构的管理性规定，其所调整的法益尚未达到影响社会金融秩序的高度和广度，则不应突破当事人意思自治，不因违反该等规定而认定合同无效。

五、总结与展望

与其他的商事争议所不同的是，投资争议具有法律关系复杂、利益主体多元、政府监管及公共政策因素较多的特点。我们相信，在今后相当长的一段时间内，上述特点将继续存在。受宏观环境影响，笔者预计，在未来一年内，与投资活动有关的争议解决案件数量会进一步攀升。随着新类型案件不断呈现，加上业界对典型案件的持续关注及深入分析，笔者相信，在立法机构、争议解决机构、律师界及学术界的共同努力下，伴随着中国投资市场的成熟发展，投资争议解决机制也会日益完善。

需要说明的是，在本文截稿时，新型冠状病毒疫情在中国、韩国、意大利、伊朗、法国、美国等多地暴发。相比 2003 年非典疫情，多数人认为，本次疫情将对中国的投资市场造成更大的负面影响。根据笔者的观察，疫情已经对投资行业产生了实质性冲击，对于与投资活动有关的“募投管退”等各个环节，均产生了不同程度影响。在募资环节，尽管疫情负面影响尚未完全体现，但很多投资机构不得不选择推迟甚至是放弃资金募集。在投资环节，推进尽职调查等工作安排因为人员流动限制不得不放缓甚至是无限期搁置。从投后管理的角度，大部分被投企业，尤其是消费类、生活服务类等行业经营业绩难以预期，甚至存在产业链断裂的担忧。在退出环节，被投企业经营状况恶化将直接影响到投资者的退出安排及收益预期。由于疫情影响的后果难以判断，有少数机构选择快速止损。业界普遍担心，如果疫情持续半年以上，投资市场的各个利益相关方的生存均可能面临严峻挑战，因此，相关投资争议也可能会爆发性增长。我们期待，在中国政府的强有力干预措施之下，本次疫情能够尽快结束，投资交易和争议解决均回到正常的发展轨道上。

中国国际贸易争议解决年度观察（2020）

王雪华　邢　媛[①]

一、概　述

2019年，全球经济增速总体放缓，单边主义、保护主义继续蔓延，国际贸易规则博弈激烈，不稳定和不确定因素仍在不断增加。中美贸易战的持续进行，英国于2020年1月31日正式脱离欧盟，[②]因美国单方面反对启动WTO上诉机构新法官的遴选程序，[③]导致上诉机构因法官人数不足而于2019年12月15日停摆[④]，均是在这一国际背景下发生的具体事件。其中，应特别提及的是，WTO旨在建立和维护公平、开放、自由的国际贸易秩序，并解决各国间的贸易争端。WTO上诉机构的停摆，不仅是一个国际贸易争议解决机构的瘫痪，更是对第二次世界大战以来逐步建立的国际贸易规则、国际合作精神的严重破坏，对世界各国的经济和国际贸易的发展提出了巨大的挑战。

在这一严峻的背景下，我国经济仍稳步增长。2019年我国国内生产总值为

---

① 王雪华，法学博士，北京市环中律师事务所首席合伙人。邢媛，北京市环中律师事务所合伙人。同时，衷心感谢北京市环中律师事务所国际贸易部律师团队的其他成员，包括李海涛律师、何蓓律师、方圆律师、甘瑞芳律师、马崧月律师助理为本报告作出的卓有成效的贡献。

② 《简讯：英国正式“脱欧”欧盟历史性减员》，载新华网，http://www.xinhuanet.com/finance/2020-02/01/c_1125517507.htm，访问时间：2020年2月25日。

③ WTO: “DG Azevê do to launch intensive consultations on resolving Appellate Body impasse”，https://www.wto.org/english/news_e/news19_e/gc_09dec19_e.htm，访问时间：2020年2月22日。

④ 《美国滥用一票否决机制阻挠遴选新法官，世贸组织上诉机构首次停摆》，载人民网，http://paper.people.com.cn/rmrb/html/2019-12/12/nw.D110000renmrb_20191212_2-17.htm，访问时间：2020年2月22日。

990,865.1 亿元人民币，同比（下同）增长 6.1%。[①] 国际货币基金组织（IMF）在《世界经济展望报告》的更新内容中，将 2020 年全球经济增长预期下调 0.1 个百分点至 3.3%，将 2021 年全球经济的增长预期下调 0.2 个百分点至 3.4%，但将 2020 年中国的经济增长预期上调至 6%。[②]

在国际贸易方面，2019 年，我国进出口总值 315,446 亿元人民币，增长 3.4%。其中出口 172,298 亿元人民币，增长 5%；进口 143,148 亿元人民币，增长 1.6%；贸易顺差 29,150 亿元人民币，增长 25.4%。[③] 跨境电子商务、市场采购贸易方式等新业态新模式快速增长，成为外贸新的增长点。[④] 2019 年，我国的进出口仍以货物贸易为主，但服务贸易表现出稳中向好的发展态势。2019 年 1—9 月，服务进出口总额 40,228.0 亿元，增长 3%。其中，服务出口 14,208.4 亿元人民币，增长 9.4%；服务进口 26,019.6 亿元人民币，下降 0.2%；服务逆差 11,811.1 亿元人民币，下降 9.8%。值得关注的是，中国已经成为数字服务贸易的先行者。[⑤]

2019 年，欧盟（欧洲联盟）仍是我国的第一大贸易伙伴。受中美贸易战的影响，东盟（东南亚国家联盟）取代美国，成为中国的第二大贸易伙伴，而美国则位居第三。[⑥]

值得注意的是，2019 年，民营企业进出口占比升至 43.3%，民营企业首次超过外商投资企业，成为进出口第一大主体，其中出口占比更是达到了我国出口总

---

① 参见国家统计局国家数据网站，http://data.stats.gov.cn/easyquery.htm?cn=B01&zb=A0102&sj=2019D，访问时间：2020 年 1 月 28 日。

② 《IMF 发布更新版〈世界经济展望报告〉，上调 2020 中国经济增长预期》，载商务部网站，http://www.cftc.org.cn/xw/swqy/202001/t20200122_25224.html，访问时间：2020 年 1 月 26 日。

International Monetary Fund（IMF）: "World Economic Outlook, January 2020 Tentative Stabilization, Sluggish Recovery?", https://www.imf.org/en/Publications/WEO/Issues/2020/01/20/weo-update-january2020，访问时间：2020 年 1 月 30 日。

③ 《商务部：2019 年 12 月进出口简要情况》，载商务部网站，http://www.mofcom.gov.cn/article/tongjiziliao/cf/202001/20200102931150.shtml，访问时间：2020 年 1 月 28 日。

④ 《中国对外贸易形势报告（2019 年秋季）》，载商务部网站，http://images.mofcom.gov.cn/zhs/201911/20191122172516637.pdf，访问时间：2020 年 2 月 4 日。

⑤ 《中国对外贸易形势报告（2019 年秋季）附件四：中国服务贸易状况》，载商务部网站，http://images.mofcom.gov.cn/zhs/201911/20191122172717233.pdf，访问时间：2020 年 1 月 27 日。

⑥ 《中华人民共和国 2019 年 12 月进出口商品主要国别（地区）总值表（人民币值）》，载海关总署网站，http://www.customs.gov.cn/customs/302249/302274/302275/2833827/index.html，访问时间：2020 年 1 月 28 日。

值的 51.9%。[①]

2019 年，尽管单边主义和保护主义继续蔓延，我国坚定维护以规则为基础的多边贸易体制，支持商品、资金、技术、人员自由流通，大力推动经济全球化朝着更开放、包容、普惠、平衡、共赢的方向发展。

第一，在国内法方面，为促进贸易持续繁荣发展，促进贸易自由化与便利化，同时也为维护国家安全和发展，我国采取了多项措施。这些措施包括：拟出台《出口管制法》，对核、生物、武器等特定物品进行系统性出口管制；进一步优化国内营商环境，采取各项措施促进贸易便利化、自由化；进一步扩大自由贸易试验区建设经验的推广，[②] 并在原有自贸区基础上进行升级，建设面向全球的高标准自由贸易区；[③] 积极推动跨境电商高质量发展，持续建立跨境电商综合试验区等。

第二，在双边、多边及区域自由贸易协议方面，我国积极推进双边自由贸易协定的谈判和签署以及"一带一路"倡议的实施。截至 2019 年，我国已经签署 19 个自由贸易协定，其中包括 3 个升级自由贸易协定（中国—新加坡，中国—智利，中国—东盟），1 个第二阶段自由贸易协定（中国—巴基斯坦）；[④] 在"一带一路"倡议的实施上，截至 2019 年 7 月底，我国政府已经与 136 个国家和 30 个国际组织签署 195 份政府间合作协议，取得了显著的成效；[⑤] 2019 年 11 月 20 日及 21 日，内地分别与澳门和香港签署了关于修订《CEPA 服务贸易协议》的协议[⑥]。通过这

---

① 《民营企业首次成为货物进出口第一大主体》，载中华人民共和国国务院新闻办公室网站，http://www.scio.gov.cn/video/gxbb/34056/Document/1672428/1672428.htm，访问时间：2020 年 1 月 27 日；《2019 年我国对外贸易总体平稳、稳中提质》，载央视网，http://jingji.cctv.com/2020/01/14/ARTIhS5X7yLSSvdFiadWnmQx200114.shtml，访问时间：2020 年 1 月 28 日。

② 《国务院关于印发 6 个新设自由贸易试验区总体方案的通知》，载商务部网站，http://www.mofcom.gov.cn/article/b/g/201910/20191002905096.shtml，访问时间：2020 年 1 月 27 日。

③ 《国务院关于印发中国（上海）自由贸易试验区临港新片区总体方案的通知》，载商务部网站，http://www.mofcom.gov.cn/article/b/g/201909/20190902899066.shtml，访问时间：2020 年 1 月 27 日。

④ 《协定专题》，载中国贸易区服务网，http://fta.mofcom.gov.cn/index.shtml，访问时间：2020 年 1 月 27 日。

⑤ 《图解："一带一路"倡议六年成绩单》，载中国一带一路网，https://www.yidaiyilu.gov.cn/xwzx/roll/102793.htm，访问时间：2020 年 1 月 17 日。

⑥ 《内地与澳门签署 CEPA 服务贸易协议的修订协议》，载商务部网站，http://wangbingnan.mofcom.gov.cn/article/activities/201911/20191102915781.shtml，访问时间：2020 年 1 月 3 日；《内地与香港签署 CEPA 服务贸易协议的修订协议》，载商务部网站，http://wangbingnan.mofcom.gov.cn/article/activities/201911/20191102915786.shtml，访问时间：2020 年 1 月 3 日。

两份协议，内地对香港和澳门在服务贸易领域进一步扩大开放。此外，最高人民法院（以下简称最高院）于 2019 年 12 月 9 日发布了《最高人民法院关于人民法院进一步为“一带一路”建设提供司法服务和保障的意见》（法发〔2019〕29 号）。这是最高院继 2015 年 6 月 16 日发布《关于人民法院为“一带一路”建设提供司法服务和保障的若干意见》（法发〔2015〕9 号）后，再次发布关于“一带一路”的司法保障意见。

第三，备受关注的中美贸易战取得重要进展。自美国于 2018 年启动贸易战以来，中美双方经历了多次激烈的交锋。除多次相互加征关税外，美国政府于 2019 年 5 月 16 日宣布将华为及 69 家非美国附属企业列入“实体清单”，并宣布将对华为等实体采取推定拒绝的许可证审查政策，即，只有在提前获得相应许可证的情况下，才可以将美国司法辖区内的货物、软件及技术出口给实体清单内的企业。[①] 2019 年 5 月 31 日，中国商务部宣布，中国将建立“不可靠实体清单”制度，将不遵守市场规则，背离契约精神，出于非商业目的对中国企业实施封锁或断供，严重损害中国企业正当权益的外国企业组织或个人列入不可靠实体清单。[②] 在贸易战进行的同时，中美双方也在持续进行谈判，并于 2020 年 1 月 15 日签署了《中华人民共和国政府和美利坚合众国政府经济贸易协议》。可以预见到，中美贸易情况乃至世界经济格局都可能在未来发生较大变化。

第四，在国际贸易争议解决方面，我国法院呈现出更加开放与国际化的态度，我国政府也积极地参与相关国际公约的协商与签署，探寻更具效率、成本更低的争议解决方式。其中，较为显著的表现有：（1）人民法院在包括国际贸易案件在内的涉外案件审判中更加尊重当事人对法律适用的选择。诸如《联合国国际货物销售合同公约》《国际商事合同通则》等国际公约、惯例以及外国法在我国民商事审判以及仲裁案件审理中越来越多地得到适用。为解决外国法查明中存在的困难，我国法院构建了统一的域外法查明平台。[③]（2）2019 年 4 月 2 日，最高院和香港特别行政区政府律政司签署《关于内地与香港特别行政区法院就仲裁程序相互协助保

① FERAL REGISTER：“Addition of Entities to the Entity List”，https://www.federalregister.gov/documents/2019/05/21/2019-10616/addition-of-entities-to-the-entity-list，访问时间：2020 年 2 月 22 日。

② 《中国将建立不可靠实体清单制度》，载商务部网站，http://www.mofcom.gov.cn/article/i/jyjl/e/201905/20190502868927.shtml，访问时间：2020 年 2 月 22 日。

③ 《最高人民法院域外法查明统一平台今天正式上线启动》，载最高人民法院国际商事法庭网站，http://cicc.court.gov.cn/html/1/218/149/156/1524.html，访问时间：2020 年 1 月 15 日。

全的安排》[①]（以下简称《仲裁保全安排》），该安排于2019年10月1日生效。根据该安排，香港仲裁程序的当事人可以向内地人民法院申请保全。而在此之前，受限于《中华人民共和国仲裁法》，中国法院并不能为境外仲裁机构的保全提供协助。[②]实践中，大量涉及中方当事人的国际贸易争议的解决方式为香港仲裁，《仲裁保全安排》出台后，人民法院能够有效地为这类案件提供在中国内地的保全协助。（3）2019年8月7日，全世界46个国家的授权代表在新加坡签署《联合国关于调解所产生的国际和解协议公约》[③]（以下简称《新加坡调解公约》），中国也是签署国之一。该公约签署后，涉及中国企业的国际贸易纠纷，除通过诉讼和仲裁方式解决外，还可通过商事调解这种更低成本的方式解决，争议解决的效率得以有效提高。因仲裁篇和调解篇对《仲裁保全安排》和《新加坡调解公约》进行了详细的分析，本篇不再赘述。

二、新出台的法律法规或其他规范性文件

（一）规范出口管制，促进贸易便利化

1.《中华人民共和国出口管制法（草案）》提请审议

2019年12月23日，十三届全国人大常委会第十五次会议审议《中华人民共和国出口管制法（草案）》。2019年12月28日至2020年1月26日，该草案向社会公众征求意见。[④]该草案如通过，将是我国第一部出口管制单行立法。

草案总结了我国此前针对核、生物、武器等特定物项出口管制制定的六部行政法规的实施经验，[⑤]明确将“其他与履行国际义务和维护国家安全相关的货物、

---

① 《内地与香港特区签署就仲裁程序相互协助保全的安排（附全文）》，载最高人民法院网站，http://www.court.gov.cn/zixun-xiangqing-149552.html，访问时间：2020年2月24日。

② 王雪华、邢媛、张志、胡宪：《中国商事仲裁年度观察（2018）》，载北京仲裁委员会/北京国际仲裁中心编：《中国商事争议解决年度观察（2018）》，中国法制出版社2018年版，第26—27页。

③ 《中国签署〈联合国关于调解所产生的国际和解协议公约〉》，载商务部网站，http://www.mofcom.gov.cn/article/ae/ai/201908/20190802888435.shtml，访问时间：2020年2月24日。

④ 《出口管制立法》，载中国人大网，http://www.npc.gov.cn/npc/ckgzlf/ckgzlf.shtml，访问时间：2020年1月26日。

⑤ 在出口管制方面，我国先后制定了《监控化学品管理条例》《核出口管制条例》《军品出口管理条例》《核两用品及相关技术出口管制条例》《导弹及相关物项和技术出口管制条例》《生物两用品及相关设备和技术出口管制条例》等6部行政法规。《对外贸易法》《海关法》《刑法》中也可见出口管制的相关规定。

技术、服务等物项”也纳入管制物项，拟统一确立出口管制政策、管制清单、管制措施以及监督管理等方面的基本制度框架和规则。[①]

2.《优化营商环境条例》的出台及贸易便利化措施的施行

2019 年 10 月 22 日，国务院发布《优化营商环境条例》。该条例自 2020 年 1 月 1 日起施行，是我国为优化营商环境颁行的第一部专门行政法规，旨在加速建立权利平等、机会平等、规则平等的营商环境。在国际贸易方面，该条例在促进跨境贸易便利化方面作出了相应规定，[②] 致力于降低跨境贸易成本，简化通关流程，提高通关效率。[③]

此外，商务部、海关总署等发布了一系列促进贸易便利化的措施。其中，2019 年 4 月 30 日，海关总署发布《关于全面推广原产地证书自助打印的公告》。[④] 根据该公告，自 2019 年 5 月 20 日起，原产地证书申请人或代理人可通过国际贸易“单一窗口”或“互联网 + 海关”一体化网上办事平台，[⑤] 自行打印原产地证书。2019 年 9 月 23 日，商务部、海关总署、中国国际贸易促进委员会联合发布《关于实施对外贸易经营者备案和原产地企业备案“两证合一”的公告》，[⑥] 决定自 2019 年 10 月 15 日起，在全国范围内推广对外贸易经营者备案和原产地企业备案“两证合一”改革工作。这些措施极大地提升了贸易便利化水平。

---

① 《我国立法提升出口管制法治化水平》，载新华网，http://www.xinhuanet.com/legal/2019-12/23/c_1125379002.htm，访问时间：2020 年 1 月 25 日。

② 《优化营商环境条例》第 45 条规定：“政府及其有关部门应当按照国家促进跨境贸易便利化的有关要求，依法削减进出口环节审批事项，取消不必要的监管要求，优化简化通关流程，提高通关效率，清理规范口岸收费，降低通关成本，推动口岸和国际贸易领域相关业务统一通过国际贸易‘单一窗口’办理。”

③ 《优化营商环境条例》，载中华人民共和国中央人民政府网站，http://www.gov.cn/zhengce/content/2019-10/23/content_5443963.htm，访问时间：2020 年 1 月 26 日。

④ 《2019 年第 77 号（关于全面推广原产地证书自助打印的公告）》，载海关总署网站，http://guangzhou.customs.gov.cn/customs/302249/302266/302267/2414184/index.html，访问时间：2020 年 1 月 3 日。

⑤ 中国国际贸易单一窗口网网址：https://www.singlewindow.cn/；“互联网 + 海关”一体化网上办事平台网址：http://online.customs.gov.cn/。企业、经营者可通过前述网站申请办理通关、申请审批、查询通关流转状态、打印原产地证书等事项。

⑥ 《商务部 海关总署 中国贸促会关于实施对外贸易经营者备案和原产地企业备案“两证合一”的公告》，载中华人民共和国中央人民政府网站，http://www.gov.cn/xinwen/2019-09/27/content_5434099.htm，访问时间：2020 年 1 月 3 日。

（二）自贸区建设向纵深推进

1. 临港新片区的建立和《关于人民法院为中国（上海）自由贸易试验区临港新片区建设提供司法服务和保障的意见》的出台

2019 年 7 月 27 日，国务院印发《中国（上海）自由贸易试验区临港新片区总体方案》，[①] 在上海自贸区中划出一片面积为 119.5 平方公里的临港新片区，在该区域内进一步扩大开放。该方案明确，在全面实施自贸区各项措施的基础上，新片区内将实施更高标准的投资贸易自由化便利化措施，[②] 建立全面风险管理制度，[③] 建设具有国际市场竞争力的开放型产业体系。[④] 从该方案可知，我国拟将新片区构建为面向全球的高标准自由贸易区。新片区的设立，是我国进一步加大经济开放战略布局的重要一步。

2019 年 12 月 27 日，最高院发布了《关于人民法院为中国（上海）自由贸易试验区临港新片区建设提供司法服务和保障的意见》。[⑤] 该意见分为四部分共 18

---

① 《国务院关于印发中国（上海）自由贸易试验区临港新片区总体方案的通知》，载商务部网站，http://www.mofcom.gov.cn/article/b/g/201909/20190902899066.shtml，访问时间：2020 年 1 月 3 日。

② 《中国（上海）自由贸易试验区临港新片区总体方案》第二部分“建立以投资贸易自由化为核心的制度体系”规定，“在适用自由贸易试验区各项开放创新措施的基础上，支持新片区以投资自由、贸易自由、运输自由、人员从业自由等为重点，推进投资贸易自由化便利化”。该部分项下包括“实施公平竞争的投资经营便利”“实施高标准的贸易自由化”“实施资金便利收付的跨境金融管理制度”“实施高度开放的国际运输管理”“实施自由便利的人员管理”“实施国际互联网数据跨境安全有序流动”“实施具有国际竞争力的税收制度和政策”7 条规定。

③ 《中国（上海）自由贸易试验区临港新片区总体方案》第三部分“建立全面风险管理制度”规定，“以风险防控为底线，以分类监管、协同监管、智能监管为基础，全面提升风险防范水平和安全监管水平”。该部分项下包括 3 条规定，分别为“强化重点领域监管”“加强信用分级管理”“强化边界安全”。

④ 《中国（上海）自由贸易试验区临港新片区总体方案》第四部分“建设具有国际市场竞争力的开放型产业体系”规定，“发挥开放型制度体系优势，推动统筹国际业务、跨境金融服务、前沿科技研发、跨境服务贸易等功能聚集，强化开放型经济集聚功能。加快存量企业转型升级，整体提升区域产业能级”。该部分项下包括 6 条规定，分别为“建立以关键核心技术为突破口的前沿产业集群”“发展新型国际贸易”“建设高能级全球航运枢纽”“拓展跨境金融服务功能”“促进产城融合发展”“加强与长三角协同创新发展”。

⑤ 《最高人民法院关于人民法院为中国（上海）自由贸易试验区临港新片区建设提供司法服务和保障的意见》，载最高人民法院网站，http://www.court.gov.cn/fabu-xiangqing-212941.html，访问时间：2020 年 1 月 3 日。

条[①]，推出了多项创新举措。其中特别值得关注的有：创新国际商事审判运行机制，探索港澳台人士担任人民陪审员，探索允许外籍当事人使用英语参加诉讼（第5条），支持上海建设成为亚太仲裁中心，支持经登记备案的境外仲裁机构在新片区开展仲裁业务（第6条）。该等安排旨在为建立贸易自由化便利化体系提供司法支撑，对于新片区的建设有非常重要的意义。同时，需注意的是，该意见中的多项制度属于探索性安排，具体的落实方案以及实践中可能遇到的问题，以及与仲裁法和民事诉讼法的冲突问题，[②]仍有待于进一步明确。

2. 进一步扩大自由贸易区的试点工作以及自贸区经验的推广

2019年4月14日，国务院形成了自贸试验区第五批改革试点经验的文件，从“投资管理”“贸易便利化”和“事中事后监管措施”三个领域，总结了多项经验，要求在全国范围内复制推广。[③]

2019年8月2日，国务院印发《中国（山东）、（江苏）、（广西）、（河北）、（云南）、（黑龙江）自由贸易试验区总体方案》，[④]新设了六个自由贸易区，并针对不同地区之特征提出了各有侧重的差别化改革试点任务。[⑤]

---

① 《最高人民法院关于人民法院为中国（上海）自由贸易试验区临港新片区建设提供司法服务和保障的意见》，载最高人民法院网站，http://www.court.gov.cn/fabu-xiangqing-212941.html，访问时间：2020年1月3日。

② 《中华人民共和国民事诉讼法》第262条规定：“人民法院审理涉外民事案件，应当使用中华人民共和国通用的语言、文字。当事人要求提供翻译的，可以提供，费用由当事人承担。”根据前述规定，我国法院审理涉外案件，应使用我国通用的语言文字，即中文。《中华人民共和国仲裁法》第16条规定：“仲裁协议包括合同中订立的仲裁条款和以其他书面方式在纠纷发生前或者纠纷发生后达成的请求仲裁的协议。仲裁协议应当具有下列内容：（一）请求仲裁的意思表示；（二）仲裁事项；（三）选定的仲裁委员会。”第10条规定：“仲裁委员会可以在直辖市和省、自治区人民政府所在地的市设立，也可以根据需要在其他设区的市设立，不按行政区划层层设立。仲裁委员会由前款规定的市的人民政府组织有关部门和商会统一组建。设立仲裁委员会，应当经省、自治区、直辖市的司法行政部门登记。”根据《中华人民共和国仲裁法》的前述规定，有效的仲裁协议中，当事人选定的仲裁委员会应为中国境内依法设立的仲裁委员会，而不包括港澳仲裁机构或境外仲裁机构。

③ 《国务院关于做好自由贸易试验区第五批改革试点经验复制推广工作的通知》，载商务部网站，http://www.mofcom.gov.cn/article/difang/201612/20161202199943.shtml，访问时间：2020年1月3日。

④ 《国务院关于印发6个新设自由贸易试验区总体方案的通知》，载商务部网站，http://www.mofcom.gov.cn/article/b/g/201910/20191002905096.shtml，访问时间：2020年1月3日。

⑤ 例如，对于山东在探索中日韩三国地方经济合作等方面，江苏在提高境外投资合作水平等方面，广西在畅通国际大通道、打造对东盟合作先行先试示范区和打造西部陆海联通门户港等方面，河北在支持开展国际大宗商品贸易等方面，云南在创新沿边跨境经济合作模式等方面，黑龙江在建设面向俄罗斯及东北亚的交通物流枢纽等方面，该方案均有针对性地提出了具体举措。

2019年11月5日，商务部等18部门联合印发了《关于在中国（海南）自由贸易试验区试点其他自贸试验区施行政策的通知》，[①] 从提升投资便利化水平、扩大金融领域开放、加快航运领域发展等方面，提出将其他自贸试验区施行的共30项政策，在海南自贸试验区进行试点。

（三）支持跨境电子商务加速发展

2019年，我国积极探索跨境电商发展模式，跨境电商试验区进一步扩容。2019年12月24日，国务院发布《国务院关于同意在石家庄等24个城市设立跨境电子商务综合试验区的批复》，[②] 同意在石家庄、太原、赤峰、抚顺、珲春等24个城市设立跨境电商综合试验区，进一步探索防范交易风险与促进跨境电商行业发展之间的政策平衡。截至2019年底，我国跨境电商综合试验区数量已达59个。[③]

为便利跨境电商试验区内企业更好地开展出口业务，国家税务总局发布了《国家税务总局关于跨境电子商务综合试验区零售出口企业所得税核定征收有关问题的公告》，针对符合条件的跨境电商企业试行核定征收方式征收企业所得税，给予相应的税收优惠。[④]

为配套跨境电商发展，国家邮政局、商务部、海关总署三部门于2019年4月11日联合发布《关于促进跨境电子商务寄递服务高质量发展的若干意见（暂行）》。[⑤] 该意见包括"放管服改革""创新保障机制""优化行业发展环境""全过

---

① 《商务部等18部门联合印发〈关于在中国（海南）自由贸易试验区试点其他自贸试验区施行政策的通知〉》，载商务部网站，http://www.mofcom.gov.cn/article/ae/ai/201911/20191102914491.shtml，访问时间：2020年1月3日。

② 《国务院关于同意在石家庄等24个城市设立跨境电子商务综合试验区的批复》，载中华人民共和国中央人民政府网站，http://www.gov.cn/zhengce/content/2019-12/24/content_5463598.htm，访问时间：2020年2月4日。

③ 商务部发布的《中国对外贸易形势报告（2019年秋季）》显示，截至2019年9月，我国已经建立35个跨境电商综合试验区，国务院于2019年12月24日发布的《国务院关于同意在石家庄等24个城市设立跨境电子商务综合试验区的批复》批准新设24个跨境电商综合试验区，因此截至2019年底，我国跨境电商综合试验区数量已达59个。

④ 《国家税务总局关于跨境电子商务综合试验区零售出口企业所得税核定征收有关问题的公告》，载国家税务总局网站，http://www.chinatax.gov.cn/chinatax/n810341/n810755/c5139578/content.html，访问时间：2020年2月4日。

⑤ 《国家邮政局、商务部、海关总署关于促进跨境电子商务寄递服务高质量发展的若干意见（暂行）》，载商务部网站，http://wms.mofcom.gov.cn/article/zcfb/ax/201903/20190302843171.shtml，访问时间：2020年1月3日。

程监管”四个方面，旨在“打造更多跨境寄递服务通道平台，促进跨境寄递服务的高质量发展，保障寄递安全，改进用户体验，降低物流成本，维护公平竞争，形成线上线下协同发展的新格局”。

2019年3月23日、7月31日、10月19日、10月20日，中国相继与意大利[①]、哥伦比亚[②]、萨摩亚[③]、瓦努阿图[④]四国签署了有关电子商务合作的谅解备忘录，合作内容涉及建立电子商务合作机制、分享管理和政策制定的经验、推进地方合作和公私对话、开展联合研究和人员培训、鼓励企业开展电子商务交流和合作、共同提升旅游休闲业服务水平、通过电子商务推动各国优质特色产品贸易等。这些举措旨在进一步提升贸易便利化程度和合作水平，为双边经贸关系注入新的活力，标志着跨境电商国际合作向纵深发展。

三、典型案例

【案例1】国际货物买卖合同纠纷（中国法院适用《联合国国际货物买卖合同公约》的司法实践）[⑤]

【基本案情】

ST Cyber Link Corporation（一家美国公司，以下简称买方）于2015年11月通过阿里巴巴从深圳市龙芯世纪科技有限公司（一家中国公司，以下简称卖方）购买了一批电动平衡车，并全额支付了货款。

2016年1月20日货物到达美国港口，次日被海关扣留查验。海关查验后发现所有平衡车充电器加贴的UL标志都是伪造的。2016年4月，海关决定销毁充

① 《中意签署电子商务合作谅解备忘录》，载商务部网站，http://www.mofcom.gov.cn/article/ae/ai/201903/20190302845899.shtml，访问时间：2020年1月3日。

② 《中国—哥伦比亚签署电子商务合作谅解备忘录》，载商务部网站，http://www.mofcom.gov.cn/article/ae/ai/201907/20190702886478.shtml，访问时间：2020年1月3日。

③ 《中国和萨摩亚签署〈中华人民共和国商务部和萨摩亚独立国工商劳工部关于电子商务合作的谅解备忘录〉》，载商务部网站，http://www.mofcom.gov.cn/article/ae/ai/201910/20191002906159.shtml，访问时间：2020年1月3日。

④ 《中国和瓦努阿图签署〈中华人民共和国商务部和瓦努阿图共和国外交、国际合作与对外贸易部关于电子商务合作的谅解备忘录〉》，载商务部网站，http://www.mofcom.gov.cn/article/ae/ai/201910/20191002906158.shtml，访问时间：2020年1月3日。

⑤ ST Cyber Link Corporation与龙人集团有限公司、深圳市龙芯世纪科技有限公司国际货物买卖合同纠纷一审案，裁判文书号：（2018）粤0391民初2728号。

电器后放行平衡车。在海关扣留期间，因发生多起平衡车安全事故，美国提高了平衡车准入条件。买方表示很难销售配有劣质充电器的平衡车，要求退货。经协商，双方约定，卖方向买方补寄充电器，并负责转售平衡车，销售达到一定量时，卖方向买方退回全部货款。该批货物最终全部在美国销售。卖方表示，因转售成本高，要求退还货款时，扣留30%作为佣金。随后，买方向广东省深圳前海合作区人民法院（以下简称前海法院）提起诉讼，要求卖方退还全部货款，赔偿运费、利息、律师费、公证认证费等。前海法院支持了买方大部分诉讼请求。

【争议焦点】

本案主要争议焦点是：卖方是否存在根本违约。

【裁判观点】

前海法院认定，充电器加贴的UL标志是伪造的，根据《联合国国际货物销售合同公约》（以下简称《公约》）第41条[①]的规定，案涉平衡车内充电器受到第三方即美国UL认证标志权利持有方主张权利，卖方构成违约。但是，瑕疵交付不构成《公约》第25条规定的根本违约。本案中，充电器可与平衡车分离，充电器被销毁不会完全剥夺买方根据合同所预期得到的东西。并且，卖方已向买方补寄了充电器，重新安装充电器后，平衡车也在美国得以销售。前海法院参考联合国国际贸易法委员会（以下简称贸法会）公布的适用《公约》的案例，[②]认为当交付的货物出现瑕疵但可以修复和挽回或者卖方提供了及时的修复和挽救措施，不应视为根本违约。

至于买方主张的，清关期间美国进口政策发生变化导致平衡车市场急剧下滑，前海法院认为，这并非卖方所致，亦非卖方所能预料，该政策或产品标准变化的风险不应由被告承担。更何况，货物最终在美国得以销售，与买方主张不符。

---

① 《公约》第41条规定："卖方所交付的货物，必须是第三方不能提出任何权利或要求的货物，除非买方同意在这种权利或要求的条件下，收取货物。但是，如果这种权利或要求是以工业产权或其它知识产权为基础的，卖方的义务应依照第四十二条的规定。"

② 前海法院归纳了联合国国际贸易法委员会整理的案例中体现的裁判观点，包括：（a）如果所交付的货物质量不符合合同约定，只要在不给买方带来不合理的不便时货物仍然可以使用或者打折转售，就不应认定为根本违约。（b）如果所交付的货物存在严重缺陷或者不可修复和挽回，但在某种程度上仍然可以使用，就不应视为根本违约。（c）当交付的货物存在主要缺陷或者需要厂家生产替代货物时，便不需要再参考是否能依然使用或打折转售，而是认定为根本违约。（d）当交付的货物出现瑕疵但可以修复和挽回或者卖方提供了及时的修复和挽救措施，不应视为根本违约。

当然，尽管如此，前海法院还是支持了买方要求返还货款的请求，这是因为法院认为，本案双方已经合意终止了销售合同。卖方同意以占有改定[①]的方式收回平衡车，并在特定条件下向原告返还货款。因此，在条件成就时，卖方应当向买方返还货款。

【纠纷观察】

本案为国际货物买卖合同纠纷，案涉合同签订于 2015 年 11 月，案涉双方当事人营业地所在国分别为中国和美国，二者均为《公约》的缔约国。根据《公约》第 1 条第 1 款[②]和《中华人民共和国民法通则》(以下简称《民法通则》)第 142 条[③]的规定，《公约》应优先适用，除非双方当事人明确排除适用《公约》。[④]因此，前海法院适用《公约》对本案进行了审理，并在审理过程中积极参考贸法会公布的案例，认为当交付的货物出现瑕疵但可以修复和挽回或者卖方提供了及时的修复和挽救措施，不应视为根本违约。类似的案例还有最高院于 2019 年 2 月 25 日公布的指导案例 107 号。[⑤]在该案中，最高院适用《公约》，并在参考了贸法会公布的案例后，认为在国际货物买卖合同中，卖方交付的货物虽存在缺陷，但只要买方经过合理努力就能使用货物或转售货物，不应视为构成《公约》规定的根本违约。

由此可见，我国法院不仅积极适用《公约》，还在《公约》具体条款的理解和适用问题上，与贸法会认可的各国司法实践保持一致。值得注意的是，这两个案件的裁判结果充分体现了《公约》鼓励交易和慎重认定根本违约的精神，这与《中华人民共和国合同法》的立法精神是一致的。

---

① 占有改定作为观念交付的方式之一，是指财产出让人将其特定财产让与他人的同时又与受让人约定债权关系并依此仍保留对该财产实际占有的复合法律行为。

② 《公约》第 1 条第 1 款规定：“（1）本公约适用于营业地在不同国家的当事人之间所订立的货物销售合同：（a）如果这些国家是缔约国；（b）如果国际私法规则导致适用某一缔约国的法律。”

③ 《民法通则》第 142 条第 2 款规定：“中华人民共和国缔结或者参加的国际条约同中华人民共和国的民事法律有不同规定的，适用国际条约的规定，但中华人民共和国声明保留的条款除外。”

④ 《公约》第 6 条规定：“双方当事人可以不适用本公约，或在第十二条的条件下，减损本公约的任何规定或改变其效力。”

⑤ 蒂森克虏伯冶金产品有限责任公司（ThyssenKrupp Mentallurgical Products Gmbh）与中化国际（新加坡）有限公司（Sinochem International（Overseas）Pte Ltd）其他买卖合同纠纷二审案，裁判文书号：（2013）民终字第 35 号。

【案例 2】国际货物买卖合同纠纷（多份关联合同约定的争议解决方式不一致所造成的影响）

【基本案情】

2013 年 11 月，A 公司（一家中国公司）与 B 公司（一家英国公司，B 品牌不锈钢板供货方）、C 公司（一家中国公司，B 公司在中国的经销代理商）共同签署了《合作协议》，约定：B 公司与 C 公司保证在 A 公司指定的施工单位每一次下达订单后，向施工单位提供 B 品牌不锈钢板，具体订单内容以施工单位与 C 公司签订的供货合同约定为准，货款由 A 公司支付。随后，施工单位分别与 C 公司签署了四份《供货合同》，约定 C 公司提供的 B 品牌不锈钢板应为原厂产品（即 B 公司自有工厂生产的产品）。《合作协议》与《供货合同》约定的争议解决条款不一致，前者为仲裁，后者为诉讼。

A 公司支付价款后，以 B 公司与 C 公司提供的不锈钢板并非 B 公司的原厂着色成品而是由国内其他工厂代为进行着色加工的成品为由提起仲裁，主张 B 公司与 C 公司违反了《合作协议》约定，构成违约，要求 B 公司和 C 公司赔偿合同约定的不锈钢板与实际交付不锈钢板的差价损失、违约金、因本案支出的律师费、仲裁费等。经审理，仲裁庭支持了 A 公司关于仲裁费、律师费等请求，驳回了 A 公司的其他仲裁请求。

【争议焦点】

本案主要争议焦点包括：1.《供货合同》是否属于本案仲裁范围；2. B 公司与 C 公司是否构成违约。

【裁判观点】

1.《供货合同》是否属于本案仲裁范围？

A 公司主张，《合作协议》约定“订单内容以供货合同约定为准”，因此，《供货合同》属于《合作协议》的组成文件，属于仲裁庭的审理范围。

仲裁庭认为，《供货合同》约定的争议解决条款为法院诉讼，尽管 A 公司指定的四家施工单位出具了同意由 A 公司行使《供货合同》项下买受人应享有的所有相关权利的说明，但 A 公司受让的权利仍然受限于《供货合同》项下的约定范围及内容。即使施工单位向 A 公司有效让与了其在《供货合同》项下对 C 公司的追诉权，由于《供货合同》不存在仲裁条款，该追诉权仍需通过在法院提起诉讼的方式行使。因此，仲裁庭认为《供货合同》不在本案仲裁范围内。

2. B 公司与 C 公司是否构成违约?

仲裁庭认为,《合作协议》是三方共同签署的一份合作框架性质的协议，缺乏一般买卖合同中应有的对产品质量标准、验收、保证等事项的具体约定，尤其是对原厂产品要求的约定。因此，仲裁庭无法基于《合作协议》判断 B 公司与 C 公司是否违反了出卖人的质量保证义务。

另外,《供货合同》的合同相对方是施工单位和 C 公司，并不包括 A 公司与 B 公司。至于 C 公司是否违反了《供货合同》项下的“原厂”着色要求，应当由人民法院适用相关法律进行认定。因此，关于 A 公司在《合作协议》项下提出的 B 公司与 C 公司违反《供货合同》的“原厂”约定进而构成违约的主张，仲裁庭不予支持。

【纠纷观察】

在国际贸易中，当事人常常签署一系列关联但又各自独立的合同以实现复杂交易。当这些或存在紧密牵连或存在主从关系的多份合同争议解决条款内容不一致时，根据意思自治原则，我国法院及仲裁机构只能将这些合同进行割裂，根据合同中分别约定的争议解决条款以确定管辖。[①]这往往会导致紧密关联的案件被交由不同的裁判机构进行裁判，既不利于裁判机构查明事实、作出前后一致的裁决，也不利于快速高效地解决纠纷，同时也极大地增加了当事人的诉累并产生大量不必要的诉讼成本。因此，在同一交易或关联交易中，当事人应当特别注意确保该交易所涉多份合同中的争议解决条款保持一致。

此外，值得注意的是，B 公司作为国外供应商，其在中国的经营是通过委托中国代理商 C 公司进行的。关于向施工单位供货的具体细节和要求，都约定于 C 公司与施工单位签署的《供货合同》中，这一合同 B 公司并未签署。但是，如果 C 公司确实违反了《供货合同》, B 公司作为被代理人，根据《中华人民共和国民法总则》第 162 条[②]的规定，有很大的可能应承担相应的违约责任。本案中，尽管因管辖权问题，仲裁庭未对 B 公司与 C 公司是否违反《供货合同》的“原厂”约定这一问题进行审理，但这并不能排除有管辖权的人民法院最终认定 B 公司和 C 公司违约的可能。实践中，供应商在拓展国外业务时，常常会在当地委托代理商。在这种情况下，供应商应特别注意审核代理商与当地买方之间的合同，对代理商

---

① 广州市晨乐信息科技有限公司与广州工博计算机科技有限公司、广州达策信息技术有限公司合同纠纷二审案，裁判文书号:（2016）粤民辖终 335 号。

② 《中华人民共和国民法总则》第 162 条规定:“代理人在代理权限内，以被代理人名义实施的民事法律行为，对被代理人发生效力。”

的履约行为进行系统和全面的监督，并通过完善供应商与代理商之间的协议，最大化地规避因代理商的违约行为而给自身带来的损失。

【案例 3】进出口信用保险合同纠纷案（贸易商利用进出口信用保险进行贸易融资时，银行对保险公司的索赔权）①

【基本案情】

2012 年 9 月，浙江俊霖进出口有限公司（以下简称俊霖公司）拟从北京银行股份有限公司杭州分行（以下简称北京银行）借款，开展出口业务。为担保该借款，俊霖公司向中国出口信用保险公司浙江分公司（以下简称中信保）就该出口业务投保了出口信用保险。随后，三方签署《赔款转让协议》，约定：如果相关出口合同项下发生保险责任范围内的损失，俊霖公司可直接向中信保索赔，也可委托北京银行代理索赔，或将索赔权转让给北京银行。随后，俊霖公司与北京银行签署借款协议，并发生八笔借款，但俊霖公司最终未能还款。后经司法机关确认，这八笔借款对应的八笔交易中，仅一笔为真实交易。

北京银行起诉俊霖公司和中信保，要求偿还该笔真实业务相应的借款。法院认定，借款合法有效，俊霖公司应当还款，但保险理赔关系与金融借款关系并非同一法律关系，应另案处理。鉴于俊霖公司无力偿还，北京银行遂提起本案诉讼，就其中一笔真实交易，请求判令中信保理赔。一审法院判决，北京银行未能向中信保提供三方协议约定的文件，不能证明俊霖公司对中信保的索赔权发生转让，因此驳回诉讼请求。二审法院维持原判。

【争议焦点】

本案主要争议焦点有：1. 北京银行签署《赔款转让协议》后，是否当然地对保险公司享有索赔权？ 2. 在法院已判决俊霖公司有义务向北京银行归还借款的情况下，北京银行向中信保索赔是否构成就同一债权重复主张？

【裁判观点】

1. 北京银行在签署《赔款转让协议》后，是否当然地对保险公司享有索赔权？

尽管三方签署的《赔款转让协议》合法有效，但是，北京银行的索赔权并非自该协议签署之时当然取得。首先，应确认俊霖公司已取得保险索赔权，这是索赔权转让的基础；其次，还应确认北京银行已按照《赔款转让协议》履行了索赔

---

① 北京银行股份有限公司杭州分行与中国出口信用保险公司浙江分公司进出口信用保险合同纠纷二审案，裁判文书号：（2018）浙 01 民终 8602 号。

权转让的各项程序，并向中信保提供了约定的所有文件。而本案中，北京银行未能证明其已提供所有约定的文件及履行完毕索赔流程。

2. 在法院已判决俊霖公司有义务向北京银行归还借款的情况下，北京银行向中信保索赔是否构成就同一债权重复主张？

在提起本案之前，人民法院已判令俊霖公司归还借款本金并支付利息，该判决已令北京银行的损失得到清偿，因此对于其因同一债权再次向中信保主张赔付的诉讼请求，法院不予支持。

【纠纷观察】

利用出口信用保险进行贸易融资的交易模式是：出口商在出口货物或提供服务前先购买出口信用保险；随后，出口商、保险公司和银行三方签订《赔款转让协议》，约定当发生保险责任范围内的损失时，保险公司将应付给出口商的赔款直接全额支付给银行；最后，银行与出口商签订融资协议，就该等出口业务提供借款。

如出口商无法还款，银行可否直接向保险公司申请理赔，是此类案件的争议焦点。从我国司法实践看，如果银行不能证明贸易真实性，通常无法得到理赔。[①] 但即便交易真实，如本案所述，法院还要确认：（1）该项损失是否在保险责任范围内，此为索赔权存在的基础；（2）银行是否按照《赔款转让协议》的要求向保险公司提供所有文件及履行完毕所有理赔程序，此为索赔权转让对保险公司发生效力的要件。

此外，实践中很多银行主张，保险合同构成对融资协议的担保，因此保险公司应对出口商的债务承担连带赔偿责任。本案法院对此问题予以明确：保险理赔关系与金融借款关系是完全独立的，信用保险并不是银行贷款的担保。根据这一观点，若银行确有索赔权，且有能力履行协议规定的相关程序，建议直接向保险公司索赔。如果银行先选择向出口商索赔，在获得法院支持但却无法执行的情况下，再向保险公司索赔，会被法院或仲裁庭以对同一债权重复主张为由驳回。

---

① 相关判例如，宁夏银行股份有限公司与中国出口信用保险公司陕西分公司进出口信用保险合同纠纷二审案，裁判文书号：（2017）陕 01 民终 7264 号；浙商银行股份有限公司宁波鄞州支行与中国人民财产保险股份有限公司宁波市分公司财产保险合同纠纷一审案，裁判文书号：（2017）浙 0203 民初 13226 号。

【案例4】国际货物多式联运合同纠纷案（关于赔偿责任、责任限额和诉讼时效等问题的适用法）[①]

【基本案情】

第一产物保险股份有限公司（以下简称第一产物公司）承保的货物由新加坡长荣海运股份有限公司（以下简称新加坡长荣公司）承运，从中国上海出运至墨西哥城，运输方式包括海运和陆运。在墨西哥陆运过程中，货物发生灭失。第一产物公司向托物人赔付后，取得代位求偿权，起诉新加坡长荣公司。该案经历了一审、二审以及再审。

一审法院判决，本案应适用中国法律，新加坡长荣公司应向第一产物公司赔偿超过200万美元的损失及利息。二审法院驳回上诉，维持原判。最高院再审判决撤销了二审判决，判决新加坡长荣公司向第一产物公司赔偿1,737.97美元。

【争议焦点】

本案主要争议焦点为：多式联运合同中，赔偿责任、责任限额及诉讼时效的法律适用问题。

新加坡长荣公司主张，因货损发生于墨西哥，本案项下的赔偿责任、责任限额以及诉讼时效均应根据墨西哥相关法律确定。根据墨西哥法律，新加坡长荣公司应承担限额的货损赔偿责任，即1,737.97美元；且第一产物公司的起诉已经超过该诉讼时效期间，法院应当判决驳回其诉讼请求。

第一产物公司主张，新加坡长荣公司提交的墨西哥法律未经公证、不完整，不应适用墨西哥法律。根据中国法相关规定，新加坡长荣公司应承担无限额的货损赔偿责任，且第一产物公司的起诉并未超过诉讼时效期间。

【裁判观点】

1. 赔偿责任和责任限额适用墨西哥法

在赔偿责任和责任限额方面，本案一审和二审法院分别以新加坡长荣公司提交的墨西哥法律未经公证以及提供的墨西哥法律不完整为由，拒绝适用墨西哥法律。

最高院审理后认为，新加坡长荣公司提供的文件能够证明墨西哥法的相关内容，根据《中华人民共和国海商法》(以下简称《海商法》) 第105条[②]，本案项下

---

① 新加坡长荣海运股份有限公司与第一产物保险股份有限公司民事判决书，裁判文书号：（2018）最高法民再196号。

② 《海商法》第105条规定："货物的灭失或者损坏发生于多式联运的某一运输区段的，多式联运经营人的赔偿责任和责任限额，适用调整该区段运输方式的有关法律规定。"

的赔偿责任和责任限额应适用墨西哥相关法律。

2. 诉讼时效问题不适用墨西哥法律

最高院审理后认定，《海商法》第 105 条规定的“赔偿责任和责任限额”并不包括诉讼时效。本案诉讼时效期间，应当依据中华人民共和国在案涉运输行为发生当时所施行的法律规定（即《民法通则》第 135 条①）予以确定。鉴于案涉货损发生于 2012 年 10 月 23 日，保险人第一产物公司于 2013 年 10 月 18 日向一审法院起诉，因此并未超过诉讼时效。

【纠纷观察】

在我国以往的司法实践中，在应当适用外国法的案件中，法院有时会以外国法无法查明为由适用中国法。近年来，这一情形得到改善。最高院在 2015 年和 2019 年发布的关于为“一带一路”建设提供司法服务和保障的意见②中，均明确提出要加强准确查明和适用外国法律。2019 年 11 月 29 日，最高院域外法查明统一平台也正式上线启动。③这些都表明，我国法院越来越重视外国法的查明与适用，这对增强我国司法国际公信力、提升营商环境具有非常重要的意义。

在多式联运货损纠纷中，如能确认货损发生的运输区段，依据《海商法》第 105 条，多式联运经营人的赔偿责任和责任限额应依据货损发生地法律确定，这一点并无争议。但是，诉讼时效是否也应根据货损发生地的法律来确定，实践中存在争议。有的法院持肯定观点，④有的法院则持否定观点。⑤最高院在本案中就此问题进行了详细的分析，认为诉讼时效不应适用货损发生地的法律，而是应当

---

① 《民法通则》第 135 条规定：“向人民法院请求保护民事权利的诉讼时效期间为二年，法律另有规定的除外。”

② 《最高人民法院关于人民法院为“一带一路”建设提供司法服务和保障的若干意见》，法发〔2015〕9 号；《最高人民法院关于人民法院进一步为“一带一路”建设提供司法服务和保障的意见》，法发〔2019〕29 号。

③ 《最高人民法院域外法查明统一平台今天正式上线启动》，载最高人民法院国际商事法庭网站，http://cicc.court.gov.cn/html/1/218/149/156/1524.html，访问时间：2020 年 1 月 15 日。

④ 例如，中国人民财产保险股份有限公司厦门市分公司、天津福隆海运集团有限公司合同纠纷二审民事判决书，裁判文书号：（2018）津民终 405 号；美亚财产保险有限公司深圳分公司与深圳市嘉驰信国际货运代理有限公司、景鸿国际物流（成都）有限公司合同纠纷一审民事判决书，裁判文书号：（2018）粤 72 民初 372 号。

⑤ 例如，中外运湖北有限责任公司、武汉中远海运集装箱运输有限公司海上、通海水域货物运输合同纠纷再审民事判决书，裁判文书号：（2018）最高法民再 457 号。该案经历了一审、二审、再审；再审法院撤销了二审湖北省高级人民法院（2018）鄂民终 263 号民事判决，维持了一审武汉海事法院（2017）鄂 72 民初 1856 号民事判决。

适用中国法项下关于诉讼时效的普通规定。

具体而言，最高院从《海商法》第 105 条的立法目的、《海商法》的体系结构、以及《海商法》立法时参考的国际条约等角度，对这一问题进行了分析。首先，最高院指出，《海商法》第 105 条的立法本意是尽可能使多式联运经营人的赔偿责任与各区段承运人的赔偿责任保持一致，尽量避免多式联运经营人在可向区段承运人追偿的损失数额之外对货损另作赔付，以促进多式联运的发展。这一立法目的与诉讼时效问题无关。其次，从《海商法》的体系和结构来看，赔偿责任和限额与诉讼时效分别规定于《海商法》的第四章（海上货物运输合同）与第十三章（时效）中，两者在《海商法》项下属于不同的概念。最后，从法源来看，《海商法》于 1992 年 11 月 7 日颁布前，国际上有关的规则和公约[①]中，均规定了单独的诉讼时效条款，该等规则和公约中规定的多式联运经营人的责任限制主要是针对赔偿责任限额，并不涵盖诉讼时效。最高院的这一分析非常全面，对于正确理解和适用《海商法》第 105 条，具有非常重要的意义。

四、热点问题观察

（一）《国际贸易术语解释通则 2020》（Incoterms®2020）

国际商会于 1936 年创设国际贸易术语解释通则，旨在建立与全球贸易伙伴之间的货物交付有关的定义和规则。之后，国际商会定期对通则进行修订，以适应国际贸易体系的变化。2019 年 9 月 10 日，国际商会于法国巴黎正式发布 Incoterms® 2020（以下称 2020 通则），2020 通则已于 2020 年 1 月 1 日在全球正式生效。[②]

总体来看，2020 通则仍然包括 11 种贸易术语，与《国际贸易术语解释通则 2010》（以下简称 2010 通则）相比，其主要修改有如下四个方面：

第一，DAT（DELIVERED AT TERMINAL，运输终端交货）改为 DPU（DELIVERED AT PLACE UNLOADED，卸货地交货）。在 2010 通则中，DAT 太过强调运输终端，而在实践中，当事人可能想在运输终端以外的场所交付货物。2020 通则更改 DAT 为 DPU 的主要目的就是去运输终端化，删除对运输终端的提及，使其更加笼统，

---

① 《1973 年多式联运单证统一规则》《1980 年联合国国际货物多式联运公约》《1991 年联合国贸易和发展会议 / 国际商会多式联运单证规则》。

② “Incoterms®2020”，https://iccwbo.org/resources-for-business/incoterms-rules/incoterms-2020/，访问时间：2020 年 1 月 27 日。

但实质内容并无其他改变。这个变更旨在强调目标位置可以是任何位置，而不一定是在某个运输终端。当然，卖方必须确保这个地点是具备卸货能力的。

第二，FCA［货交承运人（指定地点）］下买方可以指示承运人开具提单。2020通则之前的版本中，FCA术语下货物的交付是在装船之前完成的，而承运人只会在货物实际装在船上时才会签发装船提单。这一情形所造成的结果是，因为无法获得提单，卖方无法通过信用证方式获得付款。2020通则将FCA修改为允许双方约定由买方指示承运人向卖方签发装船提单，将为卖方从买方银行获得付款提供极大的便利。

第三，提高CIP术语保险范围。2020通则更改CIP术语下的保险范围，要求将保险范围提高到《协会货物条款》［劳埃德市场协会（LMA）/国际保险协会（IUA）］（A）条款"一切险"的要求。而另一要求卖方提供保险的术语CIF则未作修改，卖方仍然只需为买方提供相当于《协会货物条款》C条款，即基本的保险水平的保险。究其原因，主要是CIF更多地用于大宗商品贸易，CIP作为多式联运术语更多地用于制成品。

第四，FCA、DAP、DPU以及DDP术语项下卖方可使用自有运输工具。2010通则是基于这样一种假设，即卖方和买方之间的货物运输将由第三方承运人进行，而没有考虑到由卖方或买方自己提供运输的情况。2020通则对此进行了修订，在FCA、DAP、DPU以及DDP术语下，不再推定由第三方进行运输，赋予卖方、买方可在必要时自行安排运输的权利。这一更新考虑到许多卖方现在使用自己的运输方式来交付货物，提供了更为宽泛的运输解决方案，取代了传统的雇用第三方承运人。

另外，关于中国进出口企业较为常用的FOB条款，2020通则并未进行修改。实际上，在2017年9月25日于中国北京召开的由国际商会中国国家委员会与国际商会商法与惯例委员会主办的"国际贸易术语亚洲研讨会"上，与会人员重点讨论了FOB术语的修改问题。会议上，中国专家所提出的建议是：FOB是中国进出口企业使用最广泛的贸易术语，应当保持其稳定性，大幅修改会给实务操作带来混乱，因此，不建议大幅修改；根据目前的实际使用情况，FOB已被广泛适用于集装箱运输，应当修改FOB的适用范围以符合贸易实务发展趋势。①

2020通则符合国际贸易领域的发展趋势以及当事人日益变化的需求，增加了

① 《国际贸易术语亚洲研讨会在京召开》，载中国国际贸易促进委员会网站，http://www.ccpit.org/Contents/Channel_3521/2017/0928/885445/content_885445.htm，访问时间：2020年1月27日。

国际贸易中当事人义务、风险、成本负担的灵活性和确定性，但同时也给进出口企业的法律合规带来了一定的挑战。对于从事国际贸易的企业而言，需特别注意的是，2020 通则的生效并不意味着 2010 通则失去效力，因此，在签署国际贸易相关合同时应明确约定适用的通则版本。同时，企业的单证人员也需及时了解和跟进术语的变化，防止发生漏报运费和保费导致企业被稽查。

（二）中美第一阶段经贸协议的 WTO 合规性及其争议解决条款

美国当地时间 2020 年 1 月 15 日上午，中美双方共同签署了《中华人民共和国政府和美利坚合众国政府经济贸易协议》（以下简称《协议》）。2020 年 1 月 16 日，财政部、发展改革委、农业农村部、商务部、人民银行五部委联合发布《关于发布中美第一阶段经贸协议的公告》,[①] 并全文附载《协议》的中文版和英文版。该协议共包括八章，第一章为知识产权、第二章为技术转让、第三章为食品和农产品贸易、第四章为金融服务、第五章为外汇监管、第六章为扩大贸易、第七章为争端解决、第八章为最终条款。《协议》对中美之间未来经贸关系走向及我国相关领域的立法、司法、执法甚至进出口相关企业的运营方式均会产生重大的影响。

从该《协议》的内容来看，除争议解决条款（第七章）和最终条款（第八章）外，《协议》内容主要分为四类：

第一，美国基于自身的法律实践，要求中国填补立法、执法、司法等方面的空白。这主要体现在第一章（知识产权）和第二章（技术转让）。[②]

第二，关于特定行业和产品，中国对境外货物和服务供应商扩大开放的具体承诺，主要是针对美国的开放措施。这主要体现在第三章（食品和农产品贸易和第四章（金融服务）。[③]

---

① 《关于发布中美第一阶段经贸协议的公告》，载财政部网站，http://www.mof.gov.cn/zhengwuxinxi/caizhengxinwen/202001/t20200116_3460124.htm，访问时间：2020 年 1 月 27 日。

② 以第一章中的“商业秘密”为例，美国要求中国：全面列举侵犯商业秘密行为（第 1.4 条）；侵犯商业秘密诉讼中，特定情况下，将未侵犯商业秘密的举证责任转移至被告（第 1.5 条）；规定及时有效的临时措施，以阻止使用被侵犯的商业秘密（第 1.6 条）；明确侵犯商业秘密刑事执法的门槛（第 1.7 条）及刑事程序和处罚（第 1.8 条）；简化民事诉讼中证据认证（领事认证）要求（第 1.30 条）等。

③ 例如，认可美国相关政府部门对当地工厂的监管，同意从美国政府认可的工厂进口特定农产品（第三章 食品和农产品贸易）；中国允许美国金融机构的分行提供证券投资基金托管服务（第 4.2 条第 2 款）；中国允许美国金融服务提供者从省辖范围牌照开始申请资产管理公司牌照，使其可直接从中资银行收购不良贷款（第 4.5 条第 2 款）；中国取消寿险、养老保险和健康保险领域的外资股比限制，允许美国独资保险公司进入上述领域（第 4.6 条第 1 款）。

第三，在汇率方面，双方承诺实现并维持市场决定的汇率制度，避免竞争性贬值，避免将汇率用于竞争性目的，包括对外汇市场进行大规模、持续、单向干预（见第五章 宏观经济政策、汇率问题和透明度）。

第四，中国承诺于2020年和2021年两年内，在2017年基数之上，扩大自美采购和进口制成品、农产品、能源产品和服务不少于2,000亿美元（见第六章 扩大贸易）。

从我国海关总署统计的数据来看，2017年全年中国进口总值为1,840,984,533,000美元（约1.8万亿美元），从美国进口总值为153,943,208,000美元（约1,539亿美元）。[①] 与之相比，2019年全年中国进口总值增长为2,076,894,800,000美元（约2.07万亿美元），但受贸易战影响，从美国进口总值降低为122,714,400,000美元（约1,227亿美元）。[②] 在2017年的基础上，两年增加进口2,000亿美元，意味着2020年和2021年每年从美国进口总值应达到2,500—2,600亿美元。该金额低于2019年中国从欧盟的进口总值（约为2,766亿美元），以及从东盟的进口总值（约2,820亿美元）。[③] 但是，值得注意的是，《协议》第六章项下，双方仅明确了中国对美国四类产品（制成品、农产品、能源产品和服务）中的每一类拟增加进口的总额，但尚未明确每类产品项下的二级目录产品（例如，制成品项下的二级目录产品包括工业机械、药品、飞机等）拟增加进口的金额。《协议》的这一内容是否会影响其他国家对中国的出口利益，尚不明确。

总体来说，前述第一类条款有利于促进中国进一步完善相关领域的立法、执法和司法制度，更好地为境内外主体在知识产权等相关方面提供法律保护，但这对中国立法机构、政府、司法机构及法律从业者均提出了较高的要求。第三类条款符合国际上对于汇率问题的共识。引起国际贸易法学界和实务界更多关注的，主要是前述第二类和第四类中，中国向美国作出的特别承诺。

对外经济贸易大学法学院石静霞教授在其发表的文章《〈中美经贸协议〉的

① 《2017年12月进出口商品主要国别（地区）总值表（美元值）》，载海关总署网站，http://www.customs.gov.cn/customs/302249/302274/302275/1416426/index.html，访问时间：2020年1月28日。

② 《2019年12月进出口商品主要国别（地区）总值表（美元值）》，载海关总署网站，http://www.customs.gov.cn/customs/302249/302274/302275/2833764/index.html，访问时间：2020年1月28日。

③ 《2019年12月进出口商品主要国别（地区）总值表（美元值）》，载海关总署网站，http://www.customs.gov.cn/customs/302249/302274/302275/2833764/index.html，访问时间：2020年1月28日。

WTO 合规性："管理贸易" v."自由贸易"？》[①] 中指出两点：第一，《协议》的谈判和签署体现美国对华贸易政策从"自由贸易"（free trade）转向"管理贸易"（managed trade）。石教授认为："特朗普提出'美国优先'理念，打破传统贸易理论，抛弃多边体制下的自由贸易理念，以美国市场和经济规模作为杠杆及博弈基础，更多通过双边和区域谈判逐个击破，以达到其所谓的'公平贸易'（fair trade）和'平衡贸易'（balanced trade）目标。这与美国之前的贸易政策有显著不同。"第二，需认真考虑《协议》本身的规定及后续履行与 WTO 体制的一致性问题，特别是其他成员能否基于 GATT 第 1 条[②] 和 GATS 第 2 条[③] 规定的最惠国待遇原则主张其贸易利益？对此，石教授指出，"GATT 第 1 条规定的最惠国待遇适用于'对进口或出口、有关进口或出口或对进口或出口产品的国际支付转移所征收的关税和费用等方面'，似乎并不直接适用于《协议》关于中国增量购买美国产品的情形"，但服务贸易方面要复杂得多，值得进一步分析。石教授还指出，"如果确因对美国产品的巨额增量购买影响其他成员对中国的出口，即使《协议》不违反 WTO 规定，仍有可能被提起'非违约之诉'"。前上诉机构大法官张月姣教授则认为，《协议》明确规定《协议》的签署不得损害双方与其他国家和地区的贸易关系；《协议》中关于知识产权、技术转让、外汇和金融等内容是中国已经和正在进行的改革与开放措施，既适用于美国也适用于欧盟和其他国家和地区；因此，《协议》符合 WTO 的规定。[④]

此外，《协议》第七章规定的双边评估和争端解决安排（以下简称安排）亦是理论界和实务界重点关注的对象。从《协议》第 7.1 条可知，该安排的目的在于"确保协议得到迅速有效履行"以及"公平、快速和秉持尊重的方式，解决双边经贸关系中的问题"。该安排项下，中美两国之间的争议并不依赖于第三方的居中调停

---

① 石静霞：《〈中美经贸协议〉的 WTO 合规性："管理贸易" v."自由贸易"？》，载微信公众号"国际贸易法评论"，访问时间：2020 年 1 月 29 日。

② GATT 第 1 条第 1 款规定："在对输出或输入、有关输出或输入及输出入货物的国际支付转帐所征收的关税和费用方面，在征收上述关税和费用的方法方面，在输出和输入的规章手续方面，以及在本协定第三条第二款及第四款所述事项方面，一缔约国对来自或运往其他国家的产品所给予的利益、优待、特权或豁免，应当立即无条件地给予来自或运往所有其他缔约国的相同产品。"

③ GATS 第 2 条第 1 款规定："关于本协定涵盖的任何措施，每一成员对于任何其他成员的服务和服务提供者，应立即和无条件地给予不低于其给予任何其他国家同类服务和服务提供者的待遇。"

④ 张月姣：《前上诉机构大法官张月姣教授点评经贸热点问题》，载微信公众号"国际贸易法评论"，访问时间：2020 年 3 月 10 日。

或裁决，而是由双方政府来主导解决。该安排有两个层面的内容：一是落实协议履行的层面，具体方式包括“贸易框架小组”会议、宏观经济工作会议、信息交流机制、履行情况评估机制等；二是争议解决层面，具体方式包括申诉、申请评估、磋商等。各项程序的时间限制也非常明确和紧凑，具有很强的可操作性。具体而言，主要包括以下内容：

第一，《协议》第 7.2 条分两款设置了安排的整体架构。首先，该条确立了高层参与原则，即双方应建立分别由中国国务院分管副总理和美国贸易代表牵头的“贸易框架小组”。其次，从日常工作层面，双方均应各自设立“双边评估和争端解决办公室”。该办公室的主要工作包括三部分：评估协议履行相关的具体问题；接收任何一方提交的与协议履行相关的申诉；通过磋商解决争端。

第二，《协议》第 7.3 条规定了中美在协议履行过程中的信息交流机制。该条明确规定了提供信息的时间和程序，具有很强的可操作性。但需注意的是，如涉及保密信息，被请求方可以不提供。然而，何种信息属于保密信息，协议并未详细列明，这就意味着，在双方商讨信息要求和提供时，应当对保密信息进行确定。由于中美双方对于保密信息范围的理解可能会存在不一致之处，协议履行中对保密信息的界定将会是双方可能产生争议的焦点之一。

第三，《协议》第 7.4 条规定了争端解决程序。根据该条，争端解决程序包括四步。第一步：由申诉方向另一方的“双边评估和争端解决办公室”提出书面申诉。第二步：被申诉方对申诉进行评估。评估完成后，双方指定官员应启动磋商程序。第三步：被申诉方对申诉进行处理。负责处理申诉的官员级别由低到高分为三级，分别是指定官员、中方指定的副部长和美方指定的副贸易代表、中国国务院分管副总理和美国贸易代表。只有较低级别未能解决，才需提交高一级官员处理。但需注意的是，如果中国国务院分管副总理和美国贸易代表认为某一问题是紧急事项，可在双方会议上直接提出该事项，而无需先在较低级别的会议上进行讨论。第四步：最后磋商及救济。如果通过前述程序未能解决申诉的问题，双方应进行磋商。如果仍未达成共识，申诉方可能采取一定行动予以补救。但在申诉方行动生效日之前，被申诉方可以启动中国国务院分管副总理和美国贸易代表之间的紧急会议。如果紧急会议也没有使争端得到解决，申诉方依然要采取上述行动，则被申诉方有以下两个选择：（1）如果被申诉方认为申诉方采取的行动是善意的，则被申诉方不会采取反制措施，或挑战相关行动；（2）如果被申诉方认为申诉方采取的行动是恶意的，被申诉方可书面通知申诉方退出本协议。

安排一经发布即受到了理论界和实务界的关注，总体而言，业界对安排的设计持较为肯定的态度。中国人民大学国家发展与战略研究院研究员、经济学院程大为教授认为，争端解决机制的安排具备创新性和务实性：首先，将外交解决争端方法置于首位的设置，符合 WTO 争端解决的法律精神；其次，外交对话和争端解决并置，且设计方式创新；再次，鉴于 WTO 争端解决机制所面临的效率低下的危机，安排明确规定争端解决程序中每一步骤的期限，加快了争端解决的过程；最后，双方对等保留了使用 WTO 解决争端的权利。[①] 上海邦信阳中建中汇律师事务所主任、上海政法学院国际法学院特聘院长徐国建教授在《中美贸易协议争端预防与解决机制解读》一文中认为，安排具有极强的法律专业性。这种专业性表现在：首先，宗旨鲜明，目标明确，即为了确保协议实施。其次，安排所基于的原则是以公平、快速和秉持尊重的方式，解决双边经贸关系中的问题，避免经贸纠纷及其影响升级扩散至双边关系的其他领域。再次，争端解决的程序规定非常明确，具有很强的可操作性。从处理申诉的三个进阶到“紧急事项”的例外处理，程序非常周密，给实际操作中没留下任何可钻的空漏。最后，措施和后果均非常明确严苛。如果通过协议规定的机制争议无法解决，则申诉方可以单方采取行动，被申诉方可以退出协议。这类似一般性商业协议的违约终止条款。争议无法解决的法律后果规定得非常明确，协议签署方缔结协议时对该后果便可以洞见。[②]

综上，这一安排的内容非常务实，具有极强的专业性和可操作性，同时，也对双方政府提出了较高的要求。另外需注意的是，这并非一个闭环的争端解决机制。若磋商未能成功，申诉方可以采取补救行动，而被申诉方则有权在判断申诉方的行动是善意还是恶意的基础上，选择是否单方退出协议。并且，对于“善意”和“恶意”的理解可能是非常主观的，这进一步增加了被申诉方单方退出协议的可能性。最终，争议可能无法得到解决，《协议》被终止。不过，中美两国历经近两年谈判才达成这一《协议》，除非发生极端情形，双方应不会愿意轻易终止《协议》。但是，考虑到《协议》项下中国诸多的义务，《协议》在实际履行中效果如何，双方下一步将采取何种行动，仍有待于进一步观察。

---

① 《专家学者谈中美签署第一阶段经贸协议：有利于中国、有利于美国、有利于世界》，载中国经济网，http://www.ce.cn/xwzx/gnsz/gdxw/202001/19/t20200119_34152804.shtml，访问时间：2020 年 3 月 10 日。

② 徐国建：《中美贸易协议争端预防与解决机制解读》，载微信公众号“邦信阳中建中汇”，访问时间：2020 年 3 月 10 日。

五、总结和展望

2019 年，在全球经济增速放缓的趋势和前提下，我国货物贸易、服务贸易均保持了稳定的增速，对于我国经济的发展作出了突出的贡献。为进一步促进贸易和投资的便利化和自由化，我国政府部门以及立法司法部门分别从政策的制定以及法律保障方面作出了一系列积极、有效的行动。在国内法方面，我国出台了《优化营商环境条例》并采取了一系列措施以促进贸易便利化。在自贸区建设方面，我国的自由贸易试验区进一步扩容、上海自贸区临港新片区设立，跨境电商试验区进一步扩容。为支持和保障临港新片区的实施和发展，最高院发布了相应的司法服务和保障的意见。该意见不仅有利于营造稳定、公平、透明、可预期的国际化、法制化、便利化营商环境，而且从侧面推动了我国仲裁制度的改革和发展。在双边与多边贸易协议方面，中国政府仍然采取一贯的、积极的态度为签署、升级自由贸易协定与他国进行谈判，取得了积极的成果，特别是，关于已经持续两年多的中美贸易战，中美双方在经过多轮谈判后，终于达成第一阶段经贸协议，标志着双方之间的贸易往来正在向常态化行进。此外，“一带一路”倡议亦在 2019 年得到了更加深入的实施。在区域贸易协议方面，对内地与港澳之间的《CEPA 服务贸易协议》进一步修订，在多个领域进一步取消或降低内地对港澳服务提供者的准入门槛，为港澳企业和人士在内地提供服务创造了便利条件。在法律实施方面，诸如《国际商事合同通则》《公约》等国际公约、惯例以及外国法在我国民商事审判以及仲裁案件审理中越来越多地得到适用。这些措施无疑将会改善、提升我国司法环境对于境外当事人的吸引力，有利于贸易投资的便利和发展。

但是，仍然需要注意的是，我国国际贸易及其争议解决领域的发展仍然面临着诸多挑战和问题。首先，尽管中美双方已经就中美贸易争端达成了第一阶段经贸协议，但从协议的签署背景、内容以及国际经济下行的大趋势来看，中美贸易的前景仍然不算明朗。其次，2019 年底暴发的新型冠状病毒肺炎对于我国经济带来了巨大的影响，特别是对于生产以及外贸企业造成了较大的损失，为我国国际贸易的发展增添了一层不确定性。这种不确定性主要体现在两个方面：其一，宏观上看，存在着其他国家对我国采取限制国际贸易的可能。2020 年 1 月 31 日，世界卫生组织正式宣布新型冠状病毒肺炎构成《国际卫生条例（2005）》所规定的“国际关注的突发公共卫生事件”[①]，并提出了七条临时建议。虽然世界卫生组织表示，“没有必要采取限制国际人员流动和国际贸易的措施”，但是，实际上，已经有部分国家采取了类似的或者是具备类似效果的手段。其二，微观上看，可能会导致大量的外贸企业在国际贸易中因违约而面临国际诉讼或者仲裁。为疫情防控之需，各地政府纷纷采取“封城”、推迟复工等措施，而这些措施必然影响到原材料的供应、交通运输、产能等关系到国际贸易合同履行的诸多因素，进而影响国际贸易合同的正常履行。在出现可能的国际贸易合同违约时，是否能够援引不可抗力条款，是关系到外贸企业是否以及在多大程度上可以免责的重要因素。相较于国内合同，在国际贸易合同中，这一问题尤其复杂。合同约定的不可抗力条款、合同适用的实体法关于不可抗力事由的规定、合同约定的争议解决方式以及争议解决地点和机构在哪一法域等种种问题，均会影响不可抗力事由的援引。虽然中国国际贸易促进委员会等机构均可以为外贸企业提供不可抗力证明，但是，需要注意的是，该证明仅仅能够证明存在不可抗力事件，而该不可抗力事件是否与合同迟延履行或者不能履行具备因果关系以及企业是否能够因此免责以及在多大程度上免责，仍然需要依赖合同的约定和/或准据法的规定以及争议解决机构的认定。在此复杂的情形下，受影响的企业应当采取积极的态度与合同相对方沟通，解决由此产生的争议，同时，也需做好通过仲裁或者司法解决争议的准备。为此，企业应当积极向合同相对方通知影响合同履行的情况，采取措施减少损失、避免或者尽可能减少不可抗力对合同履行的影响，并注意保留相关证据。

此外，随着中国境外新冠肺炎疫情的蔓延，世界经济也面临着严峻的考验，受影响的境外供应商也可能会援引不可抗力条款主张违约免责。可以说，新冠肺炎疫情对我国国际贸易及争议解决领域造成了较大的影响，该等影响的范围和程度，以及持续的时间，仍有待于进一步的观察。

---

① World Health Organization: “Statement on the second meeting of the International Health Regulations（2005）Emergency Committee regarding the outbreak of novel coronavirus（2019-nCoV）”, https://www.who.int/news-room/detail/30-01-2020-statement-on-the-second-meeting-of-the-international-health-regulations-（2005）-emergency-committee-regarding-the-outbreak-of-novel-coronavirus-（2019-ncov），访问时间：2020年1月31日。

中国金融争议解决年度观察（2020）

陈　珺　吕　琦　宋少源[①]

一、概　述

2019年，国内经济继续下行，金融业持续承压，金融争议及其解决呈现前所未有的纷繁复杂局面：信贷、债券、资管等业务违约不断，金融机构对融资企业的讼争暴增、类型多样，且实质相同的融资纠纷经由不同金融工具的包装掩盖而未能获得统一法律认定与处理；金融乱象风险积聚开始逐步暴露，包商银行、锦州银行等地方性银行被国家强势整顿重组，其债权债务由央行牵头统一特殊处理，控制了系统性风险与累诉的蔓延；金融机构之间由于票据清单交易和资产管理业务的最终用款人违约，出现金融机构间巨额连环追索；新兴的互联网金融因大面积触及非法集资诈骗、侵犯个人信息等底线性问题受到行业性清理整治。本年度金融争议及其解决呈现出如下新变化：

（一）2019年金融纠纷的新特点

1. 出现争议的金融业务类别更多更新。2019年信托、证券、保险、银行等各金融细分行业的资产管理产品涉诉屡见不鲜。金融产品代销、债券承销、托管等业务成为新的争议爆发点，这些传统上不消耗资本的中间业务，一旦败诉将使金融机构承担与收益极不匹配的风险。这种法律诉讼的经济本质是遭受损失的市场主体向偿债能力强的金融主体挤压风险。

2. 巨额且关联的金融案件数量明显增多。这种现象主要归因于2019年银行业

---

① 陈珺，中国民生银行股份有限公司法律事务部总经理。吕琦，中国民生银行股份有限公司法律事务部副总经理。宋少源，中国民生银行法律顾问。

的金融市场板块风险的暴露。传统上，金融市场板块业务交易双方信用资质高、风险低、争议少，有别于对公信贷和零售业务，单体交易数以亿计。但随着质押股票爆仓、债券到期违约、票据不能清偿，大额诉讼相继爆发。由于业务链条长，往往出现连环诉讼；由于金额大，争议常与破产重整相伴相生。这其实是大型企业融资渠道全面断裂的法律表现。

3. 金融消费者、投资者保护加强促生涉众型案件潮。P2P 网贷、“套路贷”等引发的民间借贷纠纷、金融机构违规销售引发的金融消费者维权案件、不实陈述和信息披露不到位引发的证券欺诈类案件等在本年度均有爆发式增长。中国裁判文书网显示，2019 年证券欺诈类诉讼案件 12,775 件，相比 2018 年的 8,811 件，上升 45%。[①]

（二）2019 年金融争议处理规则的新变化

1. 穿透原则成为审判工作的明确要求。最高人民法院（以下简称最高院）2019 年 11 月 8 日发布的《全国法院民商事审判工作会议纪要》（以下简称《九民纪要》）明确要求落实穿透式审判思维。在这一指导思想下，2017 年“通谋虚伪第一案”中的个案穿透认定，[②] 将成为普适的司法方向。

2. 金融监管政策深刻影响审判实务。按照《中华人民共和国合同法》（以下简称《合同法》）第 52 条规定，金融部门规章和规范性文件不能成为否定合同效力的依据。但根据《九民纪要》精神，司法审判需正确处理与行政监管的关系，监管规章虽不能成为影响合同效力的直接裁判依据，但合同违反的规章涉及金融安全、市场秩序、国家宏观政策等公序良俗的，合同无效。

3. 众多金融争议的裁判规则得到统一。2019 年最高院开展了卓有成效的裁判规范建设。《最高人民法院关于适用〈中华人民共和国企业破产法〉若干问题的规定（三）》对破产程序中的债权人异议、保证人破产时债权的申报及受偿等问题统一了处理规则，对金融债权人影响重大。《最高人民法院关于适用〈中华人民共和国公司法〉若干问题的规定（五）》对关联交易的撤销、公司利润分配等问题明确了处理意见，强化了公司股东利益保护。《九民纪要》则对金融争议领域数十个疑难问题明确了处理意见，规范了法官的自由裁量权，统一了全国法

---

① 参见中国裁判文书网，http://wenshu.court.gov.cn/website/wenshu/181217BMTKHNT2W0/index.html?pageId=aae2c3f215eea165f5e048dcf63d368e&s8=03，访问时间：2020 年 2 月 21 日。

② 最高院（2017）最高法民终 41 号民事判决书。（在该案中将表面的票据关系认定为借贷关系，票据责任人付款责任被免除）

院裁判尺度。

（三）2019 年金融争议解决方式的新动向

1. 具有系统性风险的金融机构的潜在争议将通过行政方式统一化解。2019 年包商银行、锦州银行、恒丰银行三家地方性银行被重组，安邦集团等丧失流动性的保险机构被接管。这一有别于一般工商企业处理清偿危机的方式，避免了涉事机构的破产，防范了系统性金融风险，也有效削减了法律追偿诉讼。

2. 金融纠纷多元化解机制得到推进。2019 年 11 月 20 日，最高院、中国人民银行、中国银行保险监督管理委员会联合印发《关于全面推进金融纠纷多元化解机制建设的意见》，对金融纠纷多元化解机制的案件范围、调解协议的司法确认、工作流程作出规定。相关信息显示，近年来有 23 个省份已建立了共计 192 个纠纷调解组织，累计调解金融纠纷 4.1 万件，金额达 102 亿元人民币。[①] 在诉讼、仲裁之外又提供了金融调解等有效的争议解决渠道。

3. 证券诉讼领域探索示范诉讼机制和代表诉讼机制。2019 年 1 月 16 日，上海金融法院发布全国首个《关于证券纠纷示范判决机制规定》，并择案作出示范判决。《九民纪要》肯定了各地法院示范诉讼的探索并鼓励有条件的法院尝试代表人诉讼制度。新修订的《中华人民共和国证券法》（以下简称《证券法》）正式确认了代表人诉讼制度，有利于证券诉讼的高效解决。

4. 刑事因素对金融争议处置影响加大。2019 年，多家违规大数据征信公司、大面积的违规 P2P 网贷平台涉嫌刑事犯罪被清理整顿，一定数量的企业在全国性扫黑除恶行动中被打击，多家金融机构高管在向金融领域深入推进的反腐斗争中受查处，金融纠纷刑民交叉情况突出，直接影响到相关民事争议的处置程序与裁判方向。

二、新出台的法律法规或其他规范性文件

2019 年出台的民商事金融争议相关的法律法规无论在数量上还是广度上都远胜于往年，这是落实中央关于金融应服务实体经济、防控系统性风险和深化金融改革三项任务的法律举措，最具影响力的有以《九民纪要》为代表的实体规

---

① 《多元化解金融纠纷重在“三件事”》，载凤凰网，http://finance.ifeng.com/c/7ruyoBQ7y6n，访问时间：2020 年 2 月 21 日。

范和《最高人民法院关于民事诉讼证据的若干规定》的基本程序规范。这些新的法律法规，是对既往金融活动所形成的法律风险进行全面规范与调整，核心导向是国家的宏观金融政策在争议解决中必须得到执行，“以人民为中心”的金融消费者权益必须得到保护，监管规则、程序与决定必须得到尊重，兼顾外观形式，更重金融交易实质。

（一）《证券法》修订

2019年12月28日，修订后的《证券法》出台，与金融争议相关的重大调整包括：1.资产支持证券、资产管理产品的交易纳入《证券法》规制范围。巨量的影子银行业务将需要满足证券发行、交易、信息披露、投资者保护的要求，这对当前透明度不高的资管业务来说，是个巨大的挑战，相关金融争议必将应运而生。2.全面推行注册制、放宽公司IPO及公司债券发行的条件，一方面融资条件放宽，有利于部分企业度过债务危机，减少债券违约、股市爆雷风险；另一方面证券发行门槛的降低，可能引起证券欺诈诉讼的进一步增多。

（二）《九民纪要》

《九民纪要》不是司法解释，但它是中国最高审判机关的权威裁判思路，对国内的法院审判和仲裁都会产生重大影响力，在一定程度上能够统一裁判思路，提升法律的稳定性和统一性，有利于市场参与者合理预期法律风险，在某种程度上可以说是近年金融争议问题解决思路的集大成者，正面回应了几十项疑难问题，涉及了近年金融领域争议解决的大部分热点问题。同时也应看到，《九民纪要》服务于国家当下的宏观经济与金融政策，对传统信贷及金融创新领域中的不少问题的司法态度有较大变化，秉此精神作出裁判结果可能超出市场主体行为时的预期。

1.担保纠纷。一是统一公司对外担保裁判规则，无股东会决议、董事会决议的对外担保原则上无效。二是强调了房地一体抵押的原则。三是承认流动质押，确认了动产担保中权利冲突的处理规则。四是承认非典型担保的合同效力，承认让与担保。

2.投行类业务纠纷。允许与目标公司对赌，但同时明确目标公司需先有盈利才能分红，经过减资程序才能回购股份。明确了该类纠纷的处置规则。

3.金融资产管理业务纠纷。一是违反监管规定可能导致主合同及其担保合同无效。二是分级信托中按约定确认优先级和劣后级受益人间的关系。三是信托关系之外的第三方提供的差额补足、到期回购、流动性支持等增信承诺，将被依法审查是否构成保证，构成保证则需增信主体内部决议。四是刚兑承诺无效。

4. 票据纠纷。一是合谋伪造基础交易贴现的，贴现行不享有票据权利。二是票据清单交易、封包交易的，出资行不取得票据权利，不能要求前手通道行承担票据责任，但可以要求通道行承担适当的过错责任。三是出资行仅起诉票据交易链条上部分当事人的，应追加实际用资人等其他当事人为共同被告。

5. 清收保全纠纷。一是公司人格否认制度、公司清算制度的裁判规则更加细致明确。二是债务加入视同担保，债务重整时需要获得债务加入人公司的内部决议才能确保有效。三是区分以物抵债协议发生时间，明确相应处置规则，结束了以物抵债协议处理上的混乱局面。

6. 场外配资纠纷。场外配资是游离于证券监管之外的非法经营行为，相关协议（包括借款与担保）无效。无效后，出资人向用资人主张利息、费用、收益，乃至赔偿损失，原则上都得不到支持。

7. 保险纠纷。一是明确交纳部分保费的财产保险合同，除有相反约定，保险合同生效，利于被保险人。二是保险合同中的仲裁条款对行使代位权的保险人有约束力。

8. 金融特许经营。在独立保函、票据贴现、职业放贷人、场外配资等问题上，明确没有金融特许经营资质的主体从事前述业务所签订的合同无效。

（三）《应收账款质押登记办法》

2019 年 11 月 29 日，中国人民银行发布新版《应收账款质押登记办法》，自 2020 年 1 月 1 日起施行。这一修订对金融争议最大的影响是，它将动产也纳入可登记的范围。[①] 但这种登记是否能获得担保物权公示效力，无明确法律依据，有待司法检验。

（四）其他新制定或修订的规范性文件

2019 年是金融争议解决规则爆发式供给的一年。最高院、地方法院发布了大量金融争议处理规则，立法部门、金融监管部门等也有重要贡献，具体见下表：

---

① 《应收账款质押登记办法》第 35 条规定："权利人在登记公示系统办理其他动产和权利担保登记的，参照本办法的规定执行。本办法所称动产和权利担保包括当事人通过约定在动产和权利上设定的、为偿付债务或以其他方式履行债务提供的、具有担保性质的各类交易形式，包括但不限于融资租赁、保证金质押、存货和仓单质押等，法律法规另有规定的除外。"

序号	文件名称	与金融争议相关的重点内容	颁布时间
1	《最高人民法院关于适用〈中华人民共和国企业破产法〉若干问题的规定（三）》	1. 一般保证人破产，债务人及保证人均破产情况下的债权申报及受偿规则；2. 债务人、债权人对债权确认提起异议的债权确认之诉程序；3. 细化了债权人会议决议撤销制度。	2019/3/28
2	《最高人民法院关于适用〈中华人民共和国公司法〉若干问题的规定（五）》	1. 履行法定程序不豁免关联交易赔偿责任；2. 关联交易合同的无效及撤销；3. 公司利润分配的时限；4. 股东重大分歧解决机制等。	2019/4/28
3	《最高人民法院关于为设立科创板并试点注册制改革提供司法保障的若干意见》	1. 集中管辖；2. 强调中介机构的虚假陈述责任、欺诈发行责任；3. 确立控股股东赔偿制度；4. 明确场外配资的合同无效；5. 加强科创企业知识产权保护力度。	2019/6/20
4	证监会《公开募集证券投资基金信息披露管理办法》	1. 优化和完善信息披露内容和要求；2. 明确对投资者有重大影响信息的提示要求等。相关规定对民商事纠纷中认定基金管理人责任有参考意义。	2019/7/26
5	《上海金融法院关于执行程序中处置上市公司股票的规定（试行）》	创设大宗股票司法协助执行方式。	2019/11/22
6	中国人民银行、银保监会、证监会及国家外汇管理局《关于进一步规范金融营销宣传行为的通知》	明确金融营销的行为规范，对金融机构在提供金融产品或金融服务中的责任认定有重要意义。	2019/12/20
7	证监会《非上市公众公司信息披露管理办法》	明确非上市公众公司信息披露的基本要求，对认定该类案件中的信披违规责任有重要意义。	2019/12/20

三、典型案例

【案例1】金融产品销售：银行销售基金未尽适当性义务，被判全额赔偿

【基本案情】

王某（甲）系某法院金融类案件审判员，经建设银行北京分行恩济支行（乙银行）工作人员推荐，购买某基金人民币97万元。基金赎回时，甲亏损人民币57万元。购买基金时，甲的风险评估结果为稳健型，乙银行未向甲出示基金合同

和基金招募说明书。基金招募说明书显示该基金为较高风险品种。乙银行主张该基金的基金管理人、托管人及部分代销机构将该基金的风险等级确定为“中风险”，与甲的风险评估结果“稳健型”相匹配。甲主张乙银行属于不当推介。要求乙银行对其全部损失承担赔偿责任。本案中，监管机构在对本业务检查时，未认定乙银行销售违规。

【争议焦点】

此类案件的诉由是违约还是侵权，法院是否能自行判断金融产品的风险评级，未尽说明义务是否违反适当性销售义务。

【裁判观点】

本案经一审、二审与再审程序，三级法院均认为该案的诉由是违约之诉，银行承担的是违约责任。法院认为代销机构应当证明其已经尽到适当性销售义务。本案中，乙银行辩称有海通证券对该基金产品的风险评级为“中风险”，法院认为其他金融机构与销售关系中的当事人存在利害关系，其评估缺乏客观性，其对基金为“中风险”的判定不能采信，法院根据该产品投资于股票指数，认为产品有较高风险，而客户是不愿损失本金的稳健客户，乙银行的销售不适当。乙银行未能证明其向甲出示和提供基金合同和招募说明书，未能证明是甲主动要求了解该产品，未尽到说明义务，违反不得主动向投资人推荐高风险产品的监管规定而构成违反法定义务。乙银行辩称甲签署了《购买须知》和《确认书》，已尽说明义务，法院认为这些文件的内容为一般性通用条款，未能体现基金的类型及风险，不能证明告知说明的具体内容，甲虽然在文件上签字，但不能就此认定乙银行履行了说明义务。乙银行存在不当销售行为，应对甲的损失承担赔偿责任。[①]

【纠纷观察】

本案是极具典型性的金融消费者权益保护案件，该案判决一出即引发了金融机构对代销类中间业务风险控制问题的高度关注。本案对适当性义务的内涵、举证责任的分配、消费者签字的效力、代销人的责任形式等问题认定，基本与其后发布的《九民纪要》规定一致。但仍有一些法律问题值得关注甚至进一步的讨论。

1. 投资人专业性抗辩问题。这种抗辩的入手点是表明专业投资人不是适格消费者，从而不适用于金融消费者的特殊保护政策。但本案法院既未对该种抗辩的有效性表明态度，也未进一步查明原告的身份专业性与既往购买产品性质的专业性问题，未对其风险认知与承受能力是否具有特殊性作出判断。

① 北京市高级人民法院（2019）京民申 3178 号民事判决书。

2. 销售适当性义务与说明义务之间的关系。《九民纪要》界定法定的适当性义务包括三方面的内容，即了解产品，了解客户，了解两者之间的匹配度，并不包括说明义务。本案的说明义务来自理财业务的监管规定，也即法定义务。这两项义务是包含关系还是并列关系，这一义务未履行是不是导致损失的原因，是否适用推定原则，本案与《九民纪要》并未厘清。

3. 产品评级的适当性问题。本案径行否认了第三方商业机构事前对基金产品的风险评级，这种做法的妥当性存疑。金融实务中，所有的基金销售必然是由商业机构且是关联的商业机构先进行评级，如果因所谓利害关系否定在先的产品评级，意味着所有的商业判断都可能被否认，有害交易安全。笔者认为，产品评级应当尊重商业判断，可以有例外，但必须是在深入专业审查基础上进行评判。

4. 监管认定的法律意义。本案中，由于原告的举报，监管机构就本案对被告进行了检查，并没有认定有违规之处。法院在说明义务认定上也出现了逻辑悖论，即说明义务来源于监管规定，法院认同，而说明义务的履行是否恰当，却又未采纳监管的认定，其中论理有待进一步探讨。

【案例 2】保险人代位求偿权：第三人可依据运输合同中的责任限制条款对抗保险公司的代位求偿权

【基本案情】

富士通先端科技（上海）公司（甲公司）委托新杰物流集团公司（乙公司）运输 ATM 柜员机模块，合同约定，货物受损后，乙公司赔偿的修理费标准最高不超过人民币 20 元 / 千克。后被保货物因交通事故受损，乙公司司机负交通事故全责。东京海上日动火灾保险（中国）公司上海分公司（丙公司）在向甲公司赔偿后，向乙公司发起代位求偿诉讼，要求乙公司承担侵权责任。

【争议焦点】

保险公司基于侵权责任发起的代位求偿主张，第三者能否基于运输合同的限责条款抗辩。

【裁判观点】

丙公司系行使保险代位权，其权利与甲公司对乙公司的权利一致。运输合同中的损失分担条款，系甲乙双方自愿达成，不因甲公司或丙公司选择侵权之诉而失效。在责任竞合的情况下，一方选择侵权赔偿，排除对方基于合同享有的抗辩权，将导致双方合同关系形同虚设，有违诚实信用原则，也会导致市场主体无法通过合同制度合理防范、处理正常的商业经营风险。因此，丙公司主张侵权责任，不能排除对方享有的合同抗辩权。①

【纠纷观察】

该案是2019年度最高院公报刊载的有限的金融类案件之一。案件对保险人的审查义务提出了更高的标准。《最高人民法院关于适用〈中华人民共和国保险法〉若干问题的解释（四）》第9条规定，在保险人以第三者为被告提起的代位求偿权之诉中，第三者以被保险人在保险合同订立前已放弃对其请求赔偿的权利为由进行抗辩，人民法院认定上述放弃行为合法有效，保险人就相应部分主张代位求偿的，法院不予支持。该条仅规定了放弃条款的约束力，没有明确限制条款的约束力，但根据举重以明轻的原则，限制责任条款对第三者也有约束力应无疑义。问题是，该条责任限制是否仅限于违约责任，还是可以拓展至侵权责任，实践中存在争议。

本案对该问题给出了明确回答，并论述了裁判规则背后的政策价值考量。如果允许被保险人、保险人通过诉权的选择规避合同约定，将打破当事人原有意思表示，超出当事人商事预期，违反诚实信用原则。在收取少量运输费用承运高价值货物的物流行业中，如果排除责任限定条款的适用，要求物流企业按照货物实际损失承担赔偿责任，将造成交易关系中权责不对等，不利于物流行业健康发展。而对保险人来说，是有条件控制这种风险的，比如在从事运输保险业务时，保险公司在订立合同前，主动询问投保人（被保险人）是否存在放弃向第三人追偿的情形、第三人与被保险人之间是否有限制第三人责任的合同约定，再根据实际情况确定承保方案。该案实际是对财险业的权利义务关系进行了有利于投保人的再分配。

【案例3】证券虚假陈述：可引入第三方机构核定投资人损失并按系统风险比例扣除责任损失

【基本案情】

方正科技公司（甲公司）系上市公司。2017年5月5日，证监会对甲公司作出行政处罚，认定甲公司2004年至2015年未依法披露累计400多亿元重大关联交易。投资者据此起诉甲公司赔偿投资损失。

① 上海市第二中级人民法院（2017）沪02民终6914号民事判决书。

【争议焦点】

市场系统风险导致的投资人损失是否应当扣除；能否引入第三方专业机构对侵权损失进行评估。

【裁判观点】

在判断侵权损失时，甲公司举证证明证券市场整体剧烈波动，投资者因市场系统因素导致的损失部分，与虚假陈述行为没有因果关系，具体影响比例应根据专业分析核定扣除。关于投资者损失的计算方法，专业机构推荐的“第一笔有效买入后的移动加权平均法”，对持股单价的计算更全面、客观，更能反映投资者真实的投资成本。关于系统风险影响比例的核算，第三方机构推荐的“个股均价与同期指数均值进行同步对比的方法”，更加客观、精准地反映出每个投资者在不同持股期间的市场风险因素影响程度，既得到了当事人双方的认同，也减小了法院计算量的负担。①

【纠纷观察】

2019 年 1 月，上海金融法院发布《关于证券纠纷示范判决机制的规定》。本案是前述机制施行后，根据该规定选定的首个示范案件，本案对此类案件的处理有重要的示范意义。

上市公司因为信息披露违规被处罚后，法院在认定虚假陈述责任时，仍然要对虚假陈述行为是否影响股票价格及投资人决策、是否具有重大性进行判断。在因果关系认定上，本案采用的是证券虚假陈述与证券买卖之间的因果关系推定。这与《九民纪要》的“重大性”判断原则一致。

在对系统风险造成的损失如何扣除上，以往常见的做法是裁判人员根据个案情况酌情确定。这种做法一是不公开透明，难以让当事人信服；二是每个案件具体情况不同，难以做到批量处理；三是当事人之间对抗激烈，难以自行和解。在对投资人损失的核算中，实务中也有先进先出法、实际成本法等多种核算方式，核算方式不同，裁判结果往往出入较大。这两个问题在该类纠纷中具有普遍性，也是影响案件能否快速、公正解决的关键。本案中，法院创设性地引入第三方机构专业意见，对其提供的核算方式进行了深入细致的剖析，最终认定专业机构提供的计算方法科学、公正、高效，应当采用。这种做法对后续该类案件的解决具有重要参考价值。无论是当事人自行商议解决纠纷，还是社会调解组织，抑或是司法机关裁判，均可以采用第三方专业机构提供的计算公式及方法，快速测算相

① 上海市高级人民法院（2019）沪民终 263 号民事判决书。

关数额，从而实现该类纠纷的快速解决。

【案例 4】金融租赁：委托承租人直购并将融资给付承租人的融资租赁认定为借贷

【基本案情】

中国康富国际金融租赁公司（甲公司）、江苏中江物联网科技有限公司（乙公司）签订融资租赁合同，约定甲公司为乙公司提供融资租赁，租赁设备 10 台，租金 6,000 万元人民币，保证金 600 万元人民币。双方另行约定甲公司委托乙公司以自己的名义与出卖人签订买卖合同，租赁物由出卖人直接向乙公司交付，发票开给甲公司，乙公司向甲公司出具接收清单并为租赁物购买保险，协议履行完毕前租赁物属于甲公司。合同签订后，乙公司与自己选定的出卖方签订买卖合同，甲公司将融资款转入乙公司指定账户，后设备只到货 3 台。同时，甲公司另行与丙、丁等公司签订担保合同，约定担保责任不因出租人其他担保丧失而减免。乙公司违约后，甲公司提起诉讼。

【争议焦点】

甲公司与乙公司之间是否构成融资租赁关系；认定为借贷关系后，利息、保证金及担保关系如何认定。

【裁判观点】

一审法院认为到货的三台设备构成融资租赁关系。二审法院则认为，融资租赁合同中出租人应当向出卖人购买租赁物或承租人将其自有物出卖给出租人，再通过融资租赁合同将租赁物从出租人处租回。本案中，甲公司作为出租人既未向出卖人购买租赁物，亦未从承租人处购买租赁物，而是直接将租赁物购买价款支付给乙公司，由乙公司以自己的名义自行签订买卖合同。故本案合同不符合融资租赁合同的法律特征，应当按照民间借贷纠纷处理。保证金应当从借贷本金中扣除，利息按照融资租赁合同约定的利息标准处理。关于各担保人担保责任，担保合同是各方当事人真实意思表示，不违反法律法规强制性规定，因此担保人应当承担担保责任。[①]

【纠纷观察】

出租人与承租人签订直租合同，委托承租人自行选定卖方，并将融资款直接打给承租人，是近年来比较常见的业务模式。该类业务模式究竟是融资租赁还是

① 北京市高级人民法院（2019）京民终 52 号民事判决书。

借贷，争议较大。两种认定，当事人之间的权利义务有重要区别，主要包括：标的物在未办理担保手续的情况下是否还是担保物，手续费与保证金收取的法律依据，以及融资款的使用费标准等。

本案中，因在融资租赁之外另行设有充足担保，出租人一次性将融资款打给承租人，出租人对到货不足问题未安排相应的处置措施，可以推知其对租赁标的之担保作用并不关注，融资租赁关系中的融物功能不突出，将本案法律关系认定为借贷关系更为合理。

融资租赁关系被否认后，隐藏的借贷关系有效。融资人使用借款，应当支付利息，本案中利息参照融资租赁合同的约定确定利息标准比较合理。如果融资租赁合同仅约定了租金未约定利息，在融资租赁合同性质被否定的情况下，就需要法院按民间借贷的规定推定适用利息的问题。而在融资租赁实为借贷的情况下，出租人收取的手续费及保证金将失去合同依据，应当将融资款扣除保证金后认定为借款本金。这个判决是对融资租赁作业模式的限制，要求这一行业恪守以物融资的本质，否定融资租赁与金融借贷之间边界的模糊化，对融资租赁行业的业务创新有约束作用。

【案例5】票据贴现与转贴现：票据清单交易或封包交易由通道各方按收费比例承担责任

【基本案情】

金平农信社、稠州银行、恒丰银行、吉林环城农信社等进行票据贴现连环交易，前后手之间签订转贴现协议，只凭借票据信息清单交易，票据未发生背书流转。资金流向上，恒丰银行向稠州银行付款后，稠州银行才向前手付款。纠纷发生后，恒丰银行向稠州银行发起追索。

【争议焦点】

票据清单交易中，出资行能否向交易前手全额追索。

【裁判观点】

一审支持了恒丰银行主张。最高院认为，本案当事人虽签订转贴现合同，但并未发生票据的实际流转和背书，双方系清单交易。资金流转上，存在倒打款行为，不符合正常的票据转贴现交易流程。相关事实表明稠州银行并未实际使用案涉资金，仅起到通道作用，一审法院以本案当事人之间为资金融通关系判令稠州银行承担返还本金及利息错误。本案系以票据贴现为手段的多链条融资模式引发的纠纷，此类纠纷一次性解决为宜，应追加实际用资人等融资链条上的相关主体参与诉讼，按收取的通道费的比例分清责任，公正处理。[①]

【纠纷观察】

本案是《九民纪要》作出后针对该类案件作出的第一批判决，一审支持了出资行对贴现行的合同追索权，二审将案件发回重审，体现了司法观点的重要转变。

票据清单交易下出资行是否有权要求前手贴现行承担全额还款责任，一直存在两种相对的观点。持肯定观点方认为，贴现行办理该贴现业务时，对在票据上签章行为的后果是明知的，对业务商业风险也有预期，并非受到欺诈胁迫所为，在票据形式合法、签章真实、背书连续的情况下，不能以倒打款模式否定票据债务人的票据责任，即便没有票据签章，按合同法追究交易前手的合同责任，于法有据。持否定观点方则认为，缔约方并无交付票据的真实意思，转贴现行并非真实的资金融入方，该类交易表面上是票据转贴现，实际上隐藏的是资金通道行为。行为人之间虚假的意思表示无效，出资行不能要求前手承担票据责任或合同责任。

但《九民纪要》给出了不同的答案。票据封包、票据清单违反监管规定，扰乱票据市场秩序，掺杂刑事犯罪问题，引发严重金融风险，如果继续承认该类交易，与化解和防范金融风险的主旨相悖，且循环诉讼消耗了司法资源。《九民纪要》最终采用了否定说。

确定出资行与贴现行之间只是资金通道关系后，纠纷的处理规则也随之转变。如果承认出资行的票据权利或合同权利，势必导致各持票人追偿，后手可能得到全额清偿，甚至可能按票据法的规定执行日息万分之五的罚息。如果否定该类票据行为与转贴现合同的效力，该交易成为出资行与用资人之间的借贷关系，实际用资人成为主要还款人，通道行将按收手续费比例承担涉诉标的之民事责任，因此法院要求实际用资人必须加入诉讼。应当说这种做法对于减少当事人诉累，一次性彻底解决纠纷有重要价值，但完全改变了交易设计时当事人依据交易前手资信状况评估风险的交易预期。《九民纪要》的出台对于行业内交易模式将会产生重大影响，甚至从某种程度上可以说宣告了票据封包交易、票据清单交易等模式的终结。

四、热点问题观察

（一）企业资产证券化（ABS）破产隔离问题

ABS 专项资产破产隔离，主要是指专项资产与原始权益人财产剥离，与原始

① 最高院（2018）最高法民终 1322 号民事裁定书。裁判日期：2019 年 12 月 24 日。

权益人破产风险相隔离，不受原始权益人及其他债权人追索。破产隔离是企业资产证券化的基本要求，但近年来司法领域出现的承认 ABS 项下专项资产独立性的裁决，已成为理论界和实务界热点。例如合肥市中级人民法院的（2018）皖 01 执异 43 号执行裁定，被称为破产隔离第一案，武汉市中级人民法院（以下简称武汉中院）的（2019）鄂 01 执异 786 号执行裁定，被称为监管账户独立性第一案，都引发了诸多报道和讨论。这种现象，正说明专项资产破产隔离法律制度的薄弱。

专项资产破产隔离制度未能牢固确立，主要原因有二：一是上位法的缺失和现行司法解释规则的限制。例如，按照《最高人民法院关于人民法院执行工作若干问题的规定（试行）》对账户资金归属的规定，银行账户内资金归属于账户所有人。在前述武汉中院的案例中，资金的支付路径没有调整，仍是先付给原始权益人，再划付给专项资产专户。在未划付前，资金仍在原始权益人账户上，要求法院突破该规则，认定账户内资金归属他人，对法院的认识水平提出了很高的要求。二是部分专项资产边界过于模糊，难以与原始权益人有效隔离。例如用未来收费权、物业租金收入等作为专项资产的资产证券化，赖以产生收益的物业、设备并未转入专项资产，无法实现破产隔离，原始权益人破产或底层资产被他人追索拍卖时，专项资产势必受到影响。比如，以不动产的未来租金为专项资产，当不动产被抵押权人查封之后，其所生租金按《中华人民共和国物权法》第 192 条的规定应由抵押权人收取并用以清偿，这明显与专项资产的财产隔离性相冲突。

笔者认为：1. 在法理上，专项资产从转让之日起就应归属于资产管理人。但在资产的实体形态上，未进入资产专户之前，其法律归属易生争议。目前没有上位法律明确专项资产的独立性，受让之后进入专户之前的在途资产的独立性并没有明确。借鉴域外的经验，[①] 在途资产由名义持有人信托持有，不应受到原始权益人自身债务的干扰，甚至通过信托财产登记达到公示效果，但这需要上位法的规定。2. 禁止资产收益权作为专项资产是不现实的，不动产的未来租金证券化正是国际流行的 REITS 产品的基础结构。解决之道仍在于法定的信托财产登记机制，以实现财产隔离。据统计，2019 年企业 ABS 发行 1,000 单，融资 10,860 亿元。[②] 相关立法与法律基础设施能否及早建立，是保护这些新型交易模式安全，定分止争的根本保障。

---

① Ross Cranston, *Principles of Banking Law* (*second edition*), Oxford University Press, 1997. p.373.

② 《新鲜出炉！2019 年度资产证券化研究报告》，载搜狐网，https://www.sohu.com/a/363988114_778083，访问时间：2019 年 1 月 30 日。

（二）场外股票质押融资纠纷问题

股票质押融资从2018年就连续出现爆仓事件，直到2019年仍是法律热点，主要有两个原因：

一是场外股票质押融资的效力问题。市场上，有大量证券公司以外机构发行的资管产品以股票做质押对外提供资金，资金最终又被用于投资股票。《九民纪要》对场外配资合同的效力否认，引发资管界不安。该类交易中，融资合同的效力引发讨论。讨论这个问题的法律意义在于，如果此类融资无效，按主合同无效从合同无效的原则，其下数量惊人的股票质押就存在物权效力问题。场外配资最初被禁，缘于2015年股灾时恒生电子公司Homs系统实现的伞型信托事件。被禁的理由是场外配资逃避了监管，从事了非法证券业务。《九民纪要》进一步认为，有股票配资功能的结构化信托应当认为是场外配资，应当认定为无效。[①] 按此精神，资金用于股票买卖，由证券机构以外的金融机构为通道实现的融资都是场外融资，融资合同无效。

二是质押股票处置困难，受到很多现实制约，往往有担保物也处置不了，打破了股票质押业务设计时将其作为高流动性低风险业务的基本逻辑。股票质押融资在处置股票时难点重重。2019年底，深圳市中级人民法院、上海金融法院先后发布强制执行上市公司股票的规范，其作用也仅限于大额股票限售的环节。其他复杂问题多由资管业务多层套嵌现象引发。一旦需要诉讼或保全，链条上多主体任何一个不配合，或者多通道的合同约定管辖不一致，都会影响发起法律程序。而且一家银行内可能多家分行与同一融资主体做该类业务，且由于通道方、增信人不同，往往融资人爆仓，数十起诉讼并发。在质押股票处置上也易生争议，一方面合同中往往约定股票处置需次级方同意，难以达成一致意见；另一方面管理人如果未及时平仓，实务中出现过之后股票停市，权利人要求赔偿。此外，除保本增信措施是否构成担保已由《九民纪要》予以明确外，违约金、逾期利息的计算标准仍是争议多发地。

《九民纪要》对场外配资的认定过于宽泛，可能对市场带来不利影响。对于市场上广泛存在的大股东用资管产品融资增持股权的业务而言，一旦融资合同被认定为无效，股票质押也随之无效，对这些资管产品的投资人将是灭顶之灾。笔者认为：首先，监管机构管制的是借钱炒股，大股东增持是公司控制权的问题，不

---

① 最高人民法院民事审判第二庭编著：《〈全国法院民商事审判会议纪要〉理解与适用》，人民法院出版社2019年版，第455页。

是短期交易的“炒”股的问题，[①] 既然银行并购贷款是监管许可的正当业务，融资用于并购上市公司当然是合法业务。其次，宽泛认定不符合功能监管原则。能用于股票结构化融资的，除了信托产品，还有场内券商资管计划所称的股票质押回购业务，后者在监管上并不要求控制资金用途，资金可能入市。资管新规已将各通道资管产品做同等监管处理，监管的尺度应当一致。从宝万之争的融资渠道看，其资金输血也有券商的贡献。[②] 最后，防止宝万之争重演的关键是要求资管计划管理人正当履职，以投资人利益最大化原则运用受托资金，而不是对功能相同但通道不同的资管融资在合同效力上区别对待。

就质押股票处置难的问题，笔者认为只要在两个环节稍加调整即可解决。一是在多层套嵌的资管业务上，参照票据清单交易的处理方式，贯彻穿透原则，允许最后一环的资产管理人直接向最终融资人主张权利，必要时追加其他多层管理人为第三人，可直接大幅提高争议解决效率。二是允许诉讼或仲裁引发的被动股票处置不受大股东减持政策的限制。被动处置有别于大股东主动套利，豁免被动处置中的大股东减持限制，在法理上是可行的，也有利于保护金融债权人的合理利益，有利于维护金融稳定。

（三）应收账款融资纠纷热点问题

应收账款融资是供应链金融中两类基本融资方式之一（即货物融资和账款融资）。《九民纪要》对货物融资的担保竞合问题已做了基本清晰的解决规则，而对账款融资的权利冲突的解决规则却付之阙如。本年度，各种巨额应收账款融资爆雷事件不断，例如诺亚—京东应收账款转让真实性问题[③]、康美药业账款欺诈等。

1. 权利冲突的争议解决规则不明确。典型表现是，账款质押与账款转让冲突时，如何确定保护规则。在金融争议中，突出表现为保理业务与应收账款质押贷款的权利冲突。应收账款的转让在本质上是债的转让，账款转让后，原权利人再质押或转让给其他银行，属于无权处分。在后的质押是否能适用《物权法》第106条的善意取得，存在争议；而在后的债的二次转让，由于债权理论上没有善意

① Arthur R. Pinto, Douglas M. Branson, Understanding Corporate Law, fourth edition, p.166。

② 参见《宝能入股万科资金哪来的？（组图）》，载搜狐网，http://roll.sohu.com/20160709/n458504420.shtml，访问时间：2020 年 2 月 20 日。

③ 参见《媒体质疑：诺亚涉京东应收账款到底是真是假？》，载网易网，http://money.163.com/19/0710/20/EJOHPP5D002580S6.html，访问时间：2020 年 2 月 20 日。

取得制度，还将产生不同融资品种能否公平保护的问题。先质押后转让或后质押也存在类似的法律困境。

解决该问题，需要从根本上回答是否允许账款二次融资的理论问题。不能“质押＋质押”就都有效且按时间顺位保护，而“转让＋质押”就是无权处分，需要引入善意取得。笔者认为既然都是融资手段，功能相同，不应以手段有异而有保护优劣，最务实的解决方案是通过登记机制，不论何种融资方式均以登记先后确定权利顺位。目前中国人民银行的《应收账款质押登记办法》正有志于此。只是操作中，要注意质押登记的定位应与现行法规衔接，以及要求非金融机构债权转让增加登记要件，需要上位法的支持。

2. 应收账款融资操作引发的实务难题。主要包括债务人参与造假应承担何种及多大法律责任，基于基础合同的履约抗辩、抵销权抗辩能否事先控制以防侵蚀账款，账款回款控制不到位被他人保全问题等。笔者认为，如果是融资主体单方造假，质权不成立；如果是融资主体与账款债务人串通造假向银行确认账款存在的，必须承担法律责任，但请求权基础似以侵权为宜。而基金合同抗辩与回款过程中的保全，一旦账款融资的登记制度建立，这些争议也就迎刃而解了。

（四）破产程序中金融债权热点问题

2019 年是破产大年，不少如雷贯耳的大企业破产重整或正在破产路上。企业破产首先影响的是金融债权，以下法律热点值得讨论。

1. 债转股问题。一是债转股是否全额清偿问题，债转股后债权人如何向其他担保人或主债务人追偿问题。二是银行债权股如何实现，是否必须通过 AIC 机构持股，银行直接持股是否违反《中华人民共和国商业银行法》第 43 条关于限制银行股权投资的规定。

2. 撤销权的行使问题。破产受理前一年，银行能否主张加速到期贷款清偿而免予撤销，能否对重组贷款（包括借新还旧、还旧借新、展期等）增加抵质押担保，或能否将其纳入其他最高额抵质押范围，以及借新还旧和还旧借新是否有法律上的本质差别等。

3. 抵销权的行使问题。银行直接行使抵销权从企业账上扣款是否会认定为个别清偿，特别是对保证金的扣款，争议也不小。这些问题在全国法院存在大量同案不同判现象。

笔者认为，债转股并非全额清偿，应当根据抵债股权的公允价值核算债权清偿比例，允许债权人就余额向其他担保人追偿债权。至于，债转股的渠道只是政策选择问题，不涉及法理冲突。政策上没必要增加特许事项，横生各类监管成本，只需参照以股抵债的规定责令银行限期处分工商企业股权即可。在撤销权、抵销权行使等实务问题上，笔者认为最重要的是有明确而统一的争议解决规则，银行前期交易都可以基于预期而有效安排。

五、回顾与展望

2019 年，国家通过各类监管行政整治、公安刑事打击、民商事审判规范等多措并举，严控金融领域的系统性风险。一年来，国家对金融交易穿透审查的司法态度更为明确，以刑事手段清理金融乱象的态度更为坚决，以行政手段统筹应对金融系统性问题的经验更为丰富，以多元化方式处理金融争议的态势更为明显。《九民纪要》等司法政策的出台，对统一全国前沿、疑难、热点金融争议必将产生积极作用。但是，由于当前司法政策所针对的金融案件主要是前几年发生的交易行为，当时鼓励金融创新，鼓励互联网金融，市场交易主体很难预见当前穿透审查的司法导向，该情况将会引起市场主体对法律规则稳定性、可预见性的质疑。

2020 年，在继续防范化解金融风险的政策导向下，对地方政府债务、地方性金融机构和大型企业集团的重大信用与债务风险，可能会在 2019 年经验基础上，更倾向于采用行政性措施统一处置，相关争议解决必须服从于这一整体性安排。在国家倡导营造良好营商环境的导向下，涉及民营企业的融资纠纷处理可能更注重民营企业的财产权保护，金融机构前期积累的例如质押股票等案件在司法处置上推进难度可能更大。《关于规范金融机构资产管理业务的指导意见》原定过渡期结束，不景气的经济形势加之疫情影响，资管产品争议数量与争议处置严厉程度，都将紧跟国家对影子银行去杠杆力度的变化而变化。

2020 年，由于新型冠状病毒肺炎疫情，企业开工受到影响，不少金融机构客户（特别是中小企业与个人客户）清偿能力减弱或丧失，很多金融机构与客户之间的合同出现履行困难，同时也有部分客户以疫情为由恶意逃废债。金融争议解决中，不可抗力的适用问题将成为新热点。

2020 年，金融机构被诉案件数量将显著上升。新《证券法》对证券、资产证券化产品及资管产品提出更严格的信息披露要求，《九民纪要》对金融消费者提供强力保护，正在征求意见的《全国法院审理债券纠纷案件座谈会纪要（征求意见稿）》，首次为各类债券统一提供了对金融承销商的诉由，都为金融机构成为被告提供了通路，而银行等金融机构的雄厚实力也必然使其成为苦主寻找风险分担的重要出口。

2020 年还是《民法典》颁布的一年，金融争议所密切聚焦的债权法与物权法的制度协调，各类担保制度特别是动产担保体系化，以及统一登记公示机制等基础法制设施都期待在这一法典中得到根本性解决。

中国知识产权争议解决年度观察（2020）

谢冠斌　李凤凤　李　纯[①]

一、概　述

2019 年，在国际贸易摩擦频发的大环境下，中国知识产权保护的力度仍然在持续加大。知识产权领域的主要法律法规出台或修改，一系列重要的知识产权政策及其他规范性文件出台，彰显了中国重视知识产权价值与保护的决心。同时，新的技术和业态发展不断带来新的纠纷和挑战，处于知识产权保护主导地位的司法保护向着更加精细化和专业化的方向发展。

同时，作为知识产权争议解决的前端程序，我国知识产权授权确权数量与质量也在并行提高。根据国家知识产权局发布的数据，2019 年我国主要知识产权指标总体平稳，稳中有进。专利申请量为 140.1 万件，共授权发明专利 45.3 万件，其中，国内发明专利授权 36.1 万件。商标注册申请量为 783.7 万件，商标注册量为 640.6 万件，其中，国内商标注册 617.8 万件。截至 2019 年底，有效商标注册量达 2,521.9 万件，同比增长 28.9%。此外，2019 年，我国发布了统一的地理标志专用标志，批准保护地理标志产品 5 个，注册地理标志商标 462 件；收到集成电路布图设计登记申请 8,319 件，同比增长 87.7%，集成电路布图设计发证 6,614 件，同比增长 73.4%。

综观 2019 年，我国知识产权领域的主要单行法专利法、商标法、著作权法、反不正当竞争法进行了修订或仍处于修订中，体现了建立惩罚性赔偿制度，加大

---

① 谢冠斌，北京市立方律师事务所高级合伙人。李凤凤，北京市立方律师事务所合伙人。李纯，北京市立方律师事务所律师。本所律师助理邵渝棋、卢名扬、张林承担了本报告的部分基础性工作，在此一并致谢。

对侵权行为打击力度，落实知识产权严格保护政策的立法导向。除了立法的不断完善，知识产权争议解决领域以下几个方面值得关注。

（一）知识产权案件数量继续大幅增长，专业化审判体系基本建立

最高人民法院（以下简称最高院）在发布的《知识产权案件年度报告（2018）摘要》中，总结了2018年审理的知识产权和竞争案件的基本特点，并预计2019年专利和商标案件数量将继续保持较快增长速度。该预期得到了印证。以北京法院为例①，2019年北京法院审理的知识产权案件收案数量继续大幅攀升，结案率再创新高。2019年，北京市三级法院共受理各类知识产权案件80,165件，同比增长35.7%，其中知识产权民事案件共57,124件，占比71.3%；知识产权行政案件共23,041件，占比28.7%；共审结各类知识产权案件79,769件，同比增长42.6%，其中审结知识产权民事案件55,803件、知识产权行政案件23,966件。②这一数据直接体现了权利人维权意识增强，寻求司法保护的诉求增长，也体现出司法审判对知识产权保护的重要性和影响力愈加突出。

为提高审判质效及统一裁判尺度，司法领域在专业化审判工作上也不断作出调整和努力。2019年1月1日，最高院知识产权法庭成立，集中管辖发明专利、计算机软件、反垄断等专业性较强的知识产权民事和行政二审案件。最高院知识产权法庭成立后，审理了一系列重大、复杂的涉技术类案件，通过一些典型案例确立了类案的裁判规则，对未来全国法院对技术类案件的审理具有指导意义。截止到2019年底，除北上广三家知识产权法院外，全国各地成立的专门知识产权法庭、审判庭已增加至21个，跨区域集中管辖相关地域的知识产权案件，与最高院知识产权法庭，形成了"1+3+21"的知识产权专业审理体系。除此之外，北京、广州、杭州互联网法院的设立，也为涉及互联网的知识产权案件审理提高了效率。

在具体案件的审理和裁判方面，各地法院对证据保全和行为禁令的支持力度加大，在越来越多的案件中积极适用证据披露和证据妨碍规则，部分案件适用了

① 因暂无2019年全国法院审理知识产权案件的数据信息，以北京法院的审理数量为例观察。

② 杨柏勇：《2019北京法院共审结知识产权案件79769件，同比增长42.6%》，载微信公众号"中国知识产权杂志"，https://mp.weixin.qq.com/s/AgFHAzQKkrpegtopYrYkig，访问时间：2020年1月21日。

惩罚性赔偿，在很多高赔偿额判决在各地涌现的同时，[①] 裁判文书的精细化水平也在逐步提升，切实体现了法院审判专业化水平的提升，以及司法对知识产权保护力度的加大。

（二）多元化纠纷解决机制逐步构建，仲裁成为知识产权纠纷解决重要途径

面对近年来快速增长的知识产权纠纷，建立健全知识产权纠纷多元化解决机制已经成为重要的政策导向。通过仲裁、调解等方式可以更高效、便捷地处理各类知识产权纠纷，仲裁在知识产权纠纷解决实践中的作用也越来越突出，成为多元化解决机制中不可忽视的一元。

政策方面，中共中央办公厅、国务院办公厅于 2019 年 11 月 24 日发布的《关于强化知识产权保护的意见》中明确指出要构建知识产权大保护工作格局，建立健全社会共治模式，完善知识产权仲裁、调解、公证工作机制，还提出在案件多发地区探索建立仲裁、调解优先推荐机制，以及针对电商平台、展会、专业市场、进出口等关键领域和环节构建行政执法、仲裁、调解等快速处理渠道等具体发展策略。此外，国务院知识产权战略实施工作部际联席会议办公室发布的《强国建设工作要点》《2019 年深入实施国家知识产权战略加快建设知识产权强国推进计划》以及国家知识产权局发布的《关于深化知识产权领域“放管服”改革营造良好营商环境的实施意见》等文件中均明确建立健全知识产权纠纷多元化解决机制的工作方向，并对相关工作进行具体布局，逐步在全国各地推进知识产权纠纷仲裁调解机构建设工作。

实践方面，作为多元化纠纷解决途径之一的仲裁在知识产权争议解决方面的重要性逐步显现。2019 年，北京仲裁委员会 / 北京国际仲裁中心（以下简称北仲）在知识产权领域共立案 437 件（包含国际案件 13 件），结案 326 件，[②] 知识产权合

---

① 如宁波奥胜贸易有限公司与珠海格力电器股份有限公司、广州晶东贸易有限公司侵害实用新型专利权纠纷案，判赔额为 4,000 万元；宁波奥克斯空调有限公司诉珠海格力电器股份有限公司等侵害实用新型专利权纠纷案，判赔额为 1,000 万元；完美世界（北京）软件有限公司等与昆仑万维科技股份有限公司等不正当竞争纠纷案，判赔额为 1,631 万元；宜宾五粮液股份有限公司、甘肃滨河食品工业（集团）有限责任公司侵害商标权纠纷案，判赔额为 500 万元。

② 数据由北仲提供。

同类案件成为增长比例排名前三的案件类型之一。[①] 中国国际经济贸易仲裁委员会2019年受理知识产权纠纷案18件，数量虽占总体案件的比例不大，但与2018年数据相比，案件量增长了50%，增长显著。[②] 此外，2019年12月，北仲与中国（北京）知识产权保护中心签署《战略合作框架协议》，旨在共同对新一代信息技术和高端装备制造产业产生的知识产权争议提供专业化的仲裁与调解服务。[③]可以预期，未来仲裁作为多元争议解决方式中的一种在知识产权领域将会发挥更广泛的作用。

（三）国际贸易摩擦频发，以知识产权保护为突破点优化营商环境

近年来，贸易保护主义有所抬头，我国在国际贸易中面临的争端和摩擦日益激烈。2019年12月，中美第一阶段经贸协议文本达成一致，其中强化知识产权保护、改善营商环境是主要组成部分。虽然外部因素确实是促使知识产权保护加强的动因之一，但究其根本原因，仍在于我国自身经济发展模式转变的内在驱动和需求，这一转变要求我们重视知识产权的市场价值，从而必须给予充分的保护。

加强知识产权保护，有利于创造良好的营商环境，缓和国际贸易摩擦。2019年通过并都于2020年1月1日起施行的《中华人民共和国外商投资法》（以下简称《外商投资法》）和国务院《优化营商环境条例》中均强调了保护知识产权。国家对于外国投资者和外商投资企业的知识产权进行保护，对知识产权侵权行为，严格依法追究法律责任；未来还需建立知识产权侵权惩罚性赔偿制度，推动建立知识产权快速协同保护机制，健全知识产权纠纷多元化解决机制和知识产权维权援助机制，以达到加强知识产权保护力度的目的。

综上所述，在过去的一年中知识产权争议解决领域，随着案件数量的持续增长，除了作为主导的司法机构专业化改革与审判质效提升，也更注重多元化纠纷解决机制的构建，这凸显出仲裁、调解等方式在知识产权纠纷领域的重要作用，对于高效解决纠纷以及完善知识产权保护体系有着重要意义。

---

① 《"不忘初心，与梦同行"——北仲"2019年工作报告会"成功举办》，载北京仲裁委员会/北京国际仲裁中心网站，http://www.bjac.org.cn/news/view?id=3653，访问时间：2020年2月13日。

② 《中国国际经济贸易仲裁委员会2019年工作报告》，载中国国际经济贸易仲裁委员会网站，http://www.cietac.org.cn/index.php?m=Article&a=show&id=16447，访问时间：2020年2月13日。《中国国际经济贸易仲裁委员会2018年业务工作总结和2019年业务工作计划》，载中国国际经济贸易仲裁委员会网站，http://www.cietac.org.cn/index.php?m=Article&a=show&id=15803，访问时间：2020年2月13日。

③ 《北仲与北京市知识产权保护中心签署战略合作框架协议》，载北京仲裁委员会/北京国际仲裁中心网站，http://www.bjac.org.cn/news/view?id=3639，访问时间：2020年2月13日。

二、新出台的法律法规或其他规范性文件

（一）专利法

2019 年 1 月 4 日，全国人大常委会公布了《中华人民共和国专利法修正案（草案）》（以下简称《专利法修正案（草案）》），向社会征求意见。此次修订属于《中华人民共和国专利法》（以下简称《专利法》）第四次修改，本次修改的内容主要体现在以下四个方面。

第一，加大了损害赔偿力度。此次修订增加了对故意侵权的惩罚性赔偿制度，规定对于故意侵权情节严重的，可以在按照权利人损失、侵权人获利或者专利许可使用费倍数计算的数额的一倍到五倍内确定赔偿数额；大幅提高了法定赔偿上限，将现行《专利法》中规定的 1 万元以上 100 万元以下的法定赔偿额提高到 10 万元以上 500 万元以下。

第二，明确了举证责任制度。将此前相关司法解释中规定的举证责任转移、证据妨碍等规定上升到法律层面；明确了权利人可以依据法院的生效裁判文书，或者专利主管行政部门作出的责令停止侵权的决定，通知网络服务提供者采取必要措施。

第三，鼓励发明创造，促进专利实施和运用。《专利法修正案（草案）》完善了职务发明制度，明确单位对职务发明创造的处置权；新设专利开放许可制度，有利于更好地激励创新并推动专利的实施和运用。

第四，完善了专利授权制度。《专利法修正案（草案）》将外观设计专利权的保护期由现行专利法规定的 10 年延长至 15 年；同时增加了外观设计专利申请国内优先权制度；新增了延长创新药发明专利保护期限的规定。

对于《专利法修正案（草案）》，理论界及实务界纷纷发声，在肯定其修订意义的大方向上，也提出了一些具有参考性的意见。例如，法定损害赔偿数额的提升有利于权利人得到充分的救济，但设置数额下限则未考虑到很多专利的市场价值非常有限，超越其专利市场价值的损害赔偿数额并不合理；又如，网络服务提供者采取如删除或屏蔽、断开网页链接等必要措施的规定，明确以生效文书等作为通知的依据，实际上是加大了通知的难度等。虽然目前存在一些不同的声音，但修正案在加强对权利人的保护力度、鼓励和保护发明创造、完善专利授权制度等方面都具有积极作用。《专利法修正案（草案）》在 2019 年内尚未审议通过，但在当前加大知识产权保护的政策环境下，可以预期修改进程将会加快。

在部门规章层面，2019年，国家知识产权局印发《专利标识标注不规范案件办理指南（试行）》[①]《专利侵权纠纷行政裁决办案指南》，将查处假冒专利与标识标注不规范行为作出严格区分，进一步细化完善了专利侵权纠纷行政裁决的办案程序和实体标准，有利于规范专利行政执法行为，进一步加强专利权保护，从而促进营商环境优化。此外，地方政府，如上海市发布《上海市专利资助办法》，广东省发布《广东省专利奖励办法》《深圳经济特区知识产权保护条例》，均体现了鼓励创新和保护知识产权的政策导向。

（二）商标法

2019年4月23日，《中华人民共和国商标法》（以下简称《商标法》）第四次修正，自2019年11月1日起施行。此次《商标法》的修订主要集中在两个方面：一是打击恶意注册、囤积商标的行为，增强商标使用义务，规范商标代理行为。二是加大恶意侵权的惩罚性赔偿力度（一倍到五倍损害赔偿），提高法定赔偿数额上限（500万元），明确了主要用于制造假冒注册商标的商品的材料、工具的处置。此次修改将从源头上有效地遏制商标恶意注册，使商标申请注册回归以使用为目的的制度本源。在加大对商标专用权保护力度方面，加重了侵权人的侵权成本，惩罚恶意侵权人，给予权利人更加充分的补偿，进一步优化营商环境。

在部门规章层面，国家知识产权局发布《关于规范商标申请注册行为的若干规定》，作为本次商标法修改的配套措施，对商标申请注册行为作出了细化的规定；发布《关于加强查处商标违法案件中驰名商标保护相关工作的通知》，规范了在行政查处商标违法案件中对驰名商标的认定。此外还发布《商标侵权判断标准（征求意见稿）》，为商标行政执法程序中判定商标侵权提供了详细的统一标准，目前该标准尚未正式施行。

（三）著作权法

2020年4月，第十三届全国人大常委会第十七次会议对《中华人民共和国著作权法（修正案草案）》（以下简称《著作权法修正案（草案）》）进行了审议。4月30日，全国人大常委会发布《著作权法修正案（草案）》全文，向社会公开征求意见。本次《著作权法修正案（草案）》总结了《著作权法》实施30年来的实

---

① 《〈专利标识标注不规范案件办理指南（试行）〉印发》，载国家知识产权局网站，http://www.sipo.gov.cn/zscqgz/1135310.htm，访问时间：2020年1月21日。

践经验，在诸多方面进行了修改，以适应数字经济背景下著作权领域出现的新发展和新变化。以下三个方面的内容值得重点关注。

第一，调整了作品类型，丰富了权利内容。《著作权法修正案（草案）》将“电影作品和以类似摄制电影的方法创作的作品”调整为“视听作品”，扩大了作品的范围，有利于解决网络短视频、游戏直播画面等作品属性认定困难的问题；扩展了广播权的内容，对于规制互联网背景下网络直播等行为有积极意义。第二，明确合作作品的权利行使，修改视听作品的权利归属。《著作权法修正案（草案）》将《著作权法实施条例》第9条中关于合作作品权利行使的规定纳入《著作权法》，但同时作出了调整；明确视听作品的著作权由“组织制作并承担责任的视听作品制作者”享有，这些修订符合实践，也有利于促进对新型投资创作模式的激励。第三，加大对侵权行为的打击，大幅提高损害赔偿数额。提高现行著作权法赔偿数额一直为业界呼吁，《著作权法修正案（草案）》一方面将法定赔偿上限由50万元提高至500万元，另一方面增加权利许可使用费的倍数作为计算赔偿额的参照，还对情节严重的故意侵权规定了一倍以上五倍以下的惩罚性赔偿，明确了侵权人妨碍举证的法律后果，此次修订大大加强了对著作权的保护力度，同时也与《专利法修正案（草案）》和《商标法》的赔偿标准保持一致。此外，本次《著作权法修正案（草案）》还增加了作品登记制度、加强了对著作权集体管理组织的监督和管理、完善了合理使用制度，以及增加了不得滥用权利等规定。

总体来说，此次《著作权法》修改体现了对网络空间下著作权保护新需求的回应，加强了法律的衔接和落实了有关国际条约义务。

（四）反不正当竞争法

2019年4月23日，第二次修订的《中华人民共和国反不正当竞争法》（以下简称《反不正当竞争法》）通过，并且自通过之日起施行。此次修订的内容主要涉及商业秘密的相关条款：第一，完善了侵犯商业秘密的行为类型、侵权主体和商业秘密的范围。第二，增加了恶意侵犯商业秘密行为的惩罚性赔偿制度，提高侵犯商业秘密的法定赔偿上限和行政处罚数额。第三，规定了侵犯商业秘密案件的举证责任分配和转移制度，商业秘密权利人提供初步证据证明其采取了保密措施且合理表明商业秘密被侵犯的，则举证责任转移至被告。

总体来说，此次修法使商业秘密的定义和范围更加周延，把此前实践中频发的一些侵犯商业秘密的行为类型和侵权主体纳入规制范围；加大了对侵权行为的打击力度，侵权成本大幅度增加；通过减轻权利人的举证难度，提高赔偿数额，大大加强了对权利人的保护。

（五）与诉讼程序相关的司法解释

2018 年 12 月 12 日，最高院发布《最高人民法院关于审查知识产权纠纷行为保全案件适用法律若干问题的规定》，自 2019 年 1 月 1 日起施行。该《规定》具体规定了行为保全申请的主体、要求、管辖法院、审查程序、审查考量因素、申请的处理等，对知识产权领域的行为保全作出了全面细致的规定，有利于法院统一对知识产权案件中行为保全申请的审查标准，通过行为保全制度及时制止侵权行为。

2018 年 12 月 27 日，最高院发布《最高人民法院关于知识产权法庭若干问题的规定》，自 2019 年 1 月 1 日起施行。该《规定》明确了知识产权法庭的机构性质、受案范围、诉讼程序、审判权力运行机制、程序衔接等内容。该法庭的成立，有利于实现知识产权效力判断与侵权判断两大诉讼程序和裁判标准的对接，促进技术类案件裁判尺度的统一，提高知识产权审判质量效率。作为配套规定，2019 年 4 月 19 日，最高院制定发布了《最高人民法院知识产权法庭诉讼指引》，为在该法庭进行诉讼的当事人提供了具体指引。

2019 年 3 月 18 日，最高院发布《最高人民法院关于技术调查官参与知识产权案件诉讼活动的若干规定》，自 2019 年 5 月 1 日起施行。该《规定》对技术调查官参与知识产权案件诉讼活动的程序、职责、效力、法律责任等方面作出规定。

（六）与知识产权相关的其他法律法规

除了上述知识产权专门法律和相关程序性规定之外，2019 年新出台或者施行的法律中，与知识产权领域相关的主要有《中华人民共和国电子商务法》（以下简称《电子商务法》）和《外商投资法》。

2018 年 8 月 31 日，《电子商务法》通过，自 2019 年 1 月 1 日起施行。关于知识产权保护方面，该法主要规定了电子商务平台经营者的知识产权保护义务，以及构建了电子商务领域“通知—删除”的具体规则，如权利人的通知权利、电子商务平台的转通知义务、通知错误的法律责任等。该法将对电子商务领域的知识产权司法保护产生重大影响，对保障电子商务领域各方主体的合法权益，规范电子商务行为，具有重要意义。

2019 年 3 月 15 日，《外商投资法》通过，自 2020 年 1 月 1 日起施行。该法对于外国投资者和外商投资企业的知识产权保护作出了规定，明确了对于侵害外国投资者和外商投资企业知识产权的侵权行为，严格依法追究法律责任。该法的出台从法律层面确定了中国保护外商知识产权的决心，是对于国际社会对中国投资环境相关关切的回应，有助于消除外商投资的顾虑、促进外商投资，也有利于营造保护知识产权的制度环境，促进我国的技术创新。

三、典型案例

【案例 1】"行为保全"和"先行判决"的适用关系

瓦莱奥清洗系统公司（以下简称瓦莱奥公司）诉厦门卢卡斯汽车配件有限公司（以下简称卢卡斯公司）、厦门富可汽车配件有限公司（以下简称富可公司）、陈某强侵害发明专利权纠纷案[①]

【基本案情】

瓦莱奥公司是涉案"机动车辆的刮水器的连接器及相应的连接装置"发明专利的专利权人。瓦莱奥公司认为卢卡斯公司和富可公司未经其许可制造、销售、许诺销售机动车刮水器，陈某强未经其许可制造、销售机动车刮水器，侵害了其专利权，请求判令三被告停止侵权行为，赔偿损失，并请求法院先行判决卢卡斯公司、富可公司和陈某强立即停止侵害涉案专利权的行为。同时，瓦莱奥公司向一审法院提出诉中行为保全申请，请求法院裁定责令卢卡斯公司、富可公司及陈某强停止侵害涉案专利权。一审法院经审理后认定侵权成立，并先行作出部分判决：卢卡斯公司、富可公司立即停止对涉案发明专利权的侵害。但对于诉中行为保全申请未作出处理。

一审判决后，卢卡斯公司、富可公司不服上诉，认为不构成侵权，请求改判驳回瓦莱奥公司的诉讼请求。同时，鉴于有新证据证明被诉侵权行为仍在继续，瓦莱奥公司请求二审法院支持其诉中行为保全申请。二审法院审理后认定侵权成立，并当庭宣判驳回上诉，维持一审关于停止侵权的部分判决。对于瓦莱奥公司的诉中行为保全申请，不予支持。

---

① 一审：上海知识产权法院，（2016）沪 73 民初 859 号；二审：最高人民法院，（2019）最高法知民终 2 号。

【争议焦点】

“行为保全”和“先行判决”能否同时适用?

【裁判观点】

责令停止侵害的行为保全申请在特定情况下仍具有独特价值。二审人民法院对于停止侵害专利权的行为保全申请，可以考虑如下情况，分别予以处理：如果情况紧急或者可能造成其他损害，专利权人提出行为保全申请，而二审人民法院无法在行为保全申请处理期限内作出终审判决的，应当对行为保全申请单独处理，依法及时作出裁定；符合行为保全条件的，应当及时采取保全措施。此时，由于原审判决已经认定侵权成立，二审人民法院可根据案情对该行为保全申请进行审查，且不要求必须提供担保。如果二审人民法院能够在行为保全申请处理期限内作出终审判决的，可以及时作出判决并驳回行为保全申请。本案中，瓦莱奥公司所提交的证据并不足以证明发生了给其造成损害的紧急情况，且二审法院已经当庭作出判决，本案判决已经发生法律效力，另行作出责令停止侵害涉案专利权的行为保全裁定已无必要。因此，对于瓦莱奥公司的诉中行为保全申请，不予支持。

【纠纷观察】

“行为保全”和“先行判决”这两种制度有各自的独特价值，也有重叠之处，两者的适用关系成了本案焦点之一。先行判决虽然对部分法律关系进行了确认，因为不是终审判决，因而往往难以执行，对于旷日持久的诉讼而言，可能会造成严重的侵权损害结果。而行为保全则能起到在先行判决生效之前及时制止侵权行为的作用，在我国没有规定未生效判决临时执行制度的情况下，行为保全是很好的制度补充。两种制度本身并不相互排斥，因此可以根据案件具体情况和两种制度的适用条件决定是否同时适用。

但本案之所以没有支持行为保全有两方面原因：一是法院认为现有证据并不足以证明发生了给原告造成损害的紧急情况；二是二审法院可以在行为保全申请处理期限内作出责令停止侵权的终审判决，另行裁定行为保全没有必要。因此，从最高院的分析来看，其虽然认为两种制度都具有及时制止侵权行为的价值，但是并未否定二者同时适用的可能，如果案件符合适用行为保全的条件，二审法院又不能在申请处理期间作出终审判决，则法院仍应当对行为保全申请单独处理。该案对两种制度适用关系的分析对于专利权人以及律师具有重要指导意义，在提起专利侵权诉讼时，如存在《最高人民法院关于审查知识产权纠纷行为保全案件适用法律若干问题的规定》第6条列举的“情况紧急”情形，还是应当积极申请行为保全，及时制止侵权行为，最大限度地保护权利人自身利益。此外，除专利案件外，本案判决对于今后商标、著作权等相关案件正确适用先行判决、诉中行为保全同样具有借鉴意义。

【案例 2】商业秘密的认定和举证责任

江苏中能硅业科技发展有限公司（以下简称江苏中能公司）诉唐某东、新特能源股份有限公司（以下简称新特能源公司）等侵害商业秘密纠纷案[①]

【基本案情】

2007 年 7 月，唐某东入职江苏中能公司，曾任氯氢化车间主任。2009 年 11 月，江苏中能公司与 GT 公司签订《技术转让协议》，约定由 GT 公司向其转让相关技术。2011 年 11 月，新特能源公司与 GT 香港公司签订《商务协议》，约定由 GT 香港公司向其提供相关技术。上述技术均涉及四氯化硅冷氢化技术及其装置设备等内容。2013 年 3 月，唐某东从江苏中能公司辞职，后任职于新特能源公司。

江苏中能公司认为唐某东向新特能源公司提供四氯化硅冷氢化等核心技术资料和经营信息，二者共同侵犯其商业秘密，起诉要求连带赔偿经济损失 6,000 万元及合理费用 200 万元。其主张保护的商业秘密——四氯化硅冷氢化技术及其装置设备载体来源于 GT 公司依约转让。为证明其主张的技术属于商业秘密，江苏中能公司向法院提交了《技术转让协议》、保密及竞业限制协议、此前刑事案件中鉴定机构出具的《司法鉴定意见书》、冷氢化项目部分图纸等证据，并申请法院向鉴定机构调取相关技术图纸。新特能源公司辩称其使用的相关技术有合法来源，其受让于 GT 香港公司的时间早于与唐某东接触，且原告主张的技术已进入公知领域，不属于商业秘密。

法院经审理认为江苏中能公司未能举证证明其主张保护的商业秘密符合法定条件，被告具有合法来源的抗辩成立，故判决驳回其诉讼请求。

【争议焦点】

原告主张保护的技术是否符合商业秘密的法定条件？

【裁判观点】

法院认为，原告应当对其拥有的商业秘密符合法定条件的事实负举证责任，即举证证明商业秘密的载体、具体内容、商业价值和对该项商业秘密所采取的具

① 新疆维吾尔自治区高级人民法院，（2019）新民初 14 号。

体保密措施等。江苏中能公司所主张保护的商业秘密的技术来源于GT公司，但其向法院提交的秘密内容和载体为其委托设计机构进行工艺设计形成的部分图纸，并非GT公司向其交付的“技术包”。且主张其所有的商业秘密保存在鉴定机构，与法律规定和常理不符，法院不予准许调取证据申请。因此，法院无法对案涉技术是否不为公众知悉、是否具有商业价值以及原告对该技术所采取的具体保密措施是否合理等进行审查并作出判断，故不予认定其主张保护的四氯化硅冷氢化技术等属于江苏中能公司的商业秘密。

【纠纷观察】

在侵害商业秘密案件中，原告首先需要举证证明其主张的商业秘密符合法定条件，而对商业秘密的认定也是当事人举证和法院审理的焦点和难点，原告举证不足往往成为法院判决支持率低的主要原因。构成商业秘密的法定条件一般包括秘密性、价值性和保密性。本案中，原告主张保护的商业秘密是其通过受让取得的相关技术，但却未能向法院提交本应由其自身采取保密措施管理的技术资料，其提供的载体也与主张不符，导致法院未能认定构成商业秘密。

2019年新修订的《反不正当竞争法》规定，商业秘密权利人提供初步证据证明已采取保密措施，且合理表明商业秘密被侵犯，则举证责任已经初步完成，是否构成商业秘密的举证责任转移至对方，由涉嫌侵权人证明权利人所主张保护的商业秘密不构成商业秘密。本案中，虽然江苏中能公司提供了关于其采取保密措施的保密及竞业限制协议等证据，但其未能举证证明其主张的商业秘密“技术包”的内容，导致法院无法认定“技术包”是否具有秘密性，进而认定其商业价值。因此，即便本案适用新法的举证责任转移条款，作为原告也未完成其商业秘密内容的初步举证责任，进而无法进一步适用举证责任转移的规则。

本案属于典型的因员工离职引发的商业秘密纠纷案件，涉及对商业秘密法定条件、刑事程序介入、侵权行为认定等常见的问题。原告在侵害商业秘密案件中的举证责任一直较重，虽然2019年新修订的《反不正当竞争法》减轻了原告的举证责任，但仍需提供商业秘密的内容和载体，并就已采取保密措施进行初步举证，否则难以得到法院支持。一般而言，技术秘密的内容为利用科学技术知识作出的涉及产品、工艺、材料及其改进方案等的技术方案，原告需要明确该技术方案的内容；在此基础上，原告还需向法庭举证记载技术方案的载体，如图纸、电子存储设备等。在以上主张尚未明确的情况下，举证责任难以转移。

【案例 3】涉外定牌加工行为的侵权判定

本田技研工业株式会社（以下简称本田株式会社）诉重庆恒胜鑫泰贸易有限公司（以下简称恒胜鑫泰公司）、恒胜集团公司侵害商标权纠纷案[①]

【基本案情】

本田株式会社取得核定使用在第 12 类摩托车等商品上的涉案三商标。本田株式会社认为恒胜鑫泰公司、恒胜集团公司生产并销售出口的摩托车整车散件侵犯其注册商标专用权，请求判令停止侵权并赔偿相应损失。恒胜鑫泰公司、恒胜集团公司辩称其行为系受缅甸美华公司授权的定牌加工行为，其在加工生产的摩托车散件上贴附“HONDAKIT”商标，未侵犯本田株式会社的涉案三商标。根据我国法律规定，商标的作用为在中国识别商品或服务来源，本案中产品出口缅甸，在中国境内起不到识别商品的作用，不属于商标法意义上的商标使用，不会导致中国境内相关公众混淆误认。

一审法院认为，根据恒胜鑫泰公司、恒胜集团公司提交的证据，无法确认其行为系受美华公司授权的定牌加工行为，认定其行为构成商标侵权行为，并判令停止侵权并赔偿损失。二被告不服一审判决，提起上诉。二审法院认为恒胜鑫泰公司、恒胜集团公司所实施的行为是涉外定牌加工行为，不构成侵权，改判撤销原判，驳回原告诉请。本田株式会社不服二审判决，申请再审，最高院提审后，认定侵权成立，判决撤销二审判决，维持一审判决。

【争议焦点】

被诉侵权行为性质认定问题：1. 涉外定牌加工是否构成商标使用行为；2. 涉外定牌加工行为是否构成商标侵权。

【裁判观点】

关于涉案侵权行为的性质，最高院再审判决认可了二审法院对相关证据的分析，肯定了被诉侵权行为属于涉外定牌加工。

关于涉外定牌加工行为是否构成商标法上的使用。最高院认为，是否构成商标法意义上的“商标的使用”应当依据商标法作出整体一致解释，不应该割裂一个行为而只看某个环节，如物理贴附、市场流通等。在生产制造或加工的产品上以标注方式或其他方式使用了商标，只要具备了区别商品来源的可能性，就应当认定该使用状态属于商标法意义上的“商标的使用”。本案中相关公众除被诉侵权

---

① 一审：云南省德宏傣族景颇族自治州中级人民法院（2016）云 31 民初 52 号；二审：云南省高级人民法院（2017）云民终 800 号；再审：最高院（2019）最高法民再 138 号。

商品的消费者外，还应该包括与被诉侵权商品的营销密切相关的经营者，被诉侵权商品运输等环节的经营者即存在接触的可能性。而且即使被诉侵权商品出口至国外，亦存在回流国内市场的可能。中国出国旅游的消费者对于“贴牌商品”也存在接触和混淆的可能性。因此，本案被诉侵权行为构成商标使用行为。

关于涉外定牌加工是否构成商标侵权。最高院认为，恒胜鑫泰公司、恒胜集团公司在其生产、销售的被诉侵权的摩托车上使用“HONDAKIT”文字及图形，与本田株式会社请求保护的三个商标构成在相同或者类似商品上的近似商标。被诉侵权行为构成商标的使用，亦具有造成相关公众混淆和误认的可能性，容易让相关公众混淆。

再审判决还指出，要维护法律制度的统一性，不能把某种贸易方式（如本案争议的涉外定牌加工方式）简单地固化为不侵犯商标权的除外情形，否则就违背了商标法上商标侵权判断的基本规则。对于没有在中国注册的商标，根据商标保护的地域性原则，即使其在外国获得注册，在中国也不享有注册商标专用权，中国境内的民事主体所获得的所谓“商标使用授权”，也不属于我国商标法保护的商标合法权利，不能作为不侵犯商标权的抗辩事由。因此，被诉侵权行为构成侵害本田株式会社的注册商标专用权。

【纠纷观察】

关于涉外定牌加工的商标侵权案件，司法裁判经历了早期严格认定属于商标侵权、认为不属于商标性使用进而不侵权的不同阶段，产业政策和经济发展阶段在一定程度上影响着裁判结果。而本案最高院的再审判决则代表了未来法院对这一长期以来存在争议的问题的裁判导向。

改革开放以来，涉外定牌加工是我国对外贸易发展中的重要方式，在以往的判决中，出于支持我国涉外加工贸易产业发展的政策考量，[①] 往往会认定相关行为不构成侵权。本案经过一审、二审、再审，三次判决对于被诉侵权行为是否构成商标法上的“使用”及是否构成侵权有着不同的认定。而最高院在再审判决中，不仅充分考量案件事实、分析相关法律关系，确定了在涉外定牌加工商标侵权案件中，商标法上的“使用”和“相关公众”的认定标准，还充分考虑了国内和国际经济发展大局，结合我国经济发展方式转变，鼓励培养自主品牌的大背景，提出不能简单固化地认定涉外定牌加工行为不构成侵权。该案再审判决对于未来涉外定牌加工案件，甚至普通商标侵权案件中的一些基本问题，统一了认识和裁判

① 2009 年《最高人民法院关于当前经济形势下知识产权审判服务大局若干问题的意见》。

标准，具有重要意义。

【案例 4】商标被许可人能否基于对品牌增值的贡献获得商标所有权

红牛维他命饮料有限公司（以下简称红牛公司）诉天丝医药保健有限公司（以下简称天丝公司）商标权权属纠纷案[①]

【基本案情】

自 1993 年起，天丝公司即在中国陆续申请注册涉案“RedBull 红牛”等系列商标，并获得核准注册。中外合资公司红牛公司于 1995 年核准登记注册，天丝公司系出资方之一。自 1996 年起，红牛公司和天丝公司签订多份《商标使用许可合同》，约定天丝公司同意将“RedBull 红牛”等商标许可给红牛公司独家使用，许可期限至 2016 年 10 月 6 日，还约定了商标许可使用费的支付标准。合同签订后，红牛公司向天丝公司支付了商标使用许可费。使用涉案商标期间，红牛公司针对红牛系列商标进行了市场推广和广告投入，并且取得了高额的销售收入。据此，红牛公司基于合资合同中“天丝医药公司提供红牛饮料公司的产品配方、商标等”的约定系对商标所有权归其所有的约定、其对红牛系列商标广告宣传的巨大投入和品牌价值的贡献，以及民法的诚实信用和公平原则，请求法院确认其对红牛系列商标享有所有者合法权益，并判令天丝公司向其支付广告宣传费用 37 亿余元。

一审法院审理后判决驳回红牛公司的全部诉讼请求。

【争议焦点】

1. 合资合同的约定是否系对商标所有权归属的约定；2. 红牛公司能否依据广告宣传的投入获得所有者权益。

【裁判观点】

法院认为，天丝公司拥有红牛系列商标所有权多年，且之后双方签订多份商标许可合同，并在将近二十余年中依约履行了合同。在合资合同中，根据对合同条款的解释，所谓“提供商标”并不是对所有权进行的约定，而仅是对商标专用权的许可使用。因涉案红牛系列商标的权属状态是明确的，均归属于天丝公司所有，故红牛公司依据广告宣传的投入而认为其取得了商标所有权缺乏法律依据。关于广告宣传费用，红牛公司并未与天丝公司就涉案商标的广告宣传费用的分担进行过约定，被许可方为了赢得市场占有率，可以自行决定是否进行市场宣传。且在

---

① 北京市高级人民法院，（2018）京民初 166 号。

红牛公司出于自身商业利益的考虑，已经将相关广告宣传费用计入公司运营成本的情况下，其要求天丝公司承担相关费用的请求缺乏事实及法律依据，法院不予支持。

【纠纷观察】

“红牛”作为著名的商标，为大众所熟知，而围绕这个商标却产生了众多纠纷。商标作为无形资产，其中附着企业的商誉，优质的商标更是企业重要的经营资产。而经营和品牌商誉积累的过程需要大量的投入。红牛公司作为商标实际运营者，在获得商标许可和使用的期间，为维护商标和提升品牌知名度作出了巨大投入和贡献。与王老吉和加多宝商标案件类似，部分学术界与实务界人士由加多宝案件开始审视我国现行商标法制度的合理性，提出商标使用者的付出应当受到更多关注。但商标被许可人获得商标授权许可后，使用商标获得市场认可，提高竞争优势进而谋取利润，并在许可合同终止后停止使用商标，是商标许可制度的题中应有之义，并不违背公平原则。[①] 商标所有权并不能适用“添附取得”，在商标权属明确且在合同未约定商标所有权转让的情况下，红牛公司不能依据合同或广告投入等获得商标所有权。

商标是企业重要的商业资源，通过获得许可授权而使用他人商标固然可以便捷快速地建立品牌和口碑，但是在企业发展后期，商标所有权会越来越成为企业发展的关键阻碍。从本案也可以看出，我国企业要谋求长远发展，必须建立、培养和发展自主品牌，这也是推动经济转型升级的必由之路。

【案例 5】云服务器提供者的侵权责任认定

北京乐动卓越科技有限公司（以下简称乐动卓越公司）诉阿里云计算有限公司（以下简称阿里云公司）侵害作品信息网络传播权纠纷案[②]

【基本案情】

乐动卓越公司系《我叫 MT Online》游戏软件的著作权人。被诉侵权的网络游戏《我叫 MT 畅爽版》系《我叫 MT Online》的盗版游戏，被诉侵权游戏的经营者租用了阿里云公司提供的服务器，将侵权游戏存储于该服务器。乐动卓越公司发现侵权行为后，三次向阿里云公司发送侵权通知进行投诉，要求删除侵权内容，

---

① 朱志刚：《要案速递 - 商标法 43 等丨北京高院明确：被许可人不因对许可商标进行广告宣传而取得商标所有权》，载微信公众号“万慧达知识产权”，访问时间：2020 年 2 月 13 日。

② 一审：北京市石景山区人民法院，（2015）石民（知）初字第 8279 号；二审：北京知识产权法院，（2017）京 73 民终 1194 号。

但阿里云公司未关停服务器。故乐动卓越公司提起诉讼，请求判令阿里云公司断开链接并停止为侵权游戏继续提供服务器租赁服务，向其提供储存在其服务器上的侵权游戏数据库信息，并赔偿损失。阿里云公司抗辩称相关通知不构成有效通知。

一审诉讼中，阿里云公司将涉案的服务器主机关停并提供了相关租用人的信息。一审法院综合考虑涉案游戏的知名度和商业价值、阿里云公司主观过错程度、阿里云公司应承担责任的期间，以及其通过租赁涉案的服务器间接获利等因素，判决阿里云公司赔偿乐动卓越公司经济损失 25 万元及相关诉讼合理支出。二审法院改判撤销一审判决，驳回乐动卓越公司的全部诉讼请求。

【争议焦点】

云服务器租赁服务提供者的侵权责任如何认定?

【裁判观点】

二审法院认为，阿里云公司在本案中提供云服务器租赁业务，不属于《信息网络传播权保护条例》规定的四类网络服务提供者，故应适用《中华人民共和国侵权责任法》(以下简称《侵权责任法》)第 36 条规定的“通知加采取必要措施”的规则。乐动卓越公司向阿里云公司发出的通知没有提供准确定位侵权作品的信息，不属于有效通知。即便乐动卓越公司发出的系合格通知，其对云服务器中运行的软件系统和存储的具体信息内容无法直接进行控制，阿里云公司亦不应采取“删除、屏蔽或者断开链接”或与之等效的“关停”服务器等措施，否则有可能给云计算行业乃至整个互联网行业带来严重的影响。云服务器租赁服务提供者可以将“转通知”作为应采取的必要措施。

【纠纷观察】

本案涉及云计算行业案件，争议聚焦在云服务器提供者的注意义务，二审判决详细探讨了“通知加采取必要措施”规则下云服务器提供者的义务。一方面对什么是“合格的通知”进行了明确，提出了“足以意识到侵权”且“所提供信息足以核查网络位置”的标准，在网络技术不断发展的今天，以上标准的提出很有必要。另一方面关于云服务器提供者所采取的“必要措施”的程度问题，也根据个案来进行“必要性”的考量，并不武断地采取“关停服务器”等措施。[①]

回归该规则的初衷，是促进网络服务提供者与权利人的合作，防止网络侵权

① 李正宁、张美薇：《从乐动卓越诉阿里云一案讨论新技术对信息网络传播权的影响》，载微信公众号“浩天信和法律评论”，访问时间：2020 年 2 月 13 日。

行为的扩大化，同时也要考虑网络服务提供者和网络用户的利益平衡，防止权利人滥用该规则。因此，网络环境下，对不同的侵权投诉场景的必要措施必须合理。而对于“云服务器提供者”这一特殊主体，本案探索了其注意义务的边界，特别是结合当前云计算行业发展情况，提出阿里云公司履行“转通知”的义务，更符合云计算服务提供者在侵权案件中所需要采取的必要措施。

此案涉及云计算行业发展、数据隐私保护等热点问题，为国内首例云计算服务责任案，为未来云计算行业发展确立了明确的法律规则，具有重要意义。

【案例6】短视频获得著作权法保护的条件

北京微播视界科技有限公司（以下简称微播视界公司）与百度在线网络技术（北京）有限公司（以下简称百度在线公司）、百度网讯科技有限公司（以下简称百度网讯公司）著作权权属、侵权纠纷案①

【基本案情】

微播视界公司合法拥有并运营原创短视频分享平台抖音平台。2018年5月12日，抖音平台上知名大V用户“黑脸V”独立创作完成“5.12，我想对你说”缅怀汶川地震的短视频，并上传至抖音平台，该短视频时长13秒。百度在线公司、百度网讯公司开发和运营的伙拍小视频平台上传播了上述小视频，并提供下载、分享服务。微播视界公司据此起诉，要求二被告停止提供被控侵权短视频的在线播放及下载服务，并赔礼道歉，赔偿损失。百度在线公司等二被告辩称，“我想对你说”短视频不具有独创性，不构成《著作权法》保护的作品。

法院审理后认定涉案短视频构成作品，但认为百度在线公司和百度网讯公司作为提供信息存储空间的网络服务提供者，在履行了“通知—删除”义务后，不构成侵权行为，不应承担相关责任。据此判决驳回了微播视界公司的诉讼请求。

【争议焦点】

“抖音”视频平台上的13秒短视频是否享有著作权？

【裁判观点】

法院认为，短视频符合电影和类电作品的形式要件，但是否构成类电作品，关键在于对其独创性要件的判定，即：1. 是否由作者独立完成；2. 是否具备“创

---

① 北京互联网法院，（2018）京0491民初1号。该案的判决日期为2018年12月26日，对该案的相关宣传报道主要集中在2019年，故本报告也将该案作为2019年初的典型案例。

作性”。

首先，涉案短视频系“黑脸V”独立完成，与抖音平台同一话题的其他短视频存在较大区别。

其次，关于“创作性”，短视频作为一种新型的视频形式，有助于公众的多元化表达和文化的繁荣，对于短视频创作性的高度不宜苛求，只要能体现出制作者的个性化表达，即可认定其有创作性。视频的长短与创作性的判定没有必然联系。该短视频的编排、选择及呈现给观众的效果，与其他用户的短视频完全不同，体现了制作者的个性化表达，且带给观众的精神享受亦体现出该短视频具有创作性。因此，该短视频具备著作权法的独创性要求，构成类电作品。

【纠纷观察】

随着互联网技术的不断发展，互联网业态也日渐丰富。近年来，抖音等短视频平台不断涌现，凭借快节奏的剪辑、有趣的内容，越来越多简短的小视频成为社交媒体的关注，相关平台也凭借优质的短视频内容获得大量用户，但短视频也存在着诸多侵权风险。

而针对这种新兴业态，国内外对短视频行业的法律保护均处于探索期。相关小视频是否能够构成作品的认定，是小视频能够获得著作权法保护的基础。仅有十几秒甚至几秒的短视频，其是否具备“独创性”具有一定争议。但随着短视频行业的发展，在短短十几秒的时间内，也可以有精彩的剪辑、设计和编排，能够达到独创性标准的作品。本案确立了“视频的长短与创作性的判定没有必然联系”的裁判标准，是对短视频创作者的肯定，也对后续短视频相关案件的处理提供了有益借鉴。

【案例7】网络直播平台的侵权责任

中国音乐著作权协会（以下简称音著协）诉武汉斗鱼网络科技有限公司（以下简称斗鱼公司）著作权权属、侵权纠纷案[①]

【基本案情】

词曲作者张某与音著协签订《音乐著作权合同》，将包括《恋人心》在内的歌曲以信托方式授权音著协进行集体管理。斗鱼公司经营斗鱼直播平台，网络主播冯某莫在斗鱼直播平台的直播间进行在线直播播放了歌曲《恋人心》，并与观看直

---

① 一审：北京互联网法院，（2018）京0491民初935号；二审：北京知识产权法院，（2019）京73民终1384号。

播的用户进行解说互动，感谢用户赠送礼物打赏。直播结束后，此次直播视频被主播制作并保存在斗鱼直播平台上，观众可以登录平台随时播放观看和进行分享。音著协认为斗鱼平台侵犯了其对歌曲的信息网络传播权，据此起诉请求判令斗鱼公司停止侵权，并赔偿损失。一审判决认定斗鱼公司应当对其平台上的涉案视频承担相应责任。斗鱼公司不服一审判决提起上诉，二审维持原判。

【争议焦点】

平台主播的直播行为侵犯他人著作权，侵权行为的主体和责任如何确定？

【裁判观点】

法院认为，首先，斗鱼直播平台主播不应是被诉侵权行为的侵权主体。虽然主播是视频的制作者和上传者，但根据主播与斗鱼公司签订的《斗鱼直播协议》约定，主播在直播期间产生的所有成果均由斗鱼公司享有全部知识产权、所有权和相关权益，主播实质上是在为斗鱼公司创作作品。所以根据权利义务相一致的原则，斗鱼公司自然应对因该成果产生的法律后果承担相应责任。

其次，斗鱼公司并不是通常意义上的网络服务提供者，不能适用“避风港原则”免责。根据《斗鱼直播协议》约定，直播方成果的权利属于斗鱼公司，说明斗鱼公司不仅是网络服务的提供者，还是平台上音视频产品的所有者和提供者。涉案视频存储于斗鱼公司的服务器中，在斗鱼公司的控制下向公众传播，斗鱼公司应当对涉案视频存在侵权内容承担责任。虽然其在获悉涉案视频存在侵权内容后及时删除了相关视频，但也不能就此免责。

【纠纷观察】

网络直播是近几年疾速发展的新兴行业，网络直播的内容丰富多彩，吸引大量观众，相关行业收益颇丰，但同时也存在着众多的侵权现象。网络直播侵权的主体如何确定，直播平台是否应该承担责任，应承担何种责任等问题一直都是知识产权领域争议热点之一。

一般而言，网络直播平台往往只是为网络主播提供平台，并不过度干预直播内容。这种类型的网络直播平台一般为信息存储空间服务提供者，仅承担通知删除义务。但是，如果平台跟主播约定直播产生的知识产权全部归平台所有，根据权利义务对等原则，平台对相关直播内容也应承担相应的责任。本案是直播平台首度被判承担侵权责任的著作权案。斗鱼作为知名的网络直播平台，在与主播签订合同时的强势地位，使其获得了相关著作权的归属，但因此也使其成为平台上相关直播视频的直接侵权人，因而需要承担相应责任。本案判决对直播行业是一个重要的提醒，可能对行业运行模式产生深远的影响，对未来网络直播侵权案件的裁判也具有参考价值。

四、热点问题观察

（一）学术热点观察

1. AI（人工智能）生成物的著作权保护

这一年，与人工智能相关的知识产权问题仍然有着极高的理论热度。随着“人工智能第一案”判决的出台，人工智能生成物的著作权保护问题又在领域内掀起讨论热潮。

在被称为“人工智能第一案”的北京菲林律师事务所诉北京百度网讯科技有限公司著作权侵权纠纷一案[①]中，主要的争议焦点为人工智能自动生成的大数据分析报告是否构成作品。在我国，此前普遍被接受的观点为只有自然人和法人才能创作出受《著作权法》保护的作品。而随着科技的迅猛发展，人工智能的拟人化程度逐步增加，所生产出的部分作品已很难被视作是对于输入信息的单纯汇总与输出，而是在此基础上加入了人工智能系统一定的考量与选择。因此，在这种趋势之下，人工智能生成物是否应该一概被剥夺著作权保护机会值得探讨。在上述案件中，法官肯定了人工智能生成报告具有一定独创性，但还是以自然人创作完成仍应是著作权法上作品的必要条件为由否认了其作品性质。但理论界的声音并未由此判决而趋于一致，反而愈加引发了不同学者对该问题的分析与评论。

一方面，有学者认为，部分人工智能生成物具有一定原创性，与人类产出的作品具有相同的特性，且生成的过程与人类创作过程并无根本性的差异，因此获得著作权保护是有合理性的。[②] 并且，由于此类成果本质上属于商品范畴，对其进行保护也有利于促进商品的自由流通以及资源的有效配置，从而促进市场经济的发展。[③]

另一方面，许多学者也认为对人工智能生成物进行保护会带来不可避免的问题。我国著作权体系对于作者的人格权给予了重视与保护，而若将人工智能生成

① 北京互联网法院，（2018）京0491民初239号。

② 卢海君：《著作权法意义上的“作品”——以人工智能生成物为切入点》，载《求索》2019年第6期，第74页。

③ 卢海君：《著作权法意义上的“作品”——以人工智能生成物为切入点》，载《求索》2019年第6期，第79页。

物纳入著作权法保护范围中，对于著作权人格理论将会产生一定的伦理性冲击，是否仍应该提供人格权保护以及向谁提供等将成为较难定夺的问题。[①] 并且，人工智能生成物有着生成成本低、生成效率高的特性，若对其提供正常保护，将会产生激励不足、激励错位等问题。[②]

可见，目前学界对于人工智能生成物可保护性问题尚无统一观点，各派学者观点皆有有效理论的支撑。令该问题更难定论的是，2020 年 1 月，深圳市南山区人民法院又针对人工智能生成物问题作出一份完全不同的判决，[③] 在该判决中，法院第一次承认了人工智能生成物满足我国著作权法对文字作品的保护条件。可见，法院目前对于人工智能生成物的可保护性也尚无统一判断标准，还需结合具体案情进行分析。随着人工智能的迅速发展，相信理论界和实务界对于人工智能生成物保护的讨论将会持续。

2. 区块链与著作权保护问题

区块链技术在近年来热度居高不下。在区块链技术为电子贸易领域带来巨变的同时，许多学者逐渐发现该技术自身具有的独特属性可有效适用于知识产权领域，尤其是著作权领域，从而解决一些留存已久的问题。

区块链的根本特性为分布式去中心化、不可篡改、可追溯等。若对这些特性进行合理运用，可为著作权保护体系带来有益改变。例如，合理运用区块链技术有助于解决著作权确权问题。我国虽无强制性的作品登记要求，但作者为更好保护自身权益，常常会寻求著作权确权登记。这项登记需通过特定部门来进行，且需经过一系列流程。而若将区块链技术应用于著作权登记，可以简化登记步骤，并减少由于中心机构的存在而造成的高成本问题，使整个著作权登记流程更高效且更经济。[④] 再如，区块链技术还可以在一定程度上促进著作权侵权行为的维权。对于侵权行为的认定是著作权领域的重点和难点，而区块链可如实记录他人对作

① 曹新明、杨绪东：《人工智能生成物著作权伦理探究》，载《知识产权》2019 年第 11 期，第 35 页。

② 刘强：《人工智能对知识产权制度的理论挑战及回应》，载《法学论坛》2019 年第 6 期，第 101 页。

③ 《法院认定 AI 生成内容为作品，享有著作权》，载中国知识产权资讯网，http://www.iprchn.com/Index_NewsContent.aspx?NewsId=120538，访问时间：2020 年 1 月 16 日。

④ 毛宁、张小红：《基于区块链技术的网络版权保护》，载《法律研究》2019 年第 8 期，第 92 页。

品的使用，从而有利于追踪侵权人以及确认侵权行为，方便后续维权的进行。[①]

但也有学者提出，区块链技术并非完美适配于著作权保护领域，其可能带来的问题也需得到重视。目前，最根本的争议是区块链技术对于作品可版权性的认定问题。根据目前的作品登记制度，作品登记时需要进行实质审查，如作品缺乏独创性，则登记申请将被驳回。但对于区块链，本质而言，区块链只是一种技术手段，难以对较为复杂的问题作出适当的判断。要使作品受到版权保护，独创性的认定是至关重要的一步，然而，区块链技术虽能识别出对作品细微的修改，但却难以判断这种区别是否能够满足独创性的标准。因此，若依赖区块链技术进行确权登记，很可能会对于部分不符合著作权保护条件的作品进行确权，从而导致后续纠纷。[②]

可见，区块链技术基于自身特性在一定程度上能够适应著作权保护领域的需要，但技术问题仍然存在。如果技术问题能够解决，或制定一定的规则对使用方法予以规制，那么该技术运用于著作权保护将会是合理而有益的。值得一提的是，目前区块链技术已经引起了司法领域的关注，法院近两年来已在部分案件中承认该技术在取证环节的应用。相信未来通过技术的改善与规制，区块链技术可以在著作权法实践领域拥有更大的运用空间。

3.《电子商务法》框架下的新型"避风港原则"以及平台义务

2019 年之前，网络服务提供者的侵权责任承担主要是通过《侵权责任法》以及《信息网络传播权保护条例》来规制的。随着电子商务平台的快速发展和《电子商务法》的出台，对电子商务平台提供者的义务和"避风港原则"的讨论又成了新的热点。

2019 年 1 月 1 日生效的《电子商务法》专门针对电子商务领域的网络服务提供者即电子商务平台经营者规定了经过调整的新"避风港原则"。此原则增加了转通知、反通知等新程序，使整个维权过程更为合理，也在一定程度上增加了网络平台的义务。此外，《电子商务法》还将保护知识产权纳入了平台经营者应履行的积极义务中，进一步强化了新环境下对于平台经营者的高要求。

毋庸置疑的是，通过新规则的建立，被控侵权人有机会向平台提出未侵权的抗辩，这对于减少无辜被控侵权人的损失，合理保障其权益有着重要意义，也保

① 王清、陈潇婷：《区块链技术在数字著作权保护中的运用与法律规制》，载《湖北大学学报（哲学社会科学版）》2019 年第 46 卷第 3 期，第 152 页。

② 谢钟[illegible]：《热技术下的冷思考——浅析区块链在数字版权管理与保护中的运用》，载《中国传媒技术》2019 年第 6 期，第 44 页。

障了投诉人与被控侵权人的权利义务平等性。然而，部分学者对于新规则也存在一些消极看法。在反通知方面，有学者认为，新“避风港原则”存在未规定行使反通知权的主体的漏洞，因此其他有可能因为平台采取措施而受到负面影响的人的权利无法得到保障。[①] 对于反通知后的程序，有学者认为，平台在收到反通知后只能机械地等待权利人的下一步行动，若其投诉或提起诉讼，则后续进展与平台无关，若其未采取行动，则平台需采取恢复商品链接等措施，这种机制事实上降低了对于平台的要求，因为其无需进行实质性的判断与介入，这与加大平台义务的总体思想是相违背的。[②]

可见，在学术领域，对新型“避风港原则”的积极作用予以承认的同时，各学者对于其不足之处也有着讨论。但总体而言，《电子商务法》所带来的新型规则以及对于电子商务平台经营者的新要求对知识产权法领域产生了重要影响，在实践中会在保护知识产权、构建市场秩序等方面发挥独特作用。[③]

（二）实践热点观察

1.《反不正当竞争法》修订与商业秘密保护相关问题

商业秘密成为企业重要的经营资产，在一定程度上可以说是企业保持市场竞争力的核心资产。2019年4月23日，在距第一次修订仅一年之余，《反不正当竞争法》进行了第二次修订，主要对涉及商业秘密的条款再次作出修订，并且自通过之日立即施行。在中美贸易摩擦的大背景下，中国关于知识产权特别是商业秘密的保护一直备受关注，因此，此次关于商业秘密保护的修订也引发广泛关注和期待。

对于本次修法的内容，实务界进行了广泛的讨论。在修法目的和效果上大多予以肯定，认为顺应我国经济和技术发展的需求，集中体现了扩大商业秘密保护范围以及加强商业秘密保护力度的立法意图。但就法律的具体实施方面，实务界也存在其他声音。较为集中的观点是，鉴于商业秘密案件认定的困难性和复杂性，虽然目前新修订的《反不正当竞争法》作出了创新性规定，但后续法律的适用还需要进一步制定和发布商业秘密专门法律或司法解释，明确《反不正当竞争法》中可能存在争议的相关内容，如“电子侵入的方式和内涵”“合理表明的程度”等。

---

① 杨立新：《电子商务交易领域的知识产权侵权责任规则》，载《现代法学》2019年第41卷第2期，第89页。

② 刘晓春：《〈电子商务法〉知识产权通知删除制度的反思与完善》，载《中国社会科学院研究生院学报》2019年第2期，第134页。

③ 徐卓斌：《〈电子商务法〉对知识产权法的影响》，载《知识产权》2019年第3期，第40页。

虽然存在不同的声音，但总体而言，本次修法意义重大。修订后的《反不正当竞争法》完善了对于商业秘密的保护机制，对于商业秘密的保护更严格、更清晰，对于国内国外权利人维权都具有重要的现实意义；也体现了中国在加强知识产权保护方面的有力举措，对于建立公平竞争的市场秩序，优化营商环境也将起到积极作用。另一方面，着眼未来，从本次修法可以看出，我国对于商业秘密的保护立法将与时俱进并逐渐趋于细化，后续专门的商业秘密法立法有望提上日程；而作为受新法直接影响的企业而言，未来也将愈发重视对商业秘密这一核心知识产权的保护。

至于新法的具体适用，基于法不溯及既往的原则，以及新法生效时间尚短，而侵犯商业秘密的案件审理周期较长，目前还未出现很多适用新法的典型案例。相信随着司法案例的出现，新修订后的《反不正当竞争法》实践效果会逐渐清晰。

2. 涉网络游戏的知识产权纠纷

网络游戏相关的知识产权纠纷一直是经久不衰的热点话题。随着网络游戏类型的多元化，以及游戏直播等产业的兴起，该领域内游戏软件的开发者、运营者、直播平台及平台主播等各方主体之间利益交错，新型的知识产权纠纷不断涌现，也为司法实践带来新的挑战。

但我国《著作权法》进行编纂及修订时，网络游戏相关纠纷尚未成为主流问题，因此《著作权法》中缺乏针对网络游戏的具体规制，“网络游戏”本身也并未被规定为作品类型之一。但由于网络游戏本身的特性以及这种新业态发展的现实需要，在司法实践中对于网络游戏给予著作权保护已成为一种共识，对于游戏中具体元素，如音乐、角色形象、装备设计单独保护，或者游戏中的连续动态画面作为类电影作品进行保护。但随着电子科技的发展，网络游戏的类型越来越多元化，不可避免地带来了越来越多与知识产权相关联的新类型纠纷，法院作出具有一定代表性的案例明确了裁判规则，也收获了大量关注。

在上海市浦东新区人民法院审理的《守望先锋》游戏诉《英雄枪战》游戏侵权一案[①]中，法官对于游戏画面的可版权性进行了分析。本案之前，受到保护的游戏画面多是角色扮演类等剧情性较强的游戏，但此案中法院确认了只要在具有原创性的前提之下，除情节设计较强的角色扮演类游戏之外，其他游戏画面也可以构成作品并受到著作权保护，因而此案成为射击类游戏连续动态画面作为类电作品获得著作权保护的首例案件。这对于拓宽网络游戏的保护范围以及合理规制游

① 上海市浦东新区人民法院，（2017）沪0115民初77945号。

戏版权市场具有一定的意义。

随着网络直播平台的兴起，网络游戏直播是否可构成侵权一直是实践领域内备受争议的问题。在“梦幻西游”网络游戏直播侵权纠纷一案中，广东高院明确了网络游戏连续动态画面整体构成类电影作品，应获得著作权法保护，且网络游戏直播行为不符合《著作权法》中所规定的合理使用情形，因此未经许可对他人拥有著作权的游戏进行商业性直播的行为无法免责。与传统意义上复制使用盗版游戏有所不同，在游戏直播中，主播所使用的往往是正版游戏，因此在这一阶段不构成侵权。而将自己使用作品的画面进行分享的行为在著作权法中并无明确对应可以规制的条文，因此在具体实践中无法被轻易定性。本案中法官适用《著作权法》中的兜底条款，将未经许可对于游戏进行直播的行为视为对“著作权人享有的其他权利”的侵犯，为类似案件的后续处理提供了有益参考。

在过去的一年中，司法裁判对网络游戏涉及的一些新问题进行了明确，但目前该领域中仍存在着亟待解决的难点，例如对外挂的侵权性认定等。新技术和新业态发展必然会带来新的纠纷，我们可以期待法院运用裁判智慧，综合各方利益后，在实践中给出新的解决思路。

五、总结与展望

当前，中国经济发展模式正在经历由中国制造向中国创造的转变，具有自主知识产权和核心竞争力的创新性企业将成为未来发展的主力军①，加大知识产权保护，鼓励创新，成为落实创新驱动发展的国家战略的题中应有之义。2019年，在立法领域，全国人大常委会、国务院及地方政府机构相继出台和修订了各项法律法规及规范性文件。在司法领域，最高院成为技术类案件的二审法院，与北上广知识产权法院、各地方知识产权法庭，形成专业审判的“1+3+21”模式。在行政执法领域，国家知识产权局相继研究和发布了相关指南，进一步完善了专利侵权纠纷行政裁决的办案程序和实体标准，规范了行政裁决办案工作。除上述保护途径外，国务院办公厅发布的意见中，要求构建“知识产权大保护工作格局”，完善知识产权仲裁、调解、公证工作机制，培育和发展仲裁机构、调解组织和公证机构。

过去一年，我国多措并举，知识产权保护制度正向着更严格和合理、科学的

① 《习近平：培育更多具有自主知识产权和核心竞争力的创新型企业》，载国家知识产权局网站，http://www.sipo.gov.cn/zscqgz/1120592.htm，访问时间：2020年1月21日。

方向发展。在良好的发展环境中，也不能忽视知识产权行业面临的一些新挑战和机遇。

一方面，随着中美第一阶段经贸协议的达成，以及我国《外商投资法》的正式施行，可以预见未来外商在中国授权确权、维权案件均会有所增加。这将在一定程度上使我国的加工制造企业参与市场竞争时面临较大压力。

另一方面，新领域、新技术逐步引发较为复杂的知识产权保护问题，AI 人工智能、区块链、大数据等领域涉及伦理、技术及个人信息等因素，将为知识产权的保护增加困难。

面对这些新挑战，需要大力支持、鼓励具有自主知识产权和核心竞争力的创新性企业，培育自主品牌，增强我国企业的国际竞争力。同时，对于知识产权保护的前沿、新型法律问题，需要考量保护合法权利和支持新技术新业态发展的平衡，通过立法或司法判例统一认识，指导司法、仲裁、调解等多元化解决机制下知识产权纠纷的有效解决。

中国影视娱乐争议解决年度观察（2020）

周俊武　陈　曦　米新磊[①]

一、概　述

（一）本篇报告所述“影视娱乐”的范畴界定

本篇报告主要聚焦中国影视娱乐产业中的争议解决。通过对过去一年相关法规政策、典型案例及热点问题的梳理，笔者旨在从争议解决的实务角度切入，观察、总结中国影视娱乐产业在2019年度的发展变化。

需要说明的是，“影视娱乐”并非一个法律概念，而是人们对于以电影、电视剧为代表的社会精神文化产品和服务的一种约定俗成的简称。

在汉语中，“娱乐”一词的本义是“使人快乐”，是一种在人的基本物质需求满足之后的更高层次的精神需求，是生存之外的发展问题，也是人民群众“美好生活”的重要内容。凡是能够满足人民群众精神文化需求的产品和服务，如电影、电视剧、综艺节目、演出、音乐、游戏等，都可以归为娱乐产品的范畴。

有学者认为中国的娱乐法分为七部分内容：电影法、广播电视法、音乐法、文艺演出法、网络视听法、电子游戏法、体育法。[②]因为娱乐法是以娱乐产业为其依托，故中国的娱乐产业大致也可划分为这七类。而在此七类中，又以“影视”行业发展最快也最为发达，市场需求也最为旺盛，相关法律也最为典型、最具代表性。[③]

---

① 周俊武，北京金诚同达律师事务所高级合伙人。陈曦，北京金诚同达律师事务所高级合伙人。米新磊，北京金诚同达律师事务所合伙人。同时，感谢北京金诚同达律所周俊武娱乐法团队的刘宗鑫、陈冠琪、章帆对于本报告作出的贡献。

② 刘承韪：《娱乐法的规范意蕴与体系构建》，载《政法论坛》2019年第4期。

③ 刘承韪：《中国影视娱乐法论纲》，载《法学杂志》2016年第12期。

因此，本篇报告所聚焦的影视娱乐产业，是指以电影、广播电视为代表的，一切能够为社会公众提供娱乐产品和服务，并能够实现娱乐价值的经济活动的总称，具体包括电影、广播电视、网络视听节目、文艺演出、电子游戏、音乐等若干领域。

（二）2019 年度影视娱乐行业发展概况

经历了 2018 年经济下行和税务风暴引发的影视行业震荡和低迷，影视行业在一片唱衰声中走进 2019 年。然而 2019 年涌现出的一大批优秀国产影片，却着实令人眼前一亮：春节档《流浪地球》开启“国产科幻元年”，最终以 46.18 亿元收官，取得中国电影总票房季军的佳绩；暑期档《哪吒之魔童降世》将“国漫崛起”的说法落到实处，以 49.34 亿元的成绩超越《流浪地球》，跃居中国电影票房亚军，创造了中国动漫电影的奇迹；国庆档三部主旋律《我和我的祖国》《中国机长》《攀登者》七天破 50 亿元票房……国产电影异军突起，成为影视寒冬中的一抹亮色。

尤其值得关注的是，2019 年度国庆档期间几部主旋律影片的成功。2019 年正值中华人民共和国成立 70 周年，三部国庆档的主旋律电影《我和我的祖国》《中国机长》《攀登者》在国庆假期累计收获超过 50 亿元票房，观影总人次超过 1 亿，刷新了多项纪录，被称为“史上最强国庆档”。2019 年，主旋律题材电影开始更多地与商业类型片结合，在唱响时代主旋律的同时，更加贴近主流观众审美，将主流精神、艺术理念和市场意识充分融合，兼顾艺术性和真实性的平衡，取得了口碑和票房的双丰收。

但不可否认的是，2019 年度影视行业整体性的低迷仍在持续。天眼查公布数据显示，2019 年以来，有 1,884 家影视公司遭遇注销、吊销、清算或停业。在电视剧方面，仅在 2019 年前三季度，全国拍摄制作电视剧备案数量减少了 240 部，同比下降 27.1%，横店影视城的开机率同比锐减 45%，年度电视剧市场总投资规模也创下近 5 年历史新低。①

而在直播与短视频行业，二者此消彼长之势愈发明显：直播行业整体下滑，而作为后起之秀的短视频行业却风头正劲。根据中国网络视听节目服务协会发布的《2019 年中国网络视听发展研究报告》，2018 年，直播的市场规模仅增长 17%，用户规模较 2017 年减少 2,533 万人，使用率也从 54.7% 下降到 47.9%；而短视频

---

① 《2019 年中国剧集市场研究报告》，载艺恩咨询，https://zhizhi88.com/wp-content/uploads/2020/01/2019-chinese-drama-market-research-report.pdf，访问时间：2020 年 2 月 11 日。

市场规模达到467.1亿元，同比增长744.7%，用户规模达到6.48亿人，半年新增5395万人。作为近几年的新兴行业，直播与短视频都已经形成了较高的集中度，而在这个过程中，二者也正在从野蛮生长向规范化、规模化、专业化发展。

与此同时，行业监管措施也在日趋严格，无论是旨在保护未成年人的《未成年人节目管理规定》，还是号称短视频最严新规的《网络短视频平台管理规范》和《网络短视频内容审核标准细则》，这些新规的落地都将对包括影视在内的泛娱乐行业带来深远影响。

（三）2019年度影视娱乐争议的特点

综观2019年度影视娱乐行业的重大争议案件，主要呈现出以下几大特点：

1. 涉及影视改编的案件增多

2019年，影视行业IP热潮方兴未艾，涉及影视改编的纠纷案件也频频发生。尤其是《鬼吹灯》原作者诉《九层妖塔》电影出品方侵犯保护作品完整权案，引发了业内对于影视剧出品方侵权风险的极大关注。其中折射出司法对于原创作者强保护的趋势，以及知识产权侵权风险可能给整个影视项目带来的诸如"禁映"等巨大风险，尤其值得影视行业从业者重视。

2. 涉及影视投资的纠纷频发

2018年以前，随着热钱大量涌入影视行业，"大投资""大制作"的影视项目和动辄几十亿元的股权收购、业绩对赌等情形屡见不鲜。而当泡沫破裂，伴随影视公司"倒闭潮"而来的，还有频频发生的投资纠纷。在市场不景气的情况下，由于投资收益分配或业绩对赌未完成引发的纠纷在2019年开始呈爆发之势。

3. 游戏侵权案件判赔屡创新高

对网络游戏司法保护而言，2019年是具有里程碑意义的一年。在相当长的一段时间里，"游戏规则"都被学界认为属于著作权法中的"思想"范畴，难以适用著作权法，仅可以得到反不正当竞争法的保护。从《炉石传说》案[①]开始，游戏规则是否能获得知识产权保护便一直是业内持续关注和争论的问题。而2019年"花千骨"换皮游戏抄袭案[②]的判决，进一步厘清了游戏设计中思想和表达的界限，明确了对于细化到特定呈现方式的"游戏玩法规则"可以通过著作权法进行保护。

---

① 参见上海市第一中级人民法院（2014）沪一中民五（知）初字第23号判决书。

② 参见苏州市中级人民法院（2015）苏中知民初字第00201号判决书、江苏省高级人民法院（2018）苏民终1054号判决书。

更重要的是，在今年宣判的“花千骨”[①]“全民枪战”[②]“武侠Q传”[③]“梦幻西游2”[④]等游戏侵权的案件中，权利人均获得了千万元级别的高额判赔，最高达4,524万元（《穿越火线》诉《全民枪战》游戏地图抄袭案[⑤]）。这对于游戏权利人而言，无疑是重大的利好消息；对于整个游戏行业来说，侵权成本的不断加大，将有助于遏制“抄袭”等现象，促进市场竞争朝着有序健康的方向发展。

二、新出台的法律法规或其他规范性文件

（一）《未成年人节目管理规定》

国家广播电视总局（以下简称广电总局）发布的《未成年人节目管理规定》（国家广播电视总局令第3号，以下简称《规定》）已于2019年4月30日起正式施行。《规定》将未成年人节目管理工作纳入法治化轨道，引导、规范节目创作、制作和传播，切实保障未成年人合法权益。

《规定》落实“网上网下统一标准”，将未成年人作为主要参与者或者以未成年人为主要接收对象的广播电视节目和网络视听节目均纳入管理范围，全方位加强对未成年人合法权益的保护。《规定》通过多种管理手段，推动未成年人节目坚持正确导向，提高节目质量，并对节目制作、传播中应遵守的规范予以细化，同时大力支持和鼓励原创节目。此次《规定》的出台将形成对未成年人节目的立体化、多层次、全方位监管格局，表明了监管机构对未成年人健康成长的高度重视。[⑥]

---

① 参见苏州市中级人民法院（2015）苏中知民初字第00201号判决书、江苏省高级人民法院（2018）苏民终1054号判决书。

② 参见深圳市中级人民法院（2017）粤03民初559号判决书。

③ 参见北京市第一中级人民法院（2014）一中民初字第5146号判决书、北京市高级人民法院（2018）京民终226号判决书。

④ 参见广州知识产权法院（2015）粤知法著民初字第16号判决书、广东省高级人民法院（2018）粤民终137号判决书。

⑤ 参见深圳市中级人民法院（2017）粤03民初559号判决书。

⑥ 章红雨：《严禁节目危害未成年人身心健康——国家广播电视总局新闻发言人就〈未成年人节目管理规定〉答记者问》，载中国新闻出版广播网，https://www.chinaxwcb.com/info/551570，访问时间：2020年1月11日。

（二）《外商投资准入特别管理措施（负面清单）（2019 年版）》

2019 年 6 月 30 日，国家发展与改革委员会、商务部共同发布《外商投资准入特别管理措施（负面清单）（2019 年版）》（以下简称《2019 年版负面清单》），自 2019 年 7 月 30 日起实施。

就文化、体育和娱乐业领域而言，《2019 年版负面清单》取消了对电影院建设、经营以及演出经纪机构的中方控股限制。根据清单以外的领域按照内外资一致的管理原则，今后外商独资企业也可以在国内任何地区成立电影院或演出经纪机构。此措施将影响未来国内电影院建设、经营以及演出经纪机构的市场竞争格局。

（三）《文化和旅游部办公厅关于调整〈网络文化经营许可证〉审批范围 进一步规范审批工作的通知》

2019 年 5 月 14 日，文化和旅游部办公厅发布调整《网络文化经营许可证》审批范围的通知，明确指出文化和旅游部不再承担网络游戏行业管理职责。该通知要求，自接到通知之日起，各省（区、市）不再审批核发涉及“利用信息网络经营网络游戏”“利用信息网络经营网络游戏（含网络游戏虚拟货币）发行利用信息网络经营网络游戏虚拟货币交易”等经营范围的《网络文化经营许可证》。

该通知标志着网络游戏行业“双头管理”模式告一段落，是我国简政为民、进一步推进“放管服”改革的重大举措。此外，2019 年 7 月 23 日，文化和旅游部正式印发《关于废止〈网络游戏管理暂行办法〉和〈旅游发展规划管理办法〉的决定》。至此，文化和旅游部正式退出网络游戏监管。

（四）《游戏游艺设备管理办法》

文化和旅游部制定的《游戏游艺设备管理办法》（文旅市场发〔2019〕129 号，以下简称《办法》）已于 2020 年 1 月 1 日起施行。《办法》明确指出，游戏游艺设备机型机种分为电子游戏设备（机）和游艺娱乐设备两种。面向国内市场生产的游戏游艺设备，生产企业应当向所在地省级文化和旅游行政部门提出内容审核申请。除国家法定节假日外，娱乐场所以及其他经营场所设置的电子游戏设备（机）不得向未成年人提供。除对法规禁止内容、安全等作出规定外，《办法》还将具有赌博机特征的设备认定为含有宣扬赌博内容，并进一步明确市场准入和执法监管认定标准。

同时，《办法》在未成年人保护方面抬升了监管底线，同 2019 年 11 月 1 日起施行的《关于防止未成年人沉迷网络游戏的通知》双管齐下，共同对防止未成年人沉迷游戏作出了详细的规定，帮助未成年人树立正确的网络游戏消费观念和行为习惯。

（五）《网络音视频信息服务管理规定》

国家互联网信息办公室、文化和旅游部、国家广播电视总局三部门联合发布了《网络音视频信息服务管理规定》（国信办通字〔2019〕3号，以下简称《管理规定》），该《管理规定》已于2020年1月1日起施行。

《管理规定》明确了网络音视频信息服务提供者及其技术支持主体的信息内容安全管理责任，规范了网络音视频信息服务提供者关于利用深度学习、虚拟现实等新技术新应用的管理要求，为网络音视频信息服务及其相关技术的提供、使用、管理等设定了规则，体现了国家扭转当前网络音视频信息服务乱象的决心。[①]

（六）《App违法违规收集使用个人信息行为认定方法》

2019年12月30日，国家互联网信息办公室、工业和信息化部、公安部、国家市场监督管理总局联合下发《App违法违规收集使用个人信息行为认定方法》（国信办秘字〔2019〕191号，以下简称《认定方法》）。《认定方法》详细提出六大类、31种行为将会被认定为App违法违规收集使用个人信息，囊括了隐私政策提示、收集、使用、注销以及向第三方提供等方面，为监督管理部门认定App违法违规收集使用个人信息行为提供参考，为App运营者自查自纠和网民社会监督提供指引。

随着App对用户生活各方面渗透加深，App超范围收集个人信息的现象大量存在，企业违法违规使用个人信息的问题十分突出。本次《认定方法》出炉后，司法部门和监管部门将对App违法违规收集个人信息行为进行专项整治，加强监管。这份四部门联合发布的《认定方法》，标志着对于App监管共治局面的到来。

（七）《网络短视频平台管理规范》和《网络短视频内容审核标准细则》

2019年1月9日，中国网络视听节目服务协会发布《网络短视频平台管理规范》（以下简称《规范》）和《网络短视频内容审核标准细则》（以下简称《细则》）。《规范》及时吸收总结了短视频网站的经验，根据网络视听管理政策新要求，对平台应遵守的总体规范、账户管理规范、内容管理规范和技术管理规范提出了20条建

---

① 《国家互联网信息办公室有关负责人就〈网络音视频信息服务管理规定〉答记者问》，载中国网信网，www.cac.gov.cn/2019-11/29/c_1576561821173892.htm，访问时间：2020年1月11日。

设性要求。《细则》则对短视频的内容作了进一步的规定，总共21条，包含100条可操作性审核标准。

近年来网络短视频发展迅速，此次中国网络视听节目服务协会发布的《规范》和《细则》通过行业规范补缺和细化，为各企业、各地区互联网短视频行业自律发展提供了统一的规范性指引，发挥了指导和建议作用。《规范》和《细则》的实施将有助于企业与国家在互联网短视频领域实现共管共治，进一步规范行业秩序。

另外，2019年12月13日，文化和旅游部起草的《中华人民共和国文化产业促进法（草案送审稿）》（以下简称《送审稿》）及其起草说明公布。《送审稿》主要规制文化企业的市场经营活动，针对文化产业有效供给不足、文化企业发展困难、文化市场结构缺陷三大突出难题，通过立法的方式给予了回应。

《送审稿》聚焦“促进什么”“怎么促进”两个核心问题，围绕促进文化产业发展的关键环节和核心要素，在创作生产、文化企业、文化市场三个环节发力，在人才、科技、金融财税等方面予以扶持保障，促进文化产业发展。[①]《文化产业促进法》是文化领域一部重要的基础性法律，着眼于产业促进，为文化产业的发展提供了良好的法律政策环境，对新时代文化产业的发展有着十分重要的意义。

三、典型案例

【案例1】《发行委托协议》解除纠纷：A传媒股份有限公司与B影视文化有限公司《发行委托协议》争议仲裁案

【基本案情】

申请人A传媒股份有限公司（以下简称A公司）于2012年投资制作了电视剧《××××》，并于同年6月与被申请人B影视文化有限公司（以下简称B公司）签订了《电视剧〈××××〉发行委托协议》（以下简称《发行委托协议》），委托B公司对上述电视剧进行发行。协议第3.1.1条的保底条款约定，B公司保证发行收益不少于人民币每集280万元，如未达到，由B公司补足差额。《发行委托协议》签订后，A公司依约履行了合同义务，如按照约定取得国产电视剧发行许可证、如约交付授权作品等。而B公司未依据合同约定向A公司支付涉案剧目销售收入，

① 《〈中华人民共和国文化产业促进法（草案送审稿）〉起草说明》，载中国人大网，www.npc.gov.cn/npc/c30834/201912/92db2f70e6834a8e825d59dae3871e10.shtml，访问时间：2020年1月11日。

并向 A 公司发函表示不再履行《发行委托协议》。

根据合同中仲裁条款约定，A 公司向北京仲裁委员会 / 北京国际仲裁中心（以下简称北仲）提起仲裁，主张 B 公司构成预期违约，请求解除《发行委托协议》，并要求 B 公司赔偿保底收益损失、利息及律师费；B 公司则辩称 A、B 公司之间构成联营体，本案协议保底条款无效；其不履行合同义务是因为 A 公司存在违约行为及不可抗力事由导致合同无法履行。

【争议焦点】

1.《发行委托协议》保底条款是否有效；

2. 申请人是否有权解除《发行委托协议》。

【裁判观点】

仲裁庭认为，针对《发行委托协议》效力一节，本案合同系 A、B 公司就案涉电视剧发行事宜签订的协议，双方就发行剧目、发行权利的委托、发行报酬的分配进行了约定。本案发行权系由 A 公司授权给 B 公司行使，而非作为出资与 B 公司就本剧的发行进行联合经营，且 B 公司在《发行委托协议》中未有任何出资。因此 A、B 公司之间不构成联营体，《发行委托协议》第 3.1.1 条的保底条款不适用联营合同下保底条款无效的规定，应属合法有效。

针对合同解除一节，仲裁庭认为 A 公司虽然在本案协议履行过程中存在未提供物料、未署名等不符合约定的履行行为，但不足以导致本案合同目的无法实现。同时，作为专门从事影视制作业务的 A、B 公司，对于影视制作发行方面的国家政策和文化管控市场的规定，具有义务和能力进行了解。广电总局对于影视作品播出时间、播出内容的调整系行使其行政职责，该调控措施虽然会对本案合同的履行造成一定影响，但不会导致本剧无法继续发行，不能成为 B 公司不再继续履行发行义务的理由。而 B 公司在本案合同履行过程中，未足额支付申请人发行收入，且在《回函二》中明确表明不再履行本案协议。A 公司有权依据法定解除权解除本案合同。最后仲裁庭支持了 A 公司的仲裁请求。

【纠纷观察】

本案裁决中对《发行委托协议》效力的认定的前提在于对合同性质的确定。本案被申请人主张，案涉《发行委托协议》属于联营合同，应适用《最高人民法院关于审理联营合同纠纷案件若干问题的解答》中的规定，认定该保底条款违反联营活动中应当遵循的共负盈亏、共担风险的原则，损害了其他联营方和联营体的债权人的合法权益，应属于无效条款。而仲裁庭在查明事实的基础上认定，A、B 公司在本案合同中均未有任何出资，不构成联营体，故该条款有效。

在影视投资或发行合同纠纷中，经常有被告援引该抗辩观点，试图通过保底条款无效的主张，规避投资合同中的那些类保底条款的责任。但是，联营合同的特点是联营各方共同出资、共同经营、共同管理、共负盈亏、共担风险；而多数法院在认定联合投资协议的法律性质时均认为，联合投资协议中有关各投资人之间权利义务的约定，不符合“共同经营”的特征，故司法实践中一般不会将影视投资或发行合同认定为“联营合同”，因此也不会适用保底条款无效的相关条款，而是尊重合同双方的意思自治。

另一方面，此案亦涉及合同单方解除问题。根据我国现行法律，合同一方当事人若想单方解除合同，只有“约定解除权”和“法定解除权”两种实现路径。需要重点注意的是，一方若想依据法定解除权以不可抗力、违约行为为由单方解除合同，需要对解除条件是否足够充分进行研判，否则将导致解约不成反致违约。

【案例2】游戏直播侵权纠纷：广州网易计算机系统有限公司（以下简称网易公司）诉广州华多网络科技有限公司（以下简称华多公司）侵害著作权及不正当竞争纠纷案[①]

【基本案情】

2019年12月10日，广东省高级人民法院（以下简称广东高院）对网易公司诉华多公司侵害著作权及不正当竞争纠纷案作出二审判决。网易公司发现华多公司擅自在YY、虎牙平台上组织主播人员直播《梦幻西游2》游戏内容，认为其构成侵害著作权及不正当竞争。经交涉未果，网易公司于2014年11月24日提起诉讼要求华多公司赔礼道歉和赔偿1亿元。华多公司则辩称游戏直播行为是对《梦幻西游2》连续动态画面的合理使用。

【争议焦点】

1. 游戏直播行为是否属于我国著作权法规定的权利调整范围；

2. 游戏直播行为是否属于对《梦幻西游2》连续动态画面的合理使用。

【裁判观点】

法院认为，《梦幻西游2》游戏整体画面属于类电作品。直播是一种向公众直接提供内容的实时传播行为，属于公开传播作品的行为。《中华人民共和国著作权法》（以下简称《著作权法》）第10条第1款第17项规定的“应当由著作权人享有的其

① 参见广州知识产权法院（2015）粤知法著民初字第16号判决书、广东省高级人民法院（2018）粤民终137号判决书。

他权利”包括其他公开传播作品的权利，即游戏直播可受该兜底条款的调整控制。

关于游戏直播行为是否属于对游戏连续动态画面的合理使用问题，法院认为：合理使用应限于确有必要的特殊情形，应基于严格保护知识产权的司法政策审慎判断。具体来说，应综合权衡游戏直播行为的性质和目的、被直播的游戏整体画面的性质、被直播部分的数量和质量（重要程度）、游戏直播行为对该游戏潜在市场或价值的影响四方面因素判断。《梦幻西游 2》直播基于商业营利目的，使用其独创性表达，使用部分的比例超出合理限度，对该游戏潜在市场产生不利影响，与游戏著作权人自己开展游戏直播或者发放游戏直播许可作品产生冲突，实质上不合理地损害著作权人合法利益，不能认定为合理使用行为，亦不构成华多公司所称的转换性使用。

此外，考虑到游戏直播平台、游戏主播对新兴产业的价值贡献等因素，法院认为，若将新兴产业的全部市场收益都归于游戏著作权人独自享有，亦可能导致利益失衡，故法院在侵权责任判定部分予以了特别考虑。综上，法院判决华多公司未经许可组织主播人员直播《梦幻西游 2》，并从直播业务中抽成获利，直接侵害了网易公司依法享有的著作权利，应立即停止侵权，并赔偿损失 2000 万元。

【纠纷观察】

该案被业界称为“网络游戏直播侵权第一案”，是国内第一例游戏厂商在诉讼中向直播平台主张游戏画面权利的案件。

广东高院经审理认为，网络游戏直播行为不符合《著作权法》第 22 条规定的权利限制情形，不能认定为合理使用行为，因此侵犯了游戏版权人权益。游戏直播的内容基础在于游戏画面，据此判决，游戏版权方除获得版权收益以外，更可以以其享有的版权直接入局直播市场，直播行业的成本亦将大大增加。未来游戏直播平台、主播在开展游戏直播活动前应获得相关的版权许可、做好版权管理工作。同时，本案也为游戏版权方未来应对其他新兴产业形态下的涉嫌侵权行为、寻找权利基础进行维权提供了蓝本。

新技术的诞生使得国内游戏产业链持续升级，游戏市场版图不断扩张。游戏直播促进了相关产业的整合，构建了多元的行业盈利模式，成为文创领域重要的经济增长点。游戏直播行为是随着网络和文化产业迅猛发展产生的新兴作品传播方式，《著作权法》并未对这一传播形式专门予以规范，目前的商业实践中亦无游戏版权方授权许可直播平台或主播进行游戏直播的惯例。本案判决对游戏直播产业适用的法律规则及产权边界予以明确，将对未来游戏直播产业的交易模式、市场格局、利益分配都产生巨大影响。

【案例 3】侵犯保护作品完整权纠纷：张牧野等诉乐视影业有限公司等著作权权属、侵权纠纷案①

【基本案情】

张牧野创作了以盗墓为题材的小说《鬼吹灯》。梦想者公司经转让协议，获得《鬼吹灯》系列小说之《精绝古城》的电影改编权、摄制权，后中影公司、梦想者公司、乐视公司合作投资《鬼吹灯》改编电影，并由陆川导演拍摄了改编电影的上部——《九层妖塔》。该电影上映后被观众认为是外星人题材的作品，受到了大量网友及原著书迷的诟病。张牧野认为电影内容对原小说歪曲、篡改严重，在人物设置、故事情节等方面均与原小说差别巨大，侵犯了其保护作品完整权，故以中影公司、梦想者公司、乐视公司、陆川为被告向法院起诉。

【争议焦点】

涉案电影是否侵犯了原著作者张牧野的保护作品完整权。

【裁判观点】

本案中，法院主要从以下四个方面对争议焦点问题进行了论述：

首先，虽然电影制片方取得了对小说的改编的授权，就改编权与保护作品完整权关系而言，著作财产权和人身权保护的利益不同，故改编权无法涵盖保护作品完整权所保护的利益。其次，《中华人民共和国著作权法实施条例》第 10 条规定“著作权人许可他人将其作品摄制成电影作品和以类似摄制电影的方法创作的作品的，视为已同意对其作品进行必要的改动，但是这种改动不得歪曲篡改原作品”，因此改动首先应属于必要的改动的范畴，其次不得歪曲、篡改原作品，二者需要同时满足，改编者的自由不是绝对的，而是有限度的。再次，《著作权法》规定的保护作品完整权并没有“有损作者声誉”的限制，其应只是衡量侵权情节轻重的因素。最后，法院认为《九层妖塔》和原小说题材并不一致，其对小说进行了“取头换尾”的改动是对原小说的歪曲篡改，根据《九层妖塔》和小说的内容比对结果及观众对电影的评论，电影观众会产生对《鬼吹灯》小说的误解，进而使作者声誉受损害。法院最终认定张牧野的保护作品完整权受到了侵犯。

【纠纷观察】

时下 IP 大热，小说的版权受到资本热捧。改编影视作品在享受 IP 作品自带的流量红利的同时，在法律层面上亦需受到版权人对已经转让或者许可的作品要

---

① 参见北京市西城区人民法院（2016）京 0102 民初 83 号判决书、北京知识产权法院（2016）京 73 民终 587 号判决书。

求保护作品完整权的控制。本案便是其中的典型例子，案件背后反映的是影视制作行业权益与小说版权人权益之间的角力。

本案有以下三点法律问题值得关注。第一，北京知识产权法院明确保护作品完整权不以作者名誉受损作为判定要件。侵犯保护作品完整权的认定一直是理论和实务中颇有争议的问题，“违背作者在原著中表达的原意”这一主观标准和“改编后的作品损害了原著作者的声誉”这一客观标准在不同案例的裁判要旨中均有出现，各地法院对这一问题的认识也不尽相同。本案裁判要旨反映了当前司法实践对于作者权利强保护的趋势。

第二，北京知识产权法院厘清了改编权和保护作者完整权两者之间的关系，澄清了改编权的边界及保护作品完整权的限制，特别是在获得电影改编权的前提下，对作品进行改动的界限。鉴于影视作品与小说在表现形式、篇幅长度等方面均存在不同之处，影视改编作品必然难以实现对原作品原模原样的呈现。本案判决说理部分对《中华人民共和国著作权法实施条例》第 10 条规定中允许的“必要的改动”进行了阐释：“改动首先应属于必要的改动的范畴，其次不得歪曲、篡改原作品，二者需要同时满足。”可见改编者的自由不是绝对的，而是有限度的。

第三，此外，本案判决判断影视改编作品是否侵犯原作者的保护作品完整权综合考虑的三个因素，即：①电影与原作品创作意图、题材是否一致；②电影对原作品的主要情节、背景设定和人物关系的改动是否属于必要；③社会公众对作品改动的整体评价。这对法律从业者处理类似案件具有参考意义。

本案判决限缩了改编作品所能允许的改动程度，从而在法律层面上对改编影视剧提出了更严格的要求，对整个影视行业起到了积极的指导作用。日后，影视作品的改编应当严格把握改编的尺度，并可尽量在改编过程与原作者保持紧密的沟通或与原作者签订更加细致、明确的许可改编条款；另外，也可由原作者深度参与或直接作为编剧参与影视剧的改编工作，以规避侵犯保护作品完整权的风险。

【案例 4】“图解电影”侵权纠纷：优酷网络技术（北京）有限公司（以下简称优酷公司）诉深圳市蜀黍科技有限公司（以下简称蜀黍公司）侵害作品信息网络传播权纠纷案[①]

【基本案情】

本案原告优酷公司经授权取得了电视剧《三生三世十里桃花》的独家信息网

① 参见北京互联网法院（2019）京 0491 民初 663 号判决书。

络传播权和维权权利。在授权期间，优酷公司发现蜀黍公司运营的“图解电影”平台上的剧集栏目中提供《三生三世十里桃花》第一集的连续图集，基本涵盖了该集电视剧的主要画面和全部情节，侵害其信息网络传播权。优酷公司针对此侵权行为向北京互联网法院提起了诉讼，要求对方赔偿经济损失和合理费用共计 50 万元。

蜀黍公司辩称，“图解电影”核心在文字本身，如果图片连续播放，300 多张图仅能播放几秒钟，对整个视频来说，属于一种合理使用行为。

【争议焦点】

“图解电影”行为是否构成合理使用。

【裁判观点】

在判断案涉行为是否构成合理使用时，法院认为：

第一，合理使用的判断标准并非取决于引用比例，而应取决于介绍、评论或者说明的合理需要。涉案图片集虽然仅“引用”了原作品 0.5% 的画面内容，但目的在于迎合用户在短时间内获悉剧情、主要画面内容的需求，且几乎全部为原有剧集已有的表达，远远超出以评论为目的适当引用必要性的限度。

第二，公众可通过浏览上述图片集快捷地获悉涉案剧集的关键画面、主要情节，提供图片集的行为对涉案剧集起到了实质性替代作用，影响了作品的正常使用。

第三，由于图片集替代效应的发生，本应由权利人享有的相应市场份额将被对图片集的访问行为所占据，提供图片集的行为将对原作品市场价值造成实质性影响。因此，被告提供图片集的行为已超过适当引用的必要限度，影响原剧集的正常使用，损害权利人的合法权益，不属于合理使用。法院最终认定被告蜀黍公司构成侵权，判决其赔偿优酷公司经济损失 3 万元。

【纠纷观察】

近年来，不少自媒体通过对影视剧素材的重组及一定程度的诠释“解说电影”，使其受众能够在比较短的时间内大致了解影视剧作品的内容。本案中被告使用影视剧的截图配上一定文字便为其中一种解说模式。一般而言，未经著作权人授权而使用其作品，即构成侵犯著作权。本案中被告则以《著作权法》第 22 条第 1 款第 2 项规定“为介绍、评论某一作品或者说明某一问题，在作品中适当引用他人已经发表的作品”提出抗辩。

司法实践中，对于合理使用的认定一般采用的是“三步检验法”。本案北京互联网法院即从使用目的是否限于介绍、评论或者说明，使用行为是否影响该作品的正常使用，使用行为是否不合理地损害著作权人的合法权益三个方面，论述了被诉侵权行为不构成合理使用。此外本案中法院也明确指出合理使用的判断标准并非取决于引用比例，而应取决于介绍、评论或者说明的合理需要。

本案判决明确了影视市场商业化开发和合理使用的边界。其实早在 2018 年 3 月，广电总局就已经下发特急文件《进一步规范网络视听节目传播秩序》，明确要求，坚决禁止非法抓取、剪拼改编视听节目的行为。经此一案，所有未取得授权的“影视解说”“鬼畜”“混剪”“恶搞”视频及图片集创作者都应该警醒。日后，相关自媒体或者其他市场主体如若有意在自己的作品中使用影视作品中的素材，应加强自身版权意识，规避侵权行为的发生。

【案例 5】实景游戏侵权纠纷：上海胖布丁网络科技有限公司（以下简称胖布丁公司）、上海汉涛信息咨询有限公司著作权权属、侵权纠纷案[①]

【基本案情】

《迷失岛 2》游戏系胖布丁公司开发的一款传统风格的点触解谜游戏。2017 年 9 月，胖布丁公司获悉，沈阳市大东区魔咒拓展信息咨询服务中心（以下简称魔咒拓展中心）经营的大型密室逃脱店在游戏房间场景布置、游戏体验情节等方面使用了《迷失岛 2》的内容，并将在店内及其广告宣传中使用“迷失岛”“ISOLAND”。胖布丁公司以魔咒拓展中心为被告提起诉讼，主张《迷失岛 2》游戏整体构成类电影作品，游戏的画面、人物形象等构成美术作品。被告上述行为侵害了其类电影作品的复制权、改编权和署名权，亦侵害了相关美术作品著作权；其擅自使用《迷失岛 2》的名称、包装、装潢构成不正当竞争。

【争议焦点】

1. 被告经营的密室逃脱实体店是否侵犯了胖布丁公司的著作权；

2. 被告的被控行为是否构成不正当竞争。

【裁判观点】

法院认为，网络游戏是一个复杂的各类要素的集合体，其不同元素可通过软件作品、类电影作品、美术作品、音乐作品进行保护；故网络游戏的保护方式和路径应当根据被控侵权行为的类型、性质、方式加以确定。

---

① 参见上海市浦东新区人民法院（2017）沪 0115 民初 85616 号判决书、上海知识产权法院（2019）沪 73 民终 127 号判决书。

根据查明的事实，法院认定密室店中使用的仅是游戏的部分元素，不构成对整个涉案游戏复制权的侵害，并未侵犯《迷失岛 2》整体的复制权、改编权。而被告在密室店中使用的 6 幅来自游戏中的图片均具有一定独创性，侵犯原告美术作品著作权。此外，涉案游戏的名称“迷失岛”“ISOLAND”经过原告实际使用和不断宣传，具有了区别商品来源的显著特征，构成知名商品特有的名称。被告经营“迷失岛”密室逃脱实体店与《迷失岛 2》游戏，两者虽然体验方式不同，但是均属解谜游戏类，被告将“迷失岛”“ISOLAND”用于其经营的实体店及广告宣传，属于擅自使用知名商品特有名称的不正当竞争行为。

【纠纷观察】

此案是人民法院首次对实景游戏（密室逃脱）涉嫌抄袭手机游戏（解谜类手游）的行为作出裁判。法院综合运用《著作权法》《中华人民共和国反不正当竞争法》（以下简称《反不正当竞争法》）相关规定对独立游戏开发者进行保护。多数独立游戏团队在资源、市场规模、盈利能力和自主维权成本承担能力上都相对较弱。本案的维权成功，为独立游戏开发者维护自身权益竖立了标杆。

当前游戏抄袭行为受到《著作权法》《反不正当竞争法》多方位规制，权利人可以依据个案不同事实及证据准备情况选择不同的维权路径。特别是本案结合《迷失岛 2》所获奖项、业内评价、玩家评论、新闻报道等因素认定其为知名商品，根据搜索引擎检索“迷失岛”“ISOLAND”的结果认定其名称为知名商品特有名称，对未来游戏著作权人的维权提供了有益的借鉴。

四、热点问题观察

（一）影视寒冬负面效应凸显，平台话语权借势增强

2019 年，影视娱乐行业绕不过的关键词是“寒冬”。在政策严管、平台调整和资本退潮的影响之下，整个文娱行业都受到了很大的冲击，影视更是首当其冲。天眼查提供数据显示，截至 2019 年 11 月底，文娱板块共发生投融资事件 489 起，相比 2018 年减少了 152 起，相比 2017 年更是减少了 428 起，降幅接近一半。资本的收紧不仅带来了形态各异的纠纷，也带来了行业格局的变化。

1. 热钱反噬，资金纠纷多发

行业蓬勃发展之时，热钱大量涌入，“大投资”“大制作”和股权收购、业绩对赌等行为屡见不鲜。而当泡沫散去，“不敢投”与“退不出”成为影视行业投融

资的普遍困境。

在这样的寒冬之下，大部分企业都难以避免现金流紧张的情况，很容易出现借款、欠款等纠纷。前文提到的A传媒股份有限公司与B影视文化有限公司《发行委托协议》争议仲裁案就是其中典型的代表。又如，在"电广传媒公司与环鹰时代公司的《联合发行协议》纠纷案"①中，双方就发行工作是否到位、是否应按合同约定支付发行代理费等问题诉至法院。法院认为，排片率低、发行效果不理想并非由发行行为导致，排片未达承诺对票房收入产生的影响仅为履行瑕疵，不构成违约。这些纠纷，都体现出在市场不景气的情况下，由投资收益分配引起或与资金链断裂相关的摩擦现象凸显。

除了资金纠纷，上市影视公司的状况更是可以作为行业疲软的风向标。2019年上半年，在8家盈利的制作公司中，5家公司的净利润同比出现超过50%的下滑。而在亏损的9家公司里，8家公司的亏损金额从500万元到1.5亿元不等，华谊兄弟的亏损最为严重，亏损金额超3亿元。②

利润下滑、现金流紧张或许还只是一时的窘境，2019年更令人触目惊心的现象是多家上市影视公司潜在问题的相继爆雷。财报造假、实际控制人套现离场、股东和公司多个账户被冻结、股权质押比例触及平仓危机等现象频频发生。例如曾打造不少"顶流明星"的欢瑞世纪，因提前确认收入虚增营业收入、虚构收回应收款项少计提坏账准备、控股股东及其关联方占用资金，累计造假总额过亿的违规行为，于11月连续收到证监会发出的三份行政处罚决定。而曾经估值460亿元的印纪传媒，因为债务纠纷和担保责任，实际控制人和大股东控制的超过60%的股份被司法冻结，股价一度接近平仓价格，公司目前已经在寻求破产和解。

这些现象的表层原因是影视寒冬导致公司业绩不理想，深层因素则多是此前不理智投资、不规范经营的反噬。本就高风险的影视行业与资本捆绑之后，带来了更多问题。

2. 互联网平台话语权进一步增强

投资机构谈影视色变，影视公司自身难保，而与此相对的，集成资本、流量及发行渠道等多种资源的互联网大平台在行业中的地位却越来越举足轻重。原因除了平台财力雄厚之外，更重要的是对平台而言，在文娱领域的投资不仅是为了

---

① 参见北京市第二中级人民法院（2019）京02民终12514号民事判决书。

② 《〈2019中国电视剧风向标报告〉发布》，载搜狐网，https://www.sohu.com/a/354050695_120052253，访问时间：2020年2月12日。

获得财务收益，更重要的是配合自己的行业战略布局需求。

因此，寒冬中资本的退出更凸显了平台的强势：截至2019年11月，在文娱领域投资最多的前六家公司中，五家都是互联网平台公司，依次为腾讯、阿里、字节跳动、Bilibili和百度。[①] 在这种背景下，互联网平台在影视娱乐行业的话语权进一步增强。无论是内容的生产和控制、技术的升级，还是资金的投入、渠道的提供，主动权都掌握在互联网平台手中。

继2018年爱奇艺、优酷、腾讯视频联合六大影视制作公司共同发布抵制过高片酬的声明后，2019年10月21日，这三家头部平台联合正午阳光、华策影视、柠萌影业、慈文传媒、耀客传媒、新丽传媒六家影视制作公司，共同发布《加强行业自律，促进影视行业健康发展》的联合倡议。该倡议在提出当前影视行业距离高质量健康发展的标准和要求依然存在差距的同时，也进一步警示存在于影视制作业多个环节并制约行业发展的贪腐问题，并提出协同建立贪腐黑名单机制，若有机构或人员存在该行为，一经核实将停止一切合作。

行业乱象已经影响到了影视各环节主体的切身利益，也受到了主管部门的密切关注，根治影视行业内的贪污腐败已成为政府、市场、从业者等多方共同的目标。加之电影《小小的愿望》在上映前出现的艺人“抢番位”等导火索事件，联合倡议的出台可以说是顺理成章，既体现了行业的抱团自救，也是对监管的积极回应。在倡议中“对违反倡议内容的机构、个人，九家倡议方将一致行动，视其影响采取包括一定期限内暂停合作等相关措施予以警示”等表述，更是鲜明地体现出了平台掌握话语权、重构行业价值链的意图。

（二）因影视改编、素材不当使用引发的纠纷频发，对原创作者的司法保护趋势增强

2019年，影视行业IP热潮方兴未艾，涉及影视改编和素材使用的纠纷案件也频频发生。尤其是《鬼吹灯》原作者诉《九层妖塔》电影出品方侵犯保护作品完整权案等一批典型案例的出现，引发了业内对于影视剧出品方侵权风险的极大关注。其中折射出司法对于原创作者强保护的趋势，以及知识产权侵权风险可能给整个影视项目带来的诸如“禁映”等巨大风险，尤其值得影视行业从业者重视。

---

① 少年于谦、蓝莲花、王滚滚：《我们梳理了2019年文娱市场489起融资事件，结果出乎意料……》，载腾讯网，https://new.qq.com/omn/20191217/20191217A06HA200.html，访问时间：2020年2月12日。

从司法实践中看，当前影视作品的侵权风险突出表现为以下两方面：

1. 正确把握影视改编尺度，避免侵犯原著作者的保护作品完整权

对于国内多数投资制作影视剧的片方而言，其通常认为只要在开拍前获得原作的改编权、摄制权，便可以对剧本进行任意修改，而无需与原作者进行沟通。但“张牧野诉电影《九层妖塔》出品方著作权侵权纠纷案”的二审改判，彻底颠覆了这种认知。

该案一审法院认为，在原告张牧野已将改编权对外授权的情况下，其行使保护作品完整权时理应受到一定限制。是否侵犯保护作品完整权，取决于改编后的电影作品是否损害了原作者声誉。因涉案电影并未降低社会对涉案小说的评价，未损害原告的声誉，不构成对原告保护作品完整权的侵害。故一审法院判定是否侵权采取的是“客观标准”，举证难度更大。①

而该案二审法院则认为，是否损害作者声誉并非侵犯保护作品完整权的构成要件。改编意味着对原作改变，但这种改变不能超出必要限度，否则可能侵害保护作品完整权。涉案电影存在对涉案小说主要人物设定、背景设定等核心表达要素的改动，是对原作观点和情感的本质改变，构成对原告保护作品完整权的侵害。二审法院最终认定侵权采取的是保护原著作者的“主观标准”。②

在判断是否侵犯保护作品完整权的问题上，北京知识产权法院摒弃了一审法院认为“应当以改编是否损害作者声誉为标准”的观点，旗帜鲜明地主张“应当以改编是否违背作者原意”为标准，其中折射出当前司法实践对于作者权利强保护的趋势，值得业界关注。这也意味着，影视公司为了避免潜在的侵权风险，在进行剧本改编时会更加慎重、更加重视原著的本意，而原著作者也有更多机会参与到后续的影视开发链条中，对影视作品拍摄、制作产生实质影响。

特别值得注意的是，本案中法院终审判决被告立即停止发行、播放和传播电影《九层妖塔》，意味着该片从此彻底告别公众，对片方影响巨大。而根据北京市高级人民法院《侵害著作权案件审理指南》的规定③，法院对于此类案件的判决将以停止侵权为原则，不停止侵权为例外。这意味着，拍摄完成的影视剧可能因为其中侵权行为造成禁播，直接导致电影后续发行、成本回收无法实现。这对于电

① 参见北京市西城区人民法院（2016）京0102民初83号判决书。

② 参见北京知识产权法院（2016）京73民终587号判决书。

③ 北京市高级人民法院《侵害著作权案件审理指南》第8.1条：【停止侵害的例外】如果被告停止被诉侵权行为可能有悖公序良俗，或者违反比例原则的，可以不判令停止侵害，宜根据案件情况从高确定赔偿数额或者判令被告支付相应的对价。

影制片方提出了更高的合规要求。

2. 谨慎使用音乐、字体等素材，避免侵权风险

影视剧中的素材使用不当是制片方面临的另一大侵权风险。2019 年度宣判了多起与影视剧素材使用相关的诉讼案件，涉及素材包括字体、音乐、宣传标识等。

（1）字体素材侵权

在电影《九层妖塔》中，制片方未经授权，擅自在电影中出现的道具《鬼族史》图书和《华夏日报》报纸上使用了书法家向佳红的书法作品“鬼”“族”“史”“华”“夏”“日”“报”。向佳红据此认为，制片方的行为侵犯了他对上述书法作品享有的署名权、复制权。该案经北京市朝阳区人民法院一审、北京知识产权法院二审，制片方被判构成侵权，需赔偿原告向佳红 14 万元，并公开赔礼道歉。[①]

近年来，因使用字体而引发的纠纷并不少见。尤其对于电影制作方而言，对字体的版权保护意识较为薄弱，甚至抱有侥幸心理。为避免侵权风险，电影制片方在以商业用途使用字体时，应该提前核实所使用字体的权利状态，如果使用了他人的字体或字库，应该积极与权利人沟通，达成授权合作。

（2）音乐素材侵权

同样是在电影《九层妖塔》中，因制片方擅自使用歌曲《迟到》作为插曲使用，台湾著名音乐人陈彼得（原名：陈晓因）认为其享有的修改权、保护作品完整权、复制权、改编权、发行权、摄制权等六项权利遭受侵犯，遂将制片方起诉至法院。该案一审判定被告侵权成立，需赔偿原告经济损失 30 万元，并在全国公开发行的报刊上刊登致歉声明。[②] 目前该案正在二审过程中。

电影《煎饼侠》的出品方也曾因插曲涉嫌侵权而遭到起诉。该案中，原告众得公司认为被告岳龙刚（艺名：岳云鹏）未经授权擅自将《牡丹之歌》的歌词改编后创作成《五环之歌》用于商业演出，在电影《煎饼侠》中作为背景音乐和宣传推广曲 MV 使用，侵犯其改编权，故将电影的出品方及歌曲演唱者岳龙刚诉至法院，索赔 100 万元。[③]

（3）宣发过程中的法律风险

除字体、音乐等在影视剧中使用的素材外，影视剧的后期宣传物料亦存在不正当竞争等法律风险。

---

① 参见北京知识产权法院（2018）京 73 民终 1428 号判决书。

② 参见北京市朝阳区人民法院（2017）京 0105 民初 65990 号判决书。

③ 参见天津市第三中级人民法院（2019）津 03 知民终 6 号判决书。

在2019年二审宣判的网剧《鬼吹灯之牧野诡事》被诉侵权案中，江苏省高级人民法院认为被告张牧野在与原告玄霆公司签订授权协议后，擅自授权他人使用“鬼吹灯之牧野诡事”作为网剧名称，容易使相关公众误认为网剧是由《鬼吹灯》系列小说改编而来，侵犯玄霆公司对《鬼吹灯》系列小说特有名称的相关权益，构成不正当竞争。而网剧出品方爱奇艺公司使用“没有牧野诡事，就没有鬼吹灯”“最正宗的鬼吹灯系列”等宣传用语亦缺乏权利基础，构成虚假宣传。法院最终判决爱奇艺公司赔偿玄霆公司经济损失150万元，案件另外两名被告东阳向上公司和张牧野就其中的110万元承担连带赔偿责任。[①]

（三）直播与短视频：竞争持续升级

直播行业经过几年的发展，已经逐步进入了成熟阶段，头部平台格局明显。在业内整合的过程中，两极分化趋势更加明显：一端是各大上市直播平台拓展了线下、海外等领域，直播电商更是成为令人瞩目的增长点；而另一端则是包括熊猫直播在内的许多竞争者被迫提前出局，一些尚未出局的小直播平台也仅能挣扎生存。

但直播行业增速的放缓并未导致竞争的减弱，反而有加剧摩擦之势。头部游戏直播平台斗鱼和虎牙之间的侵权和不正当竞争纠纷就是争夺白热化的体现：由于三名独家签约的游戏主播在虎牙上进行游戏直播，斗鱼自2018年8月至2019年2月对虎牙进行了23次投诉，要求将虎牙的两个直播程序从苹果应用商店下架。2019年1月，虎牙向法院提起诉讼并申请行为保全，法院基于对斗鱼投诉行为正当性和虎牙下架将带来的损失的评估，裁定斗鱼立即停止在苹果应用商店投诉虎牙应用的行为。在市场规模逐渐接近天花板的背景下，如何在存量市场上占据更多份额，成为各家平台生存发展的关键所在。

此外，短视频行业的寡头格局也愈发明显，从快手一家独大，演变成抖音、快手平分秋色的“两超多强”局面，二者的用户渗透率合计达到54.2%，比第二梯队高出32.3%。[②]与此同时，腾讯、阿里巴巴、百度、新浪微博等巨头虎视眈眈，都开始发力布局短视频，在瞬息万变的互联网行业，目前的格局随时有重新洗牌的可能，主动求变成为各平台的关键词。

---

① 参见江苏省高级人民法院（2018）苏民终130号判决书。

② 《2019年中国网络视听发展研究报告》，载搜狐网，https://www.sohu.com/a/316802357_728306，访问时间：2020年2月12日。

风头正盛的短视频在很大程度上分流了直播的一部分用户以及资源，因此，短视频和直播之间的对立竞争也愈发激烈。直播平台上线短视频功能，短视频平台也开始开拓直播业务。其中，游戏直播作为直播平台最重要的引流和收入渠道，引来了短视频行业的觊觎。例如 2019 年 7 月，“短视频巨头”快手推出“百万游戏创作者扶持计划”，强势入局游戏直播，并取得了亮眼的数据。

然而，直播和短视频的互相竞争和渗透不可避免地带来了内容的同质化，在版权意识和保护措施不足的情况下，对差异化和优质内容的争夺导致版权生态领域不断出现争议，侵权和不正当竞争纠纷频发。例如主打短视频的 MCN 机构 papitube 和主播冯某莫都因未经授权使用音乐作品而遭到起诉；腾讯接连对头条系产品提起 8 项诉讼，主张西瓜视频等平台以视频、直播等形式未经许可传播腾讯游戏构成侵权和不正当竞争；各短视频平台存在大量盗播影视剧和综艺节目片段……纠纷可能发生在平台、主播与影视 / 音乐 / 游戏等作品的权利人之间，也有可能发生在主播与主播之间、平台与平台之间，关乎各方的经济利益，呈现错综复杂的乱象。

（四）未成年人保护：政府、企业、社会共管共治

除以上行业热点外，在法律制度上，2019 年度最引人注目的是一系列有关未成年人保护的规范性文件。

未成年人既是影视娱乐行业不可忽视的受众，又有相当一部分成为这个行业的从业者。而无论是作为接收讯息的观众，还是作为冉冉升起的新星，他们的共同点都是身心尚未成熟、自我保护能力不足，容易迷失在本就光怪陆离的行业之中。因此，为未成年人创造健康的行业环境，已经成为舆论的共识。

为此，近几年来，国家频出政策引导，行业积极配合推进。2019 年更是密集出台了多部新规，全社会多部门、多举措、多维度地在影视娱乐行业为未成年人辟出一片净土。

1. 对未成年人节目进行线上线下统一管理

为引导、规范节目创作、制作和传播，以切实保障未成年人合法权益，促进未成年人健康成长，广电总局近年陆续就节目数量、节目内容、播出时间等方面发布一系列监管政策，以限制未成年人参与演艺节目和演艺活动，也就是业内俗称的“限童令”。

此前，广电总局已经陆续颁布《关于加强真人秀节目管理的通知》《关于进一步加强电视上星综合频道节目管理的通知》等规定，对未成年人参加节目进行规

范。但是，上述规定限制的对象主要是在各大卫视播出的节目，因此一度出现各制作方纷纷将节目从卫视撤出，转战网络平台的现象。

因此，2019 年颁布的《未成年人节目管理规定》对广播电视节目和网络视听节目进行同步监管，实现线上线下管理标准的统一，以实现对未成年人更加强有力的保护。

《未成年人节目管理规定》的要旨包括：禁止未成年人节目过度商业化、成人化、娱乐化；重点保护未成年人隐私；禁止未成年人节目影响未成年人正常价值观的培养发展；建立未成年人节目专区制度、适播制度及休息提示制度等，既强调广播电视主管部门的职责，又对广播电视播出机构及网络视听节目服务机构提出了规范要求，意在建立对未成年人节目的立体化、多层次、全方位监管格局。

2. 网络直播和短视频平台成为管控重点

网络直播和短视频自诞生以来就深受未成年人的喜爱，其中的内容却良莠不齐，导致相关平台成为管控的重点：

一方面，未成年人防沉迷机制正在业内逐步建立。2019 年 1 月 9 日，中国网络视听节目服务协会正式发布的《网络短视频平台管理规范》明确规定："网络短视频平台应当建立未成年人保护机制，采用技术手段对未成年人在线时间予以限制，设立未成年人家长监护系统，有效防止未成年人沉迷短视频。"这是首次在网络短视频行业明确规定建立未成年人保护机制。3 月 28 日，国家网信办指导组织"抖音""快手""火山小视频"等短视频平台试点上线青少年防沉迷系统。此后，国家网信办对"青少年模式"不断进行评估和指导优化，继续深入推进青少年网络防沉迷工作。截至 10 月，国内共有 53 家平台上线"青少年模式"，网络防沉迷工作基本覆盖国内主要网络直播和视频平台。

另一方面，对未成年人的保护也体现在内容审核上。2019 年 1 月 9 日，中国网络视听节目服务协会发布《网络短视频内容审核标准细则》，在前几年陆续颁布的内容管理相关规范性文件的基础上，进一步细化了对网络短视频节目内容的要求，明确规定不得出现抽烟酗酒、打架斗殴、滥用毒品等不利于未成年人健康成长的内容。

3. 网络游戏的未成年人保护措施不断升级

除了网络直播和视频平台之外，网络游戏领域对未成年人的保护也进一步加强，形成了政府、企业、社会共管共治的局面。2019 年 6 月 26 日，人民网举办 2019 游戏责任论坛，联合腾讯、网易等 14 家知名游戏企业，共同发起《游戏适龄提示倡议》，并于 7 月正式上线"游戏适龄提示"平台。2019 年 10 月 25 日，国家新闻出版署颁布《关于防止未成年人沉迷网络游戏的通知》，要求实行网络游戏账号实名注册制度、严格控制未成年人使用网络游戏时段时长、规范向未成年人提供付费服务、探索适龄游戏提示制度等。各游戏厂商也纷纷设置“成长守护平台”“家长关爱平台”等，通过更严格的管理措施和更精确的技术手段，不断升级对未成年人的保护。

五、总结与展望

同 2018 年一样，2019 年的影视行业仍处在深度调整期，大量缺乏核心竞争力的公司面临淘汰；此外，自 2015 年开始大规模涌入影视行业的热钱在行业低迷时期普遍到了退出阶段，也引发了大量与影视投资相关的纠纷。但行业的深度调整及争议频发也有其积极意义：大量的争议也让影视行业对于合规的重要性有了更为清醒和深刻的认识；税务风暴、限薪令等一系列监管措施是对早先行业野蛮生长的遏制和回调，在一波行业的重新洗牌后，留存下来较有项目把控能力、制作宣发能力、融资平台实力及公关能力的头部公司，必然能够在社会公众日益旺盛且多元化的娱乐内容消费需求面前凸显价值。2019 年涌现出了一大批优秀国产电影和主旋律题材电影，将主流精神、艺术理念和市场意识充分融合，取得了口碑和票房的双丰收，就是其中的明证。

2020 年伊始，一场疫情让神州大地笼上了一层阴霾，正处于深度调整时期的影视娱乐行业无疑将面临更为严峻的考验。

大浪淘沙，才见真金璀璨。我们有理由相信，一个运作更规范的影视行业必定能在未来穿越调整期，开启新纪元。希望整个行业在此危难时刻能够顶住压力，共克时艰，为吾国吾民带来欢乐，为文化产业传递薪火。

中国体育争议解决年度观察（2020）

蔡　果　Jeffrey Benz[①]

一、概　述

2019 年是中国体育法迅速发展并广受关注的一年，这与中国政府持续强调体育为国家战略密切相关。2014 年发布的《国务院关于加快发展体育产业促进体育消费的若干意见》（国发〔2014〕46 号，以下简称 46 号文）[②] 为中国体育产业注入了强心针，全国体育产业总规模在 2018 年达到 26,579 亿元，比 46 号文发布时的 13,574.71 亿元增长超一倍。[③]

当大多数国家不再热衷举办大型国际综合赛事，且俄罗斯面临长达四年的大型国际赛事禁令，[④] 中国是唯一将在此后几年不间断举办大型国际体育赛事的东道

---

① 蔡果，金茂律师事务所体育法专业律师，具备中华人民共和国及美国纽约州律师执业资格。Jeff Benz，国际体育仲裁院（CAS）、美国司法仲裁调解服务有限公司（JAMS）及 4 New Square Chambers 的仲裁员暨调解员。

② 2014 年 10 月 2 日发布，同日实施。

③《2014 年全国体育及相关产业总规模已破万亿元》，载央视网，http://news.cntv.cn/2015/12/29/ARTI1451345171029512.shtml，访问时间：2020 年 1 月 30 日。

④ 北京时间 2019 年 12 月 9 日，世界反兴奋剂组织宣布其执行委员会通过对俄罗斯禁赛四年提案，其中包括禁止在未来四年内举办大型国际赛事，已授权俄罗斯举办的赛事可能撤回授权并交由其他国家举办。《俄罗斯遭禁赛四年，这张“罚单”还有转机吗？》，载中国新闻网，https://m.chinanews.com/wap/detail/zw/gj/2019/12-11/9030300.shtml，访问时间：2020 年 3 月 23 日。俄罗斯兴奋剂机构（RUSADA）向世界反兴奋剂组织发出多份信函，拒绝接受禁赛决定。WADA 已将该争议提交国际体育仲裁院裁决。见《俄罗斯发函挑战世界反兴奋剂机构禁赛裁决》，载新华网，http://sports.xinhuanet.com/c/2019-12/28/c_1125398274.htm，访问时间：2020 年 3 月 23 日。如禁令得到 CAS 确认，俄罗斯将不能举办已取得主办权的 2020 年（已推迟至 2021 年）欧洲杯、2021 年欧洲冠军联赛决赛，在禁令有效期内也不能对大型国际赛事的主办权进行投标。见 SportBusiness, “Russia Set for Major Events Hosting Ban under WADA Sanctions”，https://www.sportbusiness.com/news/russia-set-for-major-events-hosting-ban-under-wada-sanctions/，访问时间：2020 年 3 月 23 日。

国，这包括在2021年举办改制后首届国际足联（以下简称FIFA）俱乐部世界杯，2022年举办北京冬奥会和杭州亚运会，以及在2023年举办亚足联亚洲杯足球赛。活跃的体育市场必然促进该领域相关法律的发展。中国体育法伴随着更大体量、更活跃、更多元化的体育市场，从此前边缘化的位置逐渐向C位靠近。

本篇第二部分将首先梳理体育产业相关重要法律和政策文件。体育产业的政策及规则框架是理解体育争议解决的关键。不难得知，中国体育尚具有“自上而下”、政策规划先行的鲜明特色，但自46号文发布以后的体育产业政策目标却是简政放权，唤醒市场。这看似矛盾，但却是中国发展体育产业、进行体育改革，适应我国体制与文化的必由之路。政府规划与市场力量的博弈与共舞，恰恰是中国体育改革的最佳注解。为充分激活体育市场，重要的配套措施包括简政放权、扫清政策与法规障碍、推动体育协会去行政化“脱钩”、发展职业体育，以及承认与保护体育无形资产并推动相关权利（例如运动员姓名权、肖像权、声音、签名、个人信息等权益）的市场化运营。

本篇第三部分遴选三个2019年发生或审结（包括执行）的典型体育争议案例，入选标准包括关注度、影响力以及争议焦点的普遍性。世界反兴奋剂组织诉孙杨与国际泳联的体育仲裁案于2019年11月15日公开听证，吸引了全世界的关注；该案不论是从程序还是从反兴奋剂工作的角度，均有太多值得深思与总结之处。值得一提的是，孙杨案公开听证后的第三天（2019年11月18日），最高人民法院发布了《关于审理走私、非法经营、非法使用兴奋剂刑事案件适用法律若干问题的解释》，自2020年1月1日起施行。[①]

大连市中级人民法院承认与执行一例国际体育仲裁院裁决，被广泛认为系我国法院依据《承认及执行外国仲裁裁决公约》（以下简称《纽约公约》）承认执行体育仲裁裁决第一案；但该案有其特殊之处，本文论证其“先例”作用应有所限制。此外，多名球员诉大连超越足球俱乐部案具备相同的事实情节和几乎如出一辙的裁判结果，作为系列案件入选，显示了职业球员或教练在向濒临解散或已经解散的俱乐部追索欠薪时常陷入的“三不管”窘境。从公布的案例及新闻报道不难得知这一困局已呈体系化，亟待解决，本文亦提出了相应的建议。

针对典型案例体现的问题，本篇在第四部分“热点问题观察”进行了分析与建

① 这份司法解释并不意在追究运动员的刑事责任，而是针对兴奋剂走私者和非法经营者，以及滥用职权或玩忽职守造成严重兴奋剂违规事件的国家公职人员。背后的逻辑：兴奋剂违规的运动员可以受到体育规则的制约，但造成运动员违规的人士却常常不受体育规则的约束；引入刑事惩罚意在填补现行反兴奋剂法律制度的空白，追究责任，形成威慑。

议，并就北京 2022 年冬奥会争议解决相关事项进行小结。第五部分为总结与展望。

本年度（2020）观察报告系首次将体育争议解决单列成章，这是值得肯定的、适应中国体育高速变革的重要进展。此前，体育法一般被视作广义娱乐法的一部分，但体育法的性质与娱乐法存在根本差异——虽然体育在某种程度上是娱乐活动的产物，但参与体育所适用的规则位阶更丰富，也更凸显体育的国际化特征。我们希望本篇《中国体育争议解决年度观察（2020）》为读者理解体育争议的特性提供一些直观感受。

二、对体育产业影响重大的法律法规及政策文件

（一）《中华人民共和国体育法》

《中华人民共和国体育法》（以下简称《体育法》）于 25 年前颁布实施，至今仅在 2009 年与 2016 年有过两处细微修订。[①]《体育法》将体育分类为社会体育、学校体育与竞技体育进行组织与管理，主要体现了截至 1995 年我国如何贯彻体育工作，但却未随过去 25 年间中国社会经济的飞速发展与巨变作出调整，也没能反映中国体育从竞技、为国争光优先逐渐向体育商业、大众休闲娱乐产业转变的现实。

未能与时俱进的《体育法》存在感不强，唯一的例外是现行第 32 条，即“在竞技体育活动中发生纠纷，由体育仲裁机构负责调解、仲裁。体育仲裁机构的设立办法和仲裁范围由国务院另行规定”。《体育法》第 32 条时常被提及和引用，是因为该条中的“体育仲裁机构”从未被设立，从而例证现行《体育法》亟待修订。当然，法院在足球案件中援引该条，将中国足球协会仲裁委员会等同该条中的“体育仲裁机构”并不罕见。这一实践及其影响将在下文“大连超越案”部分详细论述。

（二）全国层面的体育政策与纲领文件

尽管体育立法缺失，中国体育产业在一系列政策支持下取得蓬勃发展。事实上，政府规划与引导对于中国体育举足轻重，这也导致中国体育一向是“自上而下”式组织管理，而非“自下而上”式发展。2019 年 8 月 10 日，中国国务院办

① 2009 年的修订为删除该版本第 47 条（“用于全国性、国际性体育竞赛的体育器材和用品，必须经国务院体育行政部门指定的机构审定”）；2016 年的修订为删除该版本第 32 条（“国家实行体育竞赛全国纪录审批制度，全国记录由国务院体育行政部门确认”）。

公厅印发《体育强国建设纲要》（国办发〔2019〕40号），再次强调了发展体育系中国国家战略。自2014年起，除46号文与《体育强国建设纲要》外，国务院及国务院办公厅还发布了《国务院办公厅关于加快发展体育竞赛表演产业的指导意见》（国办发〔2018〕121号，以下简称121号文）[①]，以及《国务院办公厅关于促进全民健身和体育消费推动体育产业高质量发展的意见》（国办发〔2019〕43号，以下简称43号文[②]，与46号文、《体育强国建设纲要》及121号文合称"国务院系列体育政策"）。

国务院系列体育政策表明，中国将发展体育产业上升为国家战略，不仅是为提升国民健康水平、增强国家凝聚力、提升国际话语权，更有着深层次的社会经济原因。作为所有体育政策的纲领，46号文将体育产业定位为朝阳产业、新的经济增长点及推动经济转型升级的重要力量。此后国务院与各地方政府发布的所有体育政策均以46号文为出发点，是46号文的细化与延伸。《体育强国建设纲要》与121号文更进一步将体育产业的定位从"推动经济转型升级的重要力量"提升为"国民经济支柱型产业"。

（三）国务院系列体育政策对体育产业及体育法（规范）的影响

1. 简政放权，发挥市场作用

46号文取消了商业性和群众性体育赛事审批，将政府职能从赛前审批转变为赛事监管，这直接促进了中国体育赛事行业的兴旺，带动了国际品牌赛事在华落地、培育了本土品牌赛事蓬勃发展，涌现了大批赛事相关商业主体，以及赛事运营、经纪等新兴细分领域。46号文释放的政策红利促成了中国资本对海外体育资产的收购热潮。据《中国经济周刊》不完全统计，2014年至2016年间，中国财团收购了包括阿斯顿维拉、狼队、国际米兰、西班牙人、马德里竞技等至少15家海外足球俱乐部的股权，[③] 这其中包括大约9家海外足球俱乐部的控股权。[④]

体育产业飞速发展的过程中，一些非理性投资倾向也引起了国家监管部门的

---

① 2018年12月11日发布，同日实施。

② 2019年9月4日发布，同日实施。

③ 《稳赚不赔，中国富豪为何热衷收购海外足球俱乐部？》，载中国新闻网，http://www.chinanews.com/cj/2016/08-23/7980833.shtml，访问时间：2020年1月30日。

④ 《复星国际收购英冠狼队，中国资本2年拿下11支海外球队》，载央广网，http://news.ifeng.com/a/20160727/49673775_0.shtml，访问时间：2020年1月30日。

注意并逐步收紧监管。自2016年底开始实施对外投资监管措施以来，[①]中资收购海外体育资产数量大幅减少。[②]此外，针对商业性和群众性体育赛事准入放开后出现的非理性市场行为和无序竞争现象，121号文提出由多部门联动，建立覆盖体育竞赛表演组织机构、从业人员和参赛人员的“黑名单”及行业信用体系，[③]并在《体育强国建设纲要》和43号文中进一步强调建立体育行业信用体系。

2.扫清政策障碍，加快推动修订《体育法》，清理不利改革的法规制度

2018年9月7日，十三届全国人大常委会公布立法规划，将《体育法》的修订列为“需要抓紧工作、条件成熟时提请审议的法律草案”。[④]同时，国家体育总局系统地整理、废除了不合时宜的政策法规，作出必要的修订或更新，[⑤]并于2019年12月16日印发《现行有效的体育法律、法规、规章、规范性文件和制度性文件》（截至2019年11月30日）。[⑥]这份主要由1部法律（1995年颁布的《体育法》）、7部行政法规、34件中央与国务院文件、32件部门规章、178件规范性文件以及269件地方规范构成的体育总局现行有效文件清单表明，中国体育产业的方方面

---

① 2016年12月6日，国家发展和改革委员会（以下简称国家发改委）、商务部、人民银行、国家外管局四部门负责人就当前对外投资形式及对外投资方针政策答记者问，指出密切关注近期在房地产、娱乐业、体育俱乐部等领域出现的非理性对外投资倾向。此前，商务部、国家发改委和人民银行均出台了相关政策，以加强对外投资的真实性审核以及对人民币境外放款的监管，https://www.bakermckenzie.com/-/media/files/insight/publications/2017/02/new-restrictions-china-outbound-investments/al_china_newrestrictionsoutboundinvestments_jan2017.pdf?la=en，访问时间：2020年1月30日。2017年8月，国家发改委、商务部、人民银行和外交部发布《关于进一步引导和规范境外投资方向的指导意见》（国办发〔2017〕74号），将体育俱乐部列为“限制开展的境外投资”，需经境外投资主管部门核准。

② 据商务部《2018年中国对外投资发展报告》第10页、第22页（http://images.mofcom.gov.cn/fec/201901/20190128155348158.pdf），2017年文化、体育和娱乐业对外直接投资额为2.6亿美元，同比大幅减少93.3%。2018年上半年，体育对外投资没有新增项目。

③ 2018年8月9日，国家体育总局印发实施《体育市场黑名单管理办法》，于印发当日施行，有效期五年。

④ 《国家体育总局关于2018年法治政府建设工作情况的报告》，载国家体育总局网站，http://www.sport.gov.cn/zfs/n4974/c900011/content.html，访问时间：2020年1月30日，然而，2020年6月发布的“全国人大常委会2020年度立法工作计划”并未提及体育法，http://www.npc.gov.cn/npc/c30834/202006/b46fd4cbdbbb4b8faa9487da9e76e5f6.shtml，访问时间：2020年6月29日。

⑤ 2019年7月1日，国家体育总局政法司向全国体育系统印发《关于补充更新体育政策法规文件库和开展2019年度文件清理工作的通知》（体政字〔2019〕108号）。

⑥ 《国家体育总局关于公布现行有效的体育法律、法规、规章、规范性文件和制度性文件目录的通知》，载国家体育总局网站，http://www.sport.gov.cn/n316/n336/c938805/content.html，访问时间：2020年1月30日。

面，不论是竞技体育各项、群众体育、青少年体育或是体育经济，均打上了深深的行政主导的烙印。因此，解读中国体育，需从理解其行政主导特质出发。

在国务院系列体育政策“去行政化，市场驱动”的指引下，国家体育总局于2019年底宣布废止13个规范性文件，包括3个有关中国国家队运动员商业活动管理、商业权利权属、比赛奖金分配的规范性文件。[①] 上述举措势必激活中国运动员基于肖像、姓名、声音、签名等人身权利的商业行为，旨在为43号文提倡的“挖掘体育明星市场价值”扫清政策障碍。在《奥林匹克宪章》第40条修订后[②]暨东京奥运营销蓄势待发之时为国家队运动员商业权限“松绑”，体现了我国唤醒体育市场的决心。可以预见，运动员个人赞助、代言等商业化行为将在东京奥运周期激增，呈现更丰富的业态；上述变化也为平衡运动员个人商业权益、所属协会权益、国家队集体权益以及奥林匹克官方赞助商权益，并确保《奥林匹克宪章》第40条合规，提出了新的挑战。

3. 深化体育行业协会改革，推进体育行业协会与行政机关脱钩

长久以来，我国体育协会的行政属性限制了其行业社会团体本应发挥的功能，与主管或挂靠的行政机关“定位不明，职责不清”，[③] 是体育商业化、市场化发展的桎梏；行政机关对体育协会的深度介入，也是我国与体育产业发达国家的显著区别。因此，国务院系列体育政策反复强调将去行政化“脱钩”作为体育协会改革的主要任务。2015年开始，中国足球协会（以下简称中国足协或足协）按照《中国足球改革发展总体方案》[④] 的部署，率先与体育总局脱钩，依法独立运行并对权

---

① 具体为《国家体育总局关于运动项目管理中心工作规范化有关问题的通知》（体政字〔2001〕46号）、《关于对国家队运动员商业活动试行合同管理的通知》（体政字〔2006〕78号）、《国家队运动员有奖比赛奖金管理暂行办法》（体人字〔2007〕2号），见《国家体育总局关于废止部分规范性文件的通知》，载国家体育总局网站，http://www.sport.gov.cn/n316/n336/c939910/content.html，访问时间：2020年1月30日。值得注意的是，《中华人民共和国民法通则》规定公民享有姓名权（第99条）、肖像权（第100条）。《中华人民共和国民法总则》第110条规定自然人享有包括姓名权、肖像权、名誉权等权利。2020年5月28日发布、2021年1月1日实施的《中华人民共和国民法典》第990条、第993条、第1012条、第1018—1023条明确保护自然人享有姓名权、名称权、肖像权、对声音的权利等，并有许可他人使用的权利。上述被废止的文件限制国家队运动员对部分个人权利进行商业化，或许与我国体育举国体制相关。逐步废止类似限制是值得肯定的举措。

② 《奥林匹克宪章》第40条修订为各国奥委会规范运动员奥运期间（包括之前约10天时间）商业活动提供了更多空间。详见下文第四部分第（三）项。

③ 《刘鹏：足球改革不能有“速胜论”，单项协会“去行政化”是趋势》，载新华网，http://sports.people.com.cn/n/2015/0817/c22176-27475814.html，访问时间：2020年1月30日。

④ 《国务院办公厅关于印发中国足球改革发展总体方案的通知》（国办发〔2015〕11号），载中国政府网，http://www.gov.cn/zhengce/content/2015-03/16/content_9537.htm，访问时间：2020年2月18日。

限内事务享有自主权。[①] 同时，根据 2015 年 7 月中共中央办公厅和国务院办公厅印发的《行业协会商会与行政机关脱钩总体方案》，全国性单项体育协会将陆续脱钩。2017 年 4 月，随着篮球运动管理中心将业务职责正式移交中国篮球协会（以下简称篮协），篮协开始独立运行。[②]

2019 年 6 月 14 日，国家发展与改革委员会、民政部、中央组织部等联合发布了《关于全面推开行业协会商会与行政机关脱钩改革的实施意见》（发改体改〔2019〕1063 号，以下简称《体育协会脱钩改革意见》），明确"脱钩"应在 2020 年底前基本完成，主要任务是机构分离、职能分离、资产财务分离、人员管理分离。这份文件以附件形式明确了体育总局主管的 89 家协会中，已脱钩 21 家，拟脱钩 68 家（截至 2019 年 6 月）。根据该《体育协会脱钩改革意见》，相关体育协会脱钩后应在民政部门登记为社会团体法人。脱钩后的全国性单项体育协会应怎样设置内部管理机制，其内部机制是否应包括争议解决机构；如设内部争议解决机构，是否应吸取国际经验，以仲裁作为体育争议解决形式；如以仲裁作为体育争议解决形式，又如何与人民法院以及各自对应的国际单项体育联合会衔接并确保合规，这些均是需要管理者、学界及业界关注的现实议题（详见下文第四部分第（一）项论述）。

4. 推进职业体育改革，发展职业赛事，鼓励职业联盟，鼓励运动员和教练员的职业化发展

综观体育产业发达国家，若无职业体育与职业赛事的繁荣，不可能迎来体育产业的真正腾飞。在我国体育职业化尚处于起步初期的大背景下，[③] 国务院系列体育政策强调深化职业体育改革；体育管理者、运动员、教练应逐步向职业化发展。在中国职业体育改革进程中，足球与篮球无疑司职前锋。

2019 年 10 月 16 日，中国足协为中超职业联盟（以下简称中超联盟）成立设置了大致时间表。未来的方向是借鉴欧洲顶级联赛经验，足协退出中超公司，将中超联赛全面放权予中超联盟运营，实现中超联盟在人事、财务等方面高度自治；

① 《单项协会"去行政化"是趋势，产业前景更广阔》，载华奥星空网，http://industry.sports.cn/news/others/2015/0818/115405.html，访问时间：2020 年 1 月 30 日；《足管中心已经撤销，足协脱钩基本完成》，载人民网，http://sports.people.com.cn/n1/2016/0225/c14820-28147885.html，访问时间：2020 年 2 月 18 日。

② 《篮协在内的 68 家体育协会拟脱钩，管办分离改革步伐再迈一步》，载懒熊体育网，http://www.lanxiongsports.com/posts/view/id/15934.html，访问时间：2020 年 2 月 18 日。

③ 例如，在我国仅足球、篮球存在相对职业化的联赛；仅足球与篮球拥有（或在建）真正意义上的职业联盟。

足协仅对中超联赛行使监督权。[①] 这被视为推动中国足球职业化、市场化的重要举措；[②] 足协也期许中超联盟能最大限度挖掘职业联赛商业潜力。[③] 据报道，中超联赛将组建争议解决委员会，并向社会招贤纳士。[④] 值得注意的是，篮协已完全退出运营中国男子篮球职业联赛（以下简称 CBA 联赛）的中篮联（北京）体育有限公司（以下简称 CBA 公司），至此，CBA 公司完全由 20 家俱乐部拥有，各占 5% 股比。

2019 年是“CBA2.0 品牌升级计划”元年，对赛事运营、球迷体验、商务开发和品牌推广四大板块进行升级，包括 2019—2020 赛季首次启用职业裁判，升级视觉效果；对国内球员首设工资帽，以及将外援合同首次调整为部分保障合同。[⑤] 在处理周琦从 NBA 回归 CBA 联赛的去向争议时，CBA 公司坚持依据 2018—2019 赛季推出的球员《标准合同》作决定，并承认在推行《标准合同》的过程中，尚需进一步明晰各方责权利，以构筑更规范、完善的 CBA 联赛合同体系。[⑥] 根据《中国男子篮球职业联赛纪律准则》，若对该决定有异议，可上诉至 CBA 联赛内设的纪律与争议解决委员会。在周琦的案例里，各方对 CBA 公司的决定表示服从，未提起上诉。其后，CBA 公司在 2019 年 5 月 31 日发布的标准《国内球员聘用合同》（试行版）中加入了参加境外联赛的 CBA 球员的注册权归属（又称“周琦条款”），以鼓励球员前往境外高水平联赛锻炼，但同时保障留洋球员原俱乐部的权益。[⑦]

5. 确立体育无形资产的商业价值，推动相关权利市场化运营

46 号文确认了体育组织、场馆、赛事的名称与标志为无形资产，可通过冠名、赞助、特许经营等形式进行商业化开发。2019 年发布的 43 号文更进一步提出建立体育无形资产的评估标准，这在一定程度上为体育无形资产的财产属性提供了

① 《中国足球职业联盟成立在即》，载《人民日报》2019 年 10 月 17 日，第 9 版。

② 《联盟推崇英超监管模式，足协有重大事项一票否决权》，载新浪网，http://sports.sina.com.cn/china/j/2019-10-17/doc-iicezuev2735378.shtml，访问时间：2020 年 1 月 30 日。

③ 《职业联盟将挂牌，中超真正走向市场化？》，载懒熊体育网，http://www.lanxiongsports.com/posts/view/id/17086.html，访问时间：2020 年 1 月 30 日。

④ 《中国足球职业联盟将成立　足协无股份家家有责任》，载央视网，http://sports.cctv.com/2019/10/17/ARTIRGWOAcx4MxPciolwQet9191017.shtml，访问时间：2020 年 2 月 18 日。

⑤ 《2.0 版本的 CBA 联赛，会迎来哪些新机遇？》，载新华网，http://sports.xinhuanet.com/c/2019-11/01/c_1125181880.htm，访问时间：2020 年 1 月 30 日。

⑥ 《CBA 公司发布公告，新疆对周琦享有两年优先注册权》，载人民网，http://sports.people.com.cn/cba/n1/2019/0427/c22150-31053655.html，访问时间：2020 年 1 月 30 日。

⑦ 《CBA 启用〈标准合同〉：明确海归球员归属》，载新京报网，http://www.bjnews.com.cn/sport/2019/05/31/585932.html，访问时间：2020 年 1 月 30 日。

依据。例如，体育赛事“转播权”由于性质不清、权属不明，导致现行法律很难保护体育赛事的独家网络直播权；2020 年以前具有代表性的司法案例未确认体育赛事直播构成《中华人民共和国著作权法》保护的“作品”，中国法院往往适用《中华人民共和国反不正当竞争法》作为惩罚盗播行为的法律基础，但限制是赔偿金额不高，缺乏威慑作用。[①] 121 号文确认了体育赛事播放收益（转播权）由赛事主办方或组委会与转播机构分享，明确了赛事主办方享有包括转播权在内的赛事相关权利，这便为保护赛事网络直播权的法律依据缺失提供了政策层面的补充。

（四）国务院系列体育政策在全国范围内的实施及成效

国务院系列体育政策通过各省市在全国范围内具体实施。46 号文发布后，许多省市根据各自实际情况制订了实施方案。例如上海的定位是“全球著名体育城市，世界一流的国际体育赛事之都，国内外重要体育资源配置中心，充满活力的体育科技创新平台”，[②] 并在 2018 年发布了包含多项具体措施的《关于加快本市体育产业创新发展的若干意见》（又称“上海体育产业三十条”）。[③]

另一个突出的例子是成都。成都的定位是“国际赛事名城”，其体育政策即明显围绕赛事，[④] 计划在 2018—2020 年举办 67 项国际体育赛事，[⑤] 并且针对培育品

① 蔡果：“Why Sports Broadcasters in China Cannot Currently Rely on Copyright Law to Protect against Unauthorised Livestreams（and Possible Solutions）”，https://www.lawinsport.com/topics/item/why-sports-broadcasters-in-china-cannot-currently-rely-on-copyright-law-to-protect-against-unauthorised-livestreams-and-possible-solutions，访问时间：2020 年 1 月 31 日。

② 《上海市人民政府关于加快发展体育产业促进体育消费的实施意见》（沪府发〔2015〕26 号），2015 年 7 月 1 日发布。

③ 沪府发〔2018〕31 号，2018 年 8 月 9 日发布。该文件重申了上海争当东方洛桑，汇聚全球体育组织、展会以及体育企业的雄心。上述国际化蓝图的愿景系为“提升本市在国际体育市场的影响力和话语权”，这在中国的城市里极具前瞻性。

④ 自 2018 年伊始，成都先后发布了《成都创建国际赛事名城行动计划》（成办函〔2018〕24 号）、《成都市体育产业振兴发展方案（2020—2025 年）》、《成都市建设世界赛事名城促进体育产业发展若干政策措施的通知》（成办发〔2019〕32 号）等文件。

⑤ 成都市人民政府于 2018 年 2 月 1 日印发了《成都创建国际赛事名城行动计划》（成办函〔2018〕24 号），第一部分第 2 项（发展规划），计划在 2018—2020 年（3 年）举办国际体育赛事达 67 个，其中 2018 年 21 个，2019 年 22 个，2020 年 24 个，力争洲际锦标赛以上级别赛事达 50%。

牌赛事（包括升级国际赛事）[①]、引进国际重大体育赛事[②]、提升赛事运营管理能力、保障赛事资金等规划了细致的目标和措施。[③]在政策引导下，国际级赛事汇聚成都。继2019年成功举办世界警察和消防员运动会后，成都将在未来几年接连举办世界大学生夏季运动会（2021年），乒乓球团体世锦赛（2022年），亚足联亚洲杯足球赛部分场次（2023年），以及世界运动会（2025年）。上述体育战略对提升城市影响力卓有成效：在体育市场情报服务商Sportcal发布的2019年全球赛事影响力（GSI）城市榜单中，成都由2018年的第89名跃升至第28名（总共有641个城市参评）。[④]

COVID-19新型冠状病毒对中国城市积极办赛的影响尚待评估。截至本报告出版之际，COVID-19已导致2020年上半年体育赛事停摆或延期。随着国际奥委会与东京奥组委于2020年3月30日宣布东京奥运会推迟至2021年7月23日开幕，[⑤]以及此前国际足联（FIFA）理事会宣布由于欧洲杯改期，原定于2021年由中国主办的FIFA俱乐部世界杯将延期举行（具体赛期仍待定），[⑥]COVID-19对体育赛事

---

① 例如，《成都创建国际赛事名城行动计划》（成办函〔2018〕24号）第二部分第2项（实施品牌赛事培育工程）明确加强与国际体育组织合作，提档升级现有国际赛事，将国际乒联世界巡回赛中国乒乓球公开赛（成都）升级为乒乓球世界杯赛和锦标赛，ATP250成都网球公开赛升级为ATP500级别赛事，FISE世界极限运动巡回赛升级为年终总决赛。

② 同上，该文件明确要加强国际重大体育赛事引进工作，并计划重点关注NBA季前赛、青奥会、亚运会、东亚青运会、全运会和青运会等综合性运动会，并在条件具备时积极启动申办工作。

③ 《成都市人民政府办公厅关于印发成都市建设世界赛事名城促进体育产业发展若干政策措施的通知》（成办发〔2019〕32号）第4项："对落户成都的国际知名体育赛事，每次给予不超过800万元的办赛补助。对成都自主培育、市场价值大、发展前景好、有国际影响力的品牌赛事，每次给予不超过500万元的办赛补助。在成都举办全国知名体育赛事，每次给予不超过300万元的办赛补助。补助资金原则上不超过办赛成本的50%。"

④ 《全球赛事影响力排名从第89到第28成都靠啥飙升？》，载新华网，http://m.xinhuanet.com/sc/2019-09/03/c_1124954220.htm，访问时间：2020年1月31日。

⑤ 《国际奥委会、国际残奥委会、东京奥组委及东京市政府宣布2020年东京奥运会暨残奥会新的举办日期》，载国际奥委会网站，https://www.olympic.org/news/ioc-ipc-tokyo-2020-organising-committee-and-tokyo-metropolitan-government-announce-new-dates-for-the-olympic-and-paralympic-games-tokyo-2020，访问时间：2020年3月31日。东京奥运会的新日程也导致2021年在成都举办的世界大学生夏季运动会再次调整日程，定于2021年8月18日至29日举行，《2021年成都世界大运会举办日期再次调整：延后2天》，载新华网，http://sports.xinhuanet.com/c/2020-03/31/c_1125794753.htm，访问时间：2020年3月31日。

⑥ 《国际足联理事会有关COVID-19影响的决定》，载FIFA网站，https://www.fifa.com/who-we-are/news/bureau-of-the-fifa-council-decisions-concerning-impact-of-covid-19，访问时间：2020年3月23日。

的影响是史无前例的，不仅贯穿 2020 年整年，且将延续至 2021 年甚至此后几年。尽管如此，如果中国城市（例如上海和成都）坚持对体育赛事的投入，其国际赛事领头羊的地位将不可撼动。

三、典型案例

【案例 1】世界反兴奋剂组织（WADA）向国际体育仲裁院（CAS）诉孙杨与国际泳联（FINA）（CAS 2019/A/6148）及公开听证

【基本案情】

2018 年 9 月 4 日，兴奋剂检查机构 International Doping Tests and Management（IDTM）受国际泳联（FINA）委托，派员代表 FINA 对中国游泳运动员孙杨进行飞行检查。采样人员由三人组成，一名主检官，一名血检官以及一名尿检官。主检官携带了 IDTM 身份卡及 FINA 向 IDTM 出具的一般授权书；血检官携带了其护士资格证书；尿检官携带了中国身份证。① 主检官亲自对尿检官和血检官进行了培训，并且有 IDTM 内部记录为证。②

采样人员向孙杨出示了上述身份文件及授权书之后，血检官抽取孙杨血样，并将血样保存在置于冷藏箱中的专用密封瓶内。此后，孙杨声称尿检官对其拍照，遂拒绝该尿检官陪同采集尿样。同时，孙杨一方对采样小组的授权文件和资质提出质疑，认为此次兴奋剂检查不能继续进行，双方争执不下。在此过程中，孙杨保安将装有血样的密封瓶破坏。因为孙杨及代其行事之人的行为，采样人员当晚未能对孙杨进行尿检，也未能带走血样。

2019 年 1 月 3 日，国际泳联反兴奋剂小组（FINA Doping Panel）作出决定，认为孙杨在上述事件中没有兴奋剂违规。FINA Doping Panel 得出此结论的依据是，IDTM 派出的三位采样人员中的两位（血检官和尿检官）缺乏 WADA 制定的《国际检测与调查标准》（International Standard for Testing and Investigation，以下简称 ISTI）中强制规定的、样本采集人员所必须具备的授权，因此当晚的兴奋剂检查工作是在不恰当的基础上开始的。③ 由此，FINA Doping Panel 认为当晚由 IDTM 公

① FINA Doping Panel 决定（以下简称 FINA 决定）第 20 页，4.45 段，4.46 段。

② FINA 决定第 8 页，4.11 段。

③ FINA 决定第 48 页，6.35 段。

司代表 FINA 试图进行的检查行为无效；孙杨的行为不可能导致兴奋剂违规。[①]

2019 年 2 月 14 日，WADA 行使《世界反兴奋剂条例》第 13.2 条及《FINA 反兴奋剂规则》（FINA Doping Control Rules 2017 年版，以下简称 FINA DC）第 13 条项下的独立上诉权，将 FINA 决定上诉至 CAS（CAS 2019/A/6148，以下简称本案）；第一被申请人为孙杨，第二被申请人为 FINA。2019 年 8 月 20 日，经孙杨申请，各方同意，CAS 宣布本案将进行公开听证。[②] 这也是 CAS 史上第二次公开听证。2019 年 10 月 14 日，CAS 确认公开听证将于 2019 年 11 月 15 日在瑞士蒙特勒举行。[③]

WADA 对孙杨的兴奋剂违规指控是 FINA DC 2.5 条项下的“干扰兴奋剂检查程序”（Tampering）和 / 或 FINA DC 2.3 条项下的“逃避、拒绝或未能提供样本”（Evading, Refusing or Failing to Submit To Sample Collection）。FINA DC 第 2.5 条对“干扰兴奋剂检测程序”的定义是干扰任一部分兴奋剂检查过程的行为：

“破坏兴奋剂检查过程，但又未包括在禁用方法定义之内的行为。干扰应包括但不仅限于故意干扰或企图干涉兴奋剂检查官、向反兴奋剂组织提供虚假信息、恐吓或企图恐吓潜在证人。”

如果 WADA 对孙杨的指控成立，这将是孙杨第二次兴奋剂违规（第一次发生在 2014 年，被处罚禁赛三个月），处罚将根据 FINA DC 第 10.7.1（c）条翻倍。取决于仲裁庭认定的孙杨过错程度，WADA 诉请 CAS 裁判孙杨被禁赛二年至八年。

【争议焦点】

由于案发当晚的兴奋剂检查没有完成，且由于样本保管链条遭到破坏失去了完成样本检测的可能，本案因此不存在对运动员不利的血检或尿检结果。争议焦点在于，孙杨是否有权以 IDTM 人员资质不合规的理由拒绝接受其检查。

1. 事实层面：当晚 IDTM 采样人员出具给孙杨的资质文件是什么？

2. 规则层面：FINA DC 及 ISTI 对采样人员资质的规定是什么？

3. 规则对事实的适用：当晚 IDTM 采样人员出具给孙杨的资质文件是否符合上述第 2 项中 FINA DC 及 ISTI 规定？

如果 CAS 仲裁庭对上述第 3 个问题作否定回答，即表明其认同 FINA Doping

---

① FINA 决定第 48 页，6.35 段。

② CAS 新闻发布，见 https://www.tas-cas.org/fileadmin/user_upload/CAS_Media_Release_6148_Public_Hearing.pdf，访问时间：2020 年 3 月 23 日。

③ CAS 新闻发布，见 https://www.tas-cas.org/fileadmin/user_upload/CAS_Media_Release_6148_Hearing_15.11.19.pdf，访问时间：2020 年 3 月 23 日。

Panel 对事件的定性（但并不必然认同 FINA Doping Panel 对事件的处理结果）；[①] 反之，则表明 CAS 仲裁庭认为 IDTM 人员遵守了所有适用规则，将全盘推翻 FINA 决定。

【裁判观点】

2020 年 2 月 28 日，CAS 秘书长宣布 WADA 上诉得到 CAS 仲裁庭支持，孙杨被施以八年禁赛处罚，即日生效。几天后，CAS 2019/A/6148 号仲裁裁决全文（以下简称 CAS 裁决）公布。

CAS 三人仲裁庭一致裁决，IDTM 人员全部满足 ISTI 的强制规定，[②] 且孙杨没有正当理由毁坏他的血样容器，即使他个人认为，或在团队建议下认为采样不合规导致他有权这么做。[③]

CAS 仲裁庭认为本案满足 FINA DC 第 2.5 条项下“干扰兴奋剂检查程序”违规成立的所有要件（包括故意）。[④] 根据 FINA DC 第 10.3.1 条，CAS 仲裁庭认为“干扰兴奋剂检查程序”导致的四年禁赛处罚没有自由裁量余地，除非根据 FINA DC 第 10.5 条（无重大过错或过失）或 FINA DC 第 10.6 条（过错以外的原因）有减轻处罚的理由。[⑤]

CAS 仲裁庭认为 FINA DC 第 10.6 条不适用——因为孙杨自始至终未承认自己有违规行为，且并不存在该条项下能减轻处罚的其他情形。[⑥] 此外，CAS 仲裁庭认为 FINA DC 第 10.5 条不适用于“干扰兴奋剂检查程序”违规，因为故意是该类违规的要件。[⑦] 考虑到孙杨在 2014 年已有过一次兴奋剂违规（被处以三个月禁赛），本案系该运动员二次兴奋剂违规成立，CAS 仲裁庭必须适用 FINA DC 第 10.7.1 条，“没有任何自由裁量空间或例外情形”[⑧]。

因此，“干扰兴奋剂检查程序”导致的四年禁赛处罚翻倍，令孙杨的禁赛期长

① 根据 CAS 仲裁规则第 57 条，CAS 仲裁庭有权从事实和法律层面对案件进行全新审查（“The Panel has full power to review the facts and the law”）。即使 CAS 认同 IDTM 人员当晚出具的资质文件不足，CAS 还有权独立判断，该瑕疵的严重程度是否能导致当晚的检查程序无效，以及运动员拒绝接受该检查是否违规。

② CAS 裁决，297 段。

③ CAS 裁决，336 段。

④ CAS 裁决，336 段、338 段和 344 段。

⑤ CAS 裁决，346 段。

⑥ CAS 裁决，347 段。

⑦ CAS 裁决，349 段。

⑧ CAS 裁决，364 段。

达八年。仲裁庭注意到八年禁赛的确严厉，但“规则怎样写，仲裁庭就应怎么判，别无他选”[①]。此外，仲裁庭认为孙杨很遗憾地落入了“故意违规”与“重复违规”这两种类别，因此维护运动员公平竞赛的公共利益高于孙杨的个人（竞赛）权利。[②]考虑到并无证据显示孙杨在涉案事件当晚（2018年9月4日）至裁决发布之日有服用兴奋剂的行为，仲裁庭行使了规则项下有关成绩保留或剥夺的自由裁量权，[③]裁定公平原则下，孙杨于CAS裁决宣布之日前取得的竞赛成绩全部有效，不予剥夺。[④]

【纠纷观察】

1. 裁决思路

CAS仲裁庭推理的起点是，如果运动员阻挠了采样程序，原则上构成“干扰兴奋剂检查程序”违规。[⑤]参考FINA DC 2.5条以及FINA DC附件1对“干扰兴奋剂检查程序”的定义，该结论毋庸置疑。[⑥]但是，仲裁庭强调“极其特殊情形”下，兴奋剂检查及告知程序中的严重程序瑕疵（裁决原文强调）可能导致整个采样过程无效，构成类似孙杨当晚抗拒检查的“正当理由”。[⑦]在考虑运动员何种情形下可正当拒绝检查时，CAS仲裁庭援引了由CAS 2005/A/925确立的原则：

“反兴奋剂测试的逻辑规则决定了，只要身体、卫生和道德条件允许，运动员即便有异议也需要提供样本；不然，运动员们会以各种理由拒绝提供样本，测试将无法进行。”[⑧]

仲裁庭的结论是，孙杨未能证明他有正当理由中止案涉兴奋剂检查程序；[⑨]得出结论的依据是，经详细审核论证，IDTM人员的授权符合ISTI所有强制规定。[⑩]运动员提出的其他理由，例如声称尿检官对其进行拍照，以及主检官建议毁坏血样，均因不充足或不可信被悉数驳回。[⑪]

---

① CAS裁决，365段、366段。

② CAS裁决，366段。

③ CAS裁决，376段。

④ CAS裁决，380段。

⑤ CAS裁决，204段。

⑥ CAS裁决，195—198段、204段。

⑦ CAS裁决，208段、212段。

⑧ CAS裁决，206段。

⑨ CAS裁决，211段、335段和336段。

⑩ CAS裁决，297段、309段。

⑪ CAS裁决，309段、310段、323段、327段、333段、334段、339段。

尽管仲裁庭没有完全否认最特殊（裁决原文强调）的情形可能构成例外，即兴奋剂检查的任一程序严重瑕疵导致整个采样过程无效，[①] 仲裁庭强调运动员拒绝配合采样是高风险行为，将导致严重后果。[②] 因此，“一般来讲，运动员不应自作主张……恰当的方式是有异议地接受检查，并立即、完整记录异议理由。”[③]

2. 对程序处理的评述

也许，孙杨当晚的行为成立“干扰兴奋剂检查程序”违规是无可避免的；但笔者认为，是孙杨团队对 CAS 程序的处理方式导致了最终处罚长达八年。除对 WADA 任命的仲裁员以及 WADA 的代理律师发起多次缺乏合法理由的挑战程序（且就挑战程序三次上诉至瑞士联邦最高法院，皆被驳回），是孙杨在听证会上予人毫无反思的印象，[④] 以及其团队呈现出的推责他人策略，[⑤] 最终逾越了仲裁庭的底线（而这一点也在裁决文本中得到了确认）。运动员在公开听证时显露的“强势个性”，[⑥] 以及对规则缺乏尊重，[⑦] 令仲裁庭确信了基于证据构建的事实，并关闭了存在较轻处罚可能的自由裁量空间（如有）。

本案裁决显示，如果证据与规则并不支持运动员无责，坚持无责辩护是不明智的。事实上，仲裁庭认为，孙杨的最后陈词（即自我辩护的最后机会）仍流于形式，[⑧] 这在他们看来缺乏真诚与反思。在此情况下，符合孙杨最大利益的策略是

---

① CAS 裁决，208 段。

② CAS 裁决，209 段。

③ CAS 裁决，209 段。

④ CAS 裁决，356 段（“It was striking that, in the course of his testimony, at no point did the Athlete express any regret as to his actions, or indicate that, with the benefit of hindsight, it might have been preferable for him to have acted differently.”）。

⑤ CAS，356 段（“Rather, as the proceedings unfolded, he dug his heels in and, eventually, sought to blame others for the manifest failings that occurred.”），357 段（“He sought to shift the blame to the DCO, the BCA and the DCA, and at no point, in the appreciation of the Panel, did he confront the possibility that he might have overreacted in his actions.”）。

⑥ CAS 裁决，327 段（“In this regard, the Panel notes that the Athlete appears to have a forceful personality and seems to have an expectation that his views should be allowed to prevail. This was apparent during the hearing.”）。

⑦ CAS 裁决，358 段（“He did not seem to deem it necessary to seek the permission of the Panel, or to otherwise act in a manner which suggested that he respected the authority of others, or of established procedures.”）。

⑧ CAS 裁决，第 357 段（“The Panel notes that during the hearing, and in particular during his final words at the end of the hearing, the Player continued to rely on formalistic legal arguments related to the proper accreditation and authorisation of IDTM’s Sample Collection Personnel.”）。

穷尽规则允许的一切可能，为其减轻处罚并保护孙杨名誉。然而，孙杨团队采取的策略是将他塑造为单枪匹马挑战WADA的运动员权利斗士——这不仅毫无益处，也对孙杨的辩护造成了负面影响。

3. 反思与建议

孙杨极其成功的游泳运动员生涯在2020年2月28日这一天戛然而止。但对于该CAS程序的分析和反思需要继续。不管是在案涉兴奋剂检查程序进行时，还是在CAS公开听证时，该运动员显示出的对规则的不熟悉及不重视彰显了对我国运动员加强反兴奋剂教育的迫切需要，且运动员教育不应拘泥于反兴奋剂教育——教育运动员掌握规则、尊重规则同样重要，无论该运动员在其运动领域内有多么成功。孙杨保障团队（包括当地反兴奋剂机构人员）在面临这类事件时判断力不足，或者自身对规则的不熟悉，也表明对运动员保障人员及反兴奋剂机构官员进行定期培训和测试十分必要。与运动员朝夕相处的保障团队和反兴奋剂机构官员必须熟知最新的国际规则，并理解国际规则和中国规定之间的适用位阶。

最后，孙杨及其证人在公开听证时回答问题顾左右而言他，以及对CAS程序明显准备不足，对该程序的严肃法律性质似乎缺乏认知，不仅给观察人士留下了负面的印象，也是导致八年顶格处罚的因素之一。这也提醒我们，中国有必要培养一支自己的国际体育争议解决人才队伍，以有能力领衔处理未来的国际争议解决程序，并在运动员需要经历陌生但伴有严肃后果的程序时，为其提供合理引导。最终的目标是为中国建设一支体育法律专才团队，能熟练运用英文（或法文）以及中文为中国运动员提供强有力、高效的代理。建立中国体育仲裁制度（详见下文第四部分）或许有助于体育法律专才的培养。

【案例2】我国法院根据《纽约公约》承认与执行国际体育仲裁院（CAS）裁决

【基本案情】

2012年12月，西班牙律师Juan de Dios Crespo Pérez（以下简称胡安）与乌拉圭律师Alfonso Vargas（以下简称阿尔方索，与胡安合称为申请人）同彼时的大连阿尔滨足球俱乐部有限公司（以下简称阿尔滨）签订《法律服务合同》，受聘代理阿尔滨应对曾在该俱乐部踢球的一名外国球员以阿尔滨为被申请人，向FIFA提起的争议解决程序。该《法律服务合同》以英文文本签订，附中文译文，约定若对翻译文本出现分歧，以英文文本为准。《法律服务合同》中约定了律师费支付金额、条件与时间等，并包含仲裁条款“本协议应归瑞士法律管辖，按瑞士法律进行解释，且双方同意将本协议提交国际体育仲裁院管辖，仲裁地为瑞士洛桑”。

申请人按《法律服务合同》提供了服务，但阿尔滨未能按约向其支付律师费。2014 年 10 月，申请人向 CAS 申请仲裁。CAS 立案后（案号 CAS 2014/O/3791），按照其《体育仲裁规则》（Code of Sports-related Arbitration）向阿尔滨进行了送达，要求其在规定期限内答复仲裁申请书及诉状、提名仲裁员等，但阿尔滨均未予回应。2015 年 2 月，CAS 任命了独任仲裁员。2015 年 9 月，独任仲裁员基于书面材料作出仲裁裁决，支持申请人对律师费的诉求，包括 5% 的年利率（律师费及年利率统称“欠款”）。此外，裁决还要求阿尔滨承担 CAS 仲裁程序费用 3,000 瑞士法郎。

由于阿尔滨始终未能按裁决支付欠款，申请人于 2017 年 9 月，依据《纽约公约》与《中华人民共和国民事诉讼法》（以下简称《民事诉讼法》），向大连市中级人民法院（以下简称大连中院）申请承认并执行 CAS 裁决。鉴于阿尔滨已于 2015 年 11 月更名为“大连一方足球俱乐部有限公司”（以下简称一方俱乐部或被申请人），申请人在大连中院提起的承认执行外国仲裁裁决程序将一方俱乐部作为被申请人。

【争议焦点】

双方对 CAS 裁决可依据《纽约公约》在中国进行承认与执行并无争议。双方的争点集中在，本案是否存在《纽约公约》第 5 条项下，法院可以对该裁决不予承认与执行的情形。

一方俱乐部抗辩称：

1.《法律服务合同》中的仲裁条款无效，根据《纽约公约》第 5 条第 1 款（甲）项，人民法院应不予承认执行该 CAS 裁决。

理由是：根据《体育仲裁规则》，CAS 仅处理体育纠纷。①《法律服务合同》的仲裁条款约定将有关律师费的商事争议提交 CAS 仲裁，超出了 CAS 受理案件的范围，属于《纽约公约》第 5 条第 1 款（甲）项情形，即仲裁条款无效，不应予以承认执行。此外，申请人还认为《法律服务合同》的中文译文没有体现仲裁，因此被申请人缺乏仲裁的合意。

2. 被申请人未被恰当通知，以致未能参与仲裁程序，丧失申辩机会，根据《纽约公约》第 5 条第 1 款（乙）项，人民法院应不予承认执行该 CAS 裁决。

理由是：案涉争议发生时，俱乐部通信地址（企业年报公示地址）与 CAS 用于通知的地址不一致，从而使其未被适当通知，导致其未能申辩。

---

① CAS 仲裁规则第 27 条（“本程序规则适用于提交至 CAS 的体育相关争议”）。

【裁判观点】

1. 针对“仲裁条款无效”抗辩

大连中院根据《中华人民共和国涉外民事关系法律适用法》与《法律服务合同》确定了瑞士法作为审查仲裁条款效力的适用法律。大连中院认为被申请人并未证明瑞士法项下该仲裁条款无效。针对一方俱乐部称《法律服务合同》中文译文未体现仲裁意愿，大连中院认为该中文译文仅作参考，与英文原文有差异并不能在瑞士法项下导致仲裁条款无效，因此该抗辩不成立。

此外，大连中院区分了“仲裁机构无管辖权”与“仲裁条款无效”，认为一方俱乐部主张的 CAS 无管辖权不同于仲裁条款无效。根据《纽约公约》及相关中国法律与司法解释，[①] 法院在考量是否承认外国仲裁裁决时，无需判断仲裁机构的管辖权问题，即“仲裁机构的管辖权缺陷并不构成《纽约公约》可得拒决承认和执行的情形之一”[②]。退一步讲，即使法院考察 CAS 作为仲裁机构的管辖权，对本案是否属于体育相关争议进行审查，大连中院也作肯定回答，因为本案是有关体育案件的律师费争议。

2. 针对“未被适当通知”抗辩

大连中院查明 CAS 进行通知的地址为阿尔滨当时在工商部门登记注册的住所地，并且该地址也与案涉《法律服务合同》所示被申请人联系地址一致。申请人通过提交 DHL 特快专递向阿尔滨送达相关仲裁文件的签收记录，证明 CAS 向阿尔滨送达的相关仲裁文件全部被签收。阿尔滨未回应仲裁文件，应视为其自愿放弃申辩，并非程序瑕疵所致。

综上，2018 年 8 月 1 日，大连中院作出（2017）辽 02 民初 583 号民事裁定书，对 CAS 2014/O/3791 号仲裁裁决予以承认和执行。申请人向大连中院支付的案件申请费人民币 500 元也由被申请人承担。

3. 执行程序

上述裁定生效后，一方俱乐部（以下又称被执行人或被申请人）在执行程序中提出书面异议，请求大连中院撤销该民事裁定书的执行。一方俱乐部提交了市政府会议纪要以及俱乐部原股东的承诺书，证明新旧股东之间存在协议，股权转让至一方集团前产生的所有债务由原股东承担并负责偿还。一方俱乐部辩称，

---

① 如《最高人民法院关于审理仲裁司法审查案件若干问题的规定》第 16 条。

② 胡安、阿尔方索与大连一方足球俱乐部有限公司一审民事裁定书，2018 年 8 月 1 日，（2017）辽 02 民初 583 号。

CAS 裁决系在阿尔滨股权转让至一方集团之前作出，因此 CAS 裁决所导致的被执行人债务应由原股东承担，而不应对一方俱乐部强制执行，否则势必为俱乐部造成“无法挽回的经济损失”。①

2019 年 3 月 14 日，大连中院作出（2019）辽 02 执异 122 号裁定书，认为一方俱乐部本质上是对执行依据（即涉案 CAS 裁决）有异议，但 CAS 裁决的效力已经得到人民法院的承认和执行，因此裁定驳回该异议申请。

2019 年 3 月 25 日，大连中院作出（2018）辽 02 执 900 号裁定书，裁定由大连市沙河口区人民法院对 CAS 2014/O/3791 号仲裁裁决进行执行。

【纠纷观察】

1. 大连中院正确适用《纽约公约》

（1）区分被动审查（《纽约公约》第 5 条第 1 款）与主动审查（《纽约公约》第 5 条第 2 款）

大连中院在本案中正确适用了《纽约公约》与《最高人民法院关于执行我国加入的〈承认及执行外国仲裁裁决公约〉的通知》（以下简称《通知》）。根据该《通知》，法院根据《纽约公约》第 5 条第 1 款审查（是否承认与执行）需依抗辩方申请启动，且抗辩方负有举证责任以证明有该款所列情形。这与依据《纽约公约》第 5 条第 2 款不予承认及执行是不同的，因为法院可主动审查相关裁决是否有第 2 款所列情形（即争议事项依中国法律不能仲裁，或是有违公共政策）。

大连中院的推理正确贯彻了《纽约公约》的精神，考虑到被申请人未能完成其举证责任以证明仲裁条款无效、未被适当通知等抗辩，由此裁定其抗辩不成立。大连中院并未主动论证该仲裁条款在瑞士法下是否有效，以及本案中是否存在《纽约公约》第 5 条第 1 款项下其他可不予承认与执行的理由。

（2）法院不予审查仲裁机构或仲裁庭对管辖权的认定

在说理部分，大连中院正确区分了 CAS 作为仲裁机构的管辖权与仲裁协议效力两个不同的问题。仲裁协议无效是得以依《纽约公约》拒绝承认与执行外国仲裁裁决的依据；但 CAS 等仲裁机构是否有管辖权并非法院应予审查的事项。换言之，在依据《纽约公约》对外国仲裁裁决进行承认与执行时，法院不应就仲裁机构或仲裁庭对自身管辖权的认定作二次审查。

（3）俱乐部新旧股东之间的协议不对抗第三人

执行层面，大连中院作出的（2019）辽 02 执异 122 号裁定书明确，俱乐部股

---

① 大连一方足球俱乐部有限公司、胡安等外国仲裁裁决执行审查类执行裁定书，2019 年 3 月 14 日，（2019）辽 02 执异 122 号。

东之间就俱乐部债权债务达成的内部协议不对抗第三人。这符合基本的法律原则。大连中院并未认可被执行人在执行程序中提出的抗辩，即“如果由一方俱乐部承担（对申请人的债务），势必给一方足球俱乐部造成无法挽回的重大经济损失”，因为这并未构成法律层面的执行异议依据。大连中院驳回被执行人异议，体现了人民法院恪守依法审判原则，以及精准理解与适用国际条约的能力。

2. 大连中院承认与执行 CAS 2014/O/3791 号裁决并不意味着所有 CAS 裁决都能在我国得到承认与执行

本案中，被申请人并未针对 CAS 仲裁裁决是否属于《纽约公约》项下裁决、是否属于“商事保留”进行抗辩。因此，大连中院也未对上述问题作任何认定。根据《纽约公约》第 1 条，只要是“因自然人或法人之间争议而产生，且在申请承认及执行地所在国以外之国家领土内所作的仲裁裁决”，即可适用《纽约公约》进行承认和执行。本案争议双方系自然人和法人，裁决由仲裁机构 CAS 作出，系仲裁地为瑞士的仲裁裁决在中国进行承认和执行，符合《纽约公约》适用的条件。

需特别注意，我国在加入《纽约公约》时作了“商事保留”，即我国法院能够承认与执行的仲裁裁决必须限定在商事法律关系。《通知》第 2 项对“商事法律关系”进行了定义，即指由于合同、侵权或者根据有关法律规定而产生的经济上的权利义务关系。本案中，CAS 裁决的事项是商事性质的金钱给付义务，属于“商事保留”的范畴。问题是，若 CAS 裁决事项系纪律性质或参赛资格等“非经济上的权利义务”，是否属于“商事保留”，是否能依据《纽约公约》执行？中国学界对此见解不一。[①]

从实务的角度，CAS 就非商事、非经济类法律关系作出的裁决，例如参赛资格、纪律处罚（如禁赛、禁止转会等）几乎不可能由一国法院强制执行。[②] 一

---

① 傅攀峰：《从“一方俱乐部案”看国际体育仲裁院裁决在我国的承认与执行》，载《重庆理工大学学报（社会科学）》2019 年第 6 期，第 114—115 页。（“有学者认为体育活动属于民商事行为，因此可将商事保留作广义解释，将体育仲裁纳入其中……有学者甚至提出将涉及纪律和管理事项的 CAS 裁决视为‘非契约型商事法律关系’，认为所有 CAS 仲裁裁决都可依据《纽约公约》在我国申请承认与执行。也有学者认为体育管理和纪律处罚行为具备非常突出的行政色彩和一定的人身权利属性，绝非民商事行为。”）

② Agustín Amoros Martinez and Santiago Santorcuato Caffa, “Enforcement of CAS Awards: A General Review of the Available Options and Its Particularities”, Football Legal, 第 138 页（“Although the option of enforcing a sports arbitration award pursuant to the 1958 Convention on the Recognition and Enforcement of Foreign Arbitral Awards (New York Convention) is always available to parties, it is in practice almost never necessary to pursue this course of action, as sports governing bodies have sufficient internal authority and enforcement mechanisms to impose the awards against their members.”）

方面，这类争议的一方往往是体育管理机构，如国际奥委会、WADA 或单项体育联合会，一国法院往往对上述国际组织缺乏管辖权，也缺乏执行措施；另一方面，体育领域非商事的措施仅能通过体育“金字塔式”（sports pyramid）治理机制（例如单项体育联合会对其成员协会实施管理，成员协会对注册运动员实施管理）进行有效执行。[①]

由于本案并未讨论非商事、非经济类法律关系是否属于商事保留，恐不宜过分夸大其作为 CAS 仲裁裁决在中国承认执行第一案的先例地位，应将其先例示范作用限定在裁决事项为商事、经济类法律关系的 CAS 裁决。

如果 CAS 裁决的事项系纪律性质，但纪律处罚包含了经济类措施如罚款，有管辖权的法院是否能部分承认与执行该类裁决中有经济属性的部分？虽然罚款产生了金钱给付义务，由一国法院进行执行具备现实可能性，但相关仲裁事项若是纪律性质（例如仲裁的一方是否违反其应当遵守的体育规则），被申请人援引“商事保留”，抗辩《纽约公约》不应适用于此类案件，是具备说服力的[②]——即

---

① Martinez and Caffa，第 139 页（“the practice of self-execution by federation or association of award is very effective since, in most cases, the disciplinary sanction associated with the failure to award brings immediate and serious consequences which are more than the enforcement of the award through the New York Convention”）；该见解得到了实例的验证，见 Etienne Gard, “Stepping Outside the New York Convention - Practical Lessons on the Indirect Enforcement of CAS-Awards in Football Matters”，https://www.asser.nl/SportsLaw/Blog/post/stepping-outside-the-new-york-convention-practical-lessons-on-the-indirect-enforcement-of-cas-awards-in-football-matters，访问时间：2020 年 1 月 31 日。该文举例一名足球经纪人与阿联酋足协注册的俱乐部之间有关佣金的争议。CAS 下达裁决支持该经纪人诉求，该经纪人通过向阿联酋足协表达其注册俱乐部应履行裁决的诉求（否则阿联酋足协也会受到纪律处罚），并抄送 FIFA 与亚足联（AFC），在几周内收到了俱乐部支付的欠款。

② 土耳其也作商事保留，该国法律人士认为 CAS 对上诉类案件作出的裁决不具备经济属性，因此不能根据《纽约公约》申请承认与执行，见 Hergüner Bilgen Özeke: “Law in Sports: International Sports Arbitration”，https://www.lexology.com/library/detail.aspx?g=26d596bc-2e14-414e-a59d-ff23bbbe12f8，访问时间：2020 年 1 月 31 日。此外，已知的依据《纽约公约》承认执行 CAS 仲裁裁决案例数量有限，但被一国法院承认与执行的 CAS 裁决事项都系金钱给付义务，见 Martinez and Santiago Santorcuato Caffa，第 140 页，脚注 460。在 Pencil Hill Limited v US Citta di Palermo S.p.A 一案中，英国法院根据《纽约公约》承认与执行了 CAS 裁决，该裁决事项为有关球员注册权的经济权及违约损害赔偿。见“Should a New York Convention Award Be Enforced in the Courts of England and Wales If It Includes An Award in respect of A Penalty? The English High Court's Decision in Pencil Hill Limited v US Citta di Palermo S.p.A.”，http://www.newyorkconvention.org/，访问时间：2020 年 1 月 31 日。

使一国法院具备条件执行属于纪律处罚的金钱给付义务，但该金钱给付也是纪律处罚的一部分；若《纽约公约》不应在“商事保留”法域适用于纪律处罚的执行，作为纪律处罚一部分的金钱给付义务原则上也不应在此类法域依《纽约公约》予以承认执行。

3.FIFA 球员身份委员会（Players' Status Committee，以下简称 PSC）与争议解决庭（Dispute Resolution Chamber，以下简称 DRC）决定在中国的执行

实务中有时还涉及 PSC 或 DRC 决定在中国的执行。PSC 或 DRC 的生效决定，一般是通过金字塔式的足球治理机制执行；拒不执行的后果为扣分、禁赛、禁止转会等，直至被逐出 FIFA 大家庭。但是，一旦被执行人脱离了足球治理体系，例如不再在中国足协注册，申请执行方即束手无策。在这种情形下，申请人只能依据中国法律，在中国法院针对被执行人提起新的诉，并将 PSC 或 DRC 的决定作为证据。

中国法院，尤其是对大多数此类案件行使一审管辖权的基层法院，对足球治理机制并不熟悉，对 PSC/DRC 决定的性质多有困惑。若当事人因 PSC/DRC 决定无法执行向法院另行起诉，法院的第一反应往往是不予受理，理由是一事不再理，或者涉诉协议中含有“足协仲裁”或“CAS 仲裁”等字样，即认为当然排除法院管辖。即使经讨论法院认可了 PSC/DRC 决定不能排除一国司法机构在执行层面的救济，法官常纠结 PSC/DRC 决定的性质是否属于外国仲裁裁决，当事人是否应通过《纽约公约》申请承认与执行，而不应提起新诉。

此类案件若要在人民法院成功立案并进行实体审理，必须说服法院“足协仲裁”条款并非《纽约公约》项下或《仲裁法》项下仲裁（然而上述公约及法律都没有对“仲裁”进行定义），且 PSC/DRC 决定的性质并非《纽约公约》项下仲裁裁决[①]——这实属不易，但确是有意义的“足球治理”普及。由于足球类争议的特殊性（详见下文案例 3），法官们提出的质疑情有可原，确有必要加强法院与中国足协之间的沟通协调，妥善对接足球争议解决机制与法院审判，才能为日益频繁的足球类争议提供有效解决方案。

---

① Frans de Weger,《FIFA DRC 法理汇编》（第 2 版，由 Springer 于 2016 年出版），第 102 页，2.20.4.1（“As was stated by the CAS in its award of 1 June 2010 between FC Sion and Al Ahly, FIFA proceedings are not court proceedings, and neither arbitral proceedings, rather, they are “intra-association proceedings”, based on the private autonomy of the association…”）

【案例3】中国籍球员诉大连超越足球俱乐部（以下简称大连超越）系列案件[①]

【基本案情】

2018年末，大连超越濒临解散，无力支付对多名球员的欠薪。球员根据《大连超越足球俱乐部运动员工作合同》（以下简称《工作合同》）向中国足协仲裁委员会（以下简称足协仲裁委）申请解决争议。该《工作合同》第12条约定“双方在履行本合同过程中发生争议时，由双方协商解决；双方不能协商解决时，可向中国足球协会仲裁委员会申请仲裁，乙方（原告）为中国籍运动员时，仲裁委员会的裁决为最终裁决”。

2019年2月28日，大连超越终因长期欠薪，被中国足协取消注册资格。足协仲裁委根据《中国足球协会仲裁委员会工作规则》，认为大连超越已不属于中国足协行业管理范畴，故不予受理球员与大连超越之间的纠纷。

其中一些球员曾就涉案纠纷向大连市沙河口区劳动人事争议仲裁委员会（以下简称沙河口劳动仲裁委）申请劳动仲裁。但沙河口劳动仲裁委以该案不属于劳动人事争议为由，不予受理。

球员们遂向大连市沙河口区人民法院（大连超越所在地人民法院，以下简称沙河口法院）提起诉讼。沙河口法院认为该案属于足球俱乐部与球员就工作合同的争议，且该《工作合同》约定由足协管辖，因此案件属于足协仲裁委受理范围，排除法院管辖，遂作出驳回起诉的一审裁定。崔凯、王毅、权恒等球员上诉至大连中院，要求撤销一审裁定并指令沙河口法院审理本案。

【争议焦点】

职业球员与职业足球俱乐部之间签署工作合同，约定纠纷由足协仲裁委仲裁，是否排除人民法院管辖?

【裁判观点】

大连中院与沙河口法院立场一致，裁定驳回上诉，维持原裁定，即法院不予

① 崔凯诉大连超越（2019）辽02民终5879号民事裁定书；董志远诉大连超越（2019）辽02民终5279号民事裁定书；刘禹辰诉大连超越（2019）辽02民终5196号民事裁定书；王毅诉大连超越（2019）辽02民终5883号民事裁定书；谢兆宇诉大连超越（2019）辽02民终5290号民事裁定书；权恒诉大连超越（2019）辽02民终6296号民事裁定书；吾提库尔·艾山诉大连超越（2019）辽02民终8084号民事裁定书。

介入此案。[①]法院的理由是:《工作合同》已约定将争议提交足协仲裁委。《体育法》第32条规定竞技体育活动中的纠纷由体育仲裁机构负责调解、仲裁;《中国足球协会仲裁委员会工作规则》（足球字〔2009〕308号）第5条规定该仲裁委受理范围包括足球俱乐部与足球球员的工作合同事项。由此,《工作合同》中有关将争议提交足协仲裁委的约定符合《体育法》和足球行业规定，合法有效。此外，法院认为足协仲裁相比诉讼更为快捷，“基于职业球员运动生涯较短和职业足球运动的特殊性考虑,职业球员与职业足球俱乐部之间工作合同纠纷亦不宜由法院管辖。”[②]

【纠纷观察】

1. 职业球员与教练向濒临解散俱乐部追索欠薪陷入“三不管”窘境

本案裁定实际上令大连超越（及其他不再在足协注册的俱乐部）球员陷入法院、足协仲裁委、劳动仲裁委“三不管”的管理真空。该窘境在球员李根与沈阳东进足球俱乐部（以下简称沈阳东进）之间的纠纷中体现得淋漓尽致。就欠薪事项，李根自2013年8月向足协仲裁委申请仲裁（决定不予受理），其后向沈阳市劳动人事争议仲裁委员会申请仲裁（决定不予受理）。此后，李根历经法院一审、二审（沈阳中院裁定铁西法院应予审理）[③]、铁西法院实体审理（判决沈阳东进应支付欠薪）[④]、沈阳东进上诉（沈阳中院维持原判）[⑤]、沈阳东进向辽宁省高级人民法院申请再审[⑥]、沈阳中院再审（裁定驳回李根起诉）[⑦]，历时约五年,其追索欠薪的诉求仍无处受理。沈阳中院驳回李根起诉的理由与大连超越案中沙河口法院及大连中院的理由基本一致。

值得注意的是，大连超越系列案件中，只有权恒诉大连超越一案是个例外。在该案中，权恒赢得了上诉。大连中院认为一审裁定（驳回起诉，由足协仲裁委审理）不妥，沙河口法院应对该案进行实体审理。权恒案与其他球员诉大连超越案的结果不一致，包括在权恒案以后，由同一法院（大连中院）审结的吾提库

① 例外是权恒诉大连超越一案,（2019）辽02民终6296号民事裁定书，2019年7月26日。该案中，大连中院撤销了一审裁定，指令沙河口法院审理。权恒案与其他案件结果不一致的原因，详见下文。

② 见崔凯诉大连超越,（2019）辽02民终5879号民事裁定书，2019年7月18日。

③ 沈阳市中级人民法院,（2015）沈中民五终字第1056号民事裁定书，2015年5月21日。

④ 铁西法院,（2015）沈铁西民四初字第01195号民事判决书，2015年12月15日。

⑤ 沈阳中院,（2016）辽01民终字第1896号民事判决书，2016年6月3日。

⑥ 沈阳市高级人民法院于2017年11月28日作出（2017）辽民申1364号民事裁定书，指令沈阳市中级人民法院再审本案。

⑦ 沈阳中院,（2018）辽01民再32号民事裁定书，2018年4月23日。

尔·艾山诉大连超越一案，其结果也与权恒案大相径庭。权恒案与其他案件的事实如出一辙，二审结果却截然不同，从法院裁定显示的该案特殊之处，似乎是权恒在二审期间提供了足协仲裁委出具的书面《不予受理决定书》，说服了大连中院，作出认定："被取消注册资格后被上诉人亦不属于中国足协行业管理范畴"[①]。若其他案件仅因未能提供足协仲裁委的书面《不予受理决定书》而无法获得诉讼救济，理由并不充分，因为一纸《不予受理决定书》是可以补足的形式要件。

2. 此"仲裁"非彼仲裁

大连超越案、李根案等类似案例显示，向陷入经济困难甚至被取消注册资格的俱乐部追索欠薪，球员（或教练）常面临"三不管"窘境，归根结底源于此类《工作合同》中的"仲裁"二字。上述案例的法院裁定表明法院将足协仲裁委的"仲裁"等同于《中华人民共和国仲裁法》（以下简称《仲裁法》）和《中华人民共和国民事诉讼法》（以下简称《民事诉讼法》）项下的仲裁。法院援引《民事诉讼法》第124条第2款的规定，基于《工作合同》的"仲裁"条款，排除了法院管辖；如果俱乐部不再在中国足协注册，足协仲裁委以俱乐部已脱离行业管理为由，不再受理此类争议；劳动仲裁委往往又因为足协"仲裁"条款认为不属于劳动人事争议处理范围，不予受理。这就是球员（或教练）追索欠薪"无门"的原因。

应明确，足协仲裁委并不是我国《仲裁法》项下的"仲裁委员会"。根据《仲裁法》第10条，仲裁委员会应当经省、自治区、直辖市的司法行政部门登记；根据该法第11条，仲裁委员会应当有自己的名称、住所和章程和必要的财产。由于足协仲裁委系足协内设专项机构，并不具备上述条件，因此不是《仲裁法》项下的"仲裁委员会"，其从事的争议解决活动也并非《仲裁法》项下的仲裁；足协仲裁委的决定不可能根据《仲裁法》予以执行。

足协仲裁委也不是《体育法》第32条项下的"体育仲裁机构"，因为国务院尚未出台相关规定，该"体育仲裁机构"也从未被设立。沈阳中院在李根案中援引《民事诉讼法》第124条第2款，大连中院在大连超越案中援引《体育法》第32条，认为球员与俱乐部之间约定由足协仲裁委"仲裁"从而排除法院管辖，均是错误的。

为妥善处理类似争议，去除大连超越案、李根案中的管辖权真空，本文做如下建议。首先，加强足协与法院之间沟通，协助法院理解足球行业自治的特点：定期举办相关经验分享，邀请法官、书记员与足球行业类专家及实务界人士交流，或许是建立沟通机制有益的起点。

---

① 权恒诉大连超越，（2019）辽02民终6296号民事裁定书，2019年7月26日。

其次，鉴于“中国足球协会仲裁委员会”名称及业务所涉的“仲裁”二字所致混淆并进一步造成法院受理难，建议将职业足球工作合同中常用的中国足协“仲裁”统一改称“争议解决”；“裁决”改称“决定”。实际上，根据《中国足球协会仲裁委员会工作规则》，该委员会系中国足球协会根据《FIFA 章程》效仿 FIFA 内部结构设立。FIFA 内部解决职业球员、教练与其雇主争议的机构为 DRC（争议解决庭）与 PSC（球员身份委员会）；FIFA 规则提及 DRC 及 PSC 程序时也从未使用“仲裁（arbitration）”称谓，对 DRC 及 PSC 所作的裁判也称之为“决定（decision）”，而非仲裁“裁决”。[①] 准确命名有助于区分足协内部争议解决机制与仲裁，为职业球员与教练向法院寻求最后的权利救济扫清障碍。

除频致混淆的“足协仲裁”外，中国职业足球工作合同争议解决条款常约定“乙方（原告）为中国籍运动员时，足协仲裁委员会的裁决为最终裁决”。该提法也易导致误会该机构决定为仲裁裁决，且再无救济途径，建议删去。在 FIFA 体系中，内部争议解决机构决定的终局性是针对尚在 FIFA 体系中，受足球行业治理机制约束的俱乐部；一旦俱乐部脱离 FIFA 体系（例如大连超越），该终局性对其无效。换言之，当足球治理机制失效后，法院可以且应当介入。由此，该条款中的“最终裁决”用语不准确，且极易成为中国职业球员或教练寻求法院救济的桎梏。

四、热点问题观察

（一）《体育法》第 32 条项下的“体育仲裁机构”

上文提及，《体育法》第 32 条项下的“体育仲裁机构”尚未设立。由于我国大多数体育行业协会处于去行政化“脱钩”、完善内部治理的过程中，且我国体育职业化程度还不高，因此大多数协会尚无需求专设机构解决争议。在此背景下，成立时间长、知名度较高的足协内部争议解决机构（即“足协仲裁委”）常被误认为等同于《体育法》第 32 条项下“体育仲裁机构”，导致未纳入或脱离足球治理机制的争议陷入法院、足协、劳动仲裁委“三不管”真空。[②]

若能将《体育法》设想的“体育仲裁机构”早日付诸实践，不仅能改变除足球与篮球外，我国竞技和职业体育争议无专门机构解决的现状；在足球类争议中，

---

① 《国际足联球员身份与转会规则（2020 年 1 月版）》（FIFA Regulations on the Status and Transfer of Players, January 2020 edition），第 22—24 条。

② 见上文第三部分，案例 3。

还能将涉及外籍球员和教练的争议留在中国法域解决，与在国际层面处理争议相比，减少争议解决成本，增加执行的可能性及效率。此外，建立国内体育仲裁机制能排除人民法院管辖，体育类争议一律由理解行业特点的体育法专家仲裁（或调解）解决，由此统一裁判标准，并与国际规则相互借鉴、融合。

在我国现行体制下，涉外足球争议可以提交 FIFA DRC 或 PSC 解决；非涉外争议（如中国籍球员或教练与中国俱乐部之间的争议）可提交中国足协争议解决机构解决（但不能提交 FIFA）；这两类争议均可在当事人收讫 FIFA 或中国足协决定后 21 日内向 CAS 上诉。[①] 若中国存在真正意义上的体育仲裁机构，且中国足协在其章程或规则中认可该机构对足球类争议的管辖权，则上述两类争议将由该中国体育仲裁机构最终裁决，CAS 与中国法院将不再具备管辖权。[②]

以足球为例，根据《国际足联章程》第 58 条第 3（c）款，能排除 CAS 管辖的中国体育仲裁机构必须"独立"且"合法设立"。FIFA 在《第 1010 号通告》（Circular 1010）[③] 阐释了"独立"且"合法设立"需满足的程序公平（fair hearing）国际最低标准，即争议双方均享有平等任命仲裁员、获得法律代理、陈述意见并就对方意见进行反驳的权利；仲裁庭必须独立公正审理案件，确保双方得到公平对待。不符合上述标准者将不能排除 CAS 管辖。我国有权机关在对未来的中国体育仲裁机构进行制度设计时，应充分结合 FIFA Circular 1010 等国际标准，确保我国体育仲裁机构与国际接轨，行之有效。

考虑到在中国设立体育仲裁机构涉及国务院层面，[④] 甚至人民代表大会层面，[⑤] 在该机构正式成立前，也可探索由我国公信力高的仲裁机构建立体育分部，制定体育相关仲裁规则及体育专项仲裁员名单；同时，积极与国家体育总局以及中国足协、中国篮协等单项体育协会沟通，争取上述体育管理机构认可该体育仲裁机构管辖权。在进行制度设计时，参考国际经验是通行、有价值的做法。本文建议对体育产业发达国家现行体育仲裁模式进行评估借鉴，以英国、加拿大与美国为例。

---

① 《国际足联章程》（2019 年版）第 58 条第 1 款。

② 《国际足联章程》（2019 年版）第 58 条第 3（c）款。

③ 2005 年 12 月 20 日，FIFA 发布《第 1010 号通告》（Circular 1010），阐释了"独立"且"合法设立"仲裁庭需满足的最低国际程序标准。原文为：（1）principle of parity when constituting the arbitration tribunal；（2）right to an independent and impartial tribunal；（3）principle of a fair hearing；（4）right to contentious proceedings；（5）principle of equal treatment.

④ 《体育法》第 32 条。

⑤ 《中华人民共和国立法法》（2015 年 3 月 15 日实施）第 8 条第 10 项规定，仲裁和诉讼制度只能通过法律制定。

现行模式主要有两类。第一类模式为英国、加拿大和一些欧洲国家采用，即专设体育仲裁机构处理体育相关争议。第二类模式以美国为代表，由商事仲裁机构处理体育争议（包括奥林匹克相关争议），但仲裁员从体育专项名单中选任。

在采纳第一类模式的英国，Sport Resolutions 系被英国奥委会等体育组织认可的仲裁机构，管辖权涵盖奥林匹克相关争议、竞争资格类争议、英国反兴奋剂争议、某些足球类争议以及体育安全保障类争议。加拿大同样采取此类模式，由加拿大体育争议解决中心（Sports Dispute Resolution Centre of Canada，以下简称SDRCC）承担类似职能。Sport Resolutions 与 SDRCC 均由政府资助但独立运营，任命专注体育争议的人士司职仲裁员或调解员。Sport Resolutions 还专门为反兴奋剂、体育安全保障等争议类别单独设置仲裁员（或调解员）名单。虽然法律并未强制当事人选择上述专门机构进行仲裁，在采纳此种模式的国家，各争议相关方（如一国的体育协会、反兴奋剂中心等）认可了这类体育仲裁机构的管辖权。

在采纳第二类模式的美国，JAMS 具备处理奥林匹克相关体育安全保障类争议的管辖权；美国仲裁协会（American Arbitration Association，以下简称 AAA）具备处理反兴奋剂、参赛资格及纪律处罚类争议的管辖权。美国的足球类争议有自成一体的内部争议解决模式，并与 FIFA 体系接轨。JAMS 与 AAA 均位列世界上最大的仲裁与调解机构，且处理的主要案件为商事争议，但通过当事人指定，它们对体育类争议也能行使管辖权。JAMS 与 AAA 均专设体育争议仲裁员名单，入选该名单的仲裁员具备不同于商事争议仲裁员的体育法专业技能。JAMS 与 AAA 不受美国政府资助，能通过案件受理费和其他争议解决相关营收渠道自负盈亏。两家机构都能为特定争议“量体裁衣”，JAMS 为体育安全保障类争议量身打造的项目是彰显此模式灵活性的佼佼者。

究竟哪类模式更适合中国体育呢？ 25 年前颁布的《体育法》似乎设想采取第一类模式，即设立专门体育仲裁机构，且根据当时的立法本意，很可能该机构与政府有密切联系。过去 25 年间，中国发生了翻天覆地的变化。中国政府似乎在为举国体制松绑，试图不再对体育进行直接、严密的行政管理。中国争议解决机构在过去 25 年里也取得了长足发展。《体育法》颁布时，中国的仲裁版图主要有中国国际经济贸易仲裁委员会（CIETAC）与中国海事仲裁委员会；至 2018 年底，中国已有 255 家在册仲裁机构。[①] 这表明中国的争议解决基础已相当深厚，以北京仲

① 《我国仲裁机构累计处理案件 260 余万件》，载中国政府网，http://www.gov.cn/xinwen/2019-03/28/content_5377853.htm，访问时间：2020 年 3 月 23 日。

裁委员会/北京国际仲裁中心（BAC/BIAC，以下简称北仲）为代表的中国仲裁机构具备实力处理各类涉外及其他专门类别争议。

考虑到设立专门体育仲裁机构（第一类模式）所需的时长和程序（25 年前立法层面已有明确指引，但至今尚未建立），在体育争议日渐增多的情形下，中国借鉴上述第二类模式似乎更为可行，即由已设立的仲裁机构为中国的奥林匹克相关、足球、篮球、反兴奋剂相关等体育争议提供仲裁或调解服务。例如北仲，具备管理各类案件的丰富经验，拥有一流的开庭设施，更重要的是，北仲有一支训练有素的专业团队；此外，北仲与中国体育系统的物理距离也很近。上述优势，以及北仲在必要时能进行专业细分的灵活度，表明北仲是很适合建立体育专项服务的争议解决机构。在北仲内部设立体育仲裁员（或调解员）名单，全球范围内甄别、核验、确认适格人选，不用费时太久，也无需耗资巨大，即可开展运行。在政府对体育产业简政放权、倡议激活市场的大背景下，本文建议借鉴第二类模式建立中国体育仲裁机制，并以此为起点。

（二）北京冬奥会相关争议解决

自 1996 年亚特兰大奥运会伊始，CAS 为历届夏季与冬季奥运会特设仲裁庭，北京冬奥会自然也不例外。按惯例，CAS 将为由冬奥组委遴选的中国律师提供培训，以为各国运动员、官员等参赛者提供法律援助。吸取我国及一些国家奥运代表团在往届奥运会的教训，以及总结其他国家经验，我国实务界和学术界有必要加强对奥运会争议解决机制的研究，并能真正熟练运用，维护我国运动员的合法权益。CAS 在奥运会开幕前一年将为入选法律援助名单的律师开展培训，这将是我国专业人士学习体育争议解决以及与国际同行交流的极佳机会。

值得注意的是，CAS 的奥运特设仲裁程序具备公平、快捷、免费的突出特征。[①] “快捷”体现在——CAS 奥运特设仲裁程序从提交仲裁申请到（听证后）出具裁决，最快可以在 24 小时内完成。这样快捷的时间表在全世界范围内都无与伦比——但这同时意味着，在如此快速推进的程序中，律师必须做好十足准备，对相关规则了如指掌，才能在奥运会这一特殊场合为客户提供有效而强有力的代理。因此，事前充分准备至关重要。

此外，河北省张家口市崇礼区人民法院（以下简称崇礼法院）于 2019 年 12

① “公平、快捷、免费”或许与国际体育仲裁理事会副主席 Michael Lenard 最为相关，他在约 20 年前对 CAS 职能进行描述时，确立了 CAS 奥运特设仲裁程序“公平、快捷、免费”的特征。

月出台的《关于充分发挥司法职能服务保障冬奥实施意见》值得关注。距北京约220公里的崇礼已建成七大雪场，雪季滑雪旅游活跃，北京冬奥会赛时崇礼是雪上项目主要竞赛场地。为妥善处理所辖区域日益增多的雪上运动相关争议，崇礼法院联袂区内滑雪场及保险公司，建立了“法院+雪场+保险”旅游滑雪纠纷解决机制，在雪场设立法官工作站，开通涉冬奥案件绿色通道，指定专门审判团队处理滑雪类纠纷以统一审判标准，力争将“诉前快速调解、诉中快速审理、诉后快速执行”落到实处。同时，崇礼法院基于审判实践，不断总结滑雪运动中常见的争议，并就事故预防向雪场提出风险防范建议。

当然，《奥林匹克宪章》与《主办城市协议》项下相关争议不能提交人民法院解决，因为此类有关奥运会参赛资格、纪律处罚、反兴奋剂等争议依约应由CAS排他管辖。但是，某些附属争议，例如场馆建设、奥运相关货物或服务采购、参赛运动员对中国民法或刑法的违反，诸如此类事项（如无仲裁条款）仍需提交具备属地管辖权的中国法院。因此，崇礼法院明确涉冬奥案件流程的举措有益于争议快速有效解决，这对往往将奥运会视作“一生一遇”的奥运会参与者们具备重大意义。

（三）《奥林匹克宪章》第40条修改对运动员实现个人商业价值的影响

2019年6月，国际奥委会（以下简称IOC）宣布修改《奥林匹克宪章》第40条，原则上解除了奥运期间参赛运动员个人赞助营销禁令，允许他们在奥运期间以名字、形象、运动表现等展示非奥林匹克官方赞助商（以下简称非官方赞助商）的个人商业伙伴。当然，奥运选手们在行使该来之不易的权利时，需遵守IOC执委会制定的原则，[①] 比如非官方赞助商不可使用奥林匹克标志，也不可在奥运期间借参赛运动员具体营销该赞助商某种产品或服务。修订后的《奥林匹克宪章》第40条旨在放权各国家奥委会，在不违反IOC执委会制定原则的前提下自主确立所辖奥运选手的赞助规则。

在我国竞技体育举国体制大背景下，仅极少数明星运动员有机会签约个人赞助商。因此，《奥林匹克宪章》第40条修改对参加东京奥运会的中国运动员影响

① IOC：“Commercial Opportunities for Participants during the Tokyo 2020 Olympic Games”，https://www.olympia.at/download/files/%7B9D130C87-FAEA-41B7-88A3-935D76187A5D%7D/Commercial_opportunities_for_Participants_during_the_Tokyo_2020_Olympic_Games.pdf，访问时间：2020年2月20日。

范围仍有限。但对于希望通过赞助中外运动员进行奥运营销的非官方赞助商，[①]有必要准确理解 IOC 规则，以及相关国家奥委会[②]各自制定的政策，以确保合规运用修改后的《奥林匹克宪章》第 40 条。

IOC 为运动员商业代言“松绑”之际，国家体育总局恰好适时废除了限制国家队运动员商业活动的三个文件，[③]似乎为中国运动员实现个人商业价值释放了更多想象空间，也预示激活运动员商业潜力为大势所趋。但在利好政策背景下，中国明星运动员个人赞助商与其所属团体赞助商发生利益冲突屡见不鲜。[④]以游泳运动员宁泽涛为例，自 2015 年喀山世锦赛摘金后成为中国最炙手可热的品牌宠儿，到折戟里约奥运、从国家队被退回省队，直至 2019 年退役憾别泳坛，在很大程度上归因于其个人赞助品牌与游泳项目团体赞助品牌的竞品之争，以及各相关利益方未能妥善处理争议，直至影响运动员的竞技与备战。宁泽涛的遗憾并非个例，凸显了我国明星运动员试图突破现有体制桎梏，实现个人商业价值所遭遇的困难。

因商业伙伴之间不可调和的利益冲突，令运动员与所属组织产生纠纷，并最终导致运动员提前结束职业生涯从而无从实现其蕴含的商业潜力与社会价值，这无论是对运动员个人还是对组织均系巨大损失，可谓两败俱伤。痛定思痛，造成上述冲突的根源或许可以追溯至竞技体育的行政化管理。

举国体制下，单项协会（或相关行政机关）是管理者，运动员是被管理者。一方面，由于我国运动员个人商业权利与其所属组织权利界限模糊，尚无明确规则指引，作为被管理者的运动员个人商业权益往往需服从于集体利益，但这类“一刀切”的管理方式也招致一些有机会参与商业活动、个人权利意识觉醒的明星运动员的抵触；另一方面，我国体育缺乏纠纷解决机制，一旦运动员与作为其管理者的组织（如单项协会）产生争议，运动员处于“被管理者”的劣势地位，难以与其管理者平等沟通，也缺乏制度支持，如借助仲裁、调解等程序解决争议。

值得肯定的是，国家体育总局于 2019 年底废除相关不合时宜的文件，迈出 43 号文提倡的“挖掘体育明星市场价值”的第一步。但要真正释放我国体育明星的市场潜力、明确其个人与组织的权利界限需有规可循，妥善处理相关争议需确

---

① 在多数时候，相比成为奥林匹克官方赞助商或官方被许可方，通过赞助运动员进行奥运营销是实惠很多的方案。

② 如所赞助运动员代表的国家、该赞助商计划实施奥运营销的目标国家。

③ 见上文第二部分第（三）项第二点。

④ 如运动员个人赞助商与其所属项目协会（或管理中心）签约赞助商、联赛赞助商、赛事组委会赞助商，以及未来可能成立的“中国之队”赞助商之间潜在的冲突。

保程序正义。只有当体育明星的市场潜力真正得到释放，其所属协会或国家队的商业价值才能整体提升。从这个角度，“个人”与“集体”的利益是一致的，并不矛盾。上文第四部分第（一）项建议设立我国体育仲裁机制，可供斟酌。

五、总结与展望

规则是体育的脊梁，不仅在体育领域，放之四海皆准。近年来，中国体育改革除旧迎新，体育产业的规则和政策逐步现代化。这造就了体育律师（不论是来自中国还是来自国外与中国体育产业互动）的黄金时代。新的规则与政策框架旨在为促进中国体育市场的繁荣创造更多、更灵活的空间。通过阅读本篇对中国体育基本规则及代表案例的分析，读者也许能对一些定义中国体育产业的重要法律议题获得基本理解。

法律和规则几乎贯穿于体育的方方面面，几乎每一个法律门类，例如知识产权、劳动、不动产、产品、授权等都能与体育产生深度连接，涌现出丰富、新颖的前沿课题。再如体育争议解决，几乎涵盖了诉讼、仲裁、调解、劳动仲裁，以及行业内争端解决机制等所有争议解决形式。如果不将体育相关争议置于体育这个大背景中进行理解和处理，极有可能会得出错误或不可行的解决方案。因此，澄清误区、解决理论与实务难点、有效连接国际与国内不同层级、不同类别的纠纷解决机制，以达到高效定分止争、避免申诉执行无门的目的，是本篇的题中应有之义。

回顾本篇讨论的规则、案例及热点问题，不难总结，体育、体育法以及体育争议解决呈现了高度国际化的特征。孙杨案（案例 1）凸显了我国运动员及其团队正确理解国际规则与国际程序的必要性，以及国际国内规则的衔接与适用位阶；承认与执行 CAS 仲裁裁决（案例 2）是我国法院对国际条约（《纽约公约》）的直接适用；大连超越案（案例 3）虽是国内诉讼案例，却要求我国法院、中国足协以及从业者厘清国际组织 FIFA 规则及其与中国法律的盘根错节之处，避免混淆，准确适用。

体育法的高度国际化系归因于体育本身超越国界的属性——不同国家、不同文化的参与者必须遵守统一的体育规则与行业规则，方能在奥运会或世界杯等国际赛事上以国为单位进行对抗，使超越政治的国际体育交流成为可能，构筑了国际体育基本格局。体育的国际特性要求国内决策者必须将相关事项置于国际大背景下作出决策，以确保国际体育规则得到遵守，否则可能会失去参与某些体育赛事（或项目）的资格。

仲裁是统一适用规则的良方，因为专业仲裁员可以依托《纽约公约》塑造全球通行的规则理解与适用，这是一国法院不可能做到的。随着《新加坡调解公约》生效（中国是最早加入该公约的缔约国之一），商事调解协议将在缔约国具备强制执行力，经济类的体育争议或许也可以更多尝试以调解方式解决。

同时，我们也需做好准备迎接日新月异的赛事变革，例如电子竞技（以下简称电竞）的崛起。尽管传统体育的卫道者们不愿承认其“体育”属性，这无碍于电竞飞速成长为全球范围内最具潜力的竞技活动。中国体育产业很快在电竞产业中占得先机，中国争议解决也应与产业齐头并进，为电竞运动设计争端解决机制——这是因为电竞在参赛资格、反兴奋剂、纪律处罚、转会等面临事项与传统竞技项目无异。

综上，中国体育争议解决前景广阔，蕴藏着丰富的机遇；希冀相关体育仲裁与调解机制能及时建立，以支持中国体育产业持续发展，走向成熟，并培养更多的专业人才参与。只有促进体育的职业化，中国健儿才有可能在赛场上不断创造佳绩的同时，在赛场外、在不同的人生阶段有机会实现个人价值。他们在赛场内外追逐梦想、永不言弃的精神也必将激励着我们的日常生活。

中国民用航空争议解决年度观察（2020）

高　峰　金　喆　李志宏[①]

一、概　述

2019年，全球民航运输市场总体需求仍较为旺盛，但增速明显放缓。根据国际航空运输协会发布的《全球航空运输业现状及展望》报告显示，2019年全球航空运输业净利润为259亿美元，已连续十年实现盈利，但与上一年度净利润323亿美元相比降幅较为明显。全球经济增长放缓、贸易争端、地缘政治紧张局势和英国脱欧的持续不确定性等原因，导致航空公司运营环境比预期严苛。

中国民航业发展稳健。根据2020年全国民航工作会议公布的数据，全行业完成运输总周转量1,292.7亿吨公里、旅客运输量6.6亿人次、货邮运输量752.6万吨，同比分别增长7.1%、7.9%、1.9%，航空运输规模稳居世界第二。全国运输机场数量由1978年的78个增加到目前的238个，全国机场吞吐量由1978年232万人次升至目前的13.5亿人次。本年度中国民航完成了历史上范围最广、影响最大的一次班机航线调整，新增航路航线里程9,275公里。[②]

此外，在航班总量同比增长5.57%、极端天气增多以及其他用户活动大幅增加的情况下，全国航班正常率达81.65%，同比提高1.52%。全国229家机场和主要航空公司可实现“无纸化”出行。千万级机场达39个，国内旅客平均自助值机比例达71.6%。15家航空公司的410架飞机为805万旅客提供了客舱WIFI服务。目前，全行业共有运输企业62家，机队规模达3,818架。新辟国际地区航线549条，

---

① 高峰，国浩律师（北京）事务所合伙人。金喆，国浩律师（北京）事务所合伙人。李志宏，北京盈科（上海）律师事务所合伙人。

② 《一文读懂2020全国民航工作会》，载搜狐网，https://www.sohu.com/a/365091622_120276721，访问时间：2020年1月13日。

国内、国际航线从改革开放初的 162 条增长到 5,155 条。[①]

航空制造业不断取得突破。ARJ21 涡扇喷气新支线飞机累计交付客户 22 架，累计安全飞行超过 23,000 小时、12,000 起落，运送乘客 69 万余人次；C919 大型客机实现六架取证验证机全部投入试飞，正式进入“6 机 4 地（上海浦东、西安阎良、山东东营、江西南昌）”大强度试飞阶段，批生产正式启动；CR929 宽体客机初步设计有序推进，中俄全面合作扎实推进。[②] 新舟涡桨系列飞机累计交付 109 架，分布在 4 大洲 19 个国家，累计飞行时间超过 535,888 小时。同时，新一代的新舟 700 飞机主要技术问题已经攻克，技术指标也全面达到了用户和市场的预期，即将实现首飞。[③]

通用航空产业稳步发展。受益于一系列通航政策相继出台，地方政府支持力度不断加大，市场和企业的发展动力持续集聚，中国的通用航空市场增长率领先全球。中国民用航空局（以下简称民航局）数据显示，2019 年通航飞行达 112.5 万小时，同比增长 13.8%，颁证通用机场数量达 246 座，首次超过运输机场。[④] 2019 年底，中国民用航空局（以下简称民航局）正式发布了全国目视飞行航图，中国民航通用航空信息服务平台作为目视航图和通用机场资料等基础信息的官方渠道，能够免费为各类通航用户提供通用机场、地形地貌等通用航空业务数据。[⑤] 与此同时，民航局通用航空器适航管理改革进程不断深入，一批国产通用飞机制造项目获颁生产许可证和美国联邦航空局（FAA）适航证，开始进入国际主流市场。

无人机产业规模加速增长。截至 2019 年 6 月，我国共有 5,759 家获得民用无人驾驶航空器经营许可的企业。[⑥] 截至 2019 年 12 月，注册无人机超过 39.2 万架，无人机商业飞行达到 125 万小时。根据市场研究机构 Frost & Sullivan 的数据显示，预计 2023 年全球商用无人机市场将增长至 1,037 亿美元，中国市场将占全球市场

---

① 《一文读懂 2020 全国民航工作会》，载搜狐网，https://www.sohu.com/a/365091622_120276721，访问时间：2020 年 1 月 13 日。

② 参见中国商用飞机有限责任公司网站，www.comac.cc，访问时间：2020 年 1 月 13 日。

③ 参见中航西飞民用飞机有限责任公司网站，www.xcac.avic.com，访问时间：2020 年 1 月 13 日。

④ 《2020 年全国民航工作会议召开》，载中国民用航空局网站，http://www.caac.gov.cn/ZTZL/RDZT/2020QGMHGZHY/2020HYZD/202001/t20200107_200210.html，访问时间：2020 年 1 月 13 日。

⑤ 《全国目视飞行航图发布》，载中国民航网，http://www.caacnews.com.cn/1/6/201912/t20191227_1288451.html，访问时间：2020 年 1 月 13 日。

⑥ 《2019 无人机行业十大高光时刻》，载酷飞网，http://www.51kufei.com/index.php/Home/Nnews/detail/gid/1296.html，访问时间：2020 年 1 月 13 日。

的48%。[①]

在过去一年，中国民航业市场表现较为突出，行业专业化与国际化水平明显提升，国内航空客运市场增幅在全球市场名列榜首，航空制造业稳健发展，为行业相关的法律法规建设、政策研究开创了巨大的探讨空间。与此同时，民航领域相关的民事纠纷案件也频繁发生。我们从公开渠道查询的数据显示，2019年国内发生公共运输航空公司一审民事纠纷案件125件、通用航空公司一审民事纠纷案件148件、无人机相关一审民事纠纷案件207件。详见下表：

	合同、无因管理、不当得利纠纷	侵权责任纠纷	知识产权纠纷	其他纠纷（公司、证券、物权、人格权等）	合计
运输航空公司	104	6	7	8	125
通用航空公司	125	8	4	11	148
无人机相关	122	54	12	19	207

二、新出台的法律法规或其他规范性文件

（一）一般性民航规定不断完善

1. 中欧在民航领域签署《中华人民共和国政府和欧洲联盟民用航空安全协定》（以下简称《民用航空安全协定》）和《中华人民共和国政府和欧洲联盟关于航班若干方面的协定》（以下简称《关于航班若干方面的协定》）

2019年5月20日，中国与欧盟首次在民航领域共同签署了《民用航空安全协定》和《关于航班若干方面的协定》，两份协定是双方民航领域合作的重要里程碑，将进一步促进中欧在民航各领域的合作，丰富中欧全面战略伙伴关系内涵。

《民用航空安全协定》确立了中国与欧盟在适航和环保审定、飞行运行、空管服务、人员执照与培训等民航安全领域进行广泛合作的法律框架，体现了互利共赢的原则。特别是适航和环保审定附件的签署，给中欧双方航空产品的适航审定合作创造了条件，为双方航空产品的交流提供了广阔途径，也为双方工业企业在

① 《“无人机第一股”亿航登陆纽交所》，载民航资源网，http://news.carnoc.com/list/515/515725.html，访问时间：2020年1月13日。

航空产品设计制造领域开展合作提供了良好环境。

《关于航班若干方面的协定》将中国与欧盟27个成员国已签署的双边航空运输协定中的传统指定条款替换为欧盟承运人条款，为中欧双方在航空运输领域进一步开展合作奠定了基础。

2.《国际航权监测管理办法》于2019年7月1日起施行

为增强国内航空公司的国际竞争力，着力推进国际航空运输“放管服”改革，民航局于2019年5月正式印发《国际航权监测管理办法》，旨在通过对航空运输企业的国际航权使用情况进行差异化监测考核，提高国际航权资源使用效率，规范国际航空运输市场秩序。《国际航权监测管理办法》一方面大幅降低事前准入门槛，通过分类管理，取消了航权自由化程度较高的国际一类航线航班计划审批，改为备案制；另一方面逐步完善事中事后监管措施，致力形成“事前承诺告知、事中监测约束、事后清理收回”的全链条航权监管模式。

3. 多项民用航空类立法工作正在进行

2019年3月4日，交通运输部发布《关于印发2019年立法计划的通知》，法律、行政法规草案部分包含多项航空类的内容。其中，《民用航空法（修订）》由法制司会同民航局配合司法部开展审核修改工作，涉及将经营许可证和运行合格证统一为运营合格证等变动；《民用航空飞行标准条例》由民航局负责起草，法制司负责部内审核工作，形成送审稿后报送国务院。①

4. 一系列民航规章和规范性文件公开征求意见

2019年度，民航局对一批新制定或修订的民航领域相关规章和规范性文件进行公开征求意见，其中包括《民用航空产品和零部件适航审定规定（修订）》《中国民用航空国内航线经营许可规定（修订）》《〈民用航空器国籍登记规定〉修改决定（草案）》《民用航空安全保卫事件信息管理规定（修订）》等十几份文件。

（二）通用航空法规体系加速重构，相关规范陆续出台

2019年1月，民航局印发《关于推进通用航空法规体系重构工作的通知》，要求落实通航业务框架和通航法规框架，明确了未来一段时间中国通用航空整体政策走向、立法思路和制度设计需要遵循的基本原则和具体要求。

2019年4月，民航局和财政部印发了《关于调整民航支线机型的通知》，扩

---

① 《多部航空类法规入选交通部2019年立法计划》，载民航资源网，http://news.carnoc.com/list/485/485069.html，访问时间：2020年1月13日。

大支线机型范围，将通用航空短途运输飞机纳入其中，按现行民航发展基金政策给予特殊倾斜。

2019 年 4 月，民航局运输司发布《通用航空包机运营安全规范》，规定了通用航空包机飞行的基本要求、飞行组织与实施、应急处置措施等内容，适用于通用航空企业开展载客短途运输、货邮短途运输的通用航空包机飞行活动。

在 2019 年上半年，民航局机场司启动了《通用机场管理规定》的编制工作，计划结合机场分类研究，将通航的有关规定从运输航空中剥离出来，着力构建一套专业的通航法规体系。民航局适航审定司全面启动《中华人民共和国民用航空器适航管理条例》修订工作，根据当前发展实际情况和需要，完善适航管理理念。①

2019 年 11 月，交通运输部发布了新版《通用航空经营许可管理规定》并于 2020 年 1 月 1 日起开始施行。新规定对部分条文进行了修订，进一步放宽了市场准入标准、简化了审批手续。

（三）无人机管理规定

2019 年 1 月，民航局适航审定司发布了《基于运行风险的无人机适航审定指导意见》，建立基于运行风险的无人机风险等级划分方法，开展无人机适航审定分级管理。该指导意见重点探索货运无人机、巡线无人机、载人无人机的适航标准和审定办法，为指导未来无人机适航审定工作积累了经验。

2019 年 2 月，民航局发布《特定类无人机试运行管理规程（暂行）》，使用特定运行风险评估方法，对安全风险较高的无人机运行进行安全管理。

2019 年 11 月，民航局发布《关于印发〈轻小型民用无人机飞行动态数据管理规定〉的通知》。从事轻、小型民用无人机及植保无人机飞行活动的单位、个人，应当按照该规定的要求，及时准确完整地向民航局实时报送真实飞行动态数据，进一步提升无人机运行管理与服务质量，促进无人机产业健康有序发展。

总体而言，民航领域法律法规体系正在进一步完善和优化，尤其是对《中华人民共和国民用航空法》的修订、通航法规体系的重构、无人机监管的探索将促进整个行业的有序、健康发展。

---

① 《民航局发布通用航空“放管服”工作简报（2019 年第 1 期）》，载民航资源网，http://news.carnoc.com/list/499/499105.html，访问时间：2020 年 1 月 13 日。

三、典型案例

根据我们在公开渠道检索，2019年涉及民用航空领域的法院一审判决/裁定约480份，其中主要集中在一般的合同及侵权纠纷案件。为突出民航特点，我们在典型案例中选取了未公开但在行业内有较大影响的机场地面保障纠纷诉讼、国内较少发生的飞机租赁诉讼，以及笔者作为仲裁员参与审理的三件代表性仲裁案件进行分析阐述。

【案例1】航空服务合同及保险合同纠纷案①

【基本案情】

2008年3月1日，本案原告A航空公司与被告B机场集团有限公司（以下简称B机场）签署了一份《A航空公司国内标准地面服务代理协议》（以下简称地服协议），约定由B机场为A航空公司提供B机场的地面代理服务。其中第8.10条约定“代理方同意如果代理方因操作地面设施失误时，对承运方的航空器造成损害，则代理方应负责赔偿由此造成的承运方的直接经济损失。最高赔偿额不超过1,500,000美元”。第8.11条约定“因代理人的故意行为或工作失误或明知可能造成破损、死亡、延误、受伤或者丢失的情况下，承运方可以对代理方提出索赔”。

2015年1月7日，A航空公司一架飞机在B机场过站期间，B机场员工驾驶平台车装卸货物时突然加速，导致平台车撞到飞机货仓前门。事后民航监管局对事故进行调查并出具《调查报告》显示，事发平台车系由于加速系统和制动系统同时出现故障导致本次事故，虽然B机场联系平台车厂家进行维修，但在故障未彻底解决的情况下未立即停止使用，并建议B机场进行整改。

中国太平洋财产保险股份有限公司某分公司和中国人民财产保险股份有限公司某市分公司（以下合称责任险保险人）为B机场的责任险保单保险人，该责任险保单约定免赔额为每次事故1万美元。

中国太平洋财产保险股份有限公司某分公司、中国平安财产保险股份有限公司、华安财产保险股份有限公司某分公司、中国人民财产保险股份有限公司、亚太财产保险有限公司某分公司以及中银保险有限公司某分公司（以下合称航空险保险人）为A航空公司的航空险保单保险人，该航空险保单约定免赔额为每次事故30万美元。

① （2019）琼01民终2507号民事判决书。

事发后，A 航空公司向 B 机场及其他被告提起诉讼，主张要求赔偿的金额包括事故导致的直接损失和间接损失，其中直接损失包括：（1）工时费、航材费、空客支援费、机坪使用费，合计人民币 2,322,718.70 元；（2）调机补班的航油、起降等费用以及旅客安抚、住宿和交通等不正常航班处置费。间接损失包括：（1）飞机维修期间停场的租金以及停场期间公司利润损失；以及（2）直接损失和间接损失的利息。

【争议焦点】

本案的案件焦点在于：（1）保险公司作为被告是否适格；（2）B 机场的责任承担问题；（3）A 航空公司索赔范围和费用是否合理；（4）保险公司责任承担问题。

【裁判观点】

一审、二审人民法院经审理认为：

（1）虽然本案案由为服务合同纠纷，但本案涉及相关保险公司就损失承担的问题，涉及另一案由保险合同纠纷，由于法律并不禁止在一起诉讼中审理两个法律关系，据此将两个案由合并审理，保险公司是本案适格被告。（2）法院结合民航监管局的《调查报告》认定 B 机场对本案存在重大过失，进而适用地服协议第 8.11 条和《中华人民共和国合同法》第 113 条，认定 B 机场应赔偿直接损失和间接损失，但直接损失应适用地服协议第 8.10 条约定的 1,500,000 美元赔偿限额。（3）在被告未提供反证或申请鉴定评估的情况下，认可直接损失中的工时费、航材费、空客支援费、机坪使用费共计人民币 2,322,718.70 元，A 航空公司放弃主张不正常航班处置费；对于间接损失，依据法院委托的鉴定机构出具的资产评估报告，支持租金市场价人民币 4,810,500 元和利润损失人民币 2,198,200 元；支持直接损失和间接损失中租金部分所对应的按照中国人民银行一年期贷款利率计算的利息。（4）认可由 B 机场承担 1 万美元免赔额部分，超过 1 万美元的部分由责任险保险人承担，不认可航空险保险人承担连带责任。

【纠纷观察】

本案涉诉主体众多，但经梳理可发现本案所涉及的法律关系较为清晰，即 A 航空公司和 B 机场之间的服务合同关系以及 A 航空公司和 B 机场各自的保险合同关系。虽然在单个诉讼中审理两个或以上法律关系的案例不常见，但为了减少诉累节省司法资源，将两个法律关系合并审理的做法仍然是值得肯定的。值得一提的是，A 航空公司向航空险保险人索赔的依据是其作为被保险人所遭受的飞机的财产损失，该等损失 A 航空公司可选择向航空险保险人理赔，也可选择向赔偿义务人索赔，二者是二选一的关系。在本案未决且并无赔偿义务人拒不承担赔偿义务的前提下，A 航空公司将其航空险保险人列为本案被告并无事实和法律依据。

本案的焦点在于 B 机场是否应该承担赔偿责任，以及如果 B 机场应承担赔偿责任，赔偿金额如何认定的问题。本案 A 航空公司以合同纠纷为由提起诉讼，法院应基于地服协议的约定来考量 B 机场是否应承担合同责任。对于本案，笔者认为地服协议第 8.11 条约定的是承运人可以向代理人索赔的三种情形，即代理人故意行为、工作失误和明知可能造成损失的情形。而第 8.10 条则明确了其中一种情形的赔偿责任，即代理人工作失误时，应承担赔偿直接损失的法律责任，且限额为 1,500,000 美元。法院认为 B 机场具有重大过失而根据第 8.11 条并未约定重大过失不赔偿间接损失，从而认定 B 机场应赔偿直接和间接损失。本案中虽然 B 机场使用的是有故障的平台车，但 B 机场曾积极联系平台车厂家对故障进行修理，并非放任故障车隐患而执意使用，从这点来看，笔者认为 B 机场不具有“明知可能造成损失”的主观故意。

在间接损失的计算上，法院支持了租金、利润和租金利息。笔者认为，租金和利润不可重复计算。从 A 航空公司的角度来看，租金属于其经营成本，不因其是否使用飞机或者飞机的状态来决定，在任何情况下，A 航空公司支付租金的义务都是绝对的，而由于事故所导致飞机停场不能运营所产生的利润损失，才是本案真正的间接损失。根据租金的性质，法院在认可利润为间接损失的情况下，再将租金视为间接损失值得商榷。而关于利息，笔者认为法院认定的利润损失的数额是鉴定机构根据市场情况评估的数值，并非 A 航空公司实际利润损失的数值，且在法院已经全额支持修理费等实际损失所产生利息的前提下，再支持上述利润数值计算的利息失之偏颇。

【案例 2】航空器租赁纠纷案①

【基本案情】

中飞宝庆租赁（天津）有限公司（以下简称中飞公司）作为出租人与龙江航空有限公司（以下简称龙江航空）作为承租人就一架飞机签署《飞机租赁协议》。为保证龙江航空履行《飞机租赁协议》中的支付义务，中飞公司和龙江航空分别与张某铭、哈尔滨湘玉金制品销售有限公司、黑龙江海富永业房地产开发有限公

① （2019）最高法民申 1987 号民事裁定书。

司（以下合称保证人）签署了《保证合同》。后因龙江航空拖欠租金，中飞公司将龙江航空及保证人诉至法院，要求解除《飞机租赁协议》，返还飞机，支付拖欠的租金、罚金、税金、维修储备金、飞机空置期的损失、租金损失、飞机重新客制化、诉讼成本等各项费用，并要求保证人就上述费用承担连带责任。龙江航空则辩称飞机由于发动机质量问题无法使用，由于中飞公司不作出维修指令导致龙江航空产生巨额损失，并提起反诉要求中飞公司继续履行《飞机租赁协议》并赔偿停飞期间经营损失、违约损失并返还停飞期间的租金、税金和维修保证金等。而在之前的一审和二审诉讼中，法院支持了中飞公司要求返还飞机和解除《飞机租赁协议》的请求，并判决龙江航空支付租金、罚金、解除协议的实际损失和诉讼成本，判决保证人对龙江航空的债务承担连带清偿责任。随后，龙江航空向最高人民法院（以下简称最高院）提起再审申请。

【争议焦点】

《飞机租赁协议》是否解除以及各项费用的责任承担。

【裁判观点】

最高院认为各方达成《飞机租赁协议》等一系列协议，系双方当事人真实意思表示，不违反法律、行政法规的强制性规定，合法有效，对双方当事人具有拘束力 。中飞公司依据《飞机租赁协议》的约定发出《解约通知》，龙江航空并未提出异议，《飞机租赁协议》已于龙江航空收到《解约通知》的次日解除。最高院并未支持龙江航空所主张的飞机存在质量问题而中飞公司应承担赔偿责任，驳回了龙江航空的再审申请。

【纠纷观察】

不同于一般租赁物纠纷，飞机租赁纠纷由于其租赁物为高价值动产并且租赁交易结构复杂而具有其行业的特殊性。一方面，飞机的实际占有人一般为运营飞机的航空公司即承租人，所有权人则为支付飞机购买价款并控制飞机卖据的租赁公司即出租人，一旦产生纠纷出租人要求返还飞机时，需要作为承租人的航空公司的配合，承租人不仅需要在机场将飞机交付给出租人，还需要配合出租人办理相关证件的变更手续、厂商质保的转移手续并交付相关飞行记录等技术文件。另一方面，除飞机机型、折旧程度、内部装修情况外，飞机的市场价值还与飞机是否处于适航状态或者飞行记录是否完整密切相关，如果飞机不能持续正常运营而一直处于停飞状态，要恢复并维持其适航状态需要持续地投入巨额资金。本案中，由于飞机发动机的问题导致飞机无法运营，龙江航空无法通过运营该架飞机获得经营利润，在公司财务紧张的情况下，无力支付租金从而导致其在《飞机租赁协议》项下的一系列违约。在本案飞机融资租赁交易中，中飞公司根据龙江航空的选择支付飞机购买价款，虽然中飞公司为飞机所有权人，但检查飞机质量并决定是否接收飞机的主体是龙江航空。一旦龙江航空签署《飞机接收证书》，则代表飞机的占有实际转移给龙江航空；签署《技术接收证书》则代表龙江航空对飞机在交付时的各项技术状态是满意和认可的。龙江航空虽然事后发现飞机的发动机有质量问题，但在已签署《技术接收证书》的情况下，无权向中飞公司主张飞机的任何瑕疵，据此龙江航空向法院主张中飞公司赔偿其损失的诉讼请求并未得到支持。

在一般飞机融资租赁交易中，出租人作为所有权人虽然享有检查飞机的权利，但事实上对飞机没有任何控制权，飞机实时的状态、飞行地点等出租人无法掌握。另一方面，交易本身对承租人财务状况要求较高，承租人需要保证稳定的现金流以持续地支付租金。一旦承租人违约，出租人不仅面临所投入融资成本的损失，标的物飞机也并不容易取回。因此，出租人会在《飞机租赁协议》中，对承租人提出额外的要求以确保协议的履行，如对承租人经营状况、财务状况、未涉及重大诉讼或遭受重大不利影响等事项作出特别要求，或者要求承租人提供其能履约的担保。本案中，龙江航空面临另案已确认的4亿元重大债务，在拖欠租金及其他费用的情况下，中飞公司认为龙江航空无法继续履行《飞机租赁协议》而向其发送《解除通知》。根据《飞机租赁协议》的约定，《飞机租赁协议》于《解除通知》到达后的次日解除。

法院在支持了中飞公司解除《飞机租赁协议》和要求龙江航空返还飞机的诉讼请求后，如何确认中飞公司的损失则是本案另一争议焦点。对于中飞公司而言，由于《飞机租赁协议》提前解除并且龙江航空并未在《飞机租赁协议》解除后及时返还飞机，中飞公司主张龙江航空支付其实际占有飞机期间的租金、罚息等费用属于合理诉求并被法院所支持。但是因《飞机租赁协议》解除导致的中飞公司取回飞机有关费用、空置期租金损失、重新对外出租损失、退机现金补偿、重新客户化费用等损失以及重新恢复适航状态的费用由于并未实际发生，而未得到法院的支持。上述费用虽然在诉讼之时并未发生，但也属于由于本案所产生的中飞公司后续处理飞机所必将面临的损失。对于该等损失，如果在本案中无法解决，中飞公司只能待实际发生后另行起诉，但空置期的长度、重新对外出租的损失、重新客户化的费用等具有较强的商务性，数额如何计算以及能否得到法院支持存在不确定性。

【案例 3】航空公司服务协议纠纷案[①]

【基本案情】

2015年5月19日，申请人A航信香港公司与被申请人泰国B航空公司签订《航空公司服务协议》，合同约定由申请人在协议有效期内为被申请人提供航班控制系统服务、计算机分销系统服务、离港系统服务和民航商务数据网络服务，并详细约定了双方的权利义务、服务费用、费用结算、保密、违约责任、不可抗力、争议的解决和协议的变更与终止等事项。合同第9条约定，任何一方均可将双方争议提交至北京仲裁委员会按其现行有效的规则进行仲裁。本案合同签订后，申请人向被申请人提供了一系列的信息服务。2016年8月31日，被申请人向申请人出具还款计划书，确认尚欠申请人费用总计24,005,601.40港元，但被申请人作出承诺后未如期偿还，双方继续有部分业务发生，截至2019年本案提起，被申请人尚欠申请人各项服务费用总计22,122,911.93港元。申请人多次向被申请人催要款项，被申请人均未向申请人支付。

【争议焦点】

本案的适用法律。

【裁判观点】

仲裁庭注意到，本案申请人的住所地在中国香港，被申请人在泰国，本案合同中亦未对本案法律适用作出明确的约定，在本案审理过程中，双方当事人也没有就本案应当适用的法律达成一致意见。首先，本案合同的封面就是中国A航信公司的名头和LOGO，事实上，A航信的住所地在中国大陆境内。合同第10.6款约定：本协议以中文书写，一式肆份，甲乙双方各执贰份，每份具有同等法律效力。第3.15款约定：双方同意，本协议及所属附件提供的服务，必须符合双方协议同意的用途以及国家和民航行业主管部门规定的有关法律法规及安全、质量等标准，不得侵犯其他第三方的权利。由此可见，双方共同选择北京仲裁委员会/北京国际仲裁中心（以下简称北仲）作为争议解决机构，仲裁地在中华人民共和国，协议以中文书写，并约定本案合同项下的服务必须符合国家和民航行业主管部门规定的有关法律法规。而从本案的相关事实看，根据申请人提交的证据2，申请人给被申请人据以收款的发票账单都是直接发送到广州市供审核，被申请人对于申请人寄送到中国广州张某某处的账单均已收到并同意据以结算服务费用。为此，

① 北仲2019年度仲裁案例。

仲裁庭认为中国是与本案具有最密切联系的国家，仲裁庭依据仲裁规则第 69 条的规定，决定适用中国法律审理本案并作出裁决。

【纠纷观察】

北仲仲裁规则第 69 条为“法律适用”，专门针对审理争议所应适用的实体法律，其第 2 款规定：当事人未选择的，仲裁庭有权根据案件情况确定适用的法律。国内其他仲裁机构如中国国际经济贸易仲裁委员会的仲裁规则，有相同的规定。仲裁庭在确定适用法律时，应符合仲裁所在地即中国大陆地区的法律规定。根据《中华人民共和国涉外民事关系法律适用法》的规定，除允许当事人可以明示选择涉外民事关系适用法律的情形外，其他涉外民事关系适用的法律，依照该法确定。本案双方当事人分别是中国香港特别行政区和泰国企业，参照《最高人民法院关于适用〈中华人民共和国涉外民事关系法律适用法〉若干问题的解释（一）》第 1 条第 1 项和第 19 条的规定，本案属于涉外民事关系，且为涉外合同产生的债权争议，根据《中华人民共和国涉外民事关系法律适用法》第 41 条，当事人没有选择的，适用履行义务最能体现该合同特征的一方当事人经常居所地法律或者其他与该合同有最密切联系的法律。

本案合同为航空领域具有代表性的与航空运营有关的信息系统服务，申请人提供专业服务，被申请人支付服务费用，仲裁庭使用最密切联系原则确定法律适用。最密切联系原则来源于美国司法实践，我国正是在《中华人民共和国涉外民事关系法律适用法》中将该原则作为我国国际私法单行法的一般原则确立起来。① 在司法实践中，合同领域适用该原则考虑的连接因素包括：（1）合同缔结地；（2）合同谈判地；（3）合同履行地；（4）合同标的物所在地；（5）当事人的住所、居所、国籍、公司成立地以及营业地等。根据这些因素在具体案件中的相对重要程度，确定应适用的实体法。本案仲裁庭考虑了合同履行地因素，并结合合同所用语言认定中国大陆为与合同存在最密切联系的连接点并据此决定本案适用中国法律。

可见，本案确定适用法律的结果存在一定的偶然性，国内企业在进行国际交易时应充分重视实体准据法在合同中的重要地位，在合同中尽量予以明确，谈判时要据理力争，积极争取对自己有利的实体准据法；对于境外企业惯常提议的所谓“第三国法律”，要保持足够警惕，进行充分的风险评估，一旦适用法律发生变化，会对整个合同条款的理解以及履行风险的判断造成巨大影响。

---

① 方杰：《“最密切联系原则”考证》，载中国社会科学网，http://www.cssn.cn/fx/fx_gjfx/201501/t20150126_1492720.shtml?COLLCC=3891789366&，访问时间：2020 年 1 月 13 日。

【案例 4】航校委托培训合同纠纷案[①]

【基本案情】

学员马某与 A 通航产业投资公司（以下简称通航公司）签订《委托培训合同》，约定通航公司协助马某办理赴加拿大的自费飞行员委托培训项目，马某在成功完成飞行培训并成绩合格后，将获得境外航校的结业证书、私人飞行员执照、仪表等级执照、商业飞行员执照，并由通航公司协助办理民航局的换照训练所需要的相关手续，安排民航局指定的换照训练课程及考试，协助马某达到完成换照程序的条件，并由通航公司负责马某的就业推荐工作。马某依约支付了前两期学费480,000 元，于 2017 年 4 月赴加拿大进行培训，2017 年 11 月 27 日签证延期申请被拒。马某认为通航公司严重违约，并给其造成巨额的经济损失，请求解除合同，退还已支付学费，赔偿各类损失 13 万余元。

【争议焦点】

合同是否符合解除条件。

【裁判观点】

仲裁庭认为，马某主张因通航公司严重违约而要求解除合同的依据不足，但仲裁庭注意到，虽然通航公司不同意解除合同，但合同约定若马某欲提前终止本合同，应提前 30 日书面通知通航公司，而马某已于 2018 年 11 月 19 日向通航公司发出《合同解除通知》，通航公司于次日收到；结合《中华人民共和国合同法》第 410 条规定，委托人或者受托人可以随时解除委托合同，因此马某解除合同的主张于合同于法均有据，仲裁庭予以支持，但其关于损失赔偿的请求不予支持。

【纠纷观察】

随着通用航空事业的发展，国内私人学习飞行执照的热情高涨，受限于国内培训资源紧张，部分学员需通过专业机构，赴境外学习并取得相应执照类别。本案的学员马某由于在学习中途遇到签证问题，主张通航公司违反《中华人民共和国合同法》第 94 条第 4 项的规定，存在严重违约致使不能实现合同目的，要求解除合同并赔偿损失。但庭审中查明该签证被拒并不影响再次申请，且通航公司也安排了新的签证申请，合同完全可以继续履行，因此马某依据该条主张解除合同是不成立的。但仲裁庭注意到马某对于通航公司的能力严重质疑，不愿继续履行的意愿强烈，在双方就是否继续履行存在争议的情况下，依据合同的约定或者《中

① 北仲 2019 年度仲裁案例。

华人民共和国合同法》中关于委托合同可以随时解除的规定，可以裁决解除合同。

此案也提醒国内的学员和培训机构，境外飞行执照学习环境与国内差异大，不可控因素众多，在合同中应尽量明确双方在特定情况下的权利义务，且由于境外培训存在一定周期，一旦开始履行双方即投入巨大，因此可通过合同约定排除单方随时解除合同的情况，尽最大善意维护合同的稳定性。

【案例 5】航空器维修合同 / 停场费纠纷案 ①

【基本案情】

国内 A 飞机维修工程有限公司（以下简称飞机维修公司）与国外 B 航空公司（以下简称航空公司）签订《通用条款协议》（GTA），约定由飞机维修公司为航空公司提供临时入境飞机的维修服务，具体的飞机、维修服务费用、维修时间等由双方通过《通用条款协议》附属的《信函协议》（SLA）明确。协议履行过程中，飞机维修公司为航空公司的 6 架飞机提供了维修服务，但航空公司未及时支付维修款，且有 5 架飞机滞留在飞机维修公司两年多。飞机维修公司的仲裁请求除要求航空公司支付维修费、材料费、代垫费用及其利息、维权费用外，还主张按照每架飞机每天 6,000 元的标准支付停场费 214 万美元。

【争议焦点】

航空公司是否应该支付停场费。

【裁判观点】

《通用条款协议》约定航空公司应承担所有政府和机场费用以及与飞机操作有关的费用，包括但不限于机场着陆、出发和停场费用；飞机在场所内停场维修的时间属于该飞机 TAT② 期间，不收取停场费。庭审中的证据表明，飞机停场时间超过约定的 TAT 期间，是被申请人造成的，其应当承担超出 TAT 期间的停场费。由于《通用条款协议》没有约定停场费的支付标准，飞机维修公司也未提供主管部门的规范性文件，飞机维修公司申请按照所在机场的收取标准相对较高，应适当减少至每架飞机每天 5,000 元。

【纠纷观察】

除航油外，飞机维修、修理、翻修（MRO）费用是航空公司日常经营中的第

① 中国国际经济贸易仲裁委员会 2019 年度仲裁案例。

② 根据《航空器材管理术语》MH/T 0020—2012，全称为 Turn Around Time（周转周期），指航空器材从拆下送修直到恢复至合格状态、入库完毕的总时间。

二大直接成本，国内也有专门的MRO企业，承接来自国内外客户的业务，相应地产生维修费用无法及时回收的风险。本案中航空公司不仅拖欠维修费用，更因为其飞机长期滞留在飞机维修公司处，占用其有限的停场资源，影响其开展其他维修业务，依据合同约定，航空公司如果不能证明停场是飞机维修公司引起的，就应当支付停场费用，至于收取标准，双方应在协议中予以约定，如无约定，飞机维修公司需要提供相应的收费参考，而且不一定能得到全部支持。

值得注意的是，本案中航空公司抗辩5架飞机是由于飞机维修公司强行留置而延长了停场时间，相应的费用属于飞机维修公司恶意扩大损失，不应由其承担，但由于航空公司并未提供相应证据，该抗辩理由未得到支持。依据我国法律，机场、飞机维修企业是否可以基于航空公司运营中产生的债务而留置飞机，在理论和实践中存在巨大争议。《中华人民共和国民用航空法》(以下简称《民用航空法》)规定了航空器的所有权、占有权、抵押权，但并未规定留置权，在专门法没有明确规定的情况下，对于飞机这样高价值、高流动性的资产，应该慎重适用一般民事法律中关于留置的规定。司法实践中涉及飞机留置的唯一案件，是由于东星航空公司破产，广州白云国际机场股份有限公司基于其未付清机场费用而扣留一架飞机，并起诉飞机所有权人通用电气商业航空服务有限公司等。广州市中级人民法院在判决中支持了机场的主张，认为其留置行为“符合法律规定”。[①] 该判决在国内存在巨大争议，并引发国际飞机交易市场的关注，在未来修订《民用航空法》时应予以明确规定。

四、热点问题观察

（一）国内通用航空和公共运输航空的界限分析

我国《民用航空法》将通用航空与“公共航空运输”相对应，共同构成我国民航的“两翼”。《民用航空法》并没有直接定义“公共航空运输”，但结合《民用航空法》第91条对“公共航空运输企业”的定义，可以明确“公共航空运输”是指以营利为目的，使用民用航空器运送旅客、行李、邮件或者货物的民用航空活动。那么根据《民用航空法》第145条，通用航空就是不构成营利性运送旅客、行李、邮件或者货物的民用航空活动。

① （2009）穗中法民四初字第27号民事判决书。

但我国若干政策性文件中所指的“通用航空”与《民用航空法》的定义并不相同。《关于促进通用航空业发展的指导意见》《通用航空“十三五”发展规划》《关于加快东北地区民航全面发展的实施意见》等文件中均将“短途运输”（未限定包机性质）作为通用航空，而根据目前普遍开展的“短途运输”实践，其完全是面向社会公众、以营利为目的的载客或载货运输。2019 年 1 月刚刚公布的《通航业务框架》中，将面向社会公众的营利性载人飞行、定期 / 不定期载客运输均包括在通航业务内，只是“暂不开放”；经营性的短途客运、短途货运则即刻纳入通航业务监管范围。

我国民用航空基本法律和相关政策文件对通用航空的概念存在上述不一致，对于后续的分类管理制度体系建设和通用航空产业发展存在根本性的影响。首先，效力等级在下的规范或政策文件对通用航空做扩张性解释，并据此实施行业监管，可能引起执法偏差，影响监管权威。其次，概念不一致会对公共航空运输和通用航空所代表的两种不同民商事法律关系产生混淆，前者主要体现为具备特定资质的承运人企业与旅客 / 货主之间的公共交通性质的运输合同法律关系，因合同双方事实上的缔约和履行能力差异，法律施以较强的介入而形成法定的规则；后者主要体现为具备一定能力的航空从业者（自然人或法人）与需求者之间就完成特定任务的完全意思自治的合同，可能属于运输合同（但非公共交通），也可能属于委托合同等。最后，概念不清亦会对大量通用航空的投资决策产生不可预测的风险。如果按照通用航空完成投资后在经营过程中产生争议，包括但不限于和运输对象产生人身损害、财产损失方面的纠纷，通航经营主体依据现有法律规定须承担公共航空运输承运人的责任，对投资者而言，其设计的业务模式就发生了巨大偏差，所面临的投资风险可能会是颠覆性的。

参照《国际民用航空公约》附件六从运行（operation）角度实施的分类，以及美国、欧盟等航空发达地区的立法经验，应坚持我国《民用航空法》关于公共航空运输和通用航空的区分，进一步对通用航空的内涵进行明确，突出其不面向社会公众的本质特点。以此为依据，分别设置适用于公共航空运输和通用航空的规章。

（二）737 MAX 停飞引起国内航空公司的法律思考

737MAX 是波音公司对其最畅销的 737 飞机进行升级后的最新产品，其包括 737-8 和 737-9 两个型号，均已取得美国的适航许可。目前取得中国适航认可的只有 737-8 型号。

2019 年 3 月 11 日，鉴于国外新交付不久的波音 737-8 飞机在 5 个月之内接连发生两起空难，且均发生在起飞阶段，具有一定的相似性，中国民航局在全球率先发出禁飞令，要求国内各航空公司暂停波音 737-8 飞机的商业运行。随后其他国家和地区的航空安全管理机构先后对该机型系列发布禁飞命令，最终于北京时间 2019 年 3 月 14 日 11 时 30 分，全球所有拥有波音 737 MAX 执飞航班的国家都进入停飞状态，持续至今。

737MAX 全球停飞不仅引发对系统性航空安全的广泛关注，而且非常罕见地触发了飞机制造商、航空公司、飞机租赁机构、航空保险机构之间的复杂的商业纠纷。国外的航空公司已经在与波音公司就停飞损失进行谈判，部分已达成初步协议。2019 年 8 月，俄罗斯国有企业集团 Rostec 旗下子公司 Avia Capital Services 就相关波音 737 MAX 飞机的"渎职行为和决定"，在美国对波音公司提起了诉讼。[①] 2019 年 10 月，美国西南航空的飞行员工会加入起诉波音的队伍，代表飞行员索赔因 737 MAX 停飞带来的收入损失。中国航空运输协会于 2019 年 5 月 2 日发布声明，将积极支持和协助会员企业开展相关索赔工作。

国内航空公司依据合同索赔，将面临适用国外法律解释合同条款、判定违约事由和责任的巨大挑战。由于长期以来国际大型民用飞机供给市场的寡头垄断特点，飞机交易中普遍采用飞机制造商起草的购机合同文本、飞机租赁机构起草的租赁合同文本，其中关于卖方或者出租方的责任内容被称为"不可谈（high water）"条款，需求方在谈判中基本无法撼动。而发生全球停飞事件后，这样的格式条款约定是否有效、是否存在法定的不可免责规定、合同之外是否还有其他救济手段等前所未有的问题，会在后续的纠纷解决中接受司法机关的评判。未来的飞机交易合同中，当事人也会针对此情形设置更为精细的条款，对各方权益进行平衡保护。

五、总结与展望

2019 年航空领域纠纷的明显特点就是牵涉到产业链各个环节的企业，除前述"典型案例"外，还有涉及通用航空整机生产企业因境外飞机型号合格证（TC）持有人的股东变化而停产、通航活动主办方和协办方未全面适当履行飞行服务合同、

① "Russian Company Files Lawsuit Against Boeing to Break Contract on 737 Max Jets - Reports", https://sputniknews.com/us/201908271076647915-russian-company-files-lawsuit-against-boeing-to-break-contract-on-737-max-jets--reports，访问时间：2020 年 1 月 13 日。

航空公司与机场由于航线合作补贴等引发的纠纷。随着我国由“航空大国”向“航空强国”的稳步推进，航空产业链将不断完善，发展质量也将不断提升。同时，航空又是一个高风险的行业，不仅面临复杂产品和体系化运营环境带来的生存挑战，也面临全球竞争的市场环境，企业需要具备更强的抵抗风险的能力，国内企业尤其要未雨绸缪，注重法律风险防范，增强自身能力。

我国不断扩大开放，打造公平公正的营商环境，继最高院设立国际商事法庭后，2019 年 12 月 27 日，最高院发布《关于人民法院进一步为“一带一路”建设提供司法服务和保障的意见》《最高人民法院关于人民法院为中国（上海）自由贸易试验区临港新片区建设提供司法服务和保障的意见》，提出进一步完善国际商事法庭工作机制，不断提升国际商事法庭的国际影响力、公信力和吸引力，进一步加强“一站式”国际商事争端解决机制建设。随着我国日益融入国际航空产业链，航空领域的涉外商事纠纷将呈增长态势，需要构建调解、仲裁、诉讼有机衔接的“一站式”纠纷解决平台，完善国际化的多元化纠纷解决机制。在此背景下，未来我国的航空商事争议纠纷解决机制需要更加强调专业、开放、包容，准确适用航空领域的有关国际公约、国际惯例、外国法律，保持裁判尺度的统一，在航空纠纷领域形成有影响力的判决和裁决，同时，航空领域从业者也应积极参与国际规则的制定，在国际航空立法方面贡献中国经验和智慧。

图书在版编目（CIP）数据

中国商事争议解决年度观察.2020 / 北京仲裁委员会，北京国际仲裁中心编.
—北京：中国法制出版社，2020.9
ISBN 978-7-5216-1170-0

Ⅰ.①中… Ⅱ.①北… ②北… Ⅲ.①商事仲裁—研究—中国—2020
Ⅳ.①D925.704

中国版本图书馆 CIP 数据核字（2020）第 112978 号

策划编辑：马　颖　　　责任编辑：侯　鹏　　　封面设计：李　宁

中国商事争议解决年度观察.2020

ZHONGGUO SHANGSHI ZHENGYI JIEJUE NIANDU GUANCHA. 2020

编者/北京仲裁委员会/北京国际仲裁中心

经销/新华书店

印刷/三河市紫恒印装有限公司

开本/787 毫米 ×1092 毫米　16 开　　　印张/20　字数/358 千

版次/2020 年 9 月第 1 版　　　2020 年 9 月第 1 次印刷

中国法制出版社出版

书号 ISBN 978-7-5216-1170-0　　　定价：76.00 元

值班电话：010-66026508

北京西单横二条 2 号　邮政编码 100031　　　传真：010-66031119

网址：http://www.zgfzs.com　　　**编辑部电话：010-66060794**

市场营销部电话：010-66033393　　　**邮购部电话：010-66033288**

（如有印装质量问题，请与本社编务印务管理部联系调换。电话：010-66032926）